KEEL/KEEL-LEU/SCHROER

STUDIEN ZU DEN STEMPELSIEGELN AUS PALÄSTINA/ISRAEL II

ORBIS BIBLICUS ET ORIENTALIS

Im Auftrag des Biblischen Instituts
der Universität Freiburg Schweiz,
des Seminars für biblische Zeitgeschichte
der Universität Münster i. W.
und der Schweizerischen Gesellschaft
für orientalische Altertumswissenschaft
herausgegeben von
Othmar Keel
unter Mitarbeit von Erich Zenger und Albert de Pury

Zu den Autorinnen und zum Autor:

Othmar Keel (1937) studierte Theologie, Exegese und altorientalische Religions-
und Kunstgeschichte in Zürich, Freiburg i.Ue., Rom, Jerusalem und Chicago. Er ist
seit 1969 Professor für Exegese des Alten Testaments und Biblische Umwelt an der
Theologischen Fakultät der Universität Freiburg i.Ue. Wichtigste Buchveröffent-
lichungen: Die Welt der altorientalischen Bildsymbolik und das Alte Testament
(Zürich/Neukirchen 1972, ⁴1984; engl. 1978; holländisch 1984); Jahwe-Visionen
und Siegelkunst (Stuttgart 1977); Jahwes Entgegnung an Ijob (Göttingen 1978):
Deine Blicke sind Tauben. Studien zur Metaphorik des Hohen Liedes (Stuttgart
1984); Das Hohelied. Zürcher Bibelkommentare (Zürich 1986); zusammen mit
M. Küchler Autor und Herausgeber von Orte und Landschaften der Bibel. Ein
Handbuch und Studienreiseführer zum Heiligen Land. Band I: Geographisch-
geschichtliche Landeskunde (Zürich/Göttingen 1984); Band II: Der Süden (ebd.
1982); zusammen mit S. Schroer: Studien zu den Stempelsiegeln aus Palästina/Is-
rael, Band I (Freiburg Schweiz/Göttingen 1985).
Hildi Keel-Leu (1937) studierte Germanistik, Romanistik und Pädagogik in Freiburg i.Ue. und in Paris. Sie arbeitete sich teils durch Vorlesungen und Übungen
(Bern), teils durch Selbststudium in die altorientalische Glyptik ein. Freie Mitarbeiterin am Biblischen Institut der Universität Freiburg i.Ue.
Silvia Schroer (1958) studierte katholische Theologie, Altphilologie und Pädagogik
in Münster/Westf., München und Freiburg i.Ue. Von 1983–1986 war sie wissen-
schaftliche Mitarbeiterin am Lehrstuhl für Neues Testament der Universität Freiburg i.Ue. Während dieser Zeit erschienen von ihr kleinere Beiträge zur Ikono-
graphie Palästinas und zur feministischen Exegese in verschiedenen Zeitschriften
sowie die Studie «Der Mann im Wulstsaummantel. Ein Motiv der Mittelbronze-
Zeit II B» (in: Studien zu den Stempelsiegeln aus Palästina/Israel, Band I, Freiburg
Schweiz/Göttingen 1985). 1986 promovierte sie mit der Arbeit «In Israel gab es
Bilder. Nachrichten von darstellender Kunst im Alten Testament» (OBO 74;
Freiburg Schweiz/Göttingen 1987). Seit 1987 ist sie Leiterin der Bibelpastoralen
Arbeitsstelle in Zürich. Im WS 1988/89 Lehrauftrag für feministische Exegese an
der Theologischen Fakultät Luzern, im SS 1989 an der Theologischen Fakultät der
Universität Zürich.

ORBIS BIBLICUS ET ORIENTALIS 88

OTHMAR KEEL/
HILDI KEEL-LEU/SIVIA SCHROER

STUDIEN ZU DEN STEMPELSIEGELN AUS PALÄSTINA/ISRAEL

Band II

UNIVERSITÄTSVERLAG FREIBURG SCHWEIZ
VANDENHOECK & RUPRECHT GÖTTINGEN
1989

CIP-Titelaufnahme der Deutschen Bibliothek

Studien zu den Stempelsiegeln aus Palaestina, Israel. –
Freiburg, Schweiz: Univ.-Verl.; Göttingen: Vandenhoeck u. Ruprecht.
Bd. 2. Othmar Keel ... – 1989
  (Orbis biblicus et orientalis; 88)
  ISBN 3-7278-0629-X (Univ.-Verl.) Gb.
  ISBN 3-525-53718-2 (Vandenhoeck u. Ruprecht) Gb.
NE: Keel, Othmar [Mitverf.]; GT

Veröffentlicht mit Unterstützung der Schweizerischen
Akademie der Geisteswissenschaften

Die Druckvorlagen
wurden vom Herausgeber als reprofertige
Dokumente zur Verfügung gestellt

© 1989 by Universitätsverlag Freiburg Schweiz
Vandenhoeck & Ruprecht Göttingen
Paulusdruckerei Freiburg Schweiz

ISBN 3-7278-0629-X (Universitätsverlag)
ISBN 3-525-53718-2 (Vandenhoeck & Ruprecht)

FÜR DOMINIQUE COLLON

in Bewunderung für ihre
zahlreichen weiterführenden
Arbeiten und in Dankbarkeit
für ihre freundliche
Kooperationsbereitschaft

Inhalt

VORWORT

Mit dem OBO-Band 67 (KEEL/SCHROER 1985) wurde eine Reihe von Studien zu den Stempelsiegeln aus Palästina/Israel eröffnet, die hier fortgesetzt wird. Entstehungskontext und Zielsetzung dieser Studien sind in jenem Band erörtert worden (vgl. auch KEEL 1986).

Der erste Beitrag von Hildi Keel-Leu zeigt, dass Stempelsiegel in Palästina bis zum Ende des 3. Jahrtausends nur sehr sporadisch und in geringem Umfang hergestellt und importiert worden sind. Vor allem dank dem Entgegenkommen von Herrn Amnon Assaf, dem Kurator des Museums von Maʿyān Bārūk, und von Herrn Nimrod Zakay, dem Kurator der Sammlung des Kibbutz Ha-Gošerīm, welche uns freundlicherweise erlaubt haben, die in Ha-Gošerīm gefundenen Siegel erstmals zu publizieren, konnte der Bestand bekannter Siegel aus dem grossen Zeitraum vom Chalkolithikum bis zum Ende der Frühen Bronzezeit bedeutend erweitert werden. Die Stücke werden hier in Umzeichnung publiziert. In dem von uns vorbereiteten "Corpus der Stempelsiegel aus Palästina/Israel" sollen sie dann auch in Photographien veröffentlicht werden.

Der zweite Beitrag bringt das volle Belegmaterial für eine interessante Gruppe von Siegeln, auf die ich schon früher kurz hingewiesen habe (KEEL 1986 und 1987). Sie zeigt ganz klar, dass bereits im 18. Jh. v. Chr. in Vorderasien Skarabäen hergestellt worden sind. Die typisch ägyptische Form des Skarabäus wurde bei der Dekoration der Basis fast durchwegs mit vorderasiatischen Motiven wie dem Ω-Symbol oder der 'nackten Göttin' kombiniert. Die weibliche Thematik der Dekorationsmotive verbindet diesen Beitrag mit dem folgenden.

Die umfangreiche Arbeit von S. Schroer zur 'nackten Göttin' und zum ägyptischen Göttinnen-Fetisch auf Skarabäen aus Palästina/Israel macht zusätzlich deutlich, wie sehr dieses Gebiet schon im 2. Viertel des 2. Jts. v. Chr. und nicht erst in der international-kosmopolitischen Spätbronzezeit (ca. 1550-1150) gleichzeitig an der ägyptischen und an der vorderasiatischen, syrisch-mesopotamischen Hochkultur teil hatte. Dabei gestaltete man in der Mittelbronze-Zeit II B (ca. 1750-1550) die importierten Motive noch um und schuf von ihnen ausgehend neue, eigene Gestalten (Zweiggöttin). In der Spätbronzezeit dominieren dann weitgehend rein ägyptische Motive, und das weibliche Element tritt stark zurück.

Im Bereich der (männlichen) Herrschaftssymbolik bahnt sich schon in der Mittelbronze-Zeit II B eine Dominanz ägyptischer Formen an. Einer der wichtigsten Brückenköpfe für diese Entwicklung war die Hafenstadt Byblos. Dort oder etwas weiter südlich in der Gegend von Megiddo dürften eine oder mehrere Werkstätten zu suchen sein, die im 17. Jh. v. Chr. aus grünem Jaspis oder Grünschiefer und ähnlichen harten Steinen gleichzeitig Rollsiegel und Skarabäen herstellten. Die Dekorationen dieser Siegel sind im Stil und in der Thematik stark ägyptisierend. Sie zeigen, wie weitreichend die Bewohner der Levante die ägyptische Kultur assimiliert hatten, bevor sie in der 15. Dyn. als "Herrscher der Fremdländer" (Hyksos) einen Teil Ägyptens dominierten.

Falke und Falkenköpfiger spielen bei den Herrschaftssymbolen der 'Jaspis-Gruppe' eine Rolle. Sie sind dann wichtige Motive der Skarabäenproduktion der ausgehenden 13. Dyn. und besonders der 15., der Hyksos-Dynastie. Der hier vorgelegte neue Versuch, das alte Problem der Identifikation des Falkenköpfigen zu lösen, profitiert von einigen chronologischen, geographischen und ikonographischen Fixpunkten, welche durch die Isolierung der 'Jaspis-Gruppe' geschaffen wurden. Der Falkenköpfige auf den Siegelamuletten der ausgehenden Mittelbronze-Zeit II B dürfte im palästinischen Raum das erste Zeugnis für einen 'Staatsgott' sein, der gleichzeitig eine grosse Rolle als persönlicher Gott spielte: eine Konstellation, wie sie dann im Jahwismus von grosser Tragweite wurde.

Der letzte Beitrag handelt vom Gott Ptah, einem der Hauptgötter Ägyptens, auf Siegelamuletten aus dem spätbronzezeitlichen Palästina. Einige religionssoziologische Beobachtungen zu den Verbreitungsmechanismen solcher Miniaturkunst und einige Gesetzmässigkeiten in deren Relation zur Grosskunst (vor allem der Tempelwände) gewähren Einsichten von allgemeiner Bedeutung in die Funktion eines wichtigen Teils der Siegelamulettproduktion.

Die vorliegenden Beiträge wären ohne die Unterstützung des Projekts durch den Schweizerischen Nationalfonds zur Förderung der wissenschaftlichen Forschung und die Kooperationsbereitschaft des Israel Department of Antiquities and Museums (IDAM) sowie zahlreicher Museen und wissenschaftlicher Institutionen, denen an entsprechender Stelle gedankt wird, nicht möglich gewesen. Der grösste Teil der Zeichnungen wurde eigens für diesen Band von Hildi Keel-Leu angefertigt. Christoph Uehlinger liess sich die Vereinheitlichung, Formatierung und Typographie der Texte angelegen sein. Susanne Ris-Eberle besorgte das Layout meiner Beiträge. Ich danke den Prof. B. Janowski und K. Koch (Hamburg), H.G. Kippenberg (Groningen), M. Weippert (Heidelberg), D. Wildung (München), S. Groll (Jerusalem) und M. Kochavi (Tel Aviv), die mir Gelegenheit gegeben haben, die hier vorgetragenen Thesen in Gastvorlesungen zu testen.

Wir widmen diesen Band Frau Dominique Collon (London). Sie hat, wie ein Blick auf das Literaturverzeichnis zeigt, in den letzten Jahren im Bereich der altorientalischen Glyptikforschung ein umfangreiches und höchst bedeutsames Werk vorgelegt, und ihre ebenso diskrete wie effiziente und selbstverständliche Hilfsbereitschaft hat den beiden Autorinnen und mir die Arbeit immer wieder auf angenehme Weise erleichtert.

Freiburg Schweiz, November 1988   Othmar Keel

HILDI KEEL-LEU

DIE FRÜHESTEN STEMPELSIEGEL PALASTINAS

Von den Anfängen bis zum Ende des 3. Jahrtausends

I. Einleitung

Vergleicht man den grob 4000 Jahre umfassenden Zeitraum vom späten vorkeramischen Neolithikum bis zum Ausgang der Frühbronzezeit (FB) mit der
Anzahl der heute aus diesem Zeitraum bekannten Stempelsiegel bzw. Stempelsiegelabdrücke gesicherter Provenienz aus Palästina, rund 40 Stück, kann von
einer Siegelproduktion höchstens als Randerscheinung die Rede sein. Damit
verbleibt Palästina einerseits im schroffen Gegensatz zu seinem nördlichen
Nachbarn Syrien, dessen Siegeltradition bereits im 7./6. Jt. etabliert ist (Byblos,
Ugarit, ʿAmuq-Ebene) und dessen mannigfaltige und zahlreiche glyptische Er-
zeugnisse in kontinuierlicher Abfolge den zeitlichen Raum bis und mit der FB-
Zeit abdecken (ʿAmuq-Ebene, Byblos, Tall Ḥalaf, Šāgir Bāzār, ferner Ḥamā,
Ebla etc.). Anderseits ist die von BEN-TOR in seinem Standardwerk Cylinder
Seals of Third-Millennium Palestine 1978: 107 hinsichtlich der Stempelsiegel-
produktion postulierte rigide Trennungslinie zwischen Syrien/Palästina nicht
mehr aufrecht zu erhalten, und seine Feststellung: "stamp seals are relatively
numerous in Syria but almost nonexistent in Palestine" wird hinfällig. Namentlich im Licht der neuen Funde aus ʿArād (BECK 1984) und der hier erstmals
veröffentlichten Siegel aus Ha-Gošerīm ist die Grenze zwischen den beiden
Gebieten durchlässig geworden.

Aus dem Neolithikum sind nur wenige Einzelfunde zu verzeichnen, so die
Stempel **Nr. 1** aus der Höhle von Muġārat al-Kabāra, **Nr. 2** und **3** aus Jericho sowie ev. **Nr. 4** aus Megiddo. Diese sind mit ähnlichen Exemplaren aus
Nordmesopotamien und Syrien vergleichbar und weisen wie jene keine Durchbohrung auf. Für sämtliche Objekte dieser Art wurde vorgeschlagen, dass sie
der Aufnahme von Farben und dem Zweck der Verzierung von Stoffen oder Le-
der dienten.

Im Chalkolithikum (4. Jt.) treten neben den Einzelstücken **Nr. 5** und **6** vom
Tall aš-Šamdīn und von Ġassūl Siegel erstmalig in einer Gruppe auf. Es handelt sich um ein einheitliches Ensemble von Oberflächenfunden aus Ha-Gošerīm (**Nr. 7-17**). Die runde (**Nr. 7-9**) oder rechteckige Form (**Nr. 10-15**) mit
leicht konvexer Siegelfläche und Grifföse, die geometrische Darstellung axial-
oder punktsymmetrisch komponiert sowie das einheitliche Material (Kalkstein)
charakterisieren die Gruppe. Anstelle der Grifföse tritt bei **Nr. 15** eine unüb-
liche, mittels Bohrlöcher bewerkstelligte Aufhängevorrichtung. Die **Nr. 16** und
17 erweisen sich ihrer Form wegen als Einzelstücke. Sämtliche Formen, mit
Ausnahme der viereckigen Platte, und sämtliche Bildthemen finden auf Siegeln
der ʿAmuq-Ebene ihre Entsprechungen. Von der weiten Ausstrahlung dieser
nordsyrischen Glyptik, deren Tradition bis ins Neolithikum zu verfolgen ist,
zeugen die angeführten Parallelen von Nordmesopotamien bis Susa. Die Vergleichsstücke konzentrieren sich auf die ʿAmuq-Phasen E und F bzw. auf das 4.

Jt. Der Siegelfund von Ha-Gošerīm macht deutlich, dass der Norden Palästinas im Spätneolithikum und Chalkolithikum nach Norden bzw. nach Syrien ausgerichtet war. Die geringe Anzahl der Zwischenstationen auf dem Weg zur ʿAmuq-Ebene hat wohl weniger mit der mangelnden damaligen Siegelproduktion zu tun als mit fehlenden Funden oder der Unterlassung ihrer Publikation. Es wird angenommen, dass die Anfänge von Ha-Gošerīm im keramischen Neolithikum liegen (ca. 5500-4000; vgl. PERROT/ZORI 1977: 874). Weitere Funde im lokalen Museum deuten darauf hin, dass die Siedlung auch eine chalkolithische Phase (4. Jt.) gehabt hat. Abschliessend kann gesagt werden, dass es sich bei den Ha-Gošerīm-Siegeln um Stücke handelt, die von einem oder mehreren erfahrenen Steinschneidern im Verlauf des 4. Jts. geschnitten wurden. Ob es sich bei diesem isolierten Fund um Importe oder um lokale Nachbildungen nordsyrischer Siegel handelt, kann so lange nicht entschieden werden, als der Ort einer systematischen Ausgrabung entbehrt. Einzig die **Nr. 17** ist mit palästinischen und byblischen Produkten zu vergleichen und scheint somit aus der Gegend zu stammen.

Eindeutige Importe jedoch sind die Siegel **Nr. 18** von Gamlā, **Nr. 19** von Geser(?), **Nr. 20** vom Tēl Qišiōn und **Nr. 21** von Abū Ḥawwām. Die Ikonographie der beiden erstgenannten Stücke gehört dem nordmesopotamisch/ iranischen Ambiente an, wo, im Gegensatz zu Nordsyrien, seit alters auch menschliche Gestalten zur Darstellung gelangen. Die Giebelform von **Nr. 20** weist in den südostanatolisch-nordsyrischen Raum, und das Siegel **Nr. 21** von Abū Ḥawwām deutet auf Verbindungen zum iranischen Hochland hin, wo knopfförmige Siegel mit geometrischem Dekor die Regel sind.[1] Der Austausch zwischen Syrien/Palästina und dem entfernten Iran musste über einen alten Verkehrsweg erfolgen, auf dem Tapa Gaura eine wichtige Verteilerrolle spielte (s. CALDWELL 1976). Über die Beziehungen zwischen Iran, Nordmesopotamien, der Levante und Ägypten, dargestellt am Beispiel der Glyptik, vermitteln zwei neuere Aufsätze ein anschauliches Bild: BEN TOR 1985 und TEISSIER 1987.

Im 3. Jt., der Frühbronzezeit, wird eine zweite, diesmal einheimische Siegelgruppe am entgegengesetzten Ende des Landes, in ʿArād, greifbar: **Nr. 22-32.** Es handelt sich dabei um grob geschnittene, aus lokalem weichem Kalkstein gefertigte Stücke. Sie wurden von BECK 1984 eingehend behandelt. Ihr Datierungsvorschlag für die stratifizierten wie für die Oberflächenfunde in die FB II-Zeit ist hier übernommen worden. Ein Abdruck (**Nr. 25**) beweist, dass die

---

[1] Das Siegel **Nr. 20a** aus Bēt Šeʾān wurde aufgrund seines Grabungskontexts in diesen Katalog aufgenommen und ist lediglich seiner Ikonographie wegen hier angeschlossen. Einerseits ist das Siegelbild wohl stark abgenutzt, andererseits ist auf dem Foto der Publikation ausser zwei gegenständigen gebogenen Linien kaum etwas erkennbar. Zudem fehlt die für Stempelsiegel unerlässliche Beschreibung des Rückens. Eine genauere zeitliche und räumliche Einordnung des Siegels ist somit nicht möglich. Auch muss aus begreiflichen Gründen auf eine Abbildung verzichtet werden.

ᶜArād-Stempel zum Siegeln benutzt wurden. Hinsichtlich der Stempelform, der Gravur und der Kompositionsweise bilden die **Nr. 22-25** eine Einheit und können somit als für ᶜArād typisch bezeichnet werden. Die restlichen Beispiele sind individuell ausgebildet. **Nr. 26, 28** und **30** sind mit einem Fragezeichen versehen, da sie evtl. andern Zwecken als dem des Siegelns gedient haben mögen. Die flüchtige, dem Zufall überlassene Einritzung auf **Nr. 26** macht es müssig, nach auswärtigen Parallelen zu suchen. Das gleiche gilt für **Nr. 28**. Bildet **Nr. 29** wirklich eine Schlange ab, ist es das einzige Beispiel aus ᶜArād mit einer figürlichen Darstellung. BECK (1984: 54) nimmt an, dass es sich bei **Nr. 31** um ein unvollendet gebliebenes Stempelsiegel handelt, möglicherweise deshalb, weil während seiner Fertigung ein Segment des Kreises wegbrach. Dann muss auch angenommen werden, dass der Siegelschneider mit der Einritzung des Siegelbildes begonnen hat - wohl ein unüblicher Arbeitsablauf. Parallelen zeigen, dass, wo überhaupt bei den ᶜArād-Siegeln eine Übernahme von Motiven vorliegt, als Herkunft der Norden, namentlich Nordsyrien und Byblos in Frage kommen. Der südlichste Vertreter der frühen Glyptik Palästinas ist **Nr. 33**, ein Stempel aus Bᵉᵉr Rᵉšīšīm. Wegen seiner Verwandtschaft mit der ᶜArād-Gruppe wird er hier angeschlossen.

Unter **Nr. 34-39** folgen eine Reihe frühbronzezeitlicher Abdrücke auf Gefässen, Scherben oder Tonklumpen. **Nr. 34** vom Tall as-Sulṭān/Jericho und die beiden Abdrücke **Nr. 35-36** vom Tall al-Fārᶜa (Nord) lehnen sich an die im spätäneolithischen = spätchalkolithischen Byblos (Ende 4./Anfang 3. Jt.; vgl. BEN-TOR 1978: 71 und 75; BECK 1984: 112) begonnene Tradition an, Stempelsiegel zu Verzierungszwecken auf Gefässen zu benutzen (vgl. DUNAND 1945). Das Siegel wurde auf den noch feuchten Ton appliziert und dieser anschliessend im Ofen gehärtet. Diese für die Levante typische und, so weit abzusehen, wahrscheinlich auf sie beschränkte Siegelpraxis blühte in der FB-Zeit und flaute während der Mittleren Bronzezeit (MB), jetzt nur noch auf syrischem Gebiet gepflogen, ab (vgl. MAZZONI 1984: 18). Das mutmassliche Material der so verwendeten Originalsiegel, nämlich das schnell abgenutzte und vor allem nicht haltbare Holz, bestimmte den flachen schematischen Stil der Abdrücke. Das Originalsiegel des Jericho-Abdruckes **Nr. 34** entstammt zweifellos einer byblischen Werkstätte. Nicht so jene der Tall al-Fārᶜa-Abdrücke **Nr. 35** und **36** mit dem Capriden/Schlangen-Motiv, dessen Ursprung in Iran gesucht werden muss. Hier war die Bogenhornziege, vorzugsweise in Verbindung mit Schlangen, seit alters ein beliebtes Dekorationsobjekt.

Eine Verbindung zur Ägäis stellen möglicherweise die Abdrücke **Nr. 37** aus ᶜAi und die **Nr. 38** und **39** aus Bait Mirsim her. Das Spiralenmotiv von **Nr. 37** und **38** trägt zwar universalen Charakter, und die florale Darstellung von **Nr. 39** ist auf Rollsiegeln über Syrien und Mesopotamien bis nach Elam zu verfolgen, die entsprechenden Stempelsiegelabdrücke jedoch findet man in Lerna (Peloponnes), das auch die besten Parallelen für die geometrischen FB III-zeitlichen Rollsiegel in Palästina liefert (vgl. BEN-TOR 1978: 87). Im übrigen ist

5

die Spirale der beliebteste Dekor auf den frühen Stempeln des ganzen südost-europäischen Raums (s. MAKKAY 1984: Fig. 18-20).

Trotz der gebotenen Vorsicht, einfache geometrische Motive wie konzentri-sche Kreise als Datierungskriterien zu benutzen, wurde das Siegel **Nr. 40** vom Tall al-Ḥasī aufgrund FB-zeitlicher Parallelen, aufgrund seiner Grösse und schliesslich auch wegen fehlendem Vergleichsmaterial aus der vom Ausgräber veranschlagten Spätbronzezeit versuchsweise hier eingeordnet. Eine FB III-zeit-liche Siedlungsschicht für Tall al-Ḥasī ist bezeugt.

Das plump gefertigte Siegel **Nr. 41** vom Tēl Qašiš kann als einheimisch pa-lästinisches Exemplar betrachtet werden. Ein weiteres, der Form nach ähnliches Stück, **Nr. 42**, ist auf dem Tēl Kittān gefunden worden (vgl. BEN-TOR 1985: 8). Erstmalig erscheint auf diesem Stempelsiegel eine eindeutige Darstellung der menschlichen Figur.

Die **Nr. 43, 44** und **45** schliesslich lassen den südlichen Nachbarn Ägypten ins Blickfeld rücken. Zeitlich gesehen handelt es sich um Grenzfälle, deren Da-tierung in die FB oder MB Ermessensfrage ist. Wegen der allgemeinen Ähnlich-keit des Bait Mirsim-Siegels **Nr. 43** mit Darstellungen auf ägyptischen 'design amulets' und Skarabäen wurde das Stück trotz seines MB II-zeitlichen Gra-bungskontextes in diesen Katalog aufgenommen. Dabei muss wie bei den zwei andern Bait Mirsim-Siegeln **Nr. 38** und **39** angenommen werden, dass es nicht in seiner ursprünglichen Lage gefunden wurde. GOLDMAN (1956: 233) sieht in dem Stück einen Fixpunkt auf dem Weg des Labyrinthmusters, welches seinen Ausgang in Ägypten genommen habe, um über Syrien-Palästina und Kleinasien nach Kreta und schliesslich nach Griechenland zu gelangen. Wie andere einfache geometrische Ornamente kann sich das Labyrinthmuster aber auch unabhängig an verschiedenen Orten und zu verschiedenen Zeiten ent-wickelt haben (vgl. hierzu WARD 1978: 48).

Der Dekor von **Nr. 44** trägt, obwohl inhaltlich nicht deutbar, unverkennbar ägyptische Züge. Wahrscheinlich handelt es sich um den Import eines ägypti-schen 'design amulets' (WARD 1970). Auch der äusseren Form nach ("shank back", ibid. 77, schildförmige Bildfläche) passt der Stempel in diese Kategorie ägyptischer Kleinkunst. 'Design amulets' tauchen im späteren Alten Reich auf, differenzieren sich während der 1. Zwischenzeit und werden im Mittleren Reich allmählich vom Skarabäus verdrängt. Die Annäherung der Darstellung an jene auf Skarabäen sowie die Form deuten darauf hin, dass es sich beim Beispiel vom Tēl Dān nicht um ein frühes Stück handelt. Die ägyptischen 'design amu-lets' sind keine eigentlichen Siegel. Sie sind als Grabbeigaben hauptsächlich am Hals von Frauen und Kindern gefunden worden (WARD 1970: 66); ihre Funk-tion ist somit eine magisch-religiöse. Die lange herrschende Ungewissheit über Herkunft, Zweck, Funktion spiegelt sich in der Bezeichnung der Objekte wie-der, die unter den verschiedensten Namen laufen, wie "buttons" bzw. "button seals" (PETRIE 1925: 1), "seal amulets" (BRUNTON 1927: 55), "Knopfsiegel" (MATZ 1928: 30; BOOCHS 1982: 86), "Figurenamulette" (HERZER 1960; BU-

KOWSKI 1983), "Figurenstempel" (KAPLONY 1977: 13); seit WARD 1970 hat sich der Begriff "design amulet" mehr und mehr durchgesetzt.

Als Abschluss der FB-zeitlichen und zugleich Künder einer völlig anders gearteten Epoche der palästinischen Stempelsiegelglyptik erscheint der Skarabäus Nr. 45 aus ʿAkkō. Er ist der einzige uns bekannte Beleg aus Palästina für die von WARD 1978 datierte Gruppe der "pre-12th Dynasty scarab amulets". In Byblos sind Dutzende von Skarabäen dieses frühen Typs gefunden worden (vgl. WARD 1978: Nr. 86, 88, 116, 131-132, 174 etc.). Sie dürften Importstücke aus Ägypten darstellen, ebenso der Einzelfund aus ʿAkkō. In Palästina setzt die Produktion und Verbreitung von Skarabäen erst in der 12. Dyn. (ca. 2000-1800) und auch dann nur sehr zögernd ein. In der 13. Dyn. beginnt der Strom dann zu fliessen, um in der 15., der Hyksos-Dynastie (ca. 1650-1550), das Land förmlich zu überschwemmen.

Wichtiger als die Stempelsiegel waren im 3. Jt. in Palästina die Rollsiegel. Originale, zumeist aber Abdrücke sind im Vergleich zu den Stempelsiegeln vor allem nördlich der Karmelkette häufig gefunden worden. Komposition und Motive stehen vorwiegend in vorderasiatischer Tradition (vgl. BECK 1967: 1-70; BEN-TOR 1978 und 1985). Im Süden (ʿĒn Bᵉsōr) und in der Šārōn-Ebene hat man auch Reste frühägyptischer Rollsiegelglyptik entdeckt (ROWE 1936: Nr. S.1; SCHULMAN 1976 und 1980; MITTMANN 1981).

Im 2. Jt. und in der ersten Hälfte des 1. Jts. wendet sich das Blatt. Produkte der vorderasiatisch dominierten Rollsiegelglyptik geraten im Verhältnis zu denen der weitgehend von Ägypten bestimmten Stempelsiegelglyptik stark ins Hintertreffen. Sie finden sich vom Beginn der MB II bis ans Ende der Eisenzeit im frühen 6. Jh. in einem Verhältnis von ungefähr 1:20. Den ca. 400 in Palästina/ Israel gefundenen Rollsiegeln aus diesem Zeitraum (M.A. These von A. BEN-TOR, unveröffentlicht) stehen ca. 8000 in unserem Corpus (s. oben S. IX) gesammelte Stempelsiegel gegenüber.

Archäologische Perioden in Palästina
(nach AVI-YONAH/STERN 1978:1226)

Natufium		12.-9. Jh.	
Vorkeramisches Neolithikum		8300-5500	
Keramisches Neolithikum		5500-4500	
Chalcolithikum		4500-3100	
FB	I	3150-2850	
	II	2850-2650	
	III	2650-2350	Ägypten: Altes Reich
	IV (III A)	2350-2200	
MB	I	2200-2000	1. Zwischenzeit
	II	2000-1550	Mittleres Reich

II. Katalog

Nr. 1: von Muġārat al-Kabāra, Karmel.
OBJEKT: Stangenförmiger Stempel mit Verdickung an der Basis und runder Stempelfläche, keine Durchbohrung, abgenutzt, Gravur dünn eingeritzt, Spuren von roter Farbe auf der Stempelfläche und am Griff, weicher Kalkstein, Höhe 70 mm, Durchmesser der Stempelfläche 25 mm, Höhe des Griffs 50 mm, Durchmesser des Griffs 16 mm, Höhe der Basis 20 mm.
BASIS: Geometrische Darstellung, axialsymmetrische Komposition: Zwei parallele Linien teilen das Stempelrund in zwei Hälften, auf denen je zwei Winkel mit einem weiteren eingeschriebenen Winkel stehen. Auf der seitlichen Verdickung der Basis verlaufen 27 senkrechte Linien, wovon zwei in die Stempelfläche übergehen.
PARALLELEN: Dieser Stempel gehört zu den seltenen Beispielen aus dem vorkeramischen Neolithikum, wie der kegelförmige Tonstempel von Ġarmu/Iraq (BRAIDWOOD 1951: 994 Fig. 9); ein zapfenförmiger Tonstempel vom Tall Ḥalaf (OPPENHEIM 1943: Taf. 38,16; 114,14); ein konischer Tonstempel aus Byblos (DUNAND 1937: Pl. 134,5217) sowie unsere Nr. 2 aus Jericho. Die Darstellung gehört zu jenen geometrischen Ornamenten, die zeitlich und räumlich derart weit gestreut sind, dass sie nicht für Datierungs- und Lokalisierungszwecke herangezogen werden können. Das räumlich nächstgelegene Beispiel finden wir im mittelneolithischen Byblos (DUNAND 1973: 125 Fig. 76,29564). Obwohl das Winkelmotiv unseres Stücks gegenüber den Gittermustern auf den frühesten Siegeln (1. Hälfte 6. Jt.) der ʿAmuq-Ebene eine fortgeschrittenere Entwicklungsstufe aufweist, kann nicht unbedingt auf eine zeitlich spätere Entstehung geschlossen werden; die zeitlich früheren Stempel aus Çatal Höyük (Ende 7. Jt.; MELLAART 1963: 96.98 Fig. 40 und 41) weisen z.B. unvergleichlich raffiniertere Darstellungen auf als die ersten ʿAmuq-Siegel (BRAIDWOOD/BRAIDWOOD 1960: Fig. 37).
DATIERUNG: Neolithisch. NOY (1978: 111) möchte den Stempel ins Natufium bzw. ins 10.-9. Jt. datieren, wobei sie für Form und Komposition sowie die seitlichen Einritzungen Werkzeuge und Geräte aus Knochen und Stein und einen schematischen Kopf aus ʿAinān-Mallāḥa als Vergleichsmaterial heranzieht. Der Stempel würde aber in dieser Periode absolut isoliert dastehen. Laut GORELICK/GWINNET (1981: 20) schlagen E. PORADA und D. SCHMANDT-BESSERAT vor, ihn aufgrund von Parallelen aus Ġarmu und Ḥalaf ins Neolithikum zu datieren. In einigen der Karmel-Höhlen wurde spätneolithisches Material gefunden (vgl. NOY 1978: 112 Anm. 2).
FUNDKONTEXT: Höhle von Muġārat al-Kabāra, Karmel.
SAMMLUNG: Rockefeller Museum, Jerusalem.
BIBLIOGRAPHIE: NOY 1978: 111-113, Fig. 1a-1b. GORELICK/GWINNET 1981: 20.

Nr. 2: aus Jericho.
OBJEKT: Konischer Stempel mit leicht konkavem Mantel und runder Stempelfläche, keine Durchbohrung(?), Spitze abgebrochen, Gravur tief eingeritzt, ungebrannter Ton, erhaltene Höhe 38 mm, Durchmesser der Stempelfläche 25,5 mm.
BASIS: Geometrische Darstellung, punktsymmetrische Komposition: Swastika-Motiv.
PARALLELEN: Siehe unter Nr. 1. Für das Swastika-Motiv vgl. einen Anhänger vom Tapa Gaura (TOBLER 1950: Pl. 174,56 [unterhalb Schicht XIX = vor 4000]) und ein kalottenförmiges Siegel aus dem frühchalkolithischen Byblos (2. Hälfte 4. Jt.; DUNAND 1973: Pl. 164,35413).
DATIERUNG: Vorkeramisches Neolithikum B, 7. Jt.
FUNDKONTEXT: Tall as-Sulṭān, Schnitt I. XVIII.
SAMMLUNG:
BIBLIOGRAPHIE: KENYON/HOLLAND 1982: 558, Fig. 227,1, Pl. 7b,B.

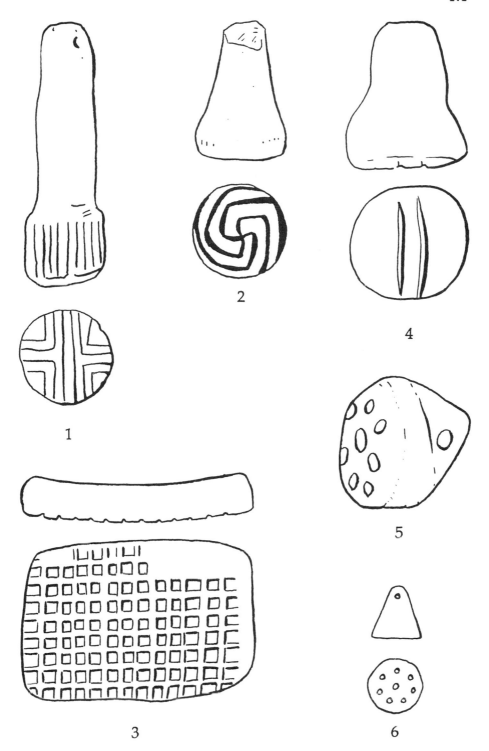

Nr. 3: aus Jericho.
OBJEKT: Stempel in Form einer unregelmässig rechteckigen, leicht gebogenen Platte, die Stempelfläche auf der konvexen Seite, keine Durchbohrung, an einer Ecke auf der Stempelfläche beschädigt, Rand bestossen, Gravur mitteltief eingeritzt, Ton, 60 x 48 x 10 mm.
BASIS: Geometrische Darstellung: Quadratisches Gitter.
PARALLELEN: Für die Form vgl. eine Platte aus ʿArād, unsere Nr. 28. Gitterung ist die häufigste Dekorationsart auf den ältesten Siegeln verschiedenster Herkunft wie z.B. aus den neolithischen Schichten von Ugarit (CONTENSON 1977: 17 Fig. 11), vom Tall Ġudaida/ʿAmuq (BRAIDWOOD/BRAIDWOOD 1960: Fig. 63 und 379) und vom Yarim-Tapa/Iraq (MERPERT/MUNCHAEV/BADER 1976: Pl. 15,1-3). Es handelt sich hier allerdings um voll ausgebildete, d.h. mit einer Aufhängevorrichtung (Griff, Öse, Durchbohrung) versehene Siegel aus Stein, vgl. auch das Siegel Nr. 41 vom Tēl Qašīš, unsere Nr. 41. Eine enge Parallele in bezug auf Form, Dekor und Material findet sich auf einem prähistorischen Siegel aus Giyān ohne verlässliche Fundangabe (CONTENAU/GIRSHMAN 1935: Pl. 38,13). Auffallend an unserem Stück ist seine überdurchschnittliche Grösse und die Tatsache, dass es nicht durchbohrt ist. Es dürfte sich wohl kaum um ein eigentliches Siegel handeln; vgl. unsere Nr. 1 und 2, weiter die sog. Pintaderas aus dem frühneolithischen Byblos, von denen Dunand vermutet, dass sie auf die Haut appliziert wurden (DUNAND 1973: 84-87, Pl. 118).
DATIERUNG: Keramisches Neolithikum?
FUNDKONTEXT: Tall as-Sulṭān, Site E, ohne Stratum.
SAMMLUNG:
BIBLIOGRAPHIE: KENYON/HOLLAND 1982: 558, Fig. 227,10.

Nr. 4: aus Megiddo.
OBJEKT: Stangenförmiger Stempel mit breit auslaufender runder Stempelfläche, keine Durchbohrung, Gravur mitteltief eingeritzt, Kalkstein, Durchmesser 31 mm, Höhe 38 mm.
BASIS: Geometrische Darstellung, axialsymmetrische Komposition: Zwei parallele Linien verlaufen durch die Mitte der Stempelfläche.
PARALLELEN: Die archaische Form sowie die Tatsache, dass der Stempel nicht durchbohrt ist, könnten darauf hinweisen, dass es sich um ein frühes Stück handelt (vgl. Nr. 1-3).
DATIERUNG: Neolithikum?, Chalkolithikum?
FUNDKONTEXT: Tall al-Mutasallim, Oberflächenfund, Böschung im Nordosten des Talls, unweit von Area BB im Osten, welche die älteste Siedlungsschicht Megiddos aufweist: Chalkolithikum und kleines Grab aus dem vorkeramischen Neolithikum.
SAMMLUNG:
BIBLIOGRAPHIE: LAMON/SHIPTON 1939: Pl. 73,11.

Nr. 5: vomTall aš-Samdīn (13 km nnö von Bēt Šeʾān, Koordinaten 2032/2243).
OBJEKT: Unregelmässig konisches Stempelsiegel mit leicht konvexer Siegelfläche, unterhalb des Apex durchbohrt, Gravur: Bohrlöcher, Stein, Durchmesser ca. 30 mm, Höhe ca. 30 mm.
BASIS: Geometrische Darstellung: Acht über die Siegelfläche verteilte Bohrlöcher.
PARALLELEN: Vgl. die hinsichtlich Form und Darstellung regelmässiger geschnittenen Siegel Nr. 6 von Ġassūl und Nr. 17 von Ha-Gošerīm. Für die konoide Form vgl. Nr. 29 aus ʿArād. DUNAND (1973: 166) stellt fest, dass in Byblos die konische Siegelform und die über die Siegelfläche verteilten Bohrlöcher gegen das Ende des Neolithikums auftauchen (vgl. ibid. 167, Fig. 110,30370; Pl. 117,30370; Pl. 164,28423). Für Bohrlöcher als ausschliesslichen Dekor vgl. Nr. 30 aus ʿArād; für weitere Beispiele aus der ʿAmuq-Ebene vgl. BRAIDWOOD/BRAIDWOOD 1960: Fig. 101,6 (ʿAmuq E oder F = 4. Jt.), aus Gaura vgl. TOBLER 1950: Pl. 162,74-75 (Schicht IX und XII = 2. Hälfte 4. Jt.).
DATIERUNG: Chalkolithikum, 4. Jt.
FUNDKONTEXT: Site 4.

SAMMLUNG:
BIBLIOGRAPHIE: TZORI 1958: 47, Pl. 5A. TZORI 1962: 137, Pl. 12,21 (hebr.). ELLIOTT 1978: 45f, Fig. 4,4.

Nr. 6: von Tulailat Ġassūl.
OBJEKT: Konisches Stempelsiegel mit runder Siegelfläche, unterhalb des Apex durchbohrt, Gravur: Bohrlöcher, Nephrit, Durchmesser 15 mm, Höhe 13,5 mm.
BASIS: Geometrische Darstellung, punktsymmetrische Komposition: Acht Bohrlöcher.
PARALLELEN: Vgl. die etwas unregelmässigere Ausführung des Siegels Nr. 5 vom Tall aš-Šamdīn und die dort angeführten Parallelen.
DATIERUNG: Um ca. 4000
FUNDKONTEXT: Tall 1, niv. IV.
SAMMLUNG:
BIBLIOGRAPHIE: MALLON/KOEPPEL/NEUVILLE 1934: 75,a.73 Fig. 28,1. ELLIOTT 1978: 45f Fig. 4,3.

Nr. 7: aus Ha-Gošerīm (am Nordende des Ḥūlebeckens).
OBJEKT: Rundes Stempelsiegel mit leicht konvexer Siegelfläche und leistenförmigem Griff, der waagrecht durchbohrt ist, Rand bestossen, Gravur kräftig eingeritzt, Bohrloch, hellbeiger Kalkstein, Durchmesser 22 mm, Höhe 7,8 mm.
BASIS: Geometrische Darstellung, punktsymmetrische Komposition: In der Mitte halbkugelförmige Vertiefung, zentripetal angeordnete Striche am Rand und darüber hinaus, so dass letzterer gezahnt erscheint.
PARALLELEN: Vgl. Ha-Gošerīm Nr. 8. Ein zentraler Punkt mit zentripetalen Linien ist ein räumlich und zeitlich weit verbreitetes Motiv. Eine auch der Form nach sehr enge Parallele ist ein Siegel aus Ḥamā K 1 = 1. Hälfte 3. Jt. (FUGMANN 1958: 46 Fig. 54,3K 315); weitere Beispiele aus Gaura XIII = 1. Hälfte 4. Jt (TOBLER 1950: Pl. 160,37); Gaura XI A = ca. Mitte 4. Jt. (ibid. Pl. 160,36); Gaura, wahrscheinlich zu Schicht VIII gehörend = Ende 4./Anfang 3. Jt. (SPEISER 1935: Pl. 83,30); aus ʿIrbīl, südl. v. Gaura (AL-SOOF 1969: Pl. 20 unten links, Schicht 3); aus Susa "époque archaïque" (DELAPORTE 1923: Pl. 16,22); die gleiche Komposition auf einem dreieckigen Siegel aus der ʿAmuq-Ebene: ʿAmuq E?, F? = 4. Jt. (BRAIDWOOD/BRAIDWOOD 1960: Pl. 101,5) und auf einem viereckigen Siegel aus dem spätneolithischen Byblos (1. Hälfte 4. Jt.; vgl. DUNAND 1973: Pl. 17,33898). Betrachtet man nur die Siegelfläche, ist die Ähnlichkeit mit einer Spinnwirtel auffallend, vgl. hierzu GALLING 1977: 312 Abb. 81,5-7.
DATIERUNG: 4. Jt.
FUNDKONTEXT: Oberflächenfund.
SAMMLUNG: Museum Maʿyān Bārūk, Nordgaliläa.
BIBLIOGRAPHIE: Unveröffentlicht.

Nr. 8: aus Ha-Gošerīm.
OBJEKT: Rundes Stempelsiegel mit leicht konvexer Siegelfläche und leistenförmigem Griff, der waagrecht durchbohrt ist, Gravur kräftig eingeritzt, Bohrloch, rötlich-gelblicher Kalkstein, 30,5 x 29,5 x 9 mm.
BASIS: Geometrische Darstellung, punktsymmetrische Komposition: In der Mitte halbkugelförmige Vertiefung, am Rand zentripetal angeordnete Striche, die auf halber Radiushöhe durch einen Kreis begrenzt sind.
PARALLELEN: Vgl. Nr. 7, jedoch sorgfältigere Ausführung und mit zusätzlichem Kreis versehen, wie auch dort angeführte Beispiele aus Gaura (TOBLER 1950: Pl. 160,37) und aus Susa (DELAPORTE 1923: Pl. 16,22). Siegel vom Tall Brak vom Ende 4./Anfang 3. Jt. zeigen die gleiche Darstellung auf dem Siegelrücken (MALLOWAN 1947: Pl. 17,6,6,27).

DATIERUNG: 4. Jt.
FUNDKONTEXT: Oberflächenfund.
SAMMLUNG: Privatsammlung N. Zakay, Ha-Gošerīm.
BIBLIOGRAPHIE: Unveröffentlicht.

Nr. 9: aus Ha-Gošerīm.
OBJEKT: Rundes Stempelsiegel mit leicht konvexer Siegelfläche und schmaler Grifföse; da
der Griff nach oben durchgerieben ist, wurde durch die Siegelmitte ein senkrechtes Loch ge-
bohrt; ein Stück vom Siegelrand weggebrochen, Gravur dünn eingeritzt, Bohrloch, rötlicher
Kalkstein, 26,4 x 25,5 x 8,6 mm.
BASIS: Geometrische Darstellung, axialsymmetrische Komposition: Rautenmuster; zu beiden
Seiten des zentralen Bohrlochs je eine Gerade, welche die Rauten diametral durchschneidet.
PARALLELEN: Die nachträgliche senkrechte Durchbohrung der Siegelfläche wegen defekter
Öse ist ein in der Antike übliches Vorgehen; für Beispiele aus der ʿAmuq-Ebene vgl. BRAID-
WOOD/BRAIDWOOD 1960: Fig. 68,1 (ʿAmuq B = 2. Hälfte 6. Jt.), Fig. 379,8 (ʿAmuq E? = 1.
Hälfte 4. Jt.), Fig. 253,1 (ʿAmuq A? = 1. Hälfte 6. Jt.); aus Ḥassūna/Nordmesopotamien vgl.
PORADA 1965: 140 Fig. VI,1 (2. Hälfte 6. Jt.). Die erwähnten Siegel sind alle mit einem
quadratischen und/oder rautenförmigen Gittermuster verziert, einem Dekor, der seit frühester
Zeit auf Siegeln erscheint; vgl. hierzu auch unsere Nr. 3, 32 und 41. Für ein in Form, Grösse
und Darstellung sehr ähnliches Siegel aus der ʿAmuq-Ebene vgl. BRAIDWOOD/BRAIDWOOD
1960: Fig. 68,2 (ʿAmuq B = 2. Hälfte 6. Jt.). Vgl. weiter ein Stück aus Gaura (TOBLER 1950:
Nr. 1, Schicht XIX = Anfang 4. Jt.).
DATIERUNG: 4. Jt.
FUNDKONTEXT: Oberflächenfund.
SAMMLUNG: Museum Maʿyān Bārūk, Nordgaliäa.
BIBLIOGRAPHIE: Unveröffentlicht.

Nr. 10: aus Ha-Gošerim.
OBJEKT: Rechteckiges Stempelsiegel mit gerundeten Ecken, leicht konvexer Siegelfläche und
leistenförmigem Griff, der waagrecht durchbohrt ist; an einer Ecke ein Stück weggebrochen,
Gravur dünn eingeritzt, roter Kalkstein, 39 x 23 x 11 mm.
BASIS: Geometrische Darstellung, Vierteilung der Fläche: Die Spitzen zweier mit einem Rautenmuster ausgefüllten Dreiecke berühren sich in der Mitte. In den Feldern der Längsseite ist je
ein weiteres Dreieck eingezeichnet, dessen Schenkel parallel zu jenen der primären Dreiecke
verlaufen. Das eine schliesst ein dünn eingeritztes kleineres Dreieck ein, durch das andere führt
ein senkrechter Strich von der Basis in die Nähe der Spitze.
PARALLELEN: Für ein in bezug auf Form und Darstellung bzw. Vierteilung der Fläche sehr
ähnliches Siegel von der ʿAmuq-Ebene vgl. BRAIDWOOD/BRAIDWOOD 1960: Fig. 379,10
(ʿAmuq F? = 2. Hälfte 4. Jt.), von Susa vgl. AMIET 1972: Nr. 47 (Susa A = 1. Hälfte 4. Jt.).
DATIERUNG: 4. Jt.
FUNDKONTEXT: Oberflächenfund.
SAMMLUNG: Museum Maʿyān Bārūk, Nordgaliläa.
BIBLIOGRAPHIE: Unveröffentlicht.

Nr. 11: aus Ha-Gošerīm.
OBJEKT: Viereckiges Stempelsiegel mit gerundeten Ecken, leicht konvexer Siegelfläche und
leistenförmigem Griff, der waagrecht durchbohrt ist; grösseres Stück vom Rand weggebrochen,
übriger Rand bestossen, Gravur kräftig eingeritzt, bräunlicher Kalkstein, 39 x 36 x 17 mm.
BASIS: Geometrische Darstellung, axialsymmetrische Komposition: Drei Gerade bilden die
Symmetrieachse; von deren Mitte aus verlaufen beidseitig drei Linien zum Rand hin, so dass
eine Kreuzform entsteht. Die Zwickel sind mit einem Rautenmuster ausgefüllt.

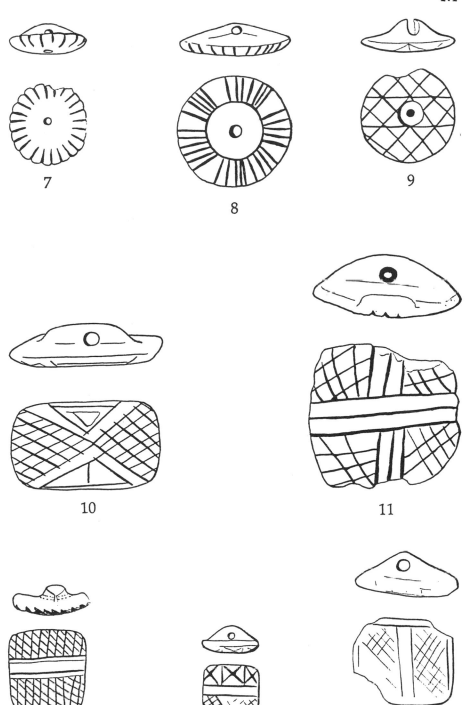

1:1

7

8

9

10

11

12

13

14

PARALLELEN: Die Vierteilung der Siegelfläche ist in der ʿAmuq-Ebene ab Phase E = 1. Hälfte 4. Jt. belegt (vgl. BRAIDWOOD/BRAIDWOOD 1960: Fig. 167,6), in Byblos schon ab dem mittleren Neolithikum (vgl. DUNAND 1973: 25 Fig. 76,23671 und 29564). Vgl. auch die frühesten Siegelfunde aus Tall Lauḥ/Südmesopotamien (AMIET 1980: Nr. 154 und BUCHANAN 1967: 529, Fig. 2 [1. Hälfte 4. Jt.]).
DATIERUNG: 4. Jt.
FUNDKONTEXT: Oberflächenfund.
SAMMLUNG: Privatsammlung N. Zakay, Ha-Gošerīm.
BIBLIOGRAPHIE: Unveröffentlicht.

Nr. 12: aus Ha-Gošerīm.
OBJEKT: Stempelsiegel in Form einer viereckigen, leicht gebogenen Platte mit leistenförmigem Griff auf der konkaven Seite, der quer durchbohrt ist, Gravur dünn eingeritzt, Doppellinie tiefer eingekerbt, Kalkstein, 21,7 x 21/19 x 8 mm.
BASIS: Geometrische Darstellung, axialsymmetrische Komposition: Die Symmetrieachse wird durch eine Doppellinie gebildet; beidseitig davon ein Rautenmuster.
PARALLELEN: Für ein in bezug auf die Darstellung sehr ähnliches Siegel aus der ʿAmuq-Ebene vgl. BRAIDWOOD/BRAIDWOOD 1960: Fig. 191,3 (ʿAmuq F = 2. Hälfte 4. Jt.). Für eine axialsymmetrische Komposition aus der ʿAmuq E-Phase (1. Hälfte 4. Jt.) vgl. ibid. Fig. 167,5; aus der G-Phase (Ende 4./Anfang 3. Jt.) ibid. Fig. 253,3. Die Mittellinie als Symmetrieachse erscheint in Gaura auf Siegeln ab Schicht XIII = 1. Hälfte 4. Jt. (TOBLER 1950: Nr. 38, 39 und 43), in Byblos schon im frühen Neolithikum (Dunand 1973: 85 Fig. 48, 35725). Für die Mittellinie als typisch susianisches Gestaltungselement der 1. Hälfte des 4. Jts. vgl. DESHAYES 1974: 195.
DATIERUNG: 4. Jt.
FUNDKONTEXT: Oberflächenfund.
SAMMLUNG: Museum Maʿyān Bārūk, Nordgaliläa.
BIBLIOGRAPHIE: Unveröffentlicht.

Nr. 13: aus Ha-Gošerīm.
OBJEKT: Rechteckiges Stempelsiegel mit gerundeten Ecken, leicht konvexer Siegelfläche und leistenförmigem Griff, der quer durchbohrt ist, Basis abgenutzt, Gravur: Muster dünn, Symmetrieachse kräftiger eingeritzt, schwarzer Kalkstein, 15 x 8 x 6,8 mm.
BASIS: Geometrische Darstellung, axiale Komposition: Eine Doppellinie teilt die Fläche in zwei Felder, das eine ist mit einem Andreaskreuzmuster, das andere mit einem Rautenmuster überzogen.
PARALLELEN: Vgl. Ha-Gošerīm Nr. 12. Die Symmetrie ist hier nicht gleichermassen durchgehalten wie auf den Siegeln Nr. 12, 14 und 15. Eine ähnliche Unregelmässigkeit ist auf einem spätchalkolithischen (Ende 4./Anfang 3. Jt.) Siegel aus Byblos zu beobachten (DUNAND 1973: Pl. 168,26902).
DATIERUNG: 4. Jt.
FUNDKONTEXT: Oberflächenfund.
SAMMLUNG: Museum Maʿyān Bārūk, Nordgaliläa.
BIBLIOGRAPHIE: Unveröffentlicht.

Nr. 14: aus Ha-Gošerīm.
OBJEKT: Rechteckiges Stempelsiegel mit gerundeten Ecken, leicht konvexer Siegelfläche und leistenförmigem Griff, der quer durchbohrt ist, drei Ecken weggebrochen, stark abgenutzt, Gravur dünn eingeritzt, hellgrauer Kalkstein, 27 x 23 x 11 mm.

BASIS: Geometrische Darstellung, axialsymmetrische Komposition: Eine Doppellinie bildet die Symmetrieachse; beidseitig davon ein Rautenmuster, das durch eine Randleiste begrenzt wird.
PARALLELEN: Vgl. Nr. 12 und ein sehr ähnliches Siegel aus Susa: DELAPORTE 1923: Taf. 13,5.
DATIERUNG: 4. Jt.
FUNDKONTEXT: Oberflächenfund.
SAMMLUNG: Museum Maʿyān Bārūk, Nordgaliläa.
BIBLIOGRAPHIE: Unveröffentlicht.

Nr. 15: aus Ha-Gošerīm.
OBJEKT: Stempelsiegel in Form einer viereckigen Platte mit leicht konvexer Siegelfläche, an zwei gegenüberliegenden Rändern der Oberseite je ein Bohrloch, das sich in einem Winkel von 90° mit einem Bohrloch auf der Seitenwand der Platte trifft, abgenutzt, Gravur: Muster dünn, Doppellinien kräftiger eingeritzt, beiger Kalkstein, 22 x 22 x 7,6 mm.
BASIS: Geometrische Darstellung, axialsymmetrische Komposition: Das Mittelfeld ist mit einem Rautenmuster ausgefüllt und auf zwei Seiten mit einer Doppellinie und kurzen, schrägen Strichen zum Rand hin abgeschlossen.
PARALLELEN: Die viereckige Platte mit geometrischem Dekor ist in Šāġir Bāzār/Nordsyrien schon in der Ḥalafzeit = Ende 5. Jt. belegt (MALLOWAN 1936: Fig. 7,17; MALLOWAN 1937: Fig. 14,22-23). Auf dem Tall Brak kommt sie in der Spät-Urukzeit = Ende 4./Anfang 3. Jt. sehr häufig, jedoch nur selten mit geometrischem Siegelbild vor (MALLOWAN 1947: Pl. 20,28 und 32). Ob die viereckigen Abdrücke aus Gaura (4. Jt.) von einem plattenförmigen Stempel herrühren, ist nicht auszumachen. Für dortige viereckige Abdrücke mit axialsymmetrischem geometrischem Muster vgl. TOBLER 1950: Nr. 39 und 43. Für die Form vgl. weiter einen Stempel vom Tall as-Sulṭān, unsere Nr. 3. Die Darstellung erinnert an jene auf den zylinderförmigen Perlen aus dem spätchalkolithischen (= Ende 4./Anfang 3. Jt.) Byblos (DUNAND 1973: Pl. 168, 31224 und 28383). Für einen ähnlichen Dekor auf einem Siegel aus der ʿAmuq-Ebene vgl. BRAIDWOOD/BRAIDWOOD 1960: Fig. 191,3 (ʿAmuq F = 2. Hälfte 4. Jt.).
DATIERUNG: 4. Jt.
FUNDKONTEXT: Oberflächenfund.
SAMMLUNG: Museum Maʿyān Bārūk, Nordgaliläa.
BIBLIOGRPAHIE: Unveröffentlicht.

Nr. 16: aus Ha-Gošerīm.
OBJEKT: Giebelförmiges Stempelsiegel mit leicht konvexer, ovaler Stempelfläche, der Breite nach und parallel zum First durchbohrt, ein Stück vom Siegelrand und von der Siegelfläche weggebrochen, Gravur: tiefe Bohrlöcher, Kreise mit Röhrenbohrer und kräftige Einritzungen, rötlicher Kalkstein, 36 x 28 x 13 mm.
BASIS: Geometrische Darstellung: Fünf Bohrlöcher je in einem Kreis, wovon eines durch den Rand abgeschnitten ist; dem Rand entlang verlaufen kurze zentripetale Striche.
PARALLELEN: Für eine bezüglich Form und Dekor sehr enge Parallele aus dem spätneolithischen (1. Hälfte 4. Jt.) Byblos vgl. DUNAND 1973: Fig. 110,35456 = Pl. 117,35456. Die grösste Gruppe von giebelförmigen Stempelsiegeln wurde auf dem Tall aš-Šaiḫ (ʿAmuq) gefunden (BUCHANAN 1967: 525f). Giebel mit geometrischer Darstellung sind nicht zahlreich und wären nach dem Grabungsbefund früher, d.h. noch im späten 5. Jt., anzusiedeln. Auf dem Tall Ǧudaida (ʿAmuq) tauchen Giebel mit geometrischen und figürlichen Darstellungen gleichzeitig in Phase F = 2. Hälfte 4. Jt. auf (BRAIDWOOD/BRAIDWOOD 1960: Fig. 191,6.8.7). Die Giebelform bleibt bis zum Anfang des 3. Jts. in Nordsyrien/Südostanatolien erhalten. Im selben Raum findet man auch die eingekreisten Bohrlöcher und die Striche am Rand als ausschliesslichen Dekor, so in Tarsus (GOLDMAN 1956: Fig. 394,41 nicht stratifiziert, möglicherweise

15

Halafzeit = Ende 5. Jt., vgl. ibd. p. 231), auf dem Tall Ḥalaf (OPPENHEIM 1943: 118,5, Taf. 38,13; Taf. 114,19 Ḥalafzeit), in Gaura (TOBLER 1950: Pl. 172,31 Ḥalafzeit), in Šaġir Bāzār (MALLOWAN 1936: Fig. 7,9 aus der späten Schicht I, jedoch wahrscheinlich ans Ende des 5.-4. Jts. einzuordnen; vgl. p. 24,4). Vgl. weiter ein Siegel vom Tall Kurdu (ʿAmuq), bei dem die Bohrlöcher die Siegelfläche durchstossen (BRAIDWOOD/BRAIDWOOD 1960: Fig. 167,3 ʿAmuq E = 1. Hälfte 4. Jt.). AMIET 1963: 64 betrachtet die eingekreisten Bohrlöcher als typisches Motiv der syrischen Glyptik und führt Beispiele auf Rollsiegeln an. Für eine umfassende Darstellung der giebelförmigen Siegel ("gables") vgl. MAZZONI 1980: 53-75; siehe auch das Siegel vom Tēl Qišiōn, unten Nr. 20.
DATIERUNG: 4. Jt.
FUNDKONTEXT: Oberflächenfund.
SAMMLUNG: Museum Maʿyān Bārūk, Nordgaliläa.
BIBLIOGRAPHIE: Unveröffentlicht.

Nr. 17: aus Ha-Gošerīm.
OBJEKT: Konisches Stempelsiegel mit rechteckiger Siegelfläche, Ecken gerundet, Durchbohrung nicht mehr erkennbar, da oberer Teil und Teile des Mantels weggebrochen, Gravur: Bohrlöcher, weisser Kalkstein, 17 x 9,5 x 15 (erhaltene Höhe) mm.
BASIS: Geometrische Darstellung, symmetrische Anordnung: Acht paarweise angeordnete Bohrlöcher.
PARALLELEN: Treffende Vergleichsstücke finden sich im nahen Byblos der spätneolithischen Zeit (1. Hälfte 4. Jt.): DUNAND 1973: Pl. 117,32125; 117,34862; 117,30370). Die Form ist schon früh belegt, so in Mersin/Südost-Anatolien (GARSTANG 1953: 16 Abb. 8 [Schicht 27 = 1. Hälfte 6. Jt.); in der ʿAmuq-Ebene taucht sie in Phase F = 2. Hälfte 4. Jt. auf BRAIDWOOD/ BRAIDWOOD 1960: Fig. 191,4; 253,3,4 = Phase G = Ende 4./Anfang 3. Jt.). Für die Bohrlöcher als ausschliesslichen Dekor vgl. die zwei chalkolithischen Siegel ähnlicher Form vom Tall aš-Šamdīn und von Ġassūl, unsere Nr. 5 und 6. Für weitere Vergleichsstücke siehe dort.
DATIERUNG: 4. Jt.
FUNDKONTEXT: Oberflächenfund.
SAMMLUNG: Museum Maʿyān Bārūk, Nordgaliläa.
BIBLIOGRAPHIE: Unveröffentlicht.

Nr. 18: aus Gamlā (im Ġōlān, 11,5 km östlich der Mündung des Jordans in den See Gennesaret, Koordinaten 2194/2565).
OBJEKT: Rundes Stempelsiegel mit flach gewölbter Oberseite, die etwas eingebuchtet ist, so dass eine Art Rippe entsteht, bei der Einbuchtung quer durchbohrt, Rand bestossen, ein Stück davon abgebrochen, Gravur dünn eingeritzt, vulkanischer schwarzgrüner Stein, Durchmesser ca. 30 mm.
BASIS: Figürliche Darstellung: Gehörnter Vierbeiner, darüber, um 90° gedreht, eine menschliche Gestalt? (der Beschreibung BEN-TORs 1985A: 68*, der in der Darstellung das Brustbild eines Menschen mit erhobenen Armen und einem Kopf mit drei Auswüchsen sehen will, ist schwer zu folgen - wenn ein Mensch, dann ist er m.E. in umgekehrter Lage zu betrachten); im Mittelfeld waagrechte Linie, Schlange?
PARALLELEN: Schematisierte Vierbeiner sind in Brak und in Gaura ab Ende 4. Jt. belegt (SPEISER 1935: Nr. 16, 20, 21; MALLOWAN 1947: Pl. 18,7; 20,26) und früher schon auf einem Giebel vom Tall Mafaš (Balīḫ) aus der 1. Hälfte des 4. Jt. (MALLOWAN 1946: 157, Pl. 24,1). Vgl. hierzu auch den Siegelabdruck vom Tall al-Fārʿa Nord = unsere Nr. 35). All diese Beispiele weichen jedoch vom dünnen Ritzstil des Gamlā-Siegels ab und sind auch nicht mit einer menschlichen Gestalt in Verbindung gebracht. Parallelen in bezug auf Form, Ikonographie, Stil und Schneidetechnik finden sich im weitentfernten Iran aus der 1. Hälfte des 4. Jts., in Susa A (AMIET 1972: Nr. 137 und 144; nur mit Tieren und Schlange? im Mittelfeld

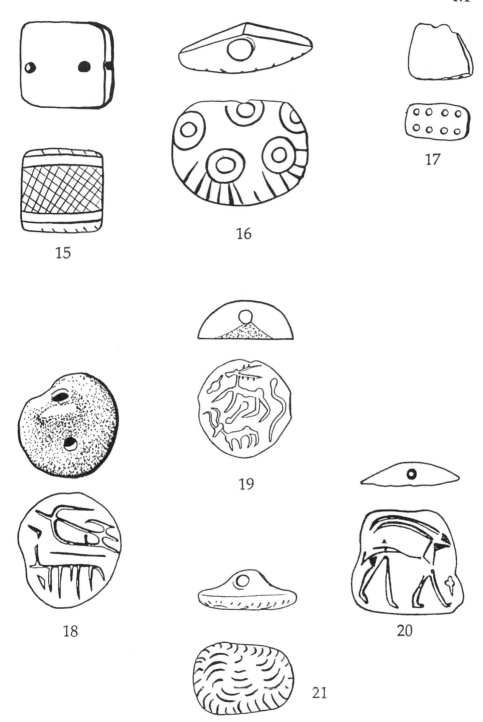

1:1

15

16

17

18

19

20

21

ibid. Nr. 142; nur mit Vierbeiner ibid. Nr. 134); vom Tapa Giyān (ohne Vierbeiner; HERZ-FELD 1933: Abb. 24,TG2333); vgl. auch ein im gleichen Stil gefertigtes Siegel der Genfer Sammlung (VOLLENWEIDER 1967: Pl. 5,7). Über die Beliebtheit der Schlange bzw. der Schlange in Kombination mit einem Vierbeiner auf Siegeln aus Nordmesopotamien und Iran vgl. unsere Nr. 35; für die Darstellung einer menschlichen Figur auf einem Siegel aus Ebla (wahrscheinlich Import aus Nordmesopotamien, 4. Jt.) vgl. MAZZONI 1980: 76-78, Fig. 35a-b und 36.
DATIERUNG: 4. Jt.
FUNDKONTEXT: Area G, Auffüllung unter einem Haus; chalkolithische, FB II-zeitliche und hellenistische Scherben. Import aus dem nordmesopotamisch-iranischen Raum.
SAMMLUNG:
BIBLIOGRAPHIE: BEN-TOR 1985: 6 Fig. 8-10. BEN-TOR 1985a: 90-93 (hebr.), 68* (engl.), Pl. 19,2-4.

Nr. 19: aus Geser(?).
OBJEKT: Stempelsiegel mit runder Siegelfläche und leicht gewölbtem Rücken, waagrecht zum Siegelbild durchbohrt, unterhalb der Durchbohrung abgeplattet, Rand bestossen, Gravur linear, kräftig eingeritzt, schwarzer Stein, 25 x 26 x 11,6 mm.
BASIS: Figürliche Darstellung: Nach links gerichteter Cervide über gleichgerichtetem gazel-lenartigem Tier. Hinter den Tieren eine Schlange, vor dem Cerviden ein Füllmotiv (Tierkopf?).
PARALLELEN: Siegelform und Ikonographie kommen in Iran und Nordmesopotamien im 4. Jt. häufig vor. Anstelle des Cerviden erscheinen öfters Capriden (vgl. die unter Nr. 35 angege-benen Parallelen). Die runde Form mit mehr oder weniger stark gewölbtem Rücken wird in Gaura ab Schicht XII (ca. Mitte 4. Jt.) bevorzugt (vgl. HOMES-FRÉDÉRICQ 1970: Pl. 4ff, bes. Pl. 7,92). Zur gleichen Zeit kommen erstmals übereinanderstehende gleichgerichtete Tiere vor (vgl. ibid. Nr. 69). In Susa ist dies schon in frühester Zeit der Fall (vgl. AMIET 1972: Pl. 45,143 Susa A = frühes 4. Jt.). Für drei verwandte Stücke des Ashmolean Museums und der Genfer Sammlung vgl. BUCHANAN 1984: Nr. 58 und VOLLENWEIDER 1983: Nr. 5 und 6.
DATIERUNG: 4. Jt.
FUNDKONTEXT: Ankauf? Import aus Nordmesopotamien oder Iran.
SAMMLUNG: Palestine Exploration Fund, London, Kasten B, Vitrine 7 überschrieben mit "Gezer".
BIBLIOGRAPHIE: Unveröffentlicht.

Nr. 20: vom Tēl Qišiōn (2,5 km südlich vom Tabor, Koordinaten 1871/2296).
OBJEKT: Giebelförmiges Stempelsiegel mit viereckiger, schwach konvexer Siegelfläche. First und Ecken sind gerundet. Parallel zum First durchbohrt. Rand bestossen, eine Ecke wegge-brochen. Gravur kräftig eingeritzt. Dunkelgrauer Stein (Serpentin?). 30 x 26 x 6,5 mm.
BASIS: Figürliche Darstellung: Nach links schreitendes Horntier (Steinbock); vor den Vorder-läufen ein kleines Füllmotiv (pflanzliches Element?).
PARALLELEN: Das Siegel gehört zur Kategorie der giebelförmigen Stempel ("gables"), die beliebteste Siegelform Nordsyriens/Südostanatoliens im 4. Jt., vgl. hierzu unsere Nr. 16. Für einen gleichen Fund aus Ebla s. MAZZONI 1980: 55 Abb. 14-15. Ein ebd. unter Fig. 27 ange-führter und von MAZZONI p. 68 in die zweite Hälfte des 4. Jts. eingeordneter Giebel des Ash-molean Museums bildet eine sehr enge Parallele zu unserem Stück.
DATIERUNG: 2. Hälfte 4. Jt.
FUNDKONTEXT: Oberflächenfund. Import aus dem nordsyrisch/südostanatolischen Raum.
SAMMLUNG: Israel Department of Antiquities, Jerusalem.
BIBLIOGRAPHIE: BEN-TOR 1978: 13,S-4.88,S-4, Fig. 11,77.S-4, Pl. 11,77.S-4. ARNON/AMIRAN 1981: 212 Pl. 37,3. BEN-TOR 1985: 7, Fig. 11.

Nr. 20a: aus Bēt Šᵉᵓān (ohne Abb., s. Anm. 1).
OBJEKT: Ovales Stempelsiegel, dünn eingeritzt, abgenutzt, Stein, 32(?) x 28(?) mm
BASIS: Figürliche Darstellung: Gehörnte Vierbeiner.
PARALLELEN: Vgl. Nr. 18-20.
DATIERUNG: 4. Jt.? 3. Jt.?
FUNDKONTEXT: Tiefer Sondiergraben am nördlichen Abhang des Talls, 2 m unter MB II B-
zeitlichen Gräbern.
SAMMLUNG:
BIBLIOGRAPHIE: FITZGERALD 1931: 35, Pl. 28,2.

Nr. 21: von Abū Ḥawwām(?)
OBJEKT: Leicht trapezförmiges Stempelsiegel mit gerundeten Ecken, schwach konvexer
Stempelfläche und Grifföse, Bildfläche geringfügig beschädigt, Gravur grob und mitteltief ein-
geritzt, hellgrauer Steatit, 26,5 x 15-19 x 5 (Platte) - 11 (mit Öse) mm.
BASIS: Geometrische Darstellung: Den Rand umlaufen ungleich grosse bogenförmige Ein-
ritzungen. Das Mittelfeld beinhaltet drei Reihen grösserer Bogen untereinander, wobei die eine
entgegengesetzt gerichtet ist, so dass eine S-förmige Bewegung entsteht.
PARALLELEN: Knopfförmige Stempelsiegel mit konvexer Siegelfläche und geometrischem
Dekor gehören zum frühesten Siegelbestand des iranischen Hochlandes. Aus Hamadan stammt
ein in Form und Dekor unserem Stück sehr ähnliches Beispiel aus "taubengrauem" Stein
(HERZFELD 1933: Abb. 13, EH Ham). Herzfeld (ibid. 86) möchte es dem Ende des 4./Anfang
3. Jt. zuschreiben. In der Aulock-Sammlung befindet sich ein mit dem unseren derart eng ver-
wandtes Stück (OSTEN 1957: Nr. 1), dass man die beiden mit dem Hamadan-Siegel zu einer
Gruppe zusammenschliessen und der gleichen Werkstätte zuschreiben möchte.
DATIERUNG: 4. Jt.
FUNDKONTEXT: Oberflächenfund, um das Jahr 1940. Import aus Iran.
SAMMLUNG: Privatsammlung M. Rešef, Kibbutz Bēt Alfā.
BIBLIOGRAPHIE: Unveröffentlicht.

Nr. 22: aus ᶜArād.
OBJEKT: Stempelsiegel in Form eines unregelmässigen, spitzen Ovals mit gewölbtem Rükken und nicht ganz der Längsachse entlang verlaufendem gratförmigem Griff, stark abgenutzt,
rissig, keine Durchbohrung, Gravur grob und tief eingegraben, weicher lokaler Kalkstein, 55 x
32 x 24 mm.
BASIS: Geometrische Darstellung: Vier X-förmig angeordnete Linien teilen die Fläche in vier
Felder. Auf jenen der Längsachse ist je ein Oval, einmal mit einem zusätzlichen Strich, auf jenen der Querachse je eine Kugel eingeschnitten. Parallel zum Rand verlaufen in den Feldern
unregelmässig lange Linien (Versuch einer Umrahmung?).
PARALLELEN: Allgemein gesehen bildet das Siegel mit den Nr. 23-25 aus ᶜArād eine Gruppe. Mit Nr. 23 teilt es ausserdem den gleichen Rücken bzw. Griff und die Kompositionsweise
der Darstellung. Trotz der grossen zeitlichen Entfernung drängt sich in bezug auf Form, Darstellung und Schneidetechnik ein Vergleich mit den Tonstempeln (Pintaderas) und Siegeln aus
dem früh- und mittelneolithischen Byblos auf (DUNAND 1973: Pl. 118, bes. 23404 mit flacher
Basis und ohne Durchbohrung und Fig. 76,23671; 76,29564 für die Vierteilung der Stempelfläche).
DATIERUNG: FB II (vgl. BECK 1984: 112).
FUNDKONTEXT: Locus 4132a, "palace" complex, Stratum II: grösster Teil der Regierungszeit von Den bis zum Ende der 2. Dyn. (vgl. AMIRAN 1978: 184).
SAMMLUNG: Israel Museum, Jerusalem.
BIBLIOGRAPHIE: BECK 1984: 97f Nr. 1, Fig. 1,1, Pl. 8,1.

Nr. 23: aus ʿArād.

OBJEKT: Rhombenförmiges Stempelsiegel mit gerundeten Ecken, gewölbtem Rücken und der Längsachse entlang verlaufendem gratförmigem Griff, keine Durchbohrung, an den beiden Längsenden, am Ende der einen Schmalseite und am Griff je ein Stück vom Stein weggebrochen, Beschädigung auf der Siegelfläche, Gravur tief eingegraben, weicher lokaler Kalkstein, 78 x 35 x 25 mm.

BASIS: Geometrische Darstellung, Vierteilung der Fläche: Auf der Längsachse zwei spitzovale Aushöhlungen, die von einer Linie umrahmt sind ('Augenmuster'); auf der beschädigten Querachse Andeutung eines weiteren 'Augenmusters'?, am gegenüberliegenden Ende undeutliche Einritzung.

PARALLELEN: Vgl. ʿArād Nr. 22. Das 'Augenmotiv' kommt auf den dort erwähnten Byblos-Siegeln nur einmal andeutungsweise vor (DUNAND 1973: Pl. 18,27877), erscheint aber auf Rollsiegeln der frühesten Zeit, z.B. in Ḥabūba Kabīra (STROMMENGER 1979: Abb. 12) und wird gegen Ende des 4./Anfang des 3. Jts. eines der beliebtesten Motive der Rollsiegelglyptik von Susa bis Ägypten (vgl. BOEHMER 1974: Abb. 2, 11, 19, 20). Das von BECK (1978: 54) erwähnte Tonsiegel aus dem allerdings entfernten Eutresis (Boetien, Griechenland) weist in bezug auf Form und Darstellung sehr grosse Ähnlichkeit mit dem vorliegenden Stück auf (CASKEY/CASKEY 1960: 135.137, Pl. 52 II,47).

DATIERUNG: FB II (vgl. BECK 1984: 112).

FUNDKONTEXT: Tempel 1894, Stratum II: grösster Teil der Regierungszeit von Den bis zum Ende der 2. Dyn. (vgl. AMIRAN 1978: 184).

SAMMLUNG: Israel Museum, Jerusalem.

BIBLIOGRAPHIE: BECK 1978: 54 Nr. 2, Pl. 116,2; BECK 1984: 98f Nr. 2, Fig. 1,2, Pl. 9,2.

Nr. 24: aus ʿArād.

OBJEKT: Rhombenförmiges Stempelsiegel mit leicht gewölbtem Rücken und kleinem rechteckigem Griff, die Ecken der Querachse sind gerundet, jene der Längsachse abgeplattet, eine davon bestossen, keine Durchbohrung, Gravur ziemlich tief eingegraben, teilweise abgetragen, weicher lokaler Kalkstein, 63 x 40 x 15 mm.

BASIS: Geometrische Darstellung, axialsymmetrische Komposition: Von einer Mittellinie aus führen rechts und links Linien zu den Längsenden, wo sie durch je eine Senkrechte begrenzt werden.

PARALLELEN: Vgl. ʿArād Nr. 22. Für die gleiche Darstellung auf frühneolithischen Tonstempeln aus Byblos mit Mittellinie auf der Längsachse vgl. DUNAND 1973: Pl. 118,20302; 118,23404; mit Mittellinie auf der Querachse ibid. Fig. 48,35725. Vgl. Form der Siegelfläche und Kompositionsweise eines in Gercin/Zincirli gekauften Siegels (ANDRAE 1943: Taf. 37, p).

DATIERUNG: FB II (vgl. BECK 1984: 112). Zur weiteren Stützung der Datierung dieses Siegels ohne Fundkontext zieht BECK (1984: 102) einen Abdruck aus dem spätchalkolithischen Byblos heran (DUNAND 1945: Pl. 3,e, Abb. 1,1); der Vergleich ist jedoch m.E. nicht sehr einleuchtend.

FUNDKONTEXT: Oberflächenfund.

SAMMLUNG: Israel Museum, Jerusalem.

BIBLIOGRAPHIE: BECK 1984: 99 Nr. 3, Fig. 2,3, Pl. 9,3.

Nr. 25: aus ʿArād.

OBJEKT: Stempelsiegelabdruck unterhalb eines Krugrandes, Gravur des Originals wahrscheinlich tief eingegraben, obwohl das Relief im Abdruck flach und teilweise unklar erscheint, was auf zuwenig Druck beim Siegeln zurückgeführt werden kann, Ton, 46 x 28 mm.

BASIS: Geometrische Darstellung, axiale Komposition: Spitzoval, das von einer Mittellinie in zwei ungleich grosse Hälften geteilt wird; in der einen Hälfte zwei ineinander eingeschobene

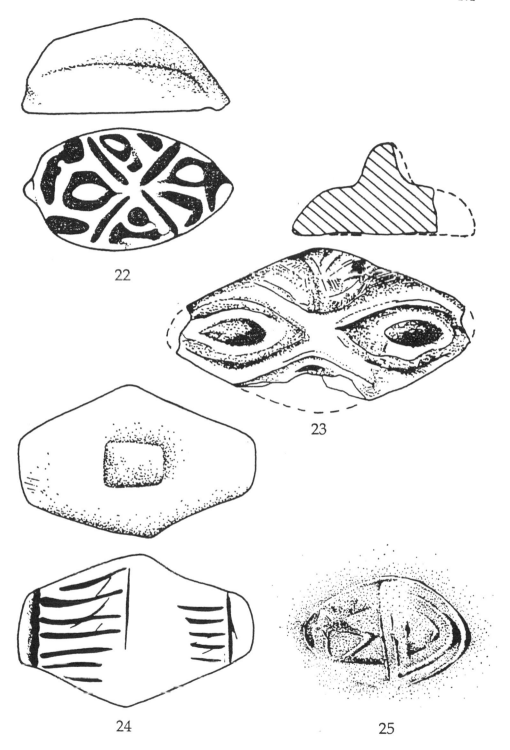

22

23

24

25

Dreiecke mit gerundetem Apex und Basis parallel zur Mittellinie, in der andern Hälfte bildet die Mittellinie die Basis eines gleichen Dreiecks, in das ein zweites Dreieck mit Spitze zur Mittellinie hin eingezeichnet ist.
PARALLELEN: Vgl. ᶜArād Nr. 22. Zur Kompositionsweise vgl. einen Tonstempel aus dem frühneolithischen Byblos (DUNAND 1973: Pl. 118,27075); vgl. weiter ibid. Fig. 48,35725 und Fig. 76,35343.
DATIERUNG: FB II (vgl. BECK 1984: 112).
FUNDKONTEXT: Locus 5141 (Raum innerhalb des "Palastes"), Stratum II: grösster Teil der Regierungszeit von Den bis zum Ende der 2. Dyn. (vgl. AMIRAN 1978: 184).
SAMMLUNG: Israel Museum, Jerusalem.
BIBLIOGRAPHIE: BECK 1984: 99 Nr. 4, Fig. 2,4.

Nr. 26: aus ᶜArād.
OBJEKT: Rhombenförmiges Stempelsiegel(?) mit leicht gewölbtem Rücken, keine Durchbohrung, Rücken bestossen, Gravur dünn eingeritzt, Bohrloch, weicher lokaler Kalkstein, 31 x 32 x 10 mm.
BASIS: Geometrische Darstellung, axiale Komposition: Rhombus durch Mittellinie in zwei Dreiecke geteilt. Unregelmässige Linien, die teilweise über die Randlinie hinausragen, Winkel und eine Kugel nahe beim Zentrum.
PARALLELEN: Mit den ᶜArād-Siegeln Nr. 22-24 teilt das Stück das Material und den Versuch zur axial(symmetrisch)en Gliederung der Basisdarstellung. Betreffs Gravur findet nur die Kugelbohrung in Nr. 22 und Nr. 28 eine Entsprechung.
DATIERUNG: FB II (vgl. BECK 1984: 112).
FUNDKONTEXT: Locus 4830 ("sacred precinct"), Stratum II: grösster Teil der Regierungszeit von Den bis zum Ende der 2. Dyn. (vgl. AMIRAN 1978: 184).
SAMMLUNG: Israel Museum, Jerusalem.
BIBLIOGRAPHIE: BECK 1984: 99 Nr. 5, Fig. 3,5.

Nr. 27: aus ᶜArād.
OBJEKT: Stempelsiegel in Form eines unregelmässigen Rechtecks mit hochgewölbtem, grob die Form einer Viertelkugel bildendem Rücken, keine Durchbohrung, Gravur tief eingegraben, weicher lokaler Kalkstein, 41 x 27 x 27 mm.
BASIS: Geometrische Darstellung, axialsymmetrische Komposition: Die Mittelachse der Schmalseite bilden die Schenkel je eines nach unten und nach oben geöffneten Winkels, in die zwei weitere Winkel eingezeichnet sind.
PARALLELEN: Wäre der Dekor der rechteckigen Stempelfläche nicht perfekt angepasst, könnte man in dem Stück den beschädigten Rest eines ursprünglich halbkugelförmigen Siegels vermuten. Für die symmetrische Aufteilung der Fläche vgl. ᶜArād Nr. 22-26, für die Darstellung von Winkeln vgl. ᶜArād Nr. 31.
DATIERUNG: FB II (vgl. BECK 1984: 112).
FUNDKONTEXT: Oberflächenfund.
SAMMLUNG: Israel Museum, Jerusalem.
BIBLIOGRAPHIE: BECK 1984: 104 Nr. 7, Fig. 3,7, Pl. 10,7.

Nr. 28: aus ᶜArād.
OBJEKT: Stempelsiegel(?) in Form einer unregelmässig rechteckigen Platte, keine Durchbohrung, Gravur tief eingegraben, Bohrlöcher, weicher lokaler Kalkstein, 48 x 38 x 15 mm.
BASIS: Unregelmässig geometrische Darstellung: Drei Bohrlöcher diagonal über die Fläche verteilt, im Mittelfeld eine lange schräge Linie, die in entgegengesetzter Richtung verläuft, weitere kürzere gerade oder gebogene Linien, teils mit der Mittellinie verbunden, teils spitze Winkel bildend; zusätzliches Bohrloch am mittleren Rand der einen Längsseite; parallel zum gleichen Rand dünnere Linie, Spuren einer Umrahmung? BECK (1984: 104) vermutet im Bild

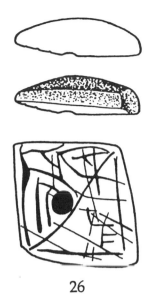

26

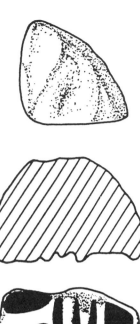

27

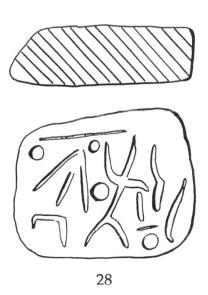

28

1:1

die Darstellung einer menschlichen Gestalt, wobei in der schrägen langen Linie der Rumpf inklusive Kopf zu sehen wäre.
PARALLELEN: Für die Form vgl. die Platte vom Tall as-Sulṭān Nr. 3. Da in der Levante zu dieser Zeit menschliche Darstellungen auf Stempelsiegeln fehlen, ist die von Beck erwähnte Interpretationsmöglichkeit von geringer Wahrscheinlichkeit. Von den andern ʿArād-Siegeln unterscheidet sich dieses Stück durch die hier angewandte Kugelbohrtechnik (vgl. auch Nr. 30) und durch die unregelmässige Darstellungsweise.
DATIERUNG: FB II (vgl. BECK 1984: 112).
FUNDKONTEXT: Oberflächenfund.
SAMMLUNG: Israel Museum, Jerusalem.
BIBLIOGRAPHIE: BECK 1984: 104f Nr. 8, Pl. 10,8.

Nr. 29: aus ʿArād.
OBJEKT: Stempelsiegel in Form eines unregelmässig geschnittenen Kegels mit gerundetem oberem Ende und rechteckiger Stempelfläche, die im Positiv vom ebenfalls rechteckigen unteren Rand des Kegels herausragt, zusätzliche Einritzung auf dem Mantel, keine Durchbohrung, Gravur auf Stempelfläche tief eingegraben, auf dem Mantel dünn eingeritzt, harter Kalkstein, 59 x 29-39 x 69 mm.
BASIS: Figürliche Darstellung(?): Eng gewundene Linie (Schlange?), darüber ein Rechteck mit T-förmigem Gebilde, in rechteckigem Rahmen, dessen eine Ecke gerundet ist.
Mantel: Unregelmässig geometrische Darstellung: Trapezförmig eingeritzter Rand mit konvexer Basis umfasst verschiedene diagonale und vertikale Linien. Eine der Linien ragt über den Rand hinaus.
PARALLELEN: Für die grob geschnittene, unregelmässige Form vgl. Nr. 27; für das Motiv der Schlange vgl. Nr. 36.
DATIERUNG: FB II (vgl. BECK 1984: 112).
FUNDKONTEXT: Oberflächenfund.
SAMMLUNG: Israel Museum, Jerusalem.
BIBLIOGRAPHIE: BECK 1984: 105 Nr. 9, Fig. 4,9.

Nr. 30: aus ʿArād.
OBJEKT: Stempelsiegel(?) in Form einer unregelmässig rechteckigen Platte, deren eine Längsseite konvex verläuft, Ecken gerundet, keine Durchbohrung, Gravur: Bohrlöcher, weicher lokaler Kalkstein, 43 x 31,5 x 19 mm.
BASIS: Geometrische Darstellung: 27 mehr oder weniger regelmässig auf der Fläche verteilte Bohrlöcher.
PARALLELEN: Für die nur mit Bohrlöchern dekorierte Stempelfläche vgl. Nr. 5, 6, 17.
DATIERUNG: FB II (vgl. BECK 1984: 112).
FUNDKONTEXT: Oberflächenfund.
SAMMLUNG: Israel Museum, Jerusalem.
BIBLIOGRAPHIE: BECK 1984: 105 Nr. 10, Fig. 4,10, Pl. 11,10.

Nr. 31: aus ʿArād.
OBJEKT: Unfertiges Stempelsiegel(?) mit runder Siegelfläche, Rückseite und Seiten nicht ausgearbeitet, keine Durchbohrung, Gravur tief eingegraben, weicher lokaler Sandstein, Höhe des Steinfragmentes 28 mm, Durchmesser der Stempelfläche ca. 40 mm.
BASIS: Geometrische Darstellung, punktsymmetrische Komposition: Kreuz mit dreimal einem und einmal zwei Winkeln in den Feldern. In einem der Winkel zusätzliche Vertiefung: Ansatz zu einem zweiten Winkel?
PARALLELEN: BECK (1984: 54 Nr. 3) erwägt, dass es sich bei diesem Steinfragment um ein unfertiges Stempelsiegel handeln könnte, obwohl der Steinschneider in diesem Fall einen unüblichen Arbeitsgang eingehalten, d.h. das Siegelbild vor der Siegelform geschnitten hätte. Für

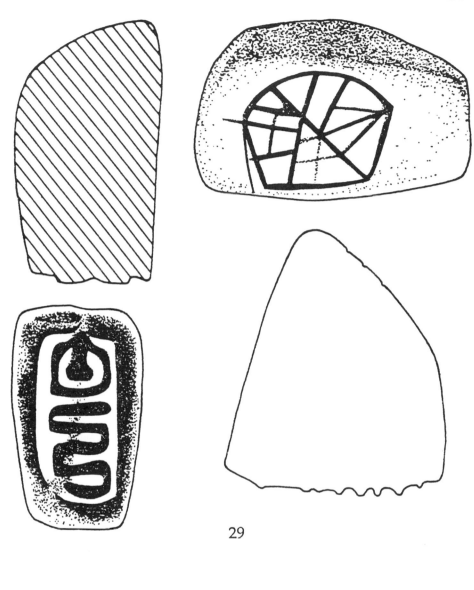

29

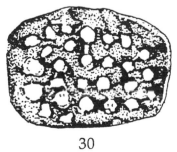

30

die ineinandergeschobenen Winkel vgl. ʿArād Nr. 27. Die Vierteilung des Kreises mit Winkeln in den Feldern ist ein zeitlich und räumlich sehr weit verbreitetes Motiv, die nächstgelegenen Beispiele finden wir im spätchalkolithischen (Ende 4./Anfang 3. Jt) Byblos (DUNAND 1945: Pl. 2,c-d; DUNAND 1973: Fig. 202,22987 und 33808). Vgl. auch unsere Nr. 1.
DATIERUNG: Eher Anfang EB II (vgl. BECK 1984: 112).
FUNDKONTEXT: Locus 2157, Stratum III: Regierungszeit von D̲er bis Anfang der Regierungszeit von Den (vgl. AMIRAN 1978: 184).
SAMMLUNG: Israel Museum, Jerusalem.
BIBLIOGRAPHIE: BECK 1978: 54 Nr. 3, Pl. 116,3. BECK 1984: 108 Nr. 13, Pl. 11,13.

Nr. 32: aus ʿArād.
OBJEKT: Stempelsiegel in Form eines Zylinders mit leicht konkaven Enden, keine Durchbohrung, Mantel beschädigt, Gravur dünn eingeritzt, weicher lokaler Kalkstein, Durchmesser 23,5 mm, Höhe 26 mm.
BASIS: Geometrische Darstellung: Gittermuster.
PARALLELEN: Für ein nordsyrisches Rollsiegel vom Ende 4./Anfang 3. Jt., das gleichzeitig als Stempelsiegel diente, mit Gittermuster auf der Stempelfläche vgl. BRAIDWOOD/BRAID-WOOD 1960: Fig. 381,3. Für das Gittermuster vgl. unsere Nr. 3 und 41.
DATIERUNG: FB II (vgl. BECK 1984: 112).
FUNDKONTEXT: Locus 4591, Stratum II: grösster Teil der Regierungszeit von Den bis Ende der 2. Dyn. (vgl. AMIRAN 1978: 184).
SAMMLUNG:
BIBLIOGRAPHIE: BECK 1984: 108 Nr. 14, Fig. 5,14.

Nr. 33: aus Bᵉ'ēr Rᵉsīsīm (im Negev, ca. 15 km ssö von Nessana, Koordinaten 1090/0205).
OBJEKT: Stempel(siegel?) mit ovaler Stempelfläche und stangenförmigem Griff (Fussform?), keine Durchbohrung, Gravur kräftig eingeritzt, weicher Kalkstein, 84 x 46 x 58 mm.
BASIS: Geometrische Darstellung, axialsymmetrische Komposition: Zu beiden Seiten einer längs verlaufenden Trennlinie tiefer eingekerbte Diagonalen auf der oberen Hälfte, auf der unteren je eine parallele Linie, welche von einer zum unteren Rand (Fussspitze) hin geöffneten Hufeisenform eingerahmt ist.
PARALLELEN: Ob die Fussform Absicht oder Zufall ist oder ev. gar nicht zutrifft, kann der Publikation (s.u.) nicht entnommen werden. Siegel dieser Form sind eine anatolische Eigenart. Gemäss ALP (1968: 136) stammt das älteste datierbare fussförmige Siegel aus dem Karahöyük des mittleren 3. Jts. Für ein Beispiel aus dem FB-zeitlichen Tarsus vgl. GOLDMAN 1956: Fig. 393,19. Die nächstgelegenen Beispiele von Fuss-Siegeln stammen aus Byblos (DUNAND 1973: 87-88 Fig. 52 von Dunand ins frühe Neolithikum datiert, was viel zu hoch veranschlagt ist, und DUNAND 1937: Pl. 134,4046a-b ohne verlässliche Fundangabe). Allen diesen Siegeln ist die geometrische, längsaxial komponierte Darstellung gemeinsam. Was Grösse, Material und Darstellung anbelangt, besteht eine gewisse Verwandtschaft mit der ʿArād-Gruppe der FB II-Zeit (Nr. 22-32).
DATIERUNG: Ende FB/Anfang MB.
FUNDKONTEXT: Nicht stratifiziert. Siedlungsdauer: ca. 2500-2000, Hauptphase um 2100.
SAMMLUNG:
BIBLIOGRAPHIE: COHEN/DEVER 1981: 63; 66 Fig. 9,4.

Nr. 34: aus Jericho.
OBJEKT: Siegelabdruck auf einer Scherbe, wahrscheinlich von rechteckigem Stempelsiegel (oder von Rollsiegel?), Gravur flach und eckig, Material des Originalsiegels wahrscheinlich Holz, 36 x 20 mm.
BASIS: Figürliche Darstellung: Nach rechts gerichteter liegender Vierbeiner; je ein Vorder- und Hinterbein nach auswärts gebogen.

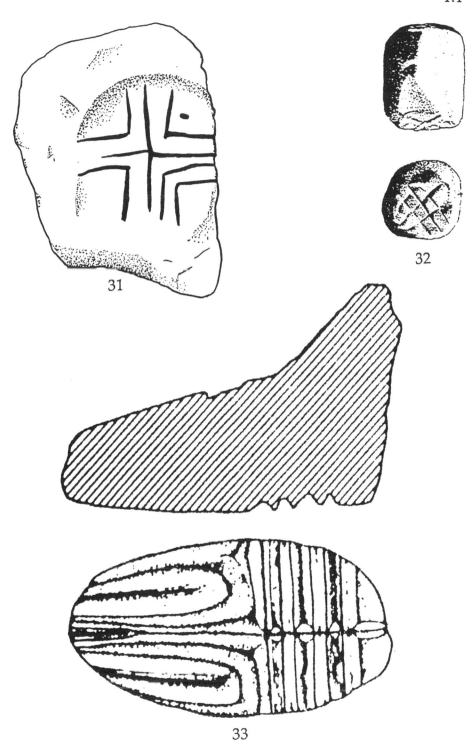

31

32

33

PARALLELEN: Ein Rollsiegelabdruck aus Jericho zeigt ein stilistisch gleich gebildetes Horntier, dessen Beine, obwohl es nicht liegt, in ähnlicher Weise geknickt sind (SELLIN/WATZINGER 1913: 97f.106, Abb. 66 = BEN-TOR 1978: Fig. 6,37, Pl. 6,34). Die Ähnlichkeit zu den FB II-zeitlichen Rollsiegelabdrücken aus Byblos (DUNAND 1945: Pl. 7) ist so frappant, dass es sich entweder um ein aus Byblos importiertes oder um ein lokales Gefäss, das mit einem importierten Siegel verziert worden ist, handeln muss (vgl. hierzu BEN-TOR 1978: 72 Fig. 21; BEN-TOR 1985: 13). Für die nach aussen gebogenen Beine gibt es Parallelen auf mesopotamischen Stempelsiegeln des 4./3. Jts. (vgl. BUCHANAN 1967: 533,11). Die zeitlich und räumlich nächstliegende ist ein Abdruck vom Tapa Gaura VIII = Ende 4./Anfang 3. Jt. (SPEISER 1935: Pl. 57,19).
DATIERUNG: FB II; vgl. die Datierung der Byblos-Abrollungen (BEN-TOR 1978: 89).
FUNDKONTEXT: Tall as-Sulṭān, Trench II.1 xiia (N); FB-Zeit. Import aus Byblos.
SAMMLUNG:
BIBLIOGRAPHIE: KENYON/HOLLAND 1982: 558; 557 Fig. 226,6; Pl. VII,b.A.

Nr. 35: vom Tall al-Fārᶜa (Nord).
OBJEKT: Dreifacher Abdruck eines wahrscheinlich viereckigen Stempelsiegels, der abwechselnd mit Abdruck Nr. 36 auf der gleichen Krugschulter erscheint, Gravur: flacher Schnitt mit klaren Konturen, Material des Originalsiegels wahrscheinlich Holz, 40 x 38 mm.
BASIS: Figürliche Darstellung: Nach links gerichtete Capride (Bogenhornziege, Steinbock?) mit hoch nach hinten geschwungenen Hörnern. Darüber, in den Bogen der Hörner eingezeichnet, ein zweiter Vierbeiner (ebenfalls Capride nach rechts oder links gerichtet?). Links am Rand zwei Dreiecke in einer Weise angeordnet, die auf eine viereckige Form des Originalsiegels schliessen lässt. Schematische Darstellung, bei der der Kopf des Tieres in beiden Fällen wie ein fünftes Bein wiedergegeben ist.
PARALLELEN: Ein beinahe identisch dargestellter Capride erscheint auf einem Rollsiegelabdruck aus Geser (MACALISTER 1912: II 346; III Pl. 214,27; BEN-TOR 1978: 11,IIIA-1; Fig. 9,58; p. 90 Ende FB I/Anfang FB II datiert). Für die schematisierte Darstellung mit stumpfartigen Beinen vgl. einen Rollsiegelabdruck aus Megiddo Schicht V = FB I (ENGBERG/SHIPTON 1934: 90-93, Pl. 6,2-3 = BEN-TOR 1978: 9,IIBA-1, Fig. 6,41). Hiermit wird die Brücke zu den spätchalkolithischen (Ende 4./Anfang 3. Jt.) Stempelabdrücken aus Byblos geschlagen (vgl. DUNAND 1945: Pl. IVa; Fig. 5e; 8c). Obwohl gekonnter und eleganter geschnitten, erweisen sich auch die Tall al-Fārᶜa-Abdrücke in bezug auf das mutmassliche Material der Originalsiegel, nämlich Holz, als Fortsetzung der byblischen Stempeltradition. Durch die abwechselnd nebeneinander angebrachten Abdrücke wird ausserdem die Illusion eines Rollsiegels vermittelt, die im Byblos der FB II-Zeit übliche Siegelform. Das Motiv Steinbock/Schlange fehlt jedoch im einschlägigen byblischen Material; es ist im iranischen Raum heimisch, so auf Stempelsiegeln aus Luristan (vgl. HERZFELD 1933: Abb. 14,TG2661 und 19, TG2680; beide nicht aus regulären Grabungen; Abb. 14,TG2661 von AMIET 1980: 19 versuchsweise in die mittlere Urukzeit = ca. Mitte 4. Jt. datiert; auf Abb. 19,TG2680 werden Beine und Kopf wie auf unserem Stück als senkrechte Stümpfe wiedergegeben, vgl. hierzu BEN-TOR 1978: 77). Ein Siegel vom Tapa Giyān in Luristan (CONTENAU/GHIRSHMAN 1935: Pl. 38,17 ohne verlässliche Fundangabe) zeigt das gleiche Tier mit den übertrieben langen Hörnern und darüber, in den Bogen der Hörner eingefügt, ein zweites Tier oder tierähnliches Gebilde, also das gleiche Kompositionsschema wie auf unserem Siegel. Vgl. auch ein Stempelsiegel aus Susa I (frühes 4. Jt.; AMIET 1973: Pl. II,1). Mehr was das Thema als den Stil anbelangt, finden sich Parallelen auf Siegeln und Siegelabdrücken aus den Schichten VIII-VII (Ende 4./1. Hälfte 3. Jt.) vom Tapa Gaura. Horntiere und Schlangen sind hier die am häufigsten abgebildeten Tiere. Die Kombination Horntier/Schlange erscheint auf SPEISER 1935: Pl. 57,20 in ebenfalls sehr schematischem, jedoch eckigerem Stil. Ein kleines Tier über einem grösseren zeigen ibid. Pl. 57,22-25. Vgl. hierzu BEN-TOR 1978: 76. Vgl. auch unsere Nr. 19.
DATIERUNG: Frühe FB II.

34

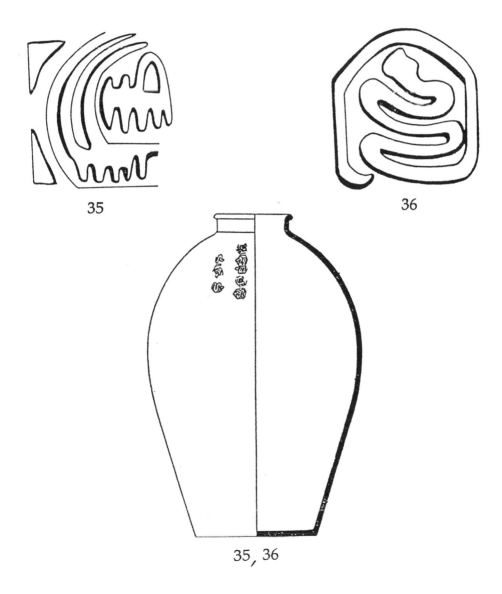

35

36

35, 36

1:1

FUNDKONTEXT: Feld I, Square G 15, sol 38,13. Die Siegelabdrücke Nr. 35 und 36 sind durch ihren Träger, ein vollständig erhaltenes, in situ gefundenes Gefäss datierbar. Der Ausgräber R. de Vaux schreibt es der FB II zu. BEN-TOR (1978: 91) weist darauf hin, dass Gefässe dieser Art schon etwas früher auftauchen, und möchte demnach die Abdrücke an den Anfang der FB II setzen, ohne eine Datierung ans Ende der FB I auszuschliessen. Er denkt dabei vor allem an die Ähnlichkeit zum Megiddo-Abdruck aus der FB I und zu den ebenfalls in die FB I datierenden Abdrücken aus Byblos.

SAMMLUNG: École Biblique et Archéologique Française, Jerusalem.

BIBLIOGRAPHIE: DE VAUX/STÈVE 1948: 551f Fig. 3, Pl. 22; 23,1. BECK 1967: 43f Fig. 106,5. BEN-TOR 1978: 12 Nr. S-3; 87f S-2,3 Fig. 11,76.S-3; BEN-TOR 1985: 5f Fig. 5. TEISSIER 1987: 44 Fig. 10b.

Nr. 36: vom Tall al-Fārᶜa (Nord).

OBJEKT: Fünffacher Stempelsiegelabdruck, der abwechselnd mit Abdruck Nr. 35 auf der gleichen Krugschulter erscheint, Gravur: flacher Schnitt mit klaren Konturen, Material des Originalsiegels wahrscheinlich Holz, 40 x 38 mm.

BASIS: Figürliche Darstellung: Sich nach oben windende Schlange, deren Schwanz die Umrahmung bildet.

PARALLELEN: Zwei in Stil und Kompositionsweise ähnliche Schlangen finden sich Kopf gegen Kopf auf einem Rollsiegelabdruck aus Lawīe (Gōlān, Oberflächenfund; EPSTEIN 1972: 212, Fig. 2,1; Pl. 51,A = BEN-TOR 1978: 10,IIC-11, Fig. 8,56; Pl. 8,56; ibid. p. 90 in die FB II-Zeit datiert). Für Parallelen des Motivs Capride/Schlange sowie dessen Herkunft siehe Nr. 35.

DATIERUNG: Frühe FB II.

FUNDKONTEXT: Tall al-Fārᶜa Nord, Feld I, Square G. 15, sol 38,13. Vgl. Nr. 35.

SAMMLUNG: École Biblique et Archéologique Française, Jerusalem.

BIBLIOGRAPHIE: DE VAUX/STÈVE 1948: 51f Fig. 3, Pl. 22; 23,1. BECK 1967: 44f, Fig. 106,6. BEN-TOR 1978: 12 Nr. S-2; 87f S-2,3 Fig. 11,75; Pl. 11,75; BEN-TOR 1985: 5f Fig. 5.

Nr. 37: aus ᶜAi (at-Tall).

OBJEKT: Abdruck eines Stempelsiegels auf zwei zusammenpassenden Tonfragmenten, obere linke Hälfte undeutlich, untere rechte Hälfte abgebrochen, Gravur kräftig eingeritzt, ca. 86 x 74 mm.

BASIS: Geometrische Darstellung: Zwei durch eine S-förmige Längsachse verbundene Spiralen. Die Spirale rechts oben scheint mit einer weiteren kleineren Spirale rechts unten eine zweite S-Form zu bilden. Die linke obere Hälfte ist nur andeutungsweise vorhanden.

PARALLELEN: Den gleichen Dekor zeigt ein Siegelabdruck aus Bait Mirsim (unsere Nr. 38). Ungefähr zeitgleiche Parallelen für die Spirale finden sich auf einem Stempel des ausgehenden 3. Jts. aus Lerna/Peloponnes (HEATH 1969: Pl. 125,S72). Die Spirale ist der beliebteste Dekor auf den frühen Stempeln Südosteuropas (s. MAKKAY 1984: Fig. 18-20). Als geographische Brücke können Rollsiegelabdrücke aus dem Tarsus der FB III dienen (GOLDMAN 1956: Fig. 298,2-3). Sie zeigen Spiralen und Zickzackelemente. Für Spiralen auf palästinischen Rollsiegeln der FB III-Zeit s. BEN-TOR 1978: Fig. 2:13-15. Im übrigen ist die Spirale ein Motiv, das schon auf den frühesten Stempeln, so auf dem neolithischen Beispiel aus Garmu/ Iraq vorkommt (BRAIDWOOD 1951: 994 Fig. 9). Sein universaler Charakter, wie derjenige anderer einfacher geometrischer Muster, lässt eher auf ein spontanes Entstehen in verschiedenen Zentren und zu verschiedenen Zeiten als auf einen gemeinsamen Ursprung schliessen. Eine Untersuchung zur Geschichte der Spirale bietet MATZ 1974.

DATIERUNG: FB III.

FUNDKONTEXT: Area G, Haupthalle des Tempels auf der Akropolis, Locus 6. Keine genau stratifizierte Fundlage, die meisten anderen Objekte, die an Ort und Stelle oder in unmittelbarer

1:1

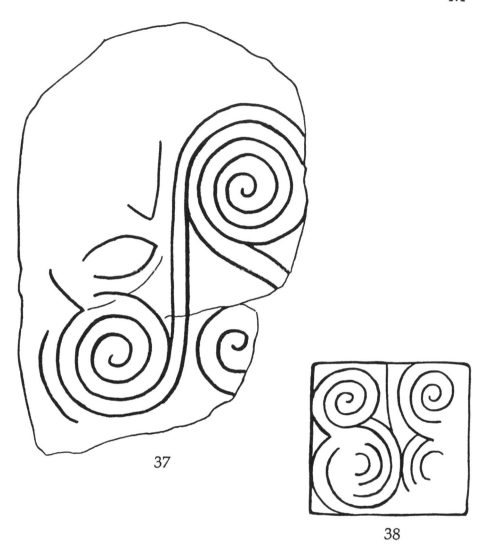

37

38

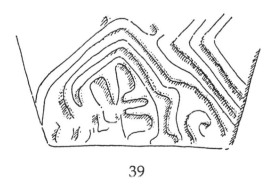

39

Nachbarschaft gefunden worden sind, können der FB III-Zeit zugeschrieben werden (vgl. BEN TOR 1978: 87).
SAMMLUNG:
BIBLIOGRAPHIE: MARQUET-KRAUSE 1939: 39 Pl. 68,A. BECK 1967: 53f, Fig. 129. BEN-TOR 1978: 12,S-1.87,S-1; Fig. 11,73.

Nr. 38: vom Tall Bait Mirsim.
OBJEKT: Abdruck eines Stempelsiegels mit viereckiger Basis auf einem Tonklumpen (Krug-verschluss?), teilweise verwischt, Gravur kräftig eingeritzt, 40 x 42 mm.
BASIS: Geometrische Darstellung: Vier ungleich grosse unklar miteinander verbundene Spiralen in Quadrat.
PARALLELEN: Vgl. Nr. 37 und die dort erwähnten Vergleichsstücke.
DATIERUNG: FB III(?).
FUNDKONTEXT: SO-Viertel, Square 13, Schicht D. ALBRIGHT (1938: 47) schreibt den Abdruck zusammen mit einem zweiten Abdruck (unten Nr. 39) der Schicht D = MB II zu. Da die Angaben des Ausgrabungsberichts nicht genügten, die Abdrücke stratigraphisch sauber zu lokalisieren, und da auch anderes FB-zeitliches Material in die MB-Schicht hinaufgewandert sei, schlägt BEN-TOR (1978: 87) vor, deren ursprüngliche Lage in Schicht J = FB III zu sehen. Somit ergibt sich Zeitgleichheit mit dem sehr ähnlichen Abdruck aus ʿAi (unsere Nr. 37).
SAMMLUNG: Rockefeller Museum, Jerusalem, IDAM 32.2698.
BIBLIOGRAPHIE: ALBRIGHT 1938: 47; Pl. 30,6; 31,4. BEN-TOR 1978: 12,S-1a.87; Fig. 11,74; Pl. 11,74.

Nr. 39: vom Tall Bait Mirsim.
OBJEKT: Abdruck eines Stempelsiegels auf Tonklumpen (Gefässverschluss?), nur die Hälfte des Siegelbildes ist erkennbar, Durchmesser ca. 50 mm.
BASIS: Geometrische, florale Darstellung: Fünfeck mit Blattmotiv.
PARALLELEN: Ein Sechsblatt (eingerahmt von einer Schlange?) findet sich auf einem Gefässabdruck aus dem Ebla der FB IV-Zeit (MAZZONI 1984: Fig. 6). Das gleiche Motiv zeigen ein Rollsiegelabdruck auf einem FB IV-zeitlichen Gefäss aus Ḥama (INGHOLT 1940: Pl. 14,6) und ein Rollsiegel aus Mari (PARROT 1967: 274.277 Nr. 2917 = 1. Hälfte 4. Jt.). Teppichartig verwobene Vierblätter erscheinen auf einem Rollsiegelabdruck der FB III-Zeit aus Tarsus (GOLDMAN 1956: Fig. 398,1). Für die elamische Herkunft des Motivs vgl. AMIET 1980: 38; vgl. auch TEISSIER 1987: 34f. Eine Vergleichsmöglichkeit mit Stempelsiegelabdrücken bieten Beispiele mit floralen, zum Teil pentagonal aufgeteilten Motiven aus dem Lerna (Peloponnes) des ausgehenden 3. Jts. (HEATH 1958: Pl. 25,127.S10; 27,50.S32; 27,50.S41; 27,53.S39-40).
DATIERUNG: FB III(?).
FUNDKONTEXT: Vgl. Nr. 38. Für BEN-TORs (1978: 87) Vermutung sprechen die oben zitierten Parallelen.
SAMMLUNG:
BIBLIOGRAPHIE: ALBRIGHT 1938: 47; Pl. 30,4; 31,3.

Nr. 40: vom Tall al-Ḥasī.
OBJEKT: Knopfförmiges Stempelsiegel mit runder Siegelfläche, Öse abgebrochen, Rand teilweise stark bestossen, Siegelfläche abgenutzt, Gravur kräftig eingeritzt, schwarzer Stein, 39 x 36 x 12,8 mm.
BASIS: Geometrische Darstellung, axialsymmetrische Komposition: Zweimal zwei konzentrische Kreise, die unten und oben von einem Bogen eingerahmt sind.
PARALLELEN: Für ein knopfförmiges Stempelsiegel mit konzentrischen Kreisen aus dem spätchalkolithischen (Ende 4./Anfang 3. Jt.) Byblos vgl. DUNAND 1973: Pl. 168,21959. Ein Abdruck auf einer Tonscherbe aus der ʿAmuq-Ebene zeigt einen fast identischen Dekor, von der Schneidetechnik her zu schliessen muss es sich jedoch um ein Originalsiegel aus Holz handeln

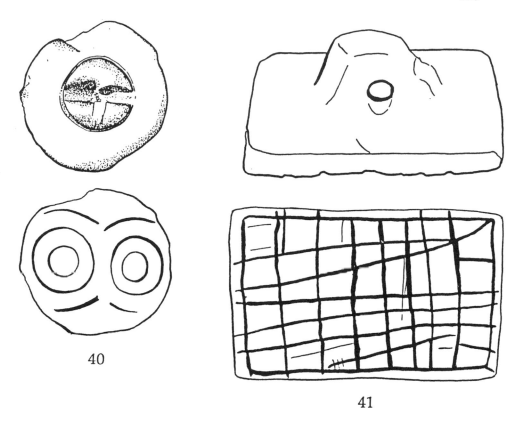

40

41

42

(BRAIDWOOD/BRAIDWOOD 1960: Fig. 235,7; ʿAmuq G = frühes 3. Jt.). Konzentrische Kreise finden sich auf palästinischen Rollsiegeln der FB III-IV (BEN-TOR 1978: Fig. 4, Pl. 4). Auffallend oft kommen konzentrische Kreise auf Stempeln aus Südosteuropa vor (s. MAKKAY 1984: Fig. 21, Fig. 29:4). Konzentrische Kreise sind ein räumlich und zeitlich weitverbreitetes Motiv und können deshalb nur mit Vorsicht zu Datierungszwecken herangezogen werden.
DATIERUNG: FB?
FUNDKONTEXT: "Fourth City", 18. Dyn.?
SAMMLUNG: Palestine Exploration Fund, London.
BIBLIOGRAPHIE: BLISS 1898: 83.86 Nr. 171.

Nr. 41: vom Tel Qašiš (ca. 12,5 km nordwestlich von Megiddo, Koordinaten 1606/2323).
OBJEKT: Stempelsiegel in Form einer rechteckigen Platte mit massiver Grifföse, Gravur mitteltief eingeritzt, weisslich-beiger Kalkstein, 72 x 47,7 x 32,6 mm (mit Griff) bzw. 13,5 mm (ohne Griff).
BASIS: Geometrische Darstellung: Unregelmässiges Gittermuster. Randleiste, die von einzelnen Linien durchbrochen wird.
PARALLELEN: Vgl. Nr. 42. Für die Verwendung des Gittermusters auf Siegeln aus frühester Zeit vgl. Nr. 3. Auf allen frühen Beispielen fehlt jedoch die Randleiste. Sie findet sich vereinzelt auf prähistorischen Siegeln, so im mittelneolithischen Byblos (DUNAND 1973: Pl. 116, 29564), auf Tapa Gaura Schicht XI = 2. Hälfte 4. Jt. (TOBLER 1950: Nr. 25). Erst auf anatolischen und syrischen Siegeln des 2. Jts. wird sie gebräuchlich. Man trifft sie auch auf den ägyptischen Figurenstempeln ('design amulets') der ausgehenden FB-Zeit an (PETRIE 1925: Pl. 4,225. 250).
DATIERUNG: FB.
FUNDKONTEXT: Locus 112, Basket 435.
SAMMLUNG: Hebräische Universität, Institute of Archaeology, Jerusalem.
BIBLIOGRAPHIE: BEN-TOR 1985: 7f; Fig. 12-13 (nähere Angaben von Ben-Tor mündlich); BEN-TOR ET AL. 1987: 14.

Nr. 42: vom Tel Kittān (ca. 8,5 km nnö von Bet Šeʾān).
OBJEKT: Stempelsiegel in Form einer rechteckigen Platte mit leistenförmigem Griff, keine Durchbohrung. Gravur kräftig eingeritzt, Kalkstein, 50 x 37 mm.
BASIS: Eine nach links gerichtete menschliche Gestalt mit einem länglichen Gegenstand in jeder Hand, vor ihr zwei ebenfalls nach links schreitende gehörnte Vierbeiner. Über den Tieren, in tête-bêche-Anordnung, rechts ein weiterer kleinerer Vierbeiner und links eine menschliche Figur mit erhobenen Armen und Stock in der Rechten(?). Kugelbohrung zwischen den Hörnern des grössten Tieres im Mittelfeld.
PARALLELEN: Für die Form s. Nr. 41. Einzig die Nr. 28 aus ʿArād trägt eventuell eine weitere Darstellung eines Menschen. Menschliche Figuren erscheinen auf zwei nicht stratifizierten und schwer zu datierenden Stempeln bzw. auf einem Abdruck vom Tel Yaʿaf (BEN-TOR 1978: 13 und 88 Nr. S-5, Fig. 11:78, Pl. 11:78; wahrscheinlich 2. Jt., s. p. 88) und auf einem Stempelsiegel vom Tall al-Ǧarīša (unveröffentlicht, Sh. Geva mündlich). Die Darstellung auf letzterem zeigt, wie unser Stück, eine menschliche Figur in Verbindung mit Vierbeinern und findet auf einem FB-zeitlichen Rollsiegel vom Tall Ḫuaira eine verblüffende Entsprechung (ORTHMANN/KLEIN/LÜTH 1986: Abb. 34). Für Darstellungen von Menschen auf FB III-zeitlichen Rollsiegeln aus Palästina s. BEN-TOR 1978: Fig. 9 und 10, Pl. 9 und 10. Für die Beliebtheit der tête-bêche-Anordnung auf Rollsiegeln des ausgehenden 4. und des beginnenden 3. Jts. s. zwei Beispiele aus Megiddo: BEN-TOR 1978: Fig. 6:41-42, Pl. 6:41.
DATIERUNG: FB.
FUNDKONTEXT: Genauer Fundkontext der Verfasserin nicht bekannt.

SAMMLUNG: Israel Department of Antiquities and Museums, Nr. 76-1759 (z.Zt. ausgestellt im Israel Museum, Jerusalem).
BIBLIOGRAPHIE: Erwähnt bei BEN-TOR 1985: 8.

Nr. 43: vom Tall Bait Mirsim.
OBJEKT: Stempelsiegel mit unregelmässig rechteckiger Stempelfläche, gerundeten Ecken und leicht gewölbtem Rücken, keine Durchbohrung, Rand bestossen, Gravur relativ tief eingeritzt, Kalkstein, 70 x 50 x 20 mm.
BASIS: Geometrische Darstellung: Zwei sich diagonal schneidende Linien gliedern die Siegelfläche in vier Teile. Drei der Sektoren enthalten eine Reihe von unregelmässig viereckigen Zeichen, die von einem Rahmen umgeben sind; ein Sektor weist ein Labyrinthmuster auf. Randleiste.
PARALLELEN: Die Darstellung weist eine allgemeine Ähnlichkeit mit jenen auf ägyptischen Skarabäen und 'design amulets' auf (vgl. Nr. 44). Labyrinthmuster finden sich auf den frühesten Skarabäen und den zeitgleichen 'design amulets' vom Ende des Alten Reichs und der Ersten Zwischenzeit (vgl. WARD 1978: 47, Pl. 1-2; PETRIE 1925: 7, Pl. 4,247-251 6./7. Dyn.; 4,239-244 8. Dyn.; 5,380; 5,382; 5,384 8. Dyn.); dann verschwinden sie aus dem dortigen Repertoire. Aus der FB II-Schicht in Tarsus stammt eine Siegelplatte mit einem Labyrinthmuster (GOLDMAN 1956: 237, Fig. 392,11). Für entsprechende Darstellungen auf Stempeln aus dem Neolithikum in Anatolien vgl. MELLAART 1964: 96 Fig. 40,9-10; in Thessalien vgl. SAKELLARIOU 1964: 3, 5 Nr. 2.
DATIERUNG: Ende FB?, MB I?
FUNDKONTEXT: SO-Viertel, Square 23, Raum 3, Stratum D = MB II B. Siehe aber hierzu die Vermutungen, die BEN-TOR für Nr. 38-39 vorgebracht hat.
SAMMLUNG:
BIBLIOGRAPHIE: ALBRIGHT 1938: 47; Pl. 31,1.

Nr. 44: vom Tẽl Dãn.
OBJEKT: Figurenstempel ('design amulet') mit annähernd schildförmiger Stempelfläche und Grifföse ("shank back"; vgl. WARD 1970: 77), Rand auf der einen Schmalseite (Basis des 'Schildes') zum Teil abgebrochen, auf einer der Längsseiten bestossen, abgenutzt, Gravur teils grob, teils fein eingeritzt, Kalkstein, 25 x 17,9 x 9 mm.
BASIS: Verschiedene undeutbare eckige und runde Zeichen. Randleiste.
PARALLELEN: In Byblos wurde ein ähnliches Stück gefunden (DUNAND 1937: Pl. 134, 3397a-b; unklare Fundlage). Ein weiteres Vergleichsstück stammt aus der Sammlung des Biblischen Instituts Freiburg/Schweiz (BUKOWSKI 1983: Nr. 18; von HERZER 1960: 9 Nr. 77 an den Anfang des Mittleren Reichs datiert). Unverständliche Zeichen sind auf Figurenstempeln keine Seltenheit (vgl. BUKOWSKI 1983: Nr. 19, 32, 35, 52, 64, 75).
DATIERUNG: Ende FB/Anfang MB.
FUNDKONTEXT: Area K, Square 5/6, Locus 6081, in einer Festungsanlage des Übergangs von der MB II A zur MB II B (ca. 1775-1725), "Probably brought with earth from the EB city" (Biran mündlich).
SAMMLUNG: Hebrew Union College, Nelson Glueck School of Archaeology, Jerusalem.
BIBLIOGRAPHIE: BIRAN 1984: 9; Pl. 5,A.

Nr. 45: aus ⁽Akkõ.
OBJEKT: Skarabäus; der Kopf ist bogenförmig ('lunate'), die Augen sind durch je eine einfache Linie deutlich markiert, Flügeldecken (Elytren) und Halsschild (Pronotum) sind durch Doppellinien sauber abgegrenzt, die Extremitäten sind kräftig herausgearbeitet und schräg gestellt, so dass der Käferrumpf deutlich von der relativ dicken Basisplatte abgehoben ist, die vorderen und die mittleren Extremitäten treffen sich unter dem Pronotum und nicht, wie später üblich, bei der Nahtstelle von Pronotum und Elytren (vgl. WARD 1978: 26 Fig. 4 Nr. A3, Fig. 6 Nr. b2,

bes. viertes Stück von links); Basisrand bestossen, Gravur linear, sehr schematisch, grauer Steatit mit weissem Überzug, 13,1 x 10,6 x 8,7 mm.

BASIS: In waagrechter Anordnung zwei hockende Affen (Meerkatzen?), die eine Pflanze (Papyrus?) halten.

PARALLELEN: Zwei sehr ähnlich hockende Affen(?), aber ohne Schwanz und ohne Pflanze im Zentrum auf einem Stück am Biblischen Institut der Universität Freiburg/Schweiz: M. 3414 = MATOUK 1977: 388 Nr. 771 = WARD 1978: Pl. 5,149; sehr ähnlich stilisierte, aber tête-bêche angeordnete Affen bei PETRIE 1925: Pl. 13,839 = WARD 1978: Pl. 6,176. Zur gleichen Gruppe gehören, wenngleich unserem Stück etwas weniger nahe stehend, WARD 1978: Pl. 6,175; MATOUK 1977: 388 Nr. 770 und 772 (= M. 2283 und 3362).

DATIERUNG: Aufgrund der Form des Käfers, des Stils und der Ikonographie des Dekors gehört das Stück eindeutig zu WARDs (1978) Gruppe der Skarabäen aus der Zeit vor der 12. Dyn., wahrscheinlich zu Phase 2, für die auch WARDs Kritiker O'CONNOR (1983: 166) eine Datierung noch in die 1. Zwischenzeit (ca. 2200-2000) für korrekt hält.

FUNDKONTEXT: Oberflächenfund.

SAMMLUNG: Israel Museum, Jerusalem, L. 73-134.

BIBLIOGRAPHIE: GIVEON/KERTESZ 1986: 40f Nr. 160 (Datierung falsch und Zeichnung des Rückens sehr ungenau).

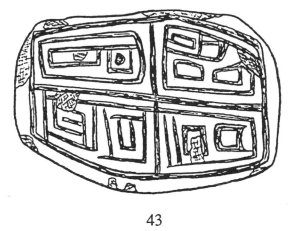

43

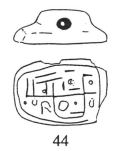

44

45

Quellenverzeichnis zu den Abbildungen

Die mit * bezeichneten Abbildungen wurden von der Verfasserin gezeichnet.

1   NOY 1978: Pl. Fig. 1a-b; nach Fotos gezeichnet.*
2   KENYON/HOLLAND 1982: 560 Nr. 1; nachgezeichnet.*
3   KENYON/HOLLAND 1982: 560 Nr. 10; nachgezeichnet.*
4   LAMON/SHIPTON 1939: Pl. 73,11; nach Fotos gezeichnet.*
5   TZORI 1958: Pl. 5, A; nachgezeichnet.*
6   MALLON/KOEPPEL/NEUVILLE 1934: 73 Fig. 28,1, nachgezeichnet.*
7   Unveröffentlicht; nach Foto O. Keel, mit freundlicher Erlaubnis des Kurators A. Assaf, Museum Maʿyān Bārūk.*
8   Unveröffentlicht; nach Foto O. Keel, mit freundlicher Erlaubnis des Besitzers N. Zakay, Ha-Gošerīm.*
9-10   Unveröffentlicht; nach Foto O. Keel, mit freundlicher Erlaubnis des Kurators A. Assaf, Museum Maʿyān Bārūk.*
11   Unveröffentlicht; nach Foto O. Keel, mit freundlicher Erlaubnis des Besitzers N. Zakay, Ha-Gošerīm.*
12-17   Unveröffentlicht; nach Foto O. Keel, mit freundlicher Erlaubnis des Kurators A. Assaf, Museum Maʿyān Bārūk.*
18   BEN-TOR 1985: 6 Fig. 8 und 10; Rücken nach Foto.*
19   BEN-TOR 1978: 34 Fig. 11,77.
20   Unveröffentlicht; Siegelbild mit freundlicher Erlaubnis des Palestine Exploration Fund, London, nach Foto; Rücken nach Angaben von R. Chapman, PEF London, dem an dieser Stelle gedankt sei.*
21   Unveröffentlicht; nach Foto O. Keel, mit freundlicher Erlaubnis des Besitzers M. Rešef, Kibbutz Bēt Alfā.*
22   BECK 1984: 98 Fig. 1,1.
23   BECK 1984: 98 Fig. 1,2.
24   BECK 1984: 100 Fig. 2,3.
25   BECK 1984: 100 Fig. 2,4.
26   BECK 1984: 101 Fig. 3,5.
27   BECK 1984: 101 Fig. 3,7.
28   BECK 1984: Pl. 10,8; nach Foto N. Georgi, mit freundlicher Erlaubnis von R. Amiran.*
29   BECK 1984: 106 Fig. 4,9.
30   BECK 1984: 106 Fig. 4,10.
31   BECK 1984: Pl. 11,13; nach Foto.*
32   BECK 1984: 107 Fig. 5,14.
33   COHEN/DEVER 1981: 66 Fig. 9,4.
34   KENYON/HOLLAND 1982: Pl. VII,b.A; nach Foto.*
35-36   DE VAUX/STÈVE 1948: 552 Fig. 3; 563 Fig. 7,3.
37   MARQUET-KRAUSE 1939: Pl. 68, A; nachgezeichnet.*
38   Nach Foto O. Keel, mit freundlicher Erlaubnis des IDAM.*
39   ALBRIGHT 1938: 127 Pl. 31,3.
40   Nach Fotos, mit freundlicher Erlaubnis des Palestine Exploration Fund, London.*
41   Nach Fotos, mit freundlicher Erlaubnis von A. Ben-Tor.*
42   Nach *Handskizze* (O. Keel) des in Jerusalem, Israel Museum, ausgestellten Siegels.
43   ALBRIGHT 1938: 127 Pl. 31,1.
44   Nach Fotos, mit freundlicher Erlaubnis von A. Biran.*
45   GIVEON/KERTESZ 1986: Nr. 160; Basis und Rücken nach Fotos O. Keel, mit freundlicher Erlaubnis des IDAM.*

OTHMAR KEEL

DIE Ω-GRUPPE

Ein mittelbronzezeitlicher Stempelsiegel-Typ mit erhabenem Relief aus Anatolien-Nordsyrien und Palästina

I. Ein Skarabäentyp und seine Charakteristika

Eine Geschichte des Stempelsiegels in Palästina/Israel während der Bronze- und Eisenzeit kann nur geschrieben werden, wenn es gelingt, einzelne Gruppen von Siegeln zu isolieren und ihre zivilisatorisch-kulturelle Zugehörigkeit möglichst genau zu bestimmen.

Je klarer die Eigentümlichkeiten der Form, des Stils, des Materials und der Ikonographie sind, desto leichter lässt sich eine Gruppe als solche erfassen. Einen Idealfall dieser Art habe ich vor einiger Zeit bereits einmal skizziert (KEEL 1986). Es handelt sich um eine Gruppe von Skarabäen, die aufgrund der Fundzusammenhänge in die erste Phase der Mittleren Bronzezeit II B (ca. 1750-1650 v. Chr.) zu datieren ist. Die Gruppe weist folgende Merkmale auf:

1. Die Oberseite des Käfers ist sehr schematisch und stets auf die gleiche Art gestaltet. Der Kopf (zusammen mit dem Pronotum?) wird durch ein Dreieck dargestellt, der Rücken durch eine Linie zweigeteilt. Diese Trennungslinie ist insofern interessant, als sie für Skarabäen der 13. Dynastie (ca. 1750-1650 v. Chr.) typisch ist, während sie in der 15. Dynastie (ca. 1650-1550 v. Chr.) meistens fehlt.[1] Wenn die Stücke etwas abgenutzt sind (vgl. **Abb. 17**), sehen sie wie Skaraboide aus. Die Beine sind gar nicht angedeutet oder auf eine umlaufende Rille bzw. einen umlaufenden Wulst reduziert. Im Profil fällt auf, dass der Kopf die Rückenlinie meistens gerade weiterführt und dann senkrecht abfällt.

---

[1] Vgl. TUFNELL 1984: I 34: "The classification of backs is based on the number of lines (sutures) dividing the wings (elytra). (...) these details were usually omitted on scarabs of the Twelfth Dynasty, both on those found in excavations and on those in the royal-name series. In the Thirteenth Dynasty, however, the large scarabs of Neferhotep, his brother, and their immediate associates were almost always marked with lines. Both excavated and royal-name scarabs of the Fifteenth Dynasty reverted to the previous tradition, omitting lines in nearly every case; a small nick on each side of the back was considered sufficient to indicate the division between the parts of the beetle." D. O'CONNOR kommt insofern zu einem etwas anderen Schluss, als er davon überzeugt ist "that many royal-name scarabs of post-Dynasty XII date have been attributed by them [i.e. W.A. WARD/O. TUFNELL] to that dynasty, leading to their conclusion that 'smooth' backs, without the elytra and thorax defined by lines are typical of that dynasty. (...) the attribution of a high proportion of unlined backs to Dynasty XII does not conform with the scarab evidence from Middle Kingdom cemeteries in Egypt, data with which neither Tufnell nor Ward deal" (O'CONNOR 1985: 41; vgl. ebd. 3-20). TUFNELL und O'CONNOR stimmen darin überein, dass die Markierung der Trennungslinie zwischen den Elytren typisch ist für die 13. Dyn., in der 15. Dyn. aber weitgehend verschwindet.

2. Im Gegensatz zum ganzen übrigen Bestand an Skarabäen und Stempelsiegeln dieser Zeit aus Palästina/Israel ist die Basisdekoration dieser Gruppe
   nicht in versenktem, sondern in erhabenem Relief ausgeführt.[2]

3. Alle Stücke dieser Gruppe sind aus Fayence angefertigt[3], was bei der nahezu unbestrittenen Vorherrschaft der Steatit-Skarabäen in der Mittleren
   Bronzezeit sehr auffällig ist.

4. Eine weitere Eigenheit dieser Gruppe bilden die geringen Dimensionen.
   Die mittlere Länge der Stücke von **Abb. 16-23** und **25-26** liegt bei 11,26
   mm, die mittlere Breite bei 8,18 mm und die mittlere Dicke bei 5,15 mm.
   Die Stücke sind also etwas mehr als halb so gross wie normale Skarabäen
   der Mittleren Bronzezeit II B.[4]

Schon diese Eigentümlichkeiten der Objekte (erhabenes Relief, Fayence, geringe Grösse) rücken diese Gruppe von Skarabäen in die Nähe einer anatolisch-
nordsyrischen Siegelgruppe, die in letzter Zeit deutlicher fassbar geworden ist.
Vor allem aber zwingt die Identität der Basisdekoration bei diesen Stücken und
einem Teil unserer Skarabäengruppe zur Annahme einer gemeinsamen Her-
kunftsgegend, wenn nicht gar einer gemeinsamen Werkstatt.

---

[2] Was die frühesten Skarabäen vom Ende des 3. Jts. v. Chr. betrifft, so scheint mir die Basisdekoration der Stücke von WARDs Design Class 1A (WARD 1978: 47f und Pl. I-II) durchwegs in erhabenem Relief ausgeführt zu sein. Ward hat das nicht beachtet. Bei den abstrakten,
meist labyrinthartigen Mustern ist das auch schwer zu sehen und häufig kaum mit letzter Sicherheit zu sagen. Die Stücke aus der Matouk-Sammlung kann ich im Original studieren; etwa
im Falle von WARDs Nr. 55 (ebd. Pl. II; hier **Abb. 1**) scheint mir so gut wie sicher zu sein,
dass es sich um erhabenes Relief handelt. Ich frage mich, ob die spiegelbildlich oben und unten
an der Zickzacklinie angebrachten Zeichen nicht als Ω zu deuten sind; das Material (Fayence),
die Masse (12 x 9 x 5,5 mm) und die Gestaltung der Seiten erinnern jedenfalls an die Stücke
der Ω-Gruppe. Ward datiert das Stück zwischen 2200 und 2125 (1978: 16).
Aus der Mittleren Bronzezeit sind mir ausser der Ω-Gruppe keine und auch aus späterer Zeit
nur ganz wenige Beispiele von Skarabäenbasen bekannt, die in erhabenem Relief dekoriert
sind, so z.B. ein ganz singuläres Stück aus der Fraser-von Bissing-Sammlung in Basel mit
Sachmet und Nefertem (HORNUNG/STAEHELIN 1976: 323 Nr. 670), ein ramessidisches Stück
mit zwei Z-Spiralen (JAEGER 1982: Fig. 111a) und ein in der 26. Dynastie (644-525 v. Chr.)
verbreiteter Typ mit dem Gott Schu (GARDNER 1888: Pl. 18,68; VERCOUTTER 1945: Nr. 50;
MATOUK 1977: 378 Nr. 225-226; GIVEON/KERTESZ 1986: Nr. 121). Dagegen sind die Rük-
kendekorationen von Skaraboiden und die Oberseiten von Platten im Neuen Reich (1540-1075
v. Chr.) nicht selten in erhabenem Relief ausgeführt.

[3] Die Ausgrabungsberichte geben bei den Stücken von **Abb. 26** und **Abb. 29** "Steatit"
an. Bei der Homogenität der Gruppe und der Unzuverlässigkeit der Materialangaben in
Ausgrabungsberichten müssen diese Angaben aber in Frage gestellt werden. Zur Seltenheit von
Fayence in dieser Zeit vgl. TUFNELL 1984: I 42.

[4] Vgl. TUFNELL 1973: 69-82 passim; TUFNELL 1984: I 28.173f. Das grösste Stück der Ω-
Gruppe ist dasjenige von **Abb. 27** mit den Dimensionen 16 x 12 x 6,8 mm, das kleinste dasjenige von **Abb. 18** mit 9 x 6 x 3,6 mm.

1

1a

II. Katalog

Zur Zeit sind mir folgende Stücke dieser Gruppe aus Nordsyrien und Anatolien bekannt:

Abb. 2: aus Hammam et-Turkman (vgl. Abb. 1a).
OBJEKT: Ungefähr ovale Platte mit gewölbter Oberseite und Bügelgriff; Basisdekoration in erhabenem Relief; Fayence; Basis 10 x 9 mm.
BASIS: Ω-Zeichen; darunter zwei zusammenhängende Ovale; oben Umrandungslinie; unten Reste? einer solchen.
FUNDKONTEXT: Square N24, Grab 4, Kinderbestattung; das Siegelamulett war Teil eines Armbands; Phase VII C (ca. 1650-1550 v. Chr.).
BIBLIOGRAPHIE: VAN LOON 1983: 6 und 20 Fig. 9A. ÖZGÜÇ 1986: 207 Anm. 25. KEEL 1986: 4f Fig. 7. VAN LOON 1988: Chapter 19 No. 5.

Abb. 3: Ein nur provisorisch veröffentlichtes Stück im Museum von Aleppo (vgl. Abb. 1a), das aus der Gegend stammen dürfte.
OBJEKT: Es ist nur eine Skizze der Basis veröffentlicht. Die Basis ist fast kreisrund; erhabenes Relief?
BASIS: Die beiden übereinander angebrachten Zeichen sind denjenigen auf den übrigen Stücken der nordsyrisch-anatolischen Gruppe nur entfernt ähnlich.
FUNDKONTEXT: Unbekannt.
BIBLIOGRAPHIE: VON DER OSTEN 1957: 60f Abb. 6 Nr. 57. ALP 1968: 217 zu Nr. 200.

Abb. 4: aus Karahöyük (vgl. Abb. 1a)
OBJEKT: Ovale Platte mit Bügelgriff; Basisdekoration in erhabenem Relief; Fayence; 12 x 10 x 8 mm.
BASIS: Ω-Zeichen; darunter Halbkreis, der durch eine senkrechte Linie in zwei gleiche Hälften geteilt ist; ovale Umrandung.
FUNDKONTEXT: Schnitt P, Gräberfeld der Schicht I; letzte Phase der assyrischen Handelskolonien in Anatolien; um 1750 v. Chr.
BIBLIOGRAPHIE: ALP 1968: 136.143.217 Nr. 200, Abb. 162 und Taf. 17,40. ÖZGÜÇ 1986: 206 Anm. 22.

Abb. 5: aus Karahöyük.
OBJEKT: Ovale Platte mit Bügelgriff; der Griff ist so gross, dass der Eindruck eines Konoids entsteht; Basisdekoration in erhabenem Relief; Fayence; 11 x 8 x 8 mm.
BASIS: Ω-Zeichen, bei dem aber nur das rechte Ende ansatzweise zurückgebogen ist, so dass der Eindruck eines umgekehrten U entsteht; darunter Halbkreis, der durch eine senkrechte Linie in zwei gleiche Hälften geteilt ist; ovale Umrandung.
FUNDKONTEXT: Schnitt O, grosse Grube, westlicher Teil, in 3,80 m Tiefe; letzte Phase der assyrischen Handelskolonien in Anatolien; um 1750 v. Chr.
BIBLIOGRAPHIE: ALP 1968: 136.143.217 Nr. 201, Abb. 163 und Taf. 17,41. ÖZGÜÇ 1986: 206 Anm. 22.

Abb. 6: aus Karahöyük.

OBJEKT: Zwei Abdrücke des gleichen ovalen Stempelsiegels, dessen Basis in erhabenem Relief ausgeführt war, auf einem gekrümmten, abgeplatteten Tonwulst (zur Form dieser Objekte vgl. ALP 1968: 73-76); Masse der Abdrücke: 13 x 12 mm.

BASIS: Ω-Zeichen; darunter zwei zusammenhängende, oben allerdings durch waagrechte Linie geschlossene U-förmige Zeichen, deren gemeinsame Linie nach oben ins Ω hinein verlängert ist; am Ende dieser Linie eine Verdickung; ovale Umrandung.

FUNDKONTEXT: Schnitt O, grosse Grube, westlicher Teil, in 3,50 m Tiefe; letzte Phase der assyrischen Handelskolonien in Anatolien; um 1750 v. Chr.

BIBLIOGRAPHIE: ALP 1968: 102.217 Nr. 202, Abb. 164 und Taf. 234,714. ÖZGÜÇ 1986: 206 Anm. 23.

Abb. 7: aus Kültepe, dem alten Karum Kaniš (vgl. Abb. 1a).

OBJEKT: Ovale Platte mit gewölbter Oberseite und Bügelgriff; Basisdekoration in erhabenem Relief; Fayence, blaue Glasur; 14 x 11 x 8,5 mm.

BASIS: Ω-Zeichen; darunter waagrechte Linie, die mit der Umrandungslinie einen Halbkreis bildet; an der waagrechten Linie hängen durch einen kleinen Abstand voneinander getrennt zwei U; sie sollen wohl die zwei gleichen Hälften des Halbkreises andeuten; ovale Umrandung.

FUNDKONTEXT: Square dd/ee/19; aus dem Auffüllmaterial einer Strasse; Stratum Ib; ca. 1800-1740 v. Chr.

BIBLIOGRAPHIE: ÖZGÜÇ 1986: 206 Nr. 16 und Pl. 44,17a-b.

Abb. 8: aus Kültepe.

OBJEKT: Ovale, der Länge nach durchbohrte Platte mit Griff in Form eines dreistöckigen 'Schneckenhauses'; Basisdekoration in erhabenem Relief; Fayence, hellblaue Glasur; 8 x 6 x 6 mm.

BASIS: Ω-Zeichen; darunter Halbkreis, der durch eine senkrechte Linie in zwei gleiche Hälften geteilt ist; ovale Umrandung.

FUNDKONTEXT: Aus dem Schutt von Stratum Ib; ca. 1800-1740 v. Chr.

BIBLIOGRAPHIE: ÖZGÜÇ 1986: 206 Nr. 17 und Pl. 45,18a-b.

Abb. 9: aus Kültepe.

OBJEKT: Skaraboid mit zwei Längsrillen auf dem Rücken; Basisdekoration in erhabenem Relief; Fayence, hellblaue Glasur; Basis: 13 x 7 mm.

BASIS: Ω-Zeichen; darunter waagrechte Linie, die mit der Umrandungslinie einen Halbkreis bildet; an der waagrechten Linie hängen nebeneinander zwei U, die die zwei gleichen Hälften des Halbkreises bilden; ovale Umrandung.

FUNDKONTEXT: Grab in Square D/8; Stratum Ib; ca. 1800-1740 v. Chr.

BIBLIOGRAPHIE: ÖZGÜÇ 1986: 206 Nr. 18 und Pl. 45,19a-b.

Abb. 10: aus Kültepe.

OBJEKT: Ovale Platte mit gewölbter Oberseite und Bügelgriff, der so gross ist, dass der Eindruck eines Konoids entsteht; Basisdekoration in erhabenem Relief; Fayence, blaue Glasur; 10 x 8 x 7 mm.

BASIS: Ω-Zeichen; darunter Halbkreis, der durch eine senkrechte Linie in zwei gleiche Hälften geteilt ist; ovale Umrandung.

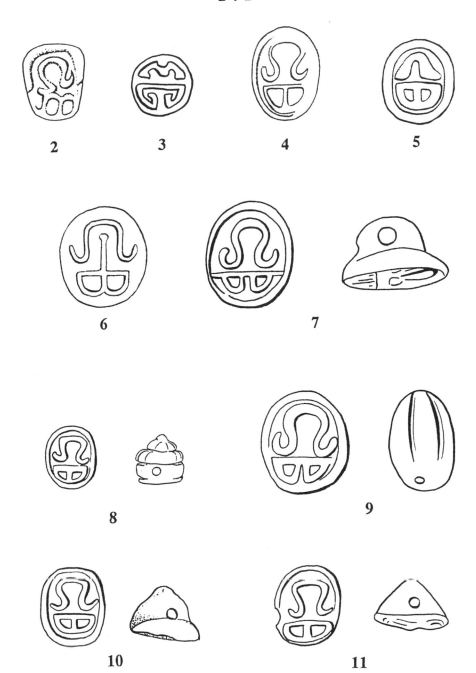

2 : 1

2   3   4   5

6   7

8   9

10   11

FUNDKONTEXT: Square vv/21 auf dem Hügel; zeitgleich mit Karum Stratum Ib; ca. 1800-1740 v. Chr.
BIBLIOGRAPHIE: ÖZGÜÇ 1986: 206 Nr. 19 und Pl. 45,20a-b.

Abb. 11: aus Kültepe.
OBJEKT: Ovale Platte mit gewölbter Oberseite und Bügelgriff, der so gross ist, dass der Eindruck eines Konoids entsteht; Basisdekoration in erhabenem Relief; Fayence, blaue Glasur; 10 x 8 x 6 mm.
BASIS: Ω-Zeichen; darunter waagrechte Linie, die zusammen mit der Umrandungslinie einen Halbkreis bildet, der durch eine senkrechte Linie in zwei gleiche Hälften geteilt ist; ovale Umrandung.
FUNDKONTEXT: Vom Hügel aus einer Schicht, die mit dem Karum von Stratum Ib gleichzeitig ist; ca. 1800-1740 v. Chr.
BIBLIOGRAPHIE: ÖZGÜÇ 1986: 206 Nr. 20 und Pl. 45,21a-b.

Abb. 12: aus Alişarhöyük (vgl. Abb. 1a).
OBJEKT: Ovale Platte mit gewölbter Oberseite und Bügelgriff; Basisdekoration in erhabenem Relief; nach von der Osten aus Fritte, aber angesichts der Homogenität der Gruppe wahrscheinlich Fayence; 14 x 11 x 9 mm.
BASIS: Ω-Zeichen; darunter Halbkreis, der durch eine senkrechte Linie in zwei gleiche Hälften geteilt ist; ovale Umrandung.
FUNDKONTEXT: Square (?) L 29, Abfallgrube.
BIBLIOGRAPHIE: VON DER OSTEN 1937: 419 Fig. 479 Nr. C 600 und 421 Nr. C 600. ALP 1968: 217 zu Nr. 200. OZGÜÇ 1986: 206 Anm. 19.

Abb. 13: aus Acemhöyük (vgl. Abb. 1a).
OBJEKT: Ovale Platte mit gewölbter Oberseite und Bügelgriff; Basisdekoration in erhabenem Relief; Fayence, Spuren blauer Glasur; 12 x 10 x 8 mm.
BASIS: Ω-Zeichen; darunter Halbkreis, der durch eine senkrechte Linie in zwei gleiche Hälften geteilt ist; ovale Umrandung.
FUNDKONTEXT: Unbekannt.
BIBLIOGRAPHIE: MELLINK 1956: 42. TEZCAN 1958: 526 Fig. 23. ALP 1968: 217 zu Nr. 200. ÖZGÜÇ 1986: 206 Anm. 20.

Abb. 14: aus Acemhöyük.
OBJEKT: Abdruck eines ovalen Stempelsiegels, dessen Basis in erhabenem Relief ausgeführt war, auf einer Bulle; Masse des Abdrucks: 14 x 10 mm.
BASIS: Ω-Zeichen; darunter waagrechte Linie, die mit der ovalen Umrandungslinie zusammen einen Halbkreis bildet; an der waagrechten Linie hängen nebeneinander zwei U, die die beiden gleichen Hälften des Halbkreises andeuten; ovale Umrandung.
FUNDKONTEXT: Vorratsraum des Palastes von Acemhöyük (Ac. K. 51).
BIBLIOGRAPHIE: ÖZGÜÇ 1986: 206f. und Pl. 46,22.

- aus Acemhöyük.
OBJEKT: Wahrscheinlich ovale Platte mit gewölbter Oberseite und Bügelgriff, Basisdekoration in erhabenem Relief; Fayence; 11 x ? x 8 mm.
BASIS: Ω-Zeichen; darunter ?

2 : 1

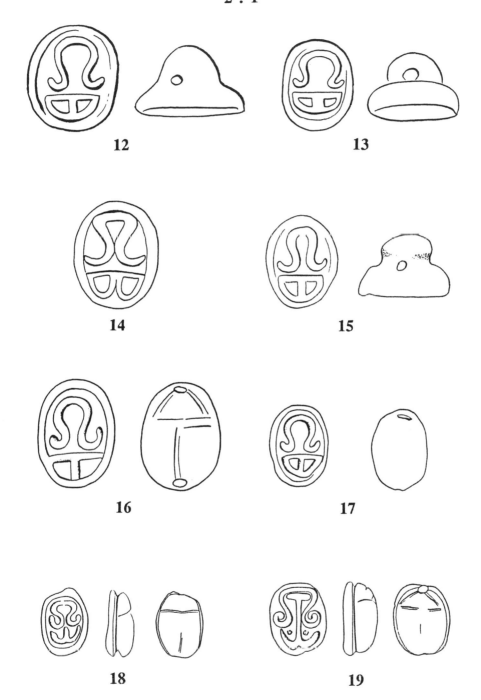

12

13

14

15

16

17

18

19

FUNDKONTEXT: Palast (Ac. j. 111).
BIBLIOGRAPHIE: ÖZGÜÇ 1986: 207 (nur erwähnt; keine Abbildung).

Abb. 15: aus Gordion (vgl. Abb. 1a).
OBJEKT: Ovale Platte mit gewölbter Oberseite und Bügelgriff; Basisdekoration in erhabenem Relief; Fayence; 12 x 10 x 8 mm.
BASIS: Ω-Zeichen; darunter Halbkreis, der durch eine senkrechte Linie in zwei gleiche Hälften geteilt ist; ovale Umrandung.
FUNDKONTEXT: Grab H4, Kinderbestattung; 1900-1700 v. Chr.
BIBLIOGRAPHIE: MELLINK 1956: 15f.42, Pl. 23 m-n. ALP 1968: 217 zu Nr. 200. ÖZGÜÇ 1986: 206 Anm. 21.

Die vorderasiatische Ω-Gruppe, die von M. MELLINK (1956: 42) erstmals erkannt und von S. ALP (1968: 217) und T. ÖZGÜÇ (1986: 206f) in ihren Konturen und ihrem Umfang schärfer skizziert worden ist, dürfte, wie schon die Entdeckerin vermutet hat, das Produkt einer einzigen Werkstatt oder wenigstens einer eng miteinander verbundenen Gruppe von Werkstätten gewesen sein. Die Charakteristika dieser Gruppe sind die Form (in der Regel ovales Siegel mit gewölbter Oberseite und Bügelgriff), der Stil (erhabenes Relief), das Material (Fayence meist mit blauer Glasur) und die geringe Grösse. Die mittleren Dimensionen der Stücke von **Abb. 4-13** und **15** sind 11,8 x 9,2 x 7,56 mm. Das grösste Stück ist dasjenige von **Abb. 12** (14 x 11 x 9 mm), das kleinste dasjenige von **Abb. 8** (8 x 6 x 6 mm). Wie die meisten anatolischen Fayenceprodukte gehören auch die Fayence-Siegelamulette in die letzten Jahrzehnte der assyrischen Handelskolonien, also ungefähr in die Zeit zwischen 1770 und 1740 v. Chr. (vgl. ÖZGÜÇ 1986: 203f und 207). Die assyrische Handelskolonie wurde um 1920 v. Chr. gegründet. Die erste Phase (Karum Kaniš II) dauerte von 1920-1850, die zweite (Karum Kaniš Ib) von ca. 1800-1740 v. Chr. ÖZGÜÇ bemerkt, dass Stempelsiegel zu dieser Zeit in Nordsyrien nicht gebräuchlich waren. Da die Beteiligung Nordsyriens am assyrisch-anatolischen Handel aber sehr stark war, ist die Annahme einer nordsyrischen Werkstatt doch nicht ganz ausgeschlossen. Diese hätte dann aber gezielt für den Export nach Anatolien produziert.

Ob wir einen nordsyrischen oder einen südostanatolischen Standort für diese Werkstatt bzw. Werkstätten annehmen, exportorientiert war deren Produktion auf jeden Fall. Das beweist der eingangs erwähnte, bis anhin in der Diskussion nicht beachtete palästinische Teil dieser Gruppe von Siegelamuletten. Stil (erhabenes Relief), Material (Fayence, wo erhalten mit blauer Glasur), Dimensionen (Mittel 11,26 x 8,18 x 5,15 mm) und Ikonographie (Ω-Zeichen und andere typisch nordsyrisch-anatolische Motive) demonstrieren die Zugehörigkeit der palästinischen zur nordsyrisch-anatolischen Gruppe. Einzig die Form der ovalen, oben gewölbten Platte mit Bügelgriff ersetzte man bei den für den Export nach Palästina bestimmten Stücken durch diejenige des Skarabäus. Denn in Palästina hatte sich diese typisch ägyptische Form des Siegelamuletts seit der 13. Dynastie (ca. 1800-1650 v. Chr.) auf breiterer Front durchzusetzen begonnen.

Für den palästinischen Teil der Ω-Gruppe sind mir zur Zeit folgende Belege bekannt:

Abb. 16: vom Tell el-Farᶜa (Nord) (vgl. Abb. 1a).
OBJEKT: Skarabäus; Kopf und Pronotum bilden ein ungefähr gleichschenkliges Dreieck; die beiden Elytren sind durch eine Trennlinie angedeutet; die Beine sind nicht indiziert; Basisdekoration in erhabenem Relief; Fayence, Reste blauer Glasur; 14 x 10 x 6 mm.
BASIS: Ω-Zeichen; darunter Halbkreis, der durch eine senkrechte Linie in zwei gleiche Hälften geteilt ist; die Linie des Halbkreises ist teilweise mit der ovalen äusseren Umrandungslinie identisch (vgl. dazu oben Abb. 11 aus Kültepe); ovale Umrandung.
FUNDKONTEXT: Feld II, Locus 573; Auffüllung mit Material aus der Mittleren und der Späten Bronzezeit II A; ca. 2000-1300 v. Chr.
BIBLIOGRAPHIE: DUMORTIER 1974: 48-50; Pl. 3,32. KEEL 1986: 5 Fig. 9 und 7 Nr. 1.

Abb. 17: vom Tell Ǧeriše (israelisch Tel Gerisa) (vgl. Abb. 1a).
OBJEKT: Skaraboid oder Skarabäus mit stark abgenutzter Oberseite; Basisdekoration in erhabenem Relief; Fayence; 10,5 x 7,5 x 5,3 mm.
BASIS: Ω-Zeichen; darunter Halbkreis, der durch eine senkrechte Linie in zwei gleiche Hälften geteilt ist; ovale Umrandung (vgl. oben Abb. 4 aus Karahöyük; Abb. 8-10 aus Kültepe; Abb. 12 aus Alişarhöyük).
FUNDKONTEXT: Dem Verf. nicht bekannt.
BIBLIOGRAPHIE: KEEL 1986: 5 Fig. 10 und 7 Nr. 2.

Abb. 18: aus Jericho (vgl. Abb. 1a).
OBJEKT: Skarabäus, stark abgenutzt; nur die Trennlinie zwischen Kopf-Pronotum und den Elytren und Reste der Trennlinie zwischen diesen beiden sind erhalten; die Beine sind auf eine rundum laufende Rille reduziert; Basisdekoration in erhabenem Relief; Fayence; 9 x 6 x 3,6 mm.
BASIS: Ω-Zeichen; darunter zwei U-förmige Zeichen, die die mittlere Linie gemeinsam haben; ovale Umrandung (vgl. das Stück von Abb. 6 aus Karahöyük).
FUNDKONTEXT: Grab 19, Schicht C, d.h. die unterste Schicht; Ende der Mittleren Bronzezeit II A - frühe Mittlere Bronzezeit II B (1800-1650).
BIBLIOGRAPHIE: GARSTANG 1933: 8 und Pl. 26 Tomb 19,6. ROWE 1936: 143 Nr. 599 und Pl. 15,599. KEEL 1986: 5 Fig. 11 und 7f Nr. 3.

Abb. 19: aus Jericho.
OBJEKT: Skarabäus, stark abgenutzt; Kopf und Pronotum sind als gleichschenkliges Dreieck gestaltet; von der Linie, die die beiden Elytren trennt, sind nur Spuren erhalten; die Beine sind auf eine rundum laufende Rille reduziert; Basisdekoration in erhabenem Relief; Fayence; 9,2 x 7 x 4 mm.
BASIS: Ω-Zeichen; darunter zwei zusammenhängende U-förmige Zeichen, deren mittlere gemeinsame Linie ins Ω hinein verlängert ist; am oberen Ende ein kleiner Querstrich; in den U-förmigen Zeichen je ein Punkt; ovale Umrandung (vgl. oben das Stück von Abb. 6 aus Karahöyük).

FUNDKONTEXT: Grab 19, Schicht C, d.h. die unterste Schicht; Ende der Mittleren Bronzezeit II A - frühe Mittlere Bronzezeit II B (1800-1650 v. Chr.).
BIBLIOGRAPHIE: GARSTANG 1933: 8 und Pl. 26 Tomb 19,11. ROWE 1936: 143 Nr. 600 und Pl. 15,600. KEEL 1986: 6 Fig. 13 und 8 Nr. 4.

Abb. 20: In Jerusalem gekauft; das Stück ist dem vorausgehenden in jeder Hinsicht sehr ähnlich.
OBJEKT: Skarabäus, stark abgenutzt; Kopf und Pronotum sind als gleichschenkliges Dreieck gestaltet, dessen Basis in der Mitte allerdings etwas eingeknickt ist; die Trennlinie zwischen den Elytren ist nicht (mehr) vorhanden; die Beine sind auf eine rundum laufende Rille reduziert; Basisdekoration in erhabenem Relief; Fayence; 10,9 x 7,8 x 5,1 mm.
BASIS: Ω-Zeichen; darunter zwei zusammenhängende, U-förmige Zeichen, deren mittlere gemeinsame Linie ins Ω hinein verlängert ist; am oberen Ende ein kleiner Querstrich; in den U-förmigen Zeichen je ein Punkt; ovale Umrandung (vgl. das Stück von Abb. 19).
FUNDKONTEXT: Unbekannt.
BIBLIOGRAPHIE: Unveröffentlicht.

Neben diesen fünf Stücken mit dem Ω-Zeichen ist in Palästina noch eine Reihe weiterer Stücke gefunden worden, welche alle Merkmale der Ω-Gruppe tragen, deren Basis aber mit andern Motiven dekoriert ist. Die meisten dieser Motive sind typisch für das nordsyrisch-anatolische Repertoire.

Abb. 21: aus Bet Šemeš (vgl. Abb. 1a).
OBJEKT: Skarabäus; Kopf und Pronotum sind als gleichschenkliges Dreieck gestaltet; die Elytren sind durch eine Trennlinie markiert; auf beiden je ein Punkt?; die Beine sind auf einen umlaufenden Wulst reduziert; Basisdekoration in erhabenem Relief; Fayence mit Glasur; 12 x 8 x 6 mm.
BASIS: Nackte, frontal dargestellte, weibliche Gestalt; nur der Kopf ist nach links gerichtet im Profil gezeigt; das hochgesteckte Haar ist durch drei Wülste angedeutet; die überlangen Arme hängen seitlich dem Körper entlang herunter; die Füsse sind nach aussen gerichtet; die Taille ist sehr eng; die Scham wird durch eine halbkreisförmige Vertiefung angedeutet; die Gestalt ist von nicht ganz eindeutig identifizierbaren Grössen, wahrscheinlich Zweigen, flankiert (vgl. die Studie zur Göttin von S. Schroer in diesem Band, unten S. 96f); ovale Umrandung.
FUNDKONTEXT: Westteil der Stadt, Grab 13 (= früher 3, in Square AB 29); frühe Mittlere Bronzezeit II B (1750-1650 v. Chr.).
BIBLIOGRAPHIE: GRANT 1929: 89 (3. Reihe von unten, 2. Stück von links) und 134 Nr. 755. KEEL 1986: 6 Fig. 14 und 8 Nr. 5.

Abb. 22: aus Geser (vgl. Abb. 1a).
OBJEKT: Skarabäus; Kopf und Pronotum sind als Dreieck gestaltet; die Elytren sind durch eine Trennlinie markiert; die Beine sind auf eine rundum laufende Rille reduziert; Basisdekoration in erhabenem Relief; Fayence, grünliche Glasur; 11 x 8 x 5 mm.
BASIS: Neunblättrige Rosette in einem Kreis, der im obern Teil mit der ovalen Umrandung zusammenfällt; unten Sichelmond (vgl. Abb. 23).
FUNDKONTEXT: Macalister ordnet das Stück seiner 2. semitischen Periode zu, die ungefähr die 13. und 15. Dynastie umfasst, also von etwa 1800-1550 v. Chr. reicht.
BIBLIOGRAPHIE: MACALISTER 1912: II 317 Nr. 122 und III Pl. 206,23.

2 : 1

20

21

22

23

Abb. 23: In Jerusalem gekauft. Das Stück ist dem vorausgehenden in jeder Hinsicht sehr ähnlich.

OBJEKT: Skarabäus; Kopf und Pronotum sind als Dreieck gestaltet; die Elytren sind durch eine Trennlinie markiert; die Beine sind auf eine ringsum laufende Rille reduziert; Basisdekoration in erhabenem Relief; Fayence, grünliche Glasur; 10,3 x 7,7 x 4,9 mm.

BASIS: Neunblättrige Rosette in einem Kreis, der im obern Teil mit der ovalen Umrandung zusammenfällt; diese Scheibe mit Rosette ist einem Sichelmond einbeschrieben (vgl. Abb. 22). Ein rundes Stempelsiegel vom Typ der Nr. und **Abb. 11** unseres Katalogs mit einer achtblättrigen Rosette ohne Sichelmond als Basisdekoration ist auf dem Tell Açana (Alalaḫ) gefunden worden (BUCHANAN/MOOREY 1988: 1 und Pl. 1,5).

FUNDKONTEXT: Unbekannt.

BIBLIOGRAPHIE: Unveröffentlicht.

Abb. 24: vom Tell el-ʿAǧǧul (vgl. Abb. 1a).

OBJEKT: Rücken und Seiten unbekannt; Basisdekoration in erhabenem Relief; Fayence mit Glasur; 11 x 8 mm.

BASIS: Vierblättrige Rosette; vier Punkte zwischen den Blättern; ovale Umrandung (vgl. Abb. 25-26).

FUNDKONTEXT: Oberflächenfund.

BIBLIOGRAPHIE: PETRIE 1932: 9 und Pl. 8,164.

Abb. 25: vom Tell el-ʿAǧǧul.

OBJEKT: Skarabäus; stark abgenutzt; Kopf und Pronotum sind als Dreieck mit etwas gekrümmten Schenkeln gestaltet; von einer Trennlinie zwischen den Elytren ist nichts (mehr?) zu erkennen; die Beine sind auf eine umlaufende Rille reduziert; Basisdekoration in erhabenem Relief; Fayence; 10 x 7,6 x 4,5 mm.

BASIS: Vierblättrige Rosette; vier Punkte zwischen den Blättern; ovale Umrandung; die Dekoration ist identisch mit der von Abb. 24 und 26.

FUNDKONTEXT: Oberflächenfund.

BIBLIOGRAPHIE: PETRIE 1934: 4 und Pl. 9,389; Photo auf Pl. 8. KEEL 1986: 6 Fig. 19 und 9 Nr. 8.

Abb. 26: von el-Ǧib (Gibeon?) (vgl. Abb. 1a).

OBJEKT: Skarabäus; Kopf und Prothorax sind als Dreieck mit etwas gekrümmten Schenkeln gestaltet; die Elytren sind durch eine Trennlinie markiert; die Beine sind auf eine rundum laufende Rille reduziert; Basisdekoration in erhabenem Relief; Fayence; 10,9 x 8,2 x 5,4 mm.

BASIS: Vierblättrige Rosette; vier Punkte zwischen den Blättern; ovale Umrandung; die Dekoration ist identisch mit der von Abb. 24 und 25.

FUNDKONTEXT: Grab 15; Übergang von der frühen zur späten Mittleren Bronzezeit II B, d.h. ca. 1700-1600 v. Chr.

BIBLIOGRAPHIE: PRITCHARD 1963: 32f.154f Fig. 70,15. KEEL 1986: 6 Fig. 20 und 9 Nr. 9.

Abb. 27: aus Megiddo (vgl. Abb. 1a).

OBJEKT: Skarabäus; Kopf und Pronotum sind als Dreieck gestaltet; die Elytren sind durch eine Trennlinie markiert; die Beine sind auf eine rundum laufende Linie reduziert; Basisdekoration in erhabenem Relief; Fayence, blaue Glasur; 16 x 12 x 6,8 mm.

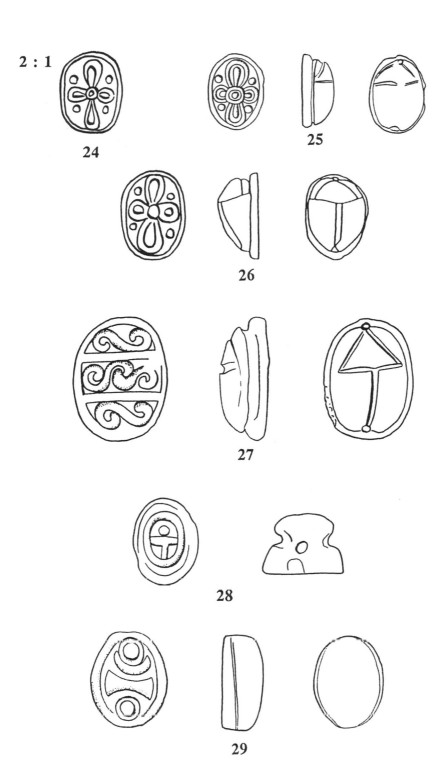

2 : 1

24

25

26

27

28

29

BASIS: Die Fläche wird durch zwei Linien in drei Felder aufgeteilt; im oberen und im unteren je eine liegende Z-Spirale; im mittleren zwei ineinandergreifende S-Spiralen; ovale Umrandung; die gleiche Einteilung der Fläche und die gleichen Z-Spiralen mit dem einzigen Unterschied, dass im mittleren Register statt der zwei S- nur eine weitere Z-Spirale zu finden ist, begegnet auf auf einem Skarabäus vom Tell el-ʿAǧǧul (PETRIE 1933: 4 und Pl. 3,7 und Photo Pl. 5); er stammt aus Stratum III (ca. 1750-1625); da das Stück verschollen ist, sind Rücken und Seiten unbekannt, und aus dem veröffentlichten Photo geht nicht eindeutig hervor, ob die Basisdekoration in erhabenem Relief ausgeführt ist; so ist es möglich, aber nicht sicher, dass auch dieses Stück zur Ω-Gruppe gehört.

FUNDKONTEXT: Areal BB, Square N14, Raum W = Grab 2126; Stratum X, späte Mittlere Bronzezeit II B (1650-1550 v. Chr.).

BIBLIOGRAPHIE: LOUD 1948: I 147; II Pl. 51,113 und Pl. 156,113. KEEL 1986: 6 Fig. 18 und 8f Nr. 7.

Zum Abschluss des palästinischen Teils der Ω-Gruppe sind noch zwei Stücke zu diskutieren, die von der Form her aus dem Rahmen fallen.

Abb. 28: aus Bet Šemeš.

OBJEKT: Ovale Platte mit gewölbter Oberseite und Griff; Basisdekoration in erhabenem Relief; Fayence; 11,4 x 8,7 x 8,3 mm. Die Form erinnert an die der anatolisch-nordsyrischen Stücke der Ω-Gruppe (vgl. bes. Abb. 2). Die Form des Griffs scheint allerdings hier etwas anders zu sein.

BASIS: Oval mit einem stilisierten ʿnḫ darin; ovale Umrandung.

FUNDKONTEXT: Westteil der Stadt, Grab 11 (= früher 1, bei AB 27); Mittlere Bronzezeit II B - Eisenzeit I (1750-1000 v. Chr.).

BIBLIOGRAPHIE: GRANT 1929: 85 und 188 Nr. 424(?). KEEL 1986: 6 Fig. 21 und 9 Nr. 10.

Abb. 29: aus Bet Šemeš.

OBJEKT: Skaraboid, auf der Seite dem Basisrand entlang umlaufende Rille; Basisdekoration anscheinend in erhabenem Relief; Fayence?; 12 x 10 x 6 mm. Wir haben es hier sehr wahrscheinlich mit einem echten Skaraboiden (nicht mit einem Skarabäus) zu tun, dessen Oberseite stark abgenutzt ist (vgl. das Stück von Abb. 18).

BASIS: Oben Sichelmond mit Scheibe; in der Mitte Doppelaxtklinge; unten Scheibe; ovale Umrandung. In bezug auf die Basisdekoration scheint das leider verschollene Stück MACKAY/ MURRAY 1952: 8 und Pl. 10,179 = TUFNELL 1984: II Pl. 21 No. 1944 unserem Stück recht ähnlich gewesen zu sein.

FUNDKONTEXT: Westteil der Stadt, Square R 32, Raum 169, Stratum IV; Späte Bronzezeit (1550-1150 v. Chr.).

BIBLIOGRAPHIE: GRANT 1932: 88 und Pl. 51, 39. KEEL 1986: 6 Fig. 16 und 8 Nr. 6.

III. Zur Datierung und Verbreitung der Gruppe

Für die Datierung einer Gruppe sind die frühesten Fundzusammenhänge interessant. Ein Stück kann über längere Zeit vererbt oder vergraben, wiedergefunden und -verwendet worden sein. Der Fundkontext der Stücke von **Abb. 18-19** und **21** weist eindeutig auf die erste Hälfte der Mittleren Bronzezeit II B hin, in absoluter Chronologie also ungefähr die Zeit zwischen 1750-1650 v. Chr. Bei der grossen Ähnlichkeit in Stil, Material, Grösse und bei der Identität der Basisdekoration bei Stücken wie dem von **Abb. 16** mit dem von **Abb. 11**, dem von **Abb. 17** mit denen von **Abb. 4, 8-10** und **12** und dem von **Abb. 18** mit dem von **Abb. 6** muss angenommen werden, dass der nordsyrisch-anatolische und der palästinische Teil der Gruppe gleichzeitig entstanden sind. Da der nordsyrisch-anatolische Teil der Ω-Gruppe in die letzten Jahrzehnte der assyrischen Handelskolonien datiert wird (ca. 1770-1740 v. Chr.), ergibt sich eine geringfügige Überschneidung von einem Jahrzehnt. Angesichts der Tatsache, dass die 13. ägyptische Dynastie zwischen 1800 und 1750 einsetzt und die archäologischen Phasen Palästinas in der Bronzezeit vom politischen Geschehen in Ägypten kaum unabhängig sind (vgl. USSISHKIN 1985: 213-230), wäre es vielleicht angemessener, die Mittlere Bronzezeit II B etwas früher, vielleicht um 1775 oder sogar schon um 1800 beginnen zu lassen. Die Präzision dieser Zahlen hat ohnehin nur als Element eines Modells und nicht als strikte Deskription Sinn.

Am Ende der 12. und zu Beginn der 13. Dyn. (um 1760 v. Chr.) intensivierten sich die Beziehungen zwischen Ägypten und Palästina offensichtlich (vgl. WEINSTEIN 1975: 1-16). Gleichzeitig aber lassen sich für die Zeit zwischen ca. 1800 und 1750 v. Chr. Beziehungen zwischen Nordsyrien (Aleppo) und Südpalästina (Tell el-ʿAǧǧul) nachweisen (COLLON 1985: 57-68). Bei einem Blick auf **Abb. 1a** frappiert die Verteilung der Stücke der Ω-Gruppe, insofern zwischen Hammam et-Turkman in Nordsyrien und Megiddo ein grosse Lücke klafft. Ein rundes Siegel vom Typ der Nr. 11 unseres Katalogs mit einer achtblätterigen Rosette als einziger Basisdekoration, das auf dem Tell Açana (Alalaḫ) gefunden worden ist, das der Ω-Gruppe zugehören dürfte, und auf das ich erst im letzten Moment aufmerksam geworden bin (BUCHANAN/MOOREY 1988: 1 Nr. 5 und Pl. 1,5), bestätigt dieses Bild. **Abb. 1a** zeigt eine eindeutige Konzentration der Belege für die Ω-Gruppe in Anatolien-Nordsyrien und in Südpalästina anderseits. Megiddo ist der einzige Fundort nördlich der Karmelkette. Weder Bet-Šean noch Akko, Hazor oder Dan haben Belege geliefert. Ein Import aus Nordsyrien über den Hafen der Stadt auf dem Tell el-ʿAǧǧul wäre denkbar. Beim geringen Umfang der Gruppe kann das allerdings nicht mehr als eine begründete Vermutung sein. Erstaunlich ist jedenfalls, wie schnell eine vorderasiatische Werkstatt auf die gegen Ende der 12. Dyn., d.h. gegen 1760 v. Chr. in Palästina einsetzende Verbreitung von Skarabäen (vgl. WEINSTEIN 1975: 1-7) reagiert hat. Und noch erstaunlicher ist, dass es sich bei dieser

Werkstatt um eine weit nördlich gelegene gehandelt haben muss. Das beweist vor allem die Ikonographie der Ω-Gruppe.

IV. Zur Ikonographie der Ω-Gruppe

Ich habe der Gruppe ihren Namen aufgrund des Ω-förmigen Symbols gegeben, das die Basis aller bekannten nordsyrisch-anatolischen Stücke ausser dem von Açana dekoriert und sich auch auf fünf Stücken aus Palästina findet.

1. Das Ω-förmige Symbol: seine Geschichte und Bedeutung

Den Entdeckern und ersten Herausgebern der in Palästina gefundenen Stücke mit dem Ω-förmigen Symbol machte dessen Deutung ziemlich Mühe. P.E. NEWBERRY (bei GARSTANG 1933: 8) beschrieb die Basisdekoration des Stückes von **Abb. 18** als "probably Hathor-headed sistrum". A. ROWE (1936: 143) übernahm diese Deutung:"Highly conventional Hathor-headed sistrum with an uraeus attached to the bottom of the handle on either side. Owing to want of space only the headdress of Hathor is shown, while the handle itself is projected right into the headdress."

Die Erklärung klingt etwas gezwungen. Newberrys und Rowes Augen waren gewohnt, ägyptisches Material zu sehen. Mit dem Ω-förmigen Symbol waren sie nicht vertraut und vermochten es deshalb nicht zu erkennen. Wo palästinisches Material mit ausschliesslich ägyptischen oder ausschliesslich vorderasiatischen Mustern im Kopf betrachtet wird, sind Irrtümer vorprogrammiert. Noch DUMORTIER (1974: 48f) sieht unter dem Einfluss von Newberry und Rowe eine "perruque hathorique", von der er annimmt, dass sie aus zwei mit dem Schwanz verbundenen Uräen entstanden sei. Das Zeichen darunter interpretiert er als "support de la perruque". Aber die Hathor-Perücke hat als eigenständiges Symbol in Ägypten nie existiert.[5]

Während es sich bei den eben referierten Deutungsversuchen um ad hoc geäusserte Vermutungen handelt, ist das Ω-förmige Zeichen bei den vorderasiatischen Archäologen und Archäologinnen seit langem Gegenstand der Diskussion (vgl. z.B. HINKE 1907: 121; VAN BUREN 1945: 106-108; EMRE 1971: 126f). Sehr viel Material hat I. FUHR (1967) gesammelt; ihre Deutung des Zeichens als Komet hat jedoch ebensowenig zu überzeugen vermocht wie der neulich vorgelegte Versuch von BÖRKER-KLÄHN (1982: 191), aufgrund des relativ sehr späten Schwarzen Obelisken Salmanassars III. (ca. 858-824 v. Chr.) im Zeichen die umgekehrten Hörner eines Widders zu sehen, oder die jüngst vorgeschla-

---

[5] Zur Geschichte der 'Hathorfrisur' vgl. den Beitrag von S. SCHROER in diesem Band.

gene Deutung von J. DUCHESNE-GUILLEMIN (1986: 234-250), der dem Zeichen aufgrund seiner Verwendung durch hellenistische Astrologen in Ägypten einen astrologischen Sinn (Saros) geben möchte. Da er den ursprünglichen Zusammenhang mit Ninḫursanga nicht ganz bestreiten kann, muss er einen sehr komplizierten, mehrfachen und vor allem in den ersten Phasen wenig wahrscheinlichen Bedeutungswandel postulieren (bes. p. 248).

Verschiedene frühere Interpretationen hat U. SEIDL (1968: 199-203) aufgelistet und diskutiert. Die überzeugendste bleibt m.E. diejenige von W.J. HINKE und H. FRANKFORT. Hinke hatte das Symbol der Göttin Ninḫursanga ("Herrin des Gebirges") zugeschrieben, weil das Zeichen auf den Kudurrus häufig an vierter Stelle erscheint, dem gleichen Platz, den Ninḫursanga in den Götterlisten einnimmt (HINKE 1907: 121). Frankfort stellte fest, dass Ninḫursanga mit Nintu, der "Herrin der Geburt" identifiziert wurde. In Analogie zum Symbol der ägyptischen Göttin der Geburt (*msḫn.t*), das als Uterus einer Kuh identifiziert worden ist (vgl. zuletzt WILDUNG 1984: 975-980), interpretierte er deshalb auch das Ω-förmige Zeichen als Symbol für den Uterus und wies darauf hin, dass Ninḫursanga in einer Götterliste schlicht "Uterus" genannt wird (FRANKFORT 1944: 198-200). Diese Deutung ist von vielen Forscherinnen und Forschern akzeptiert worden, so besonders von U. SEIDL (1968: 199-203) und U. WINTER (1983: 319-323 und 375-377). Letzterer hat zudem auf einen möglichen Zusammenhang zwischen dem Ω-förmigen Symbol und der aus Ugarit bekannten Göttin *rḥmj* "Mutterschoss"[6] sowie dem hebräischen *rḥm* "Schoss" hingewiesen.

Nun stellt sich aber die Frage, ob wir bei einer Deutung aus mesopotamischer Optik nicht den gleichen Fehler begehen wie jene, die das Ω-förmige Symbol aus ägyptischer Sicht als Hathorperücke oder aus ägyptisch-hellenistischer als Saros interpretiert haben. Immerhin stammt die Gruppe aus Nordsyrien-Anatolien und nicht aus dem mesopotamischen Kernland.

Für den nordsyrisch-anatolischen Bereich hat S. SCHROER in ihrem Beitrag in diesem Band auf einen Rollsiegelabdruck aus Kültepe Stratum Ib (ca. 1800-1740 v. Chr.) hingewiesen, auf dem als Nebenmotiv auch das Ω-förmige Zeichen zu sehen ist (ihre Abb. 0169). Im Unterschied zu unseren Stücken von **Abb. 2-20** ist diesem aber ein Gesicht mit Augen, Nase und Mund einbeschrieben. S. Schroer vermutet, dass es sich dabei um ein genuin anatolisch-nordsyrisches Motiv handle. Diese Vermutung kann eine stark beschädigte anatolische steinerne Gussform für Bleifiguren erhärten (**Abb. 30**). Derartige Steinformen datieren vom Ende des 3. Jts. v. Chr. und sind also ca. 200 Jahre älter als die Funde aus Karum Kaniš Ib. Auf **Abb. 30** ist rechts von der nakkten Frauengestalt, die ihre Brüste hält, ein Ω-förmiges Zeichen zu sehen, dessen Enden spiralig eingerollt sind. Der Ω-Schlaufe sind Augen, Nase und

---

[6] Vgl. besonders den Text *šḥr* und *slm* Z. 13, 16 und 28 (GORDON 1965: 174 [Nr. 52]; DIETRICH/LORETZ/SANMARTÍN 1976: 67f [Nr. 1.23]); dazu CAQUOT 1974: 69.89.356.371-373.537.

30

31

32

33

Mund eingraviert. Die Schlaufe ist relativ schmal. Eine breitere Form findet sich in der altsyrischen Glyptik (**Abb. 31**), wo es mit einer Öse versehen erscheint. Spätestens im Laufe des 18. Jahrhunderts v. Chr. scheint das Motiv in Syrien dann insofern modifiziert worden zu sein, als es mit Kuhohren versehen wurde und sich das Ω so zu einem Göttinnengesicht mit zwei dicken Haarsträhnen entwickelte, wie S. Schroer gezeigt hat (vgl. ihre Abb. 0170-0174).

Auf den Stücken unserer **Abb. 2-20** ist von einem solchen Gesicht, wie es sich auf den altanatolisch-altsyrischen Belegen findet, nichts zu sehen. Auch die Elemente, die eine Verwendung als Schmuck-Amulett nahelegen (die starke spiralige Einrollung bei **Abb. 30** und die Öse bei **Abb. 31**), fehlen bei den Belegen von **Abb. 2-20**. Formal stehen sie somit den Ω-förmigen Zeichen auf altbabylonischen Rollsiegeln (**Abb. 34-37**) und Terrakotten (**Abb. 32**) näher als den altanatolisch-altsyrischen Belegen. Und da man Form und Inhalt nicht ohne gute Gründe trennen sollte, dürfte auch die Bedeutung des Ω-förmigen Zeichens am besten von dort her zu verstehen sein.

Inhaltlich am eindeutigsten sind zwei altbabylonische Terrakottareliefs (um 1800 v. Chr.), von denen sich eines im Louvre (AO 12442 = **Abb. 32**) und eines im Iraq-Museum in Bagdad (IM 9574) befindet (VAN BUREN 1933/34: 165-171; OPIFICIUS 1961: 76f). Vielleicht wurden beide aus der gleichen Form gepresst. Die Göttin mit Menschenköpfen als ihrem Attribut über der Schulter und einem Kind an der Brust ist zu Recht als die Muttergöttin Ninḫursanga gedeutet worden, die Titel wie "Mutter der Götter" und "Mutter aller Kinder" trägt (EDZARD 1965: 104). Im Zusammenhang mit der Publikation einer altbabylonischen Bronze (**Abb. 33**) hat E. PORADA die beiden embryonalen Gestalten, welche die Göttin flankieren, als Früh- bzw. Fehlgeburten gedeutet (PORADA 1964: 159-166). Deren umherirrende Geister waren im alten Mesopotamien sehr gefürchtet. Über ihren Köpfen findet sich das Ω-förmige Symbol, das wohl zu ihrem Schutz und ihrer Beruhigung an dieser Stelle angebracht wurde.

In diesem Zusammenhang muss darauf hingewiesen werden, dass zwei von den wenigen Stücken unserer **Abb. 2-20**, die einen primären und klaren archäologischen Kontext haben, in Kindergräbern gefunden worden sind (**Abb. 2 und 15**). Auch die kleinen Dimensionen der Stücke könnten darauf hinweisen, dass sie speziell für Kinder angefertigt worden sind.[7]

Während auf **Abb. 32** das Symbol stark in die Länge gezogen ist, kommt es auf einem altbabylonischen Siegel, das noch ganz in der Tradition der neusumerischen Einführungsszenen steht (**Abb. 34**), genau in jener Form vor, in

---

[7] Jedenfalls ist es auffällig, dass auch die ägyptischen *rdjt-Rc*-Skarabäen, die sich durch ähnlich winzige Dimensionen auszeichnen, fast ausschliesslich in Kindergräbern gefunden worden sind. Vgl. z.B. MALLET 1973: 57 Anm. 14, 147 und pl. 27,4; BRUNTON 1937: Pl. 69,38.40. 42-43 und die noch unveröffentlichten Stücke von Tell el-Dab^c a Nr. 404, 516, 613, 619, 1030 (die Beispiele vom Tell el-Dab^c a verdanke ich Frau CH. MLINAR, Wien).

34

35

36

37

38

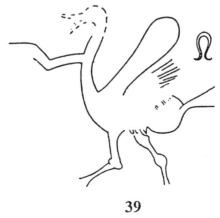

39

40

40a

41

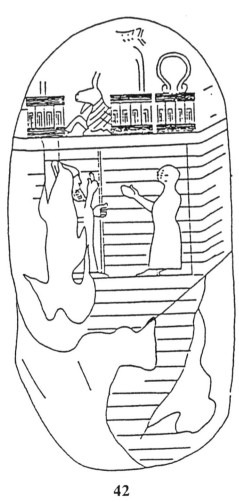

42

der wir es von den Stücken von **Abb. 2-20** kennen. Das gleiche gilt von einem klassischen altbabylonischen Rollsiegel (**Abb. 35**) und von einem solchen eher provinzieller Machart (**Abb. 36**). Auf mehreren altbabylonischen Siegeln erscheint es nach oben offen (**Abb. 37-38**).[8] Die Kugelbohrerarbeit an den Figuren des Stücks von **Abb. 38** ist typisch für die späte altbabylonische Zeit (ca. 1700-1600 v. Chr.).

Bei all diesen altbabylonischen Beispielen ist der ikonographische Kontext nicht sehr erhellend. Einzig bei dem Stück von **Abb. 37** ist interessant, dass das Zeichen Ištar beigesellt ist, mit der es in neuassyrischer Zeit wiederholt in enge Verbindung gebracht wird (vgl. **Abb. 43-44**). Ištar trägt ja u.a. auch Titel wie "Gebärerin" und "Geburtshelferin" (TALLQVIST 1938: 334) und übernimmt so Funktionen und Titel der alten Muttergöttinnen vom Typ der Ninḫursanga.

Auf mittelassyrischen Rollsiegeln und (in der Regel sehr fragmentarischen) Rollsiegelabdrücken des 13. und 12. Jhs. v. Chr. ist das Zeichen ebenfalls frei im Raum 'schwebend' zu sehen (**Abb. 39**). Neu ist seine Verbindung mit anderen Symbolen. Leider ist aber das mit dem Ω verbundene Zeichen häufig nur fragmentarisch erhalten.[9] Auf einem Rollsiegel dieser Periode (MOORTGAT 1943: 63f) ist das Ω-förmige Zeichen über einem neugeborenen(?) Füllen angebracht, das von einem geflügelten Pferd gegen einen angreifenden Löwen verteidigt wird. Dabei ist das Ω mit einem Berg kombiniert, auf dessen Gipfel das Blitzzeichen angebracht ist (**Abb. 40**). Vielleicht ist das Zeichen hier als Symbol für den "Schoss der Erde" zu deuten; der Berg ist evtl. eine Erinnerung an Ninḫursanga, die "Herrin des Gebirges". Auf einem mittelassyrischen Rollsiegel des 13. Jhs., das in Tyrus gefunden worden ist, erscheint das Ω-förmige Zeichen wie in den neuassyrischen im Kontext einer Adorations-Szene. Signifikant dürfte sein, dass es eine Frau ist, die im Zeichen des Ω-förmigen Symbols vor dem Gott mit dem Blitz ein Trankopfer(?) dabringt (**Abb. 40a**).

Vom 12. bis zum 7. Jh. v. Chr. erscheint das Ω-Zeichen auf den symbolischen Grenzsteinen, den Kudurrus. In den weitaus meisten Fällen (21 von 27; vgl. SEIDL 1968: 199-203) ist es, wie andere Göttersymbole, auf einen Sockel gestellt, so auf einem Kudurrufragment aus dem 11. Jh. v. Chr. (**Abb. 41**) und auf einem Kudurru aus der Regierungszeit Šamaš šum ukin (668-648 v. Chr.) (**Abb. 42**).

Endlich erscheint das Zeichen auch in der neuassyrischen Glyptik. Auf einem Rollsiegel, das aus stilistischen Gründen der Zeit zwischen 850-750 v. Chr. zuzuweisen ist, ist es wie schon auf dem altbabylonischen Siegel von **Abb. 37**

---

[8] Nach oben offen ist das Ω-förmige Zeichen auch auf dem spätaltbabylonischen Rollsiegel MOORTGAT 1940: Taf. 58,477.

[9] MOORTGAT 1943: 62f Abb. 23; MOORTGAT 1944: 29 Abb. 13; KANTOR 1958: 73, pl. 71,XIV.

neben Ištar zu sehen (**Abb. 43**). Zusammen mit Ištar erscheint es auch auf einem Rollsiegel, das leider nur in einer für stilistische Untersuchungen ungenügenden Zeichnung veröffentlicht ist (**Abb. 44**). Das Zeichen befindet sich hier zwischen einem Mann und einer Frau, die über einem Opfertisch einander zutrinken. Dabei hat man sich vorzustellen, dass diese Szene vor Ištar spielt, die rechts von dieser Gruppe auf ihrem Löwen zu sehen ist. Vielleicht handelt es sich bei dem Siegel um eine in Stein gravierte Danksagung an Ištar als Geburtshelferin.

Auf einem Stempelsiegelabdruck aus der Zeit Sargons II. (721-705 v. Chr.) findet sich das Ω-Zeichen ebenfalls zwischen zwei menschlichen Gestalten, anscheinend Männern (**Abb. 45**). Unter ihm ist ein junges(?) Kamel zu sehen. Diese Konstellation erinnert an die von **Abb. 40**.[10]

Ausserhalb des mesopotamischen Kernlandes findet sich das Ω-förmige Zeichen - von dem in Tyrus gefundenen Rollsiegel von **Abb. 40a** abgesehen - auf einer Bronzestandarte aus Hazor (14./13. Jh. v. Chr.). Leider ist die Dekoration stark zerstört, so dass sie nicht eindeutig zu bestimmen ist (**Abb. 46**). Im Zentrum scheint sich eine Göttin vom Qudschu-Typ befunden zu haben, die zwei Schlangen hält. Wo ihr Unterleib zu erwarten wäre, ist ein Ω-förmiges Zeichen mit stark eingerollten Enden zu sehen, über dem Kopf der Göttin ein sehr flacher Sichelmond(?). Darüber findet sich das Zeichen ein zweites Mal. Eine Bronzefigur einer syrischen Göttin, die ebenfalls ins 14./13. Jh. v. Chr. zu datieren ist, trägt am Hals das Zeichen mit spiralig eingerollten Enden (**Abb. 47**). Ein Ω-förmiger Anhänger aus Goldblech ist in einem spätbronzezeitlichen Grab in Hala Sultan Tekke (Zypern) gefunden worden (**Abb. 47a**). Die zwei Durchbohrungen dienten wohl dazu, das Zeichen an einer Schnur als Anhänger zu tragen. Die Deutung des Ausgräbers als "crecent shaped pendant...with ends bent to form hooks für suspension" (ÅSTRÖM 1983: 8) scheint mir eher unwahrscheinlich.

Schliesslich kann auf eine Gruppe von Gräbern aus der Eisenzeit II C (ca. 800-600 v. Chr.) in Judäa hingewiesen werden, in denen am einen Ende der Bänke, auf welche die Toten gelegt wurden, ein Ω-förmiges Zeichen in Stein gehauen ist (**Abb. 48-49**).[11] G. BARKAY und A. KLONER, die diese Anlagen detailliert beschrieben haben, wollten darin Hathorperücken erkennen (1986: 22-39, bes. 36). Aber erstens hat die Hathorperücke einen Scheitel, zweitens erscheint sie sonst nirgends als selbständiges Symbol, und drittens ist nicht einzusehen, welchen Sinn es haben sollte, den Kopf toter Judäer oder Judäerinnen in Hathorperücken zu betten (vgl. KEEL 1987: 50-53).

---

[10] Weitere Belege aus der Spätzeit bei SEIDL 1968: 202.

[11] BARKAY/MAZAR/KLONER 1975: 71-76; MAZAR 1976: 1-8; DAVIS/KLONER 1978: 16-19; KLONER 1982: 71f.

43

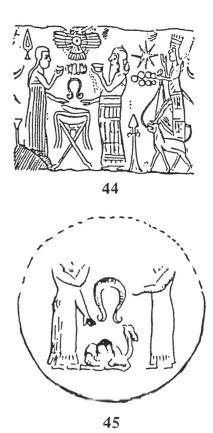

44

45

46

47

47a

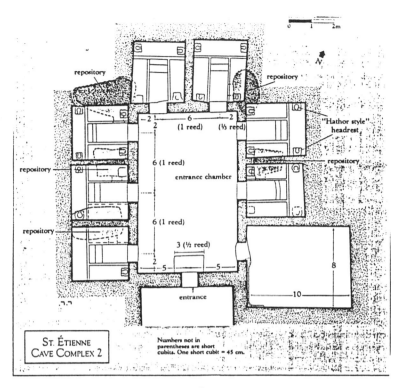

repository

repository

repository

repository

repository

repository

"Hathor style" headrest

−2
2
6 (1 reed)
−2
(1 reed)   (½ reed)

6 (1 reed)

entrance chamber

6 (1 reed)

3 (½ reed)

−2
−5   −5

8

10

entrance

St. Étienne
Cave Complex 2

Numbers not in
parentheses are short
cubits. One short cubit = 45 cm.

48

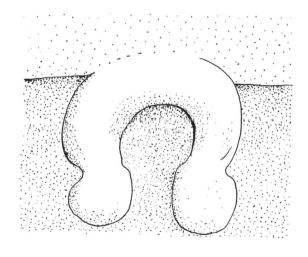

49

Natürlich könnte man sich auf den neutralen Standpunkt zurückziehen, auch eine Form ohne erkennbare praktische Funktion brauche keine symbolische Bedeutung zu haben. Das ist möglich. Aber ob das bei diesen sorgfältig geplanten und in Stein gehauenen Anlagen, die A. KLONER sogar für Königsgräber hält (1986: 121-129; 1987: 54-56), wahrscheinlich ist, scheint mir fraglich.

Als Symbol für den Mutterschoss hätte das Ω-förmige Zeichen im Kontext dieser Gräber durchaus einen Sinn. Ein Problem ist allerdings erstens, dass dieser eigens signalisierte Ruheplatz für den Kopf nicht in allen Fällen deutlich Ω-förmig ist, sondern manchmal eher U-Form hat. Man könnte also geltend machen, das Element sei einfach als Kopfstütze zu verstehen. Eine gewisse Plastizität ist, wenn man etwa **Abb. 32** mit **Abb. 46** vergleicht, für das Ω-Zeichen aber auch sonst charakteristisch. Wenn man aber diese Plastizität nicht gelten lassen will, gilt immer noch, dass Grabplatten oder -steine von schlicht rechteckiger Form nicht beweisen, dass kreuzförmig gehauene keine symbolische Bedeutung haben, auch wenn schlicht rechteckige und kreuzförmige auf dem gleichen Friedhof vorkommen. Problematisch ist auch die Tatsache, dass in einzelnen Fällen das Zeichen an *beiden* Enden der Bank angebracht ist, was die funktionelle Deutung als Kopfstütze in Frage stellt, einer symbolischen Deutung aber eher entgegenkommt. Ein drittes Problem besteht darin, dass es für das Zeichen in Palästina nach dem ersten Auftauchen auf Skarabäen in der Mitte des 18. Jhs. v. Chr. keine kontinuierliche Tradition gibt. Aber die Kudurru- und Siegelbelege (**Abb. 42-45**) haben gezeigt, dass das Symbol in der Eisenzeit II (1000-600 v. Chr.) in Mesopotamien noch durchaus lebendig war. Assyrisch-babylonischer Einfluss in Judäa ist am Ende der Eisenzeit II angesichts der politischen Verhältnisse nicht erstaunlich[12], besonders dann, wenn fremde Symbole geeignet waren, autochthones Gedankengut adäquat zum Ausdruck zu bringen. Im Assyrien des 8./7. Jh. v. Chr. kommt das Ω-Symbol im funerären Kontext m.W. nicht vor. Wenn die Kopfstützen in den Jerusalemer Gräbern vom alten Ω-Symbol her zu deuten sind, hätten wir es demnach mit einer genuin judäischen Verwendung zu tun. Tatsächlich ist die Vorstellung vom Grab bzw. der Erde als einer Art Mutterschoss, in den der Tote zurückkehrt, der hebräischen Bibel nicht fremd.

Exkurs: Die Erde als Mutterschoss in der hebräischen Bibel

Die bekannteste Stelle, in der die Vorstellung von der Erde als Mutterschoss formuliert wird, ist Ijob 1,21ab:

> "Nackt bin ich aus dem Leib meiner Mutter hervorgekommen,
> Nackt kehre ich dorthin zurück."

---

[12] Vgl. MCKAY 1973; COGAN 1974; SPIECKERMANN 1982: bes. 229-372; REICH/ BRANDL 1985: 41-54.

G. FOHRER sagt in seinem grossen Ijobkommentar zu Recht:"Die Schwierigkeit des Satzes liegt in dem Ausdruck 'dorthin'" (1963: 92). Mit Nikodemus ist man versucht zu fragen:"Wie kann ein Mensch geboren werden, wenn er alt ist? Kann er in den Schoss seiner Mutter noch einmal eingehen und geboren werden?" (Joh 3,4). Schon Kohelet, der den Satz Ijobs aufnimmt, weicht dieser Schwierigkeit aus, wenn er formuliert:

> "Wie er (der Mensch) aus dem Leib seiner Mutter hervorgekommen ist -
> nackt, wie er kam, muss er wieder gehen" (5,14ab).

Wohin der Mensch geht, sagt Kohelet nicht. An andern Stellen redet er vom Staub (vgl. Gen 3,19), von der Unterwelt oder von der Erde als Ort, wohin der Mensch im Tode geht (Koh 3,20; 9,10; 12,7). In 5,14 geht es ihm nur darum, dass der Mensch ohne Besitz in die Welt kommt und sie ohne Besitz wieder verlassen muss. Das wird durch einen zusätzlichen Satz fast pedantisch expliziert:"Von seinem Besitz darf er nichts forttragen, nichts, das er als ihm gehörig mitnehmen könnte" (5,14cd). Dieser Teil der Aussage von Ijob 1,21ab wird noch einmal in 1 Tim 6,7 aufgenommen, wo es heisst:"Wir haben ja nichts hereingebracht in diese Welt, so dass wir auch nichts mit fortnehmen können."

Dagegen variiert Jesus Sirach in 40,1 nur das in Ijob 1,21ab auch anvisierte Woher und Wohin des Menschen, wenn er sagt:

> "Ein schweres Joch liegt auf den Menschen
> vom Tage, da er hervorgeht aus dem Schoss seiner Mutter,
> bis zum Tag, da er zurückkehrt zur Mutter alles Lebendigen" (40,1).

Das Wort "Leib" (*beṭen*) von Ijob 1,21ab und Koh 5,14ab ist hier durch "Schoss" (*reḥem*) ersetzt. Die beiden Ausdrücke *beṭen* und *reḥem* werden auch sonst gelegentlich parallel verwendet (vgl. Ps 22,11). Das schlicht rückverweisende "dorthin" von Ijob 1,21ab wird von Sirach durch "Mutter alles Lebendigen" (*ʾem kol ḥaj*) ersetzt. Diesen Titel trägt in Gen 3,20 Eva (WESTERMANN 1974: 36 und 364-366). Aber an Eva als Mutter alles Lebendigen in einem genealogischen Sinn kann Jesus Sirach hier nicht gedacht haben; er meint die Erde als Mutter alles Lebendigen.

Spuren dieser "Mutter Erde" finden sich noch im ersten Schöpfungsbericht, wo die Erde, wenn auch auf Geheiss Gottes, die Pflanzen hervorbringt (Gen 1,11-12; vgl. SCHMIDT 1967: 106-109, bes. 108 Anm. 4). In Analogie zu den Pflanzen scheinen in dem etwas verderbten Text von Ps 90,3.5 die Menschen gesehen worden zu sein:

> "Du lässest die Menschen zum Staub zurückkehren
> und sprichst: Kehrt zurück ihr Menschen...
> Du säest sie Jahr für Jahr,
> sie sind wie das Gras, das nachwächst"
> (vgl. KÖHLER 1908: 77-80; KRAUS 1961: 628).[13]

Weniger bildhaft wirkt Ps 139,15bc, wo nicht die Menschen generell und unverbindlich der Erde entspriessen, sondern der Beter von sich selber sagt:

> "der ich im Geheimen gemacht worden bin,
> gewoben in den Tiefen der Erde."

---

[13] Vgl. den von SCHMIDT 1967: 108 zitierten babylonischen Text, der sagt, dass die Menschen "wie Korn von selbst aus der Erde sprossen".

Der in Vs. 13b genannte "Leib meiner Mutter" und die in Vs 15c genannten "Tiefen der Erde" als Ort der Entstehung des Beters schliessen einander nicht aus. Das eine wird nach dem Modell des anderen gesehen[14], so wie das Wohnen Gottes im Tempel und dass im Himmel keine Gegensätze sind, da das eine nach dem Modell des andern zu verstehen ist (vgl. Ex 25,9.40; 26,33; 27,8). Im übrigen dient die Parallelisierung des Mutterleibs mit den Tiefen der Erde, die dem Menschen unzugänglich sind (Ijob 38,16f), der Hervorhebung des Geheimnischarakters, der die Entstehung des Menschen umgibt.

So deutlich die Anspielungen auf die Erde als Mutterschoss in Ijob 1,21ab und Ps 139,15bc sind, so handelt es sich bei der Ijob-Stelle doch um eine eher beiläufige Erwähnung und bei Ps 139 um eine poetische. Deshalb hat man, um die dahinterliegende Vorstellung zu verdeutlichen, seit dem 19. Jh. gern auf einschlägige Passagen bei klassischen Autoren hingewiesen (z.B. ROSENMÜLLER 1806: 58f; DHORME 1926: 12). A. DIETRICH (1913) hat eine grosse Menge davon gesammelt. Nach der Theogonie von Hesiod (um 700 v. Chr.) hatte die Erde (Gaia) zuerst den Himmel (Uranos) hervorgebracht (Z. 127ff) und war dann, durch diesen befruchtet, zur Mutter alles Übrigen geworden (Z. 46 und 132ff). In einem Fragment des Euripides (ca. 485-407/6 v. Chr.) steht der Satz:"Alles gebiert die Erde und nimmt es (dann) wiederum" (vgl. DIETRICH 1905: 35). Bei manchen Zeugnissen der klassischen Autoren hat man allerdings den Eindruck, es handle sich um gelehrte Spekulationen oder poetische Illustrationen und weniger um Zeugnisse lebendiger Religiosität. Überdies hat uns die Wiederentdeckung der altorientalischen Kulturen gelehrt, diese als den primären Verstehenshorizont der alttestamentlichen Texte zu sehen.

Auf Belege aus diesem Bereich für einen wirklichen Glauben an die Mutter Erde und ihre Gebärkraft im funerären Kontext meinte G. RICCIOTTI 1955 aufmerksam machen zu können. Er wies im Hinblick auf Ijob 1,21 in sehr allgemeiner Weise auf Bestattungen des 4. Jts. v. Chr. im Niltal hin, bei denen der/die Tote mit gekrümmtem Rücken und angezogenen Knien begraben wurden (**Abb. 50**), in einer Haltung, die er, wie andere vor ihm, als Embryostellung deutete (1955: 249-251; TROMP 1969: 122).

Aber H. BONNET hat diesbezüglich schon 1952 festgestellt:"Wahrscheinlich knüpft die Hockerbestattung lediglich an die am besten gegen Wärmeverlust schützende und darum natürlichste Schlafstellung an. In einzelnen Gräbern haben sich denn auch bettartige Gestelle unter den Leichen gefunden (vgl. MOND/MYERS 1937: 135 Abb. 39). Immerhin mag auch die Raumersparnis nicht ohne Einfluss auf die Sitte der Hockerbestattung gewesen sein. Es verdient jedenfalls Beachtung, dass diese sich gerade bei ärmeren Beisetzungen zähe erhält. Der Übergang zur Strecklage hängt ohne Frage mit der Einführung der Mumifizierung zusammen.

---

[14] Eine sehr schöne Parallele zu dieser Art von Identität liefert eine Beschwörung aus der Akkadzeit, die den unterirdischen Ozean und das Fruchtwasser im Mutterleib identifiziert:
"In den Wassern des Geschlechtsaktes hat sich das Knochengerüst gebildet,
im Gewebe der Muskulatur hat sich der Spross gebildet.
In den wilden und furchtbaren Meereswassern,
in den fernen Wassern des Ozeans,
dort, wo die Arme des Embryos gebunden sind,
am Ort, dessen Tiefen das Auge der Sonne nicht erhellt,
dort hat der Sohn des Enki, Asarluḫi (der Arzt),
seinen Blick auf es richten können" (VAN DIJK 1973: 502-507; dt. Übersetzung O.K.).

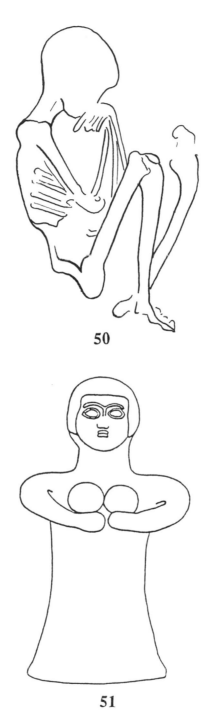

50

51

Dass auch in ihr der Tote zunächst auf der Seite liegt und, wie die Beigabe einer Kopfstütze zeigt, schlafend gedacht ist, kommt der Ableitung der Hockerbestattung von der Schlafstellung entgegen" (1952: 305f; vgl. KEES 1956: 14f; BEHRENS 1977: 1227f). Ob dies nur für Ägypten zutrifft, wo in der geschichtlichen Zeit die Erde ohnehin männlich (Geb, Osiris) interpretiert wurde, oder generell, ist damit nicht entschieden. Je nachdem wird das Anziehen der Füsse Jakobs in Gen 49,33 als Vorbereitung zum ewigen Schlaf oder zur Rückkehr in den Schoss der Erde zu deuten sein, falls es nicht nur meint, dass er, der sich nach Gen 48,2 auf das Bett gesetzt hatte, sich wieder hinlegte.

Die Ω-förmigen Kopfstützen aus judäischen Gräbern der Eisenzeit II dürften uns eine bessere Parallele zu Ijob 1,21 und ähnlichen Stellen liefern als prähistorische Bestattungsbräuche ungewisser Bedeutung. Man kann natürlich einwenden, dass die Vorstellungswelt der Judäer und Judäerinnen der Eisenzeit II schon viel zu sehr entmythisiert war, als dass diese ernsthaft an die Regenerationskraft der Mutter Erde hätten glauben können. Aber Krankheit und Tod haben die Menschen aller Zeiten so rat- und hilflos gemacht, dass sie bereit waren, bei Symbolen Zuflucht zu suchen - auch wenn diese keine Realpräsenz mehr zu garantieren vermochten, sondern nur noch Metaphern einer vagen Ahnung waren, welche aber die Stillung elementarer Bedürfnisse versprach. So hat man mit den Wasserkaraffen und Öllampen, die den Toten in der Eisenzeit II in grossen Mengen in die Gräber mitgegeben worden sind, kaum handfeste Vorstellungen von Speisung und Beleuchtung verbunden, sondern wollte wahrscheinlich in einer letzten Anstrengung die Toten auf diffuse Weise und so lange wie möglich am Wasser und Licht des Lebens teilhaben lassen (KEEL 1976: 20f). Wie man dem sterbenden, kalt gewordenen David durch ein junges Mädchen, das man zu ihm legte, noch einmal Lebenswärme zuführen wollte (1 Kön 1,2-4), so sollten wohl auch die Frauenfigürchen mit übergrossen Brüsten (**Abb. 51**), die man in Gräbern gefunden hat (Winter 1983: 107-109.127 Anm. 197), den Verstorbenen in ihrer tödlichen Schwachheit einen letzten Hauch von mütterlicher Wärme und Lebenskraft vermitteln. In diesem Kontext dürfte das Ω-förmige Zeichen in judäischen Gräbern zu deuten sein als ein Versuch, der Hoffnung Ausdruck zu geben, der Tote werde nicht einfach der Kälte und Verlassenheit überantwortet, sondern kehre schwach und hilflos wie ein Kleinkind geworden in den Schoss der Mutter Erde zurück.

Jedenfalls spielt im späten Text der Jesaja-Apokalypse (Jes 26,19), einem der zwei alttestamentlichen Texte, die als erste deutlich von einer Wiederbelebung der Toten reden, die Vorstellung von der gebärfähigen Mutter Erde eine zentrale Rolle. Der einschlägige Vers bildet den Abschluss (BARTHÉLEMY 1986: 186-188) des kollektiven Vertrauensliedes Jes 26,1-19:

"Deine Toten (d.h. die JHWH zugehören) werden leben,
Meine Leichen (d.h. die der sprechenden Gemeinde) werden aufstehen.
Wacht auf und jubelt, Bewohner des Staubs,
denn Tau der Lichter (vgl. KAISER 1976: 175) ist dein Tau,
und die Erde wird die Schatten (*rp'm*) gebären"
(WILDBERGER 1978: 985).

Es ist wohl immer noch am sichersten, das *'wrt* in *ṭl 'wrt* von *'wrh* "Licht, Heiterkeit" her zu verstehen (Ps 139,12; Est 8,16). Wendungen wie "Licht des Lebens" (Ps 56,14; Ijob 33,30), "Licht schauen" für "leben" (Ps 49,20; Ijob 3,16) und "Licht geben" für "ins Leben rufen" (Ijob 3,20) zeigen, wie eng für den Hebräer Licht und Leben zusammengehören. Der Plural "Lichter" in "Tau der Lichter" kann ein Intensiv-Plural sein oder aber die einzelnen Licht- und Lebensfunktionen meinen, die dieser Tau hat. Die Vorstellung ist dann wohl die, dass JHWH mit seinem wunderbaren Tau aus Lebensfunken die Erde befruchtet, so dass diese die Toten neu und ein zweites Mal zu gebären vermag. Die Toten werden hier ähnlich wie in Ijob 3,3-19; 30,23; Hos 13,13 (TROMP 1969: 124); Jer 20,17 streng analog zu den Ungeborenen im Mutterleib gesehen. Die einen wie die andern leben in einem Dämmerzustand, aus dem sie durch die Geburt zum ersten Mal oder wiederum befreit werden.

2. Die übrigen ikonographischen Elemente der Ω-Gruppe

2.1.

Mit dem Ω-Zeichen ist auf den Stücken von **Abb.** 4-5 und **7-17** ein Zeichen verbunden, das man formal als *Halbkreis* beschreiben kann, *der durch eine senkrechte Linie in zwei gleiche Hälften geteilt ist.* Manchmal sieht die Konfiguration wie zwei U aus, die an eine waagrechte Linie gehängt sind (vgl. **Abb.** 7 und 9), doch dürften die zwei Varianten ein und dasselbe Zeichen meinen. Was es bedeutet, ist nicht mit Sicherheit zu sagen. Wenn das Ω-Zeichen den Mutterschoss symbolisiert, könnte der Halbkreis darunter die Scham darstellen. Bei der nackten Göttin von **Abb.** 21 ist sie auf ähnliche Weise stilisiert. Ein Dreieck mit einem senkrechten Strich (Scham) ist das sumerische Ideogramm für "Frau" (LABAT 1948: 228f). Die Deutung als Scham wird durch einen Anhänger aus Gold unterstützt (**Abb.** 52), der auf dem Tell el-ᶜAǧǧul gefunden worden ist und dem Ende der Mittleren Bronzezeit II B angehört (vgl. NEGBI 1970: 37). Anstelle des Ω-Zeichens erscheint ein Kopf mit Hathorperücke. Extrem schematisierte Brüste, Nabel und eine überproportionierte Scham deuten einen weiblichen Körper an. Besonders der obere waagrechte Abschluss der Scham erinnert an ein Element der Basisdekoration der Ω-Gruppe. Die mit der Waagrechten verbundene senkrechte Linie ist hier allerdings nicht bis zu jener hochgezogen, und so ist die Parallele formal doch nicht ganz genau. Genauere Parallelen bieten dagegen die Stücke der **Abb.** 55-56. Die runde Kontur der **Abb.** 3-17 anstelle der eckigen der **Abb.** 55-56 mag eine Angleichung an die Form des Bildträgers sein. Doch soll nicht ganz ausgeschlossen werden, dass die Divergenz der Form vielleicht doch auch eine solche der Bedeutung impliziert.

In einem Fall findet sich anstelle des Halbkreises eine Komposition, die wie zwei zusammenhängende U aussieht, welche die mittlere Linie gemeinsam haben (**Abb. 18**). Vielleicht handelt es sich einfach um eine nachlässige Ausführung des üblichen Motivs. Rein von der Form her ähnelt das Zeichen dem Blitz des Wettergottes der hethitischen Hieroglyphen (vgl. LAROCHE 1960: 106 Nr. 199). Aber diese sind erst in der Mitte des 2. Jts. v. Chr. in Gebrauch gekommen, also rund 250 Jahre nach der Ω-Gruppe. Beim Stück von **Abb. 6** sind die beiden U oben geschlossen, und die mittlere, beiden gemeinsame Linie ist in das Ω hinein verlängert. Am Schluss scheint sie verdickt zu sein. Ein sehr ähnliches Zeichen findet sich auf den Stücken von **Abb. 19** und **20**. Wenn man die Weiterentwicklung des Ideogramms für "Frau" in der Keilschrift beachtet (**Abb. 53**), ist man geneigt, auch diese Variante von dort her zu deuten, wenn

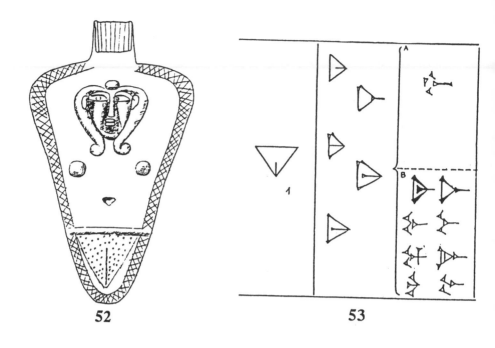

52   53

54

55

56

die runden Formen der Siegel den eckigen der Keilschriftzeichen auch hier wiederum nicht ganz entsprechen.

Vielleicht findet sich eines Tages eine bessere Deutung. Bis dahin bin ich geneigt, auf den Stücken der **Abb. 2-20** Schoss und Scham dargestellt zu finden. Der kleine Querstrich am Ende der ins Ω hinein verlängerten Linie könnte ein Relikt der waagrechten Linie sein, die den Halbkreis der **Abb. 2-17** nach oben abschliesst. Die Dekoration der Stücke der **Abb. 19-20** verschränkt so Scham und Schoss ineinander. So interpretiert dürfte die Bedeutung der beiden Zeichen primär eine biologisch-weibliche sein, wobei diese durch den Kontext der Kinderbestattungen eine weitere Präzisierung erfährt (vgl. **Abb. 2** und **15**). **Abb. 32-33** legen zusätzlich eine apotropäische Konnotation nahe.

2.2.

Auf einem Siegel der Ω-Gruppe (**Abb. 21**) erscheint als Motiv eine nackte Frau. Nun ist die Gestalt der nackten Frau in der altbabylonischen Ikonographie weit verbreitet (vgl. WINTER 1983: Abb. 70-155; BLOCHER 1987), aber die hängenden Arme und das im Profil gezeigte Gesicht mit der aufgesteckten Frisur sind typisch für den syrischen Raum, wie der Vergleich mit einem syrischen Siegel aus dem 18. Jh. v. Chr. zeigt (**Abb. 54**; vgl. BUCHANAN 1981: 418). Die beiden keulenähnlichen Zeichen, die sie flankieren, erinnern an die zwei Pflanzen(?) in den Händen der Göttin, die auf altsyrischen Siegeln ihr Kleid hochhebt (**Abb. 55-56**; vgl. WINTER 1983: 272-280 und Abb. 268-295; zu Zweigen, welche die nackte Frau in Palästina flankieren, vgl. den Beitrag zur Zweiggöttin von S. SCHROER in diesem Band).

2.3.

Wie die Dekoration der Stücke von **Abb. 2-20** ist auch die der **Abb. 22** und **23** aus zwei Elementen zusammengesetzt: einem Sichelmond ist ein Kreis mit einer neunblättrigen Rosette einbeschrieben. Es dürfte sich um eine Kombination von Sonnen- und Mondzeichen handeln. Diese findet sich schon auf einem akkadzeitlichen Siegel (**Abb. 57**; vgl. BOEHMER 1965: 85). In der neusumerischen Glyptik ist die Kombination häufig (PRINZ 1915: Taf. 12,12-14). Der Sonnenstern hat jetzt in der Regel vier Zacken, zwischen denen sich ebenfalls vier dreifache Wellenlinien finden (**Abb. 58**). Dieses Motiv wird in vereinfachter Form in die altbabylonische (FRANKFORT 1939: Pl. 26e, 27a-b, e-g) und in einer meist noch stärker vereinfachten Gestalt in die anatolische (**Abb. 59**) und die altassyrische Glyptik übernommen (**Abb. 60**).[15]

---

[15] Sie findet sich schon in Kültepe-Kaniš Stratum II (ca. 1920-1850 v. Chr.; vgl. MATOUŠ 1962: II Nr. Ka 626 = WINTER 1983: Abb 84) und häufig in Stratum Ib (ca. 1800-1740 v. Chr.; vgl. ÖZGÜÇ 1968: Pl. 10f; vgl. weiter GARELLI/COLLON 1975: Pl. 50,17 und 19; Pl. 52,35; Pl. 55,59).

57

58

59

60

61

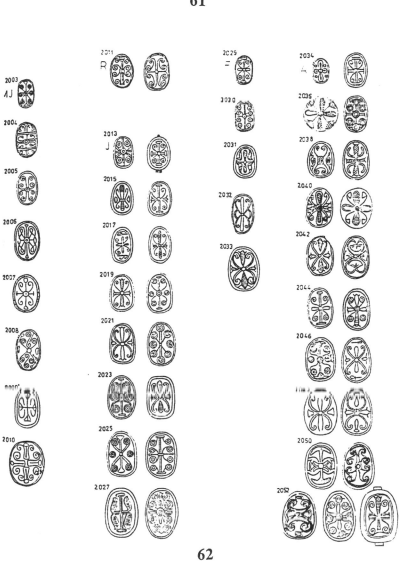

62

Wie das Ω-Zeichen, so stammt auch die Kombination von Sonnen- und Mond-emblem aus Mesopotamien, ist aber in der für Anatolien und Nordsyrien typi-schen, stark vereinfachten Form auf unsere Siegel gelangt. Ein rundes Siegel vom Typ unserer Nr. 11 mit einer achtblättrigen Rosette (ohne Sichelmond) als Basisdekoration ist auf dem Tell Açana (Alalaḫ) gefunden worden (BUCHANAN/ MOOREY 1988: 1 Nr. 5 und Pl. I,5).

Die Gegenwart einer Kombination von Sonnen- und Mondsymbol auf einem Siegelamulett bedarf kaum weiterer Erklärungen. Noch in viel späterer Zeit konnten sich Leute, die Sonne und Mond grundsätzlich als blosse Himmels-lampen verstehen sollten (vgl. Gen 1,14-18), der Faszination dieser Gestirne und dem Glauben an ihre umfassende Wirkmächtigkeit kaum entziehen (vgl. Ijob 31,26-28).

2.4.

Drei Stücke, nämlich die von **Abb. 24-26**, sind mit einer vierblättrigen Rosette und Punkten zwischen den einzelnen Blättern dekoriert. Dieses Motiv erinnert auf den ersten Blick an WARDs (1978) und TUFNELLs (1984) Design Class 5 ("Cross Paterns"). Tufnell hat denn auch das eine Stück vom Tell el-ᶜAǧǧul, das sie aufgenommen hat (1984: II/2 Pl. 23,2034 = unsere **Abb. 25**), hier ein-geordnet. Aber eine genaue Prüfung zeigt, dass jedenfalls bei den frühen Stük-ken, die Ward zusammenstellt (**Abb. 61**), die Ähnlichkeit nur auf einem sehr hohen Abstraktionsniveau zu finden ist. Nirgends haben wir eine vierblättrige Rosette und ebensowenig die dazwischen eingefügten Punkte. Bessere Pa-rallelen finden sich bei TUFNELL (1984: II/2 Pl. 23 Nr. 2036, 2041; **Abb. 62**), doch sind jene Stücke bestenfalls gleichzeitig mit denen unserer **Abb. 24-26**, wahrscheinlich aber jünger. Sie kommen damit als Vorbilder nicht in Frage. Bei der Dekoration der Stücke von **Abb. 24-26** haben wir es eher mit einer Variante der Sonnenscheiben-Darstellung zu tun, wie wir sie auf **Abb. 22-23** bzw. **Abb. 58-60** finden. Die Darstellung der Sonnenscheibe auf einem altsy-rischen Siegel der Pierpont-Morgan Library (**Abb. 63**) kommt den "Rosetten" sehr nahe. Die ovale Form kann als Angleichung an den Bildträger erklärt wer-den. Vielleicht haben auch frühe "Rosetten", die vom ägyptischen "Cross Pattern" abhängig sind, mitgewirkt. Welche Konnotationen mit dieser neuen Form verbunden wurden, ist schwer zu sagen. Sie dürften sich vom astralen in den Bereich der Vegetation verlagert haben, wie die Blütenmotive in den Zwickeln nahelegen.

2.5.

Abb. 27 ist mit je einer liegenden Z-Spirale oben und unten und zwei inein-andergreifenden S-Spiralen in der Mitte dekoriert. Spiralen sind schon auf den allerfrühesten Skarabäen vom Ende des 3. und dem Anfang des 2. Jts. v. Chr. nicht selten (vgl. KANTOR 1947: 21-23; WARD 1978: 54f und Pl. 9; TUFNELL 1984: II/1 11f; II/2 Pl. 4). Sie sind aber auch auf kappadozischen (**Abb. 64**)

63

64

65

66

und altsyrischen (**Abb. 65**) Siegeln gelegentlich zu finden. So ist es zwar möglich, dass in diesem Fall nicht nur die Form des Siegels, nämglich der Skarabäus, sondern auch die Dekoration von ägyptischen Mustern inspiriert ist, doch kann auch dieses Motiv von der Rollsiegelglyptik her interpretiert werden - falls man nicht einen direkten ägäischen Einfluss annehmen will.

2.6.

Wenn die Interpretation des Dekors auf **Abb. 28** als ägyptisches Lebenszeichen (ʿnḫ) stimmt, haben wir hier eine anatolisch-nordsyrische Siegelform verbunden mit einer ägyptischen Basisdekoration. Das ägyptische Lebenszeichen war allerdings in der altsyrischen Glyptik sehr präsent. D. COLLON (1975: 185 und vgl. Pl. 28) stellt fest, dass es in Stratum VII (ca. 1720-1650 v. Chr.) von Alalaḫ allgegenwärtig ("ubiquitous") ist, und schon in der frühen Phase der altsyrischen Glyptik ist das Lebenszeichen bekannt (vgl. z.B. im Beitrag zum Falkenköpfigen in diesem Band **Abb. 19**).

2.7.

Das Stück von **Abb. 29** scheint kein echter Skarabäus, sondern ein Skaraboid zu sein. Das Siegel hat somit auch keine in Anatolien übliche Form der Ω-Gruppe. Der Fundkontext des Stückes ist spätbronzezeitlich (1550-1150 v. Chr.). Aus spätbronzezeitlichem Kontext stammt auch die nächste ikonographische Parallele der Basisdekoration, nämlich von einer Siegelabrollung aus Alalaḫ Stratum IV (1500-1400 v. Chr.; **Abb. 66**). Scheiben mit Sichelmond und Doppelaxtklinge sind auch unter den hethitischen Hieroglyphen zu finden, die im 15. Jh. v. Chr. einsetzen (vgl. LAROCHE 1960: 97 No. 184; 148 No. 281; ALP 1968: 291 No. 33b; 292 No. 36). Vielleicht hat dieses Stück nur eine etwas zufällige Ähnlichkeit mit der Ω-Gruppe.

V. Schlussbemerkungen

Die Skarabäen der Ω-Gruppe sind die frühesten als Gruppe fest umrissenen, in Vorderasien produzierten Skarabäen. Sie müssen in der Zeit zwischen 1770 und 1740 v. Chr. entstanden sein. Die Skarabäenform wurde für einen Teil der Ω-Gruppe anscheinend gewählt, um sie besser nach Süden, nach Palästina, exportieren zu können. Dort hat sich die Skarabäenform in dieser Zeit also schon grosser Beliebtheit erfreut. Für die Geschichte der Skrabäentypen ist von Bedeutung, dass bei allen Stücken der Ω-Gruppe die Beine auf einen rundumlaufenden Wulst reduziert sind. Das gilt bei TUFNELL (1984: II/1 38) und auch sonst als typisch für die 15. Dyn. (1650-1550). Die Ω-Gruppe zeigt, dass diese Reduktion in Vorderasien schon seit Beginn der 13. Dyn. (1750-1650) geläufig war. Bei der Datierung von Skarabäentypen müssen lokale Unterschiede stärker berücksichtigt werden als bisher.

Der enge ikonographische Zusammenhang mit der Isin-zeitlichen, altbabylonischen, anatolischen und nordsyrischen Rollsiegelglyptik erklärt wahrscheinlich die eigentümliche Ausführung der Gravur in erhabenem Relief. Die Skarabäen bzw. ihr Prototyp sind nach den *Abrollungen* von Rollsiegeln angefertigt worden. Die danach angefertigten Model waren negativ, die Endprodukte, die Skarabäen der Ω-Gruppe, wieder positiv, d.h. in erhabenem Relief.

Aus den Rollsiegeldekorationen wurden nur einzelne Motive ausgewählt. Diese Isolierung hängt wohl damit zusammen, dass bei gleicher Länge auf einem Rollsiegel in der Regel eine etwa dreimal so grosse Siegelfläche zur Verfügung stand wie auf einem Skarabäus (vgl. den Beitrag zur Jaspis-Gruppe in diesem Band). Bei der Ω-Gruppe mit ihren extrem kleinen Dimensionen war der Unterschied noch grösser.

Quellenverzeichnis zu den Abbildungen

Die mit einem * bezeichneten Stücke sind von Hildi Keel-Leu gezeichnet.

1	WARD 1978: Pl. 2 Nr. 55.
1a	Verbreitungskarte der Ω-Gruppe.
2	VAN LOON 1983: 6 und 20 Fig. 9A.
3	VON DER OSTEN 1957: 60f Abb. 6,57.
4	ALP 1968: 143.217 Abb. 162, Taf. 17,40.
5	ALP 1968: 143.217 Abb. 163, Taf. 17,41.
6	ALP 1968: 217 Abb. 164, Taf. 234.
7	ÖZGÜÇ 1986: 206 Nr. 16 und Pl. 44,17a-b.*
8	ÖZGÜÇ 1986: 206 Nr. 17 und Pl. 45,18a-b.*
9	ÖZGÜÇ 1986: 206 Nr. 18 und Pl. 45,19a-b.*
10	ÖZGÜÇ 1986: 206 Nr. 19 und Pl. 45,20a-b.*
11	ÖZGÜÇ 1986: 206 Nr. 20 und Pl. 45,21a-b.*
12	VON DER OSTEN 1937: 419 Fig. 479 Nr. C 600 und 421 Nr. C 600.*
13	TEZCAN 1958: 526 Fig. 23.*
14	ÖZGÜÇ 1986: 206 und Pl. 46,22.*
15	MELLINK 1956: 42 und Pl. 23m-n.*
16	DUMORTIER 1974: 48-50 und Pl. 3,32; KEEL 1986: 5 Fig. 9 und 7 Nr. 1. Nach Photos der Ecole Biblique et Archéologique, Jerusalem.*
17	KEEL 1986: 5 Fig. 10 und 7 Nr. 2. Nach Photos des Autors.*
18	GARSTANG 1933: 8 und Pl. 26 Tomb 19,6; ROWE 1936: 143 Nr. 599 und Pl. 15,599; KEEL 1986: 5 Fig. 11 und 7f Nr. 3.*
19	GARSTANG 1933: 8 und Pl. 26 Tomb 19,11; ROWE 1936: 143 Nr. 600 und Pl. 15, 600; KEEL 1986: 6 Fig. 13.*
20	Privatsammlung am Biblischen Institut der Universität Freiburg/Schweiz. Nach Photos des Instituts.*
21	GRANT 1929: 89 (3. Reihe von unten, 2. Stück von links) und 134 No. 755; KEEL 1986: Fig. 14. Nach Photos des University Museums, Philadelphia.*
22	MACALISTER 1912: III Pl. 206,23.*

23	Privatsammlung am Biblischen Institut der Universität Freiburg/Schweiz. Nach Photos des Instituts.*
24	PETRIE 1932: 9 und Pl. 8,164.
25	PETRIE 1934: 4 und Pl. 9,389; Photo auf Pl. 8; KEEL 1986: 6 Fig. 19. Nach Photos des Anthropological Museum, Aberdeen.*
26	PRITCHARD 1963: 32f und 154f Fig. 70,15; KEEL 1986: 6 Fig. 20.
27	LOUD 1948: II Pl. 51,113 und Pl. 156,113; KEEL 1986: 6 Fig. 18. Zeichnungen nach Photos des Oriental Institute, Chicago.*
28	GRANT 1929: 85; KEEL 1986: 6 Fig. 21. Nach Zeichnungen des University Museum, Philadelphia.*
29	GRANT 1932: 88 und Pl. 51,39; KEEL 1986: 6 Fig. 16. Zeichnungen nach Photos des University Museum, Philadelphia.*
30	EMRE 1971: Pl. 2,4.*
31	PORADA 1948: II Pl. 149,985; KEEL 1977: 28 Abb. 12.*
32	VAN BUREN 1933/34: 167 Fig. 2; WINTER 1983: Abb. 390.
33	PORADA 1964: zwischen 160 und 161 Fig. 3.*
34	MENANT 1888: I Pl. 14,126; VAN BUREN 1933/34: 168 Fig. 3.*
35	PORADA 1948: II Pl. 73,539.*
36	CONTENAU 1922: Pl. 17,129.
37	DELAPORTE 1910: II Pl. 17,240.*
38	COLLON 1986: Pl. 18,224.*
39	KANTOR 1958: Pl. 70,6.
40	CARNEGIE 1908: II Pl. 8, Qc 35; MOORTGAT 1943: 63f Abb. 25.*
40a	BIKAI 1978: 80 Fig. 1 und 1a.*
41	SEIDL 1968: 49f Nr. 82 Abb. 15.
42	SEIDL 1968: 62f Nr. 110 Abb. 24.
43	PALEY 1986: 219 Pl. 50,13.*
44	VAN BUREN 1933/34: 168 Fig. 6; FUHR 1967: 33 Fig. 46.
45	PARKER 1955: 112f Fig. 3 und Pl. 22,2.4.
46	YADIN 1960: Pl. 181; NEGBI 1976: Pl. 55 Nr. 1706; KEEL 1987: 53.*
47	NEGBI 1976: Pl. 47 Nr. 1644; WINTER 1983: Abb. 393.
47a	ÅSTRÖM 1983: 8 Fig. 1.*
48	BARKAY/KLONER 1986: 38.
49	BARKAY/KLONER 1986: 36.*
50	PETRIE/BRUNTON/MURRAY 1923: Pl. 44,1.*
51	WINTER 1983: Abb. 31.
52	PETRIE 1934: Pl. 13 und 14,9; NEGBI 1970: Pl. 2,3.
53	LABAT 1948: 228.
54	BUCHANAN 1981: 419 Nr. 1202; WINTER 1983: Abb. 132.
55	WINTER 1983: Abb. 277.
56	WINTER 1983: Abb. 272.
57	FRANKFORT 1955: Pl. 58,616.*
58	FRANKFORT 1955: Pl. 66,709.*
59	WINTER 1983: Abb. 84.
60	COLLON 1987: 42 Fig. 139.*
61	WARD 1978: Pl. 15,368-374.
62	TUFNELL 1984: II/2 Pl. 23.
63	PORADA 1948: II Pl. 146,967; WINTER 1983: Abb. 269.
64	ÖZGÜÇ 1968: Pl. 19 B.
65	WINTER 1983: Abb. 134.
66	COLLON 1975: 102 No. 193.

SILVIA SCHROER

DIE GÖTTIN AUF DEN STEMPELSIEGELN AUS PALÄSTINA/ISRAEL

Inhalt

"Der Mann im Wulstsaummantel. Ein Motiv der Mittelbronze-Zeit II B" war der Titel der ersten Motivstudie, in der ich der Ikonographie und Bedeutung des 'Fürsten' im kunstvoll gewickelten Gewand, wie er sich auf einer Anzahl Stempelsiegel aus Israel/Palästina präsentiert, nachgegangen bin (KEEL/SCHROER 1985). Der 'Fürst im Wulstsaummantel' ist ein relativ seltenes Motiv unter den etwa 7500 Stempelsiegeln, die mit Unterstützung des Schweizerischen Nationalfonds seit einigen Jahren im Biblischen Institut der Universität Freiburg/ Schweiz (im folgenden als BIF abgekürzt) von O. Keel und seinen Mitarbeiter-Innen katalogisiert werden. Gerade die Überschaubarkeit des Ausgangsmaterials erleichterte die Aufgabe, methodische Richtlinien für diese und andere Motivstudien zu finden. So zeigte sich z.B., dass die stärker vorderasiatisch-syrische bzw. die ägyptisierende Ausführung des 'Fürsten' keine Anhaltspunkte für chronologische Gruppierungen gibt, da schon in der frühesten Phase der MB II B-Zeit syrische und ägyptische Einflüsse offenbar nebeneinander bestehen (KEEL/SCHROER 1985: 107). Des weiteren hat sich erwiesen, dass die Bedeutung des Motivs, also seine Ikonologie, mit Vorteil erst im Anschluss an die genaue ikonographische Untersuchung eruiert wird. Solche Erfahrungen sollen im folgenden als Leitfaden dienen.

Die im vorliegenden Beitrag ausgewählten Motivgruppen, die 'nackte Göttin' und der Göttinnenkopf bzw. -fetisch, weisen, was ihre Herkunft betrifft, in verschiedene Richtungen, nach Syrien einerseits und nach Ägypten andererseits. Gerade dies verspricht interessante Aufschlüsse über die Eigenheiten palästinischer Kunst, macht sich doch bei nahezu allen Bildträgern und -themen in Israel eine Vermischung von vorderasiatischen und ägyptischen Einflüssen bemerkbar. Die grosse Anzahl der hier besprochenen Siegel erfordert sowohl Unter-

gruppierungen als auch die Durchnumerierung der in einem Katalog zusammengestellten Zeichnungen der Stempelsiegel eines Motivtyps (mit No x). Alle weiteren Abbildungen sind mit *Abb. 0x* bezeichnet.[*]

1. DIE 'NACKTE GÖTTIN'

In diesem ersten Kapitel wird es um eine zahlenmässig überschaubare Gruppe
von Stempelsiegeln der MB II B-Zeit gehen, die bei offiziellen Grabungen in Is-
rael zutagekamen, sowie um eine Anzahl von vergleichbaren Stücken aus
Sammlungen, von denen wiederum einige palästinischer Herkunft sein dürften.
Alle diese Stempelsiegel zeigen eine frontal dargestellte, nackte Frau, bisweilen
mit dem Kopf im Profil, häufig links und rechts von Zweigen flankiert. In der
Haltung der Arme, bei der Kopfbedeckung bzw. Frisur/Perücke und bei den die
Frau umgebenden Zeichen gibt es einige Unterschiede.

Dass diese Siegelgruppe an erster Stelle behandelt wird, liegt nicht nur in der
überschaubaren Zahl der Exemplare begründet, sondern vor allem auch darin,
dass über die 'nackte Göttin' eine umfangreiche und profunde Arbeit neueren
Datums von U. WINTER (1983) vorliegt, die anbietet, auf der dort vorliegenden
Materialdokumentation und ihrer Auswertung aufzubauen. In seiner Monogra-
phie "Frau und Göttin. Exegetische und ikonographische Studien zum weiblichen Gottesbild im Alten Israel und in dessen Umwelt" hat WINTER ein ganzes
Kapitel (Kap. II) den Erscheinungsformen der 'nackten Göttin', zum einen in
Gestalt von Frauenfigürchen/Terrakotten (Kap. II.A), zum anderen in der
kappadokischen, altbabylonischen und altsyrischen Glyptik (Kap. II.B.1-3)
sowie in der Glyptik und auf Elfenbeinen der zweiten Hälfte des 2. Jts. v. Chr.
und des 1. Jts. v. Chr. gewidmet (Kap. II.B.4). Im Zusammenhang des letztge-
nannten Abschnitts behandelt er auch "Die 'nackte Frau' auf Hyksos-Skarabä-
en" (aaO. 176-181). Zusätzlich zu fünf abgebildeten Skarabäen (aaO. Abb. 150-
154) der MB II B-Zeit ist eine sehr umfangreiche Liste weiterer Belege zusammengestellt (aaO. 177 Anm. 449).

---

[*] Die vorliegende Studie wurde ermöglicht durch ein einjähriges Stipendium des Schweizerischen Nationalfonds, für das ich an dieser Stelle herzlich danken möchte. Mein persönlicher
Dank gilt zudem besonders Herrn Prof. Dr. D. Wildung (München), Frau D. Collon (London)
und Prof. Dr. O. Keel (Freiburg/Schweiz), die durch ihre grosszügige qualifizierte Beratung
sehr viel zu dieser Arbeit beigetragen haben. Ein herzlicher Dank geht auch an Hildi Keel-Leu
für ihre Zeichnungen und an Thomas Staubli für die Hilfe am Computer und die Anfertigung
mehrerer Zeichnungen. Das Manuskript wurde im März 1988 abgeschlossen.

Mit Hilfe des im BIF erstellten Katalogs hoffe ich, im folgenden zu einer möglichst vollständigen Inventarisierung der offiziellen Grabungsfunde mit diesem Motiv und zu einer repräsentativen Zusammenstellung von Exemplaren aus Sammlungen zu gelangen.

Die Herkunft der 'nackten Göttin' auf den Stempelsiegeln aus der altsyrischen Kunst ist eindeutig, wenngleich sich von dieser Herkunft her nicht alle palästinischen Besonderheiten, wie z.B. der Typ mit den grossen Ohren, erklären lassen. So bietet es sich an, vorab das Erscheinungsbild der 'nackten Göttin' auf Rollsiegeln der ersten Hälfte des 2. Jts. v. Chr. an einigen typischen Beispielen darzustellen, um dann bei der Untersuchung der einzelnen Stempelsiegel Vergleichsmöglichkeiten zu haben. Am Schluss wird die Frage nach der Bedeutung der 'nackten Frau' speziell auf den Stempelsiegeln sowie eine Auswertung der ikonographischen Eigenheiten des Motivs auf den MB II B-Skarabäen stehen.

1.1. Die 'nackte Göttin' in der syrischen Glyptik der ersten Hälfte des 2. Jts. v.Chr.[1]

Dass die nackte Frau, die sich auf Rollsiegeln der ersten Hälfte des 2. Jts. v. Chr. in sehr verschiedenen Szenen und Haltungen darstellt, eine nackte Göttin ist, hat Winter mit vielen Argumenten überzeugend nachweisen können (aaO. 192f). Gelegentlich trägt die nackte Frau eine Hörnerkrone oder -mütze, sie 'reitet' wie andere altorientalische Gottheiten stehend auf dem Stier oder Löwen, steht im Zentrum symmetrischer Gruppen, ist Partnerin eines Gottes und hat bisweilen Flügel.

Die 'nackte Göttin' ist eindeutig syrischen Ursprungs. So hat sie innerhalb der kappadokischen Glyptik ihre grösste Bedeutung auf syro-kappadokischen Rollsiegeln (1950-1850 v. Chr.). Dort tritt sie in Nebenszenen zum Hauptmotiv auf, aber auch als Verehrung empfangende, zentrale Figur auf einem Stier oder flankiert von Stiermenschen, so auf einer Siegelabrollung aus Kültepe (*Abb. 01*). Immer ist die Göttin frontal und mit dem Kopf im Profil dargestellt, so dass ihre syrische Chignonfrisur sichtbar wird. Bei *Abb. 01* hält sie die Hände oder Arme vor den Brüsten verschränkt, die auf den syro-kappadokischen Siegeln zumeist deutlich, wenn auch nicht betont gezeichnet sind.[2] Auffällig ist, dass die Göttin zwischen den Stiermenschen links in überhaupt keinem Zusammenhang zur Szene rechts mit den beiden Thronenden steht.

---

[1] Im folgenden referiere ich die Ergebnisse der Untersuchungen von WINTER (1983: 192-199) zur 'nackten Göttin'. Vgl. jetzt zudem die Publikation von SCHAEFFER-FORRER (1983) zu den Rollsiegeln aus Ugarit und Enkomi-Alasia.

[2] Vgl. auch WINTER 1983: Abb. 73.

Markant ist die syrische Herkunft der 'nackten Göttin' auch in der provinziell-babylonischen Glyptik des 19./18. Jhs. v. Chr., wo sie gelegentlich wie die syrisch-palästinischen Frauenfigürchen ihre Brüste hält.[3] *Abb. 02* zeigt ein provinziell-babylonisches Rollsiegel der Nationalbibliothek Paris, wo die nackte Göttin zwischen einem Wettergott auf dem Stier (rechts) sowie einem Stiermensch und einem sechslockigen Held (links) zu sehen ist. Sie ist ganz frontal, auf einem Podest stehend, dargestellt, hält die Hände vor der Brust, trägt einen breiten Halsschmuck und eine dreieckförmige Kopfbedeckung.[4]

Zu Beginn des 2. Jts. v. Chr. scheint das Motiv der 'nackten Frau' zunächst in den Randzonen Mesopotamiens heimisch gewesen zu sein; erst sekundär wurde es auch in der altbabylonischen Glyptik beliebt. Bemerkenswert ist auf den altbabylonischen Rollsiegeln die Frontalstellung der (bisweilen auf einem Podest stehenden) nackten Göttin mit vor der Brust verschränkten Händen und ihre oft vollständige Isolation von der übrigen Siegelszene (WINTER 1983: 159f). Erst in der Spätphase der altbabylonischen Glyptik wird die Figur wieder in das Geschehen miteinbezogen ('narrativer' Stil). Auf vielen Siegeln des ausgeprägt altbabylonischen Stils erscheint die 'nackte Göttin', gelegentlich in Gesellschaft des 'Mannes mit der Breitrandkappe' und der Schutzgöttin, deutlich als Nebenfigur. Auf anderen Stücken aber kann sie im Zentrum der Verehrung stehen, wie z.B. bei *Abb. 03*, einem altbabylonischen Rollsiegel der Sammlung de Clercq, und man sieht sie häufig zusammen mit dem Wettergott Adad und dem Gott Amurru oder wie sie in Begleitung des 'Mannes mit Breitrandkappe und Keule' vor höhere Gottheiten tritt (WINTER 1983: 164-166).

Im Unterschied zu der sehr steif und unnahbar wirkenden 'nackten Göttin' auf Rollsiegeln des klassisch-altbabylonischen Stils ist die Göttin der altsyrischen Glyptik nicht isoliert, sondern in einer Vielfalt von Erscheinungen, Beziehungen und Bedeutungen dargestellt. Sie kann als volkstümliche Nebenfigur am Rande der Szene auftreten, aber auch als Fürbitterin, Beschützerin oder im Mittelpunkt einer Theophanie. "Diese Variationsbreite des Motivs konnte nur in einer Gegend entstehen, wo die politischen Verhältnisse es erlauben, dass praktisch jede Stadt ihre eigene Lokaltradition entwickeln konnte. Und das war in der 1. Hälfte des 2. Jts. v. Chr. in Syrien der Fall..." (WINTER 1983: 184). Die Haltungen der nackten Frau sind entsprechend ihrer Einbindung in die Gesamtszene recht abwechslungsreich. Meist ist der Körper von vorn zu sehen, Kopf und Füsse sind in eine Richtung gewendet. Die Hände können einen Gegenstand halten, die Arme grüssend erhoben sein, vor der Brust verschränkt werden oder zu beiden Seiten einfach am Körper herabhängen. Die Haare sind oft zu einer kunstvollen Frisur hochgesteckt oder angeordnet.[5]

---

[3] Zu den weiteren Hinweisen auf den syrischen Ursprung der Gestalt vgl. WINTER 1983: 151f.

[4] Vgl. dazu WINTER 1983: 153f.

[5] Vgl. WINTER 1983: Abb. 119-135.

Abb.01

Abb.02

Abb.03

Abb.04

Abb.05

Abb.06

Abb.07

Aus dem grossen Repertoire der altsyrischen Glyptik sollen hier nur zwei Beispiele herausgeggriffen werden. *Abb. 04*, ein Rollsiegel aus dem Louvre, zeigt die nackte Göttin mit den Händen auf dem Bauch zwischen zwei grüssenden syrischen 'Fürsten' im Wulstsaummmantel.[6] Oben links ist die gleiche Gestalt noch einmal von Sphingen flankiert dargestellt. Von thronenden Verehrern ist die Göttin auf dem Rollsiegel bei *Abb. 05* (18.Jh. v. Chr.) umgeben.[7] Hinter dem Thronenden rechts hält ein Stiermensch eine Standarte. Unmittelbar neben der Göttin sind noch zwei Sicheln mit Scheibe und kleine Symbole, eine Hand, ein Krüglein, zwei Sterne, eingeritzt.

1.2. Die 'nackte Göttin' auf MB II B-zeitlichen Stempelsiegeln aus Palästina/Israel

Auf einem der von O. KEEL identifizierten, aus Fayence und in erhabenem Relief gearbeiteten Skarabäen der sog. Ω-Gruppe (KEEL 1986: 4-9; vgl. nun den vorangehenden Beitrag) ist auch die syrische 'nackte Göttin' zu sehen (**No 1**). Der in der Form einem Kauroid angenäherte Skarabäus stammt aus Grab 13 (früher 3) des Südwestfriedhofs von Bet Šemeš und ist aufgrund der Grabbeigaben in die frühe MB II B-Zeit datiert. Dargestellt ist eine nackte Frau in Frontalansicht mit nach aussen gestellten Füssen. Der Kopf mit der hochgesteckten Frisur schaut nach links, die Arme hängen seitlich herab. Taille und Hüften sowie das Schamdreieck sind betont. Die beiden Zeichen links und rechts sind schwer zu bestimmen (Fische?, umgekehrte *w3ḏ*?, stilisierte Zweige?).[8]

Die Ähnlichkeit der nackten Frau auf dem Skarabäus aus Bet Šemeš mit der Figur auf dem Rollsiegel des 18. Jhs. v. Chr. bei *Abb. 05* ist frappant, vor allem was die Ausführung des Kopfes mit der hohen Frisur und die Haltung der Arme betrifft. WINTER (1983: 168) vermutet, dass diese Armhaltung auf ägyptischen Einfluss zurückgeht, da sie auch bei Frauenterrakotten und -bronzen verschiedener Epochen auftritt, wo die ägyptische Herkunft eindeutig ist.[9] Bemerkenswert ist im Vergleich von **No 1** mit *Abb. 05* die unterschiedliche Fußstellung der nackten Frau. Zur Deutung der beiden keulenartigen Symbole auf beiden Seiten weist KEEL (1986: 8; vgl. oben S. 78) auf das Motiv der sich entschleiernden 'nackten Göttin' auf altsyrischen Rollsiegeln hin. Bei *Abb. 06*,

---

[6] Vgl. dazu KEEL/SCHROER 1985: 49-115. Die Verdoppelung des 'Fürsten' scheint aus Gründen der Symmetrie erfolgt zu sein.

[7] Zur Datierung dieses Rollsiegels vgl. auch KEEL 1986: 8.

[8] Vgl. die genaue Beschreibung bei KEEL 1986: 10f und oben S. 50 zu Abb. 21.

[9] Die Armhaltung ist der von ägyptischen Dienerfiguren angeglichen (vgl. WINTER 1983: 122 mit Anm. 170).

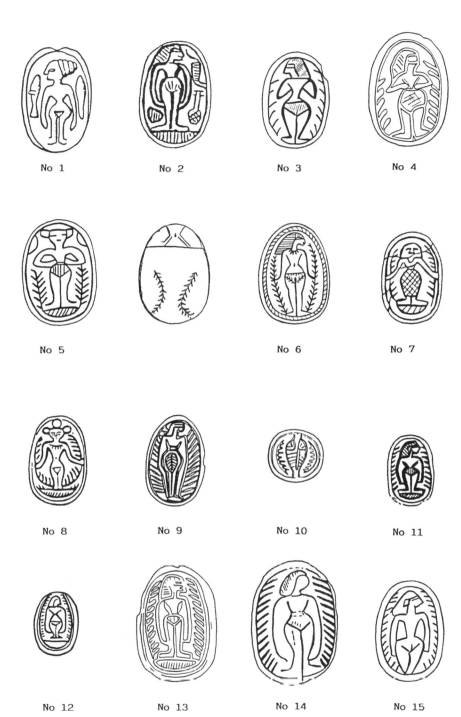

No 1 No 2 No 3 No 4

No 5 No 6 No 7

No 8 No 9 No 10 No 11

No 12 No 13 No 14 No 15

97

No 16

No 17

No 18

No 19

No 20

No 21

No 22

No 23

No 24

No 25

No 26

No 27

No 28

No 29

No 30

No 31

No 32

No 33

No 34

No 35

No 36

No 37

No 38

No 39

No 40

No 41

No 42

No 43

No 44

No 45

No 46

No 47

No 48

No 49

No 50

No 51

No 52

No 53

No 54

No 55

No 56

No 57

No 57a

einem Rollsiegel der Pierpont Morgan Library in New York, steht die nackte, von knienden Verehrern und Tieren umgebene Göttin auf einem liegenden Stier. Der Schleier, den sie als girlandenartiges Band in den Händen hält, endet hier, wie auf vielen anderen Stücken[10] in zwei länglichen Verdickungen, die wohl aufgrund von eindeutigeren Parallelen als Blüten oder Ähren gedeutet werden dürfen.[11] Möglicherweise ist der Schleier schon von den zeitgenössischen Siegelschneidern gelegentlich falsch im Sinne von zwei Blütenstengeln verstanden worden.[12]

No 2, ein Steatit-Skarabäus vom Südwest-Viertel des Tell el-ᶜA**ǧ**ǧul, zeigt in sehr ähnlicher Haltung wie bei **No 1** eine nackte Frau, frontal, mit bogenförmig herabhängenden Armen und nach rechts gewendetem Kopf im Profil. Sie steht auf einem *nb*, die Scham ist durch vertikale Strichlein angedeutet. Anders als die Göttin auf dem Stück aus Bet Šemeš trägt diese schulterlanges Haar. Rechts sind ein nach innen gerichteter Uräus und darunter ein *nfr*, links unten ein weiteres Zeichen eingeritzt.

1.2.1. Die brüstehaltende Göttin zwischen Zweigen/Bäumen

Eine weniger ägyptische Ambiance vermittelt ein bisher unveröffentlichter MB-zeitlicher Skarabäus aus einem Grab in Jericho (**No 3**). Zwar trägt die frontal dargestellte Frau mit dem nach links gewendeten Kopf ebenfalls schulterlanges Haar, aber die Arme sind angewinkelt, und die Hände scheinen die Brüste zu halten.[13] Die ausladenden Hüften und die schmale Taille unterstreichen die erotisch-sexuelle Faszinationskraft der Gestalt. Umgeben ist sie von zweigartig ausgestalteten Umrandungslinien links und rechts. In der Haltung erinnert diese Göttin sowohl an die ähnlichen Figuren in der syro-kappadokischen Glyptik (vgl. *Abb. 01*)[14] als auch in der provinziell-babylonischen Gruppe, wie der Ausschnitt eines Rollsiegels aus Yale (19./18.Jh.v.Chr.) bei *Abb. 07* zeigt. Recht ähnlich ist, abgesehen von der Haarfrisur und der Stellung der Füsse die zweimal dargestellte Göttin bei *Abb. 04*. Auch bei einem **No 3** sehr ähnlichen Stück aus einer im BIF deponierten Sammlung (**No 4**) hält die Frau mit den schulterlangen Haaren ihre Brüste. Sie schaut nach rechts, die

---

[10] Vgl. WINTER 1983: Abb. 270.272.275-277.279.288 u.ö.

[11] Vgl. WINTER 1983: Abb. 286 und zur Deutung der 'Girlande' aaO. 273f bes. Anm. 342.

[12] Vgl. auch weiter unten in unserem Text zu den Zweigen auf anderen MB II B-Skarabäen.

[13] Vgl. WINTER 1983: 103-110 und Abb. 22-34.

[14] Vgl. auch WINTER 1983: Abb. 73.76.

Bauch- und Hüftpartie ist etwas plump gezeichnet, und die Umrandungslinie ist zugleich nach innen als Zweig gestaltet.

Aus derselben Sammlung stammt ein weiteres Beispiel für eine nackte Frau, die die Hände (anscheinend) in die Seiten stützt (**No 5**). Die Unterschiede zu **No 3** und **4** sind allerdings markant. Die Frau steht auf einem schraffierten *nb*, aus dem links und rechts je ein Zweiglein emporzuwachsen scheint. Die Scham ist mit vertikalen Linien so gezeichnet, dass der Eindruck eines Höschens entsteht. Besonders auffällig aber ist die frontale Darstellung des haarlosen Kopfes mit den nur als kleinen Strichen gezeichneten Augen und dem Mund sowie den übergrossen, abstehenden Ohren. Erwähnenswert sind zudem die zwei Bögen oben links und rechts (*nb*-Zeichen?) und die beiden gebogenen Zweige auf der Oberseite des Skarabäus.

Aufgrund des stilisierten Gesichts mit den riesigen Ohren ist die sich in dieser Weise präsentierende Göttin, wie wir sie ähnlich noch auf vielen weiteren MB II B-zeitlichen Skarabäen aus Palästina antreffen werden, oft als Hathor gedeutet worden. U. WINTER (1983: 179f) hat aber zu Recht betont, dass die Frontaldarstellung keineswegs ägyptisch ist und dass die Ohren zwar den Kuhohren der Hathor nachempfunden sein können, aber de facto keine Kuhohren mehr sind.[15] Daher ist es richtiger, von der vorderasiatischen, ev. ägyptisierenden, 'nackten Göttin' zu sprechen.

Als weiterer Beleg für das Motiv der 'nackten Göttin', die ihre Brüste stützt, soll zum Abschluss ein Amulett aus Geser (*Abb. 08*) angeführt werden, auf dem eine allerdings sehr schematisch gezeichnete Gestalt dieses Typs in voller Frontalansicht erkennbar ist.

1.2.2. Die Göttin, die die Zweige hält

Ebenfalls aus Geser stammt der Skarabäus bei **No 6**. Umrandet von einem Kerbband sehen wir in der Mitte die nackte Frau mit schulterlangen Haaren. Der Kopf ist im Profil nach rechts blickend dargestellt, die beiden nur als Linien ausgeführten Arme berühren links und rechts je einen hohen Zweig/Baum. Die Zweige scheinen direkt auf den nach aussen gestellten Füssen der Frau zu stehen.

---

[15] Vgl. zur Bedeutung der grossen Ohren unten Kap. 1.2.5. Im Zusammenhang mit dem Göttinnenkopf (Teil 2) wird das sehr stilisierte menschliche Gesicht mit den grossen Ohren noch eingehend zu behandeln sein. Hier sei nur schon darauf hingewiesen, dass die Andeutung von Augen und Mund durch kleine Strichlinien auf die Verschmelzung des Gesichts der Göttin Hathor, der "Goldenen", mit dem ägyptischen Goldzeichen zurückzuführen sein könnte (vgl. KEEL unten S. 316).

In sehr ähnlicher Weise hält die mit einem Rock bekleidete Göttin auf einem *nb*-Podest bei **No 7** die Zweige. Dieses Stück stammt aus einer in Jerusalem erworbenen Privatsammlung.[16] **No 8** zeigt ein sehr schönes Exemplar einer zweigehaltenden Göttin mit grossen Ohren, einem kreisrunden Kopfputz und deutlich markiertem Halsschmuck, Nabel und Schamdreieck. Der Skarabäus (in der Privatsammlung S. Schott) stammt aus dem Handel in Kairo.

Das Halten der Zweige, wie es bei **No 6-8** (und unten **No 42**) dargestellt ist, könnte eine selbständige Weiterentwicklung des Motivs der sich entschleiernden Göttin sein, deren Schleier oben gelegentlich in blütenähnlichen Verdikkungen endet, worauf schon hingewiesen wurde.[17] Schon ein kappadokisches Rollsiegel (Kültepe Schicht II 1950-1850 v.Chr.) in der Walters Art Gallery Baltimore (*Abb. 09*) zeigt die sich entschleiernde Göttin auf dem Stier mit einem Schleier, der aus zwei Zweigen gebildet scheint.[18] Die Isolierung dieser Göttin und ihre Darstellung in einer Mandorla wie bei *Abb. 010*, einer anatolisch-syrischen Gussform (1700 v.Chr.), hat möglicherweise den Übergang zum Gestus des Zweige- oder Blütenhaltens geschaffen, der ja dann in der SB-Zeit für die "Qudschu" auf Stelen, Plaketten und Schmuckanhängern so typisch ist.[19]

Auffällig an der Darstellung der Frau bei **No 6**, auf die wir im folgenden zurückkommen, sind der Nabel, die zweigartigen unteren Seiten des überdimensionalen Schamdreiecks, die zugleich den Eindruck vermitteln, als würden Zweige aus der Scham hervorspriessen, sowie der mit fünf lanzettartigen Anhängern gezeichnete Halsschmuck. Solchen Schmuck, wie ihn auch die Göttin bei **No 8** aufweist, manchmal sogar mehrreihigen, tragen hin und wieder auch die Göttinnen auf den altsyrischen Rollsiegeln.[20] In der Form recht ähnlich ist zum Beispiel die Halskette der von ʿ*nḫ*- und *ḏd*-Zeichen umgebenen Göttin auf einem Rollsiegel der Sammlung Brett bei *Abb. 011*. Erwägenswert ist m.E. aber auch eine ägyptisierende Assoziation mit dem Goldzeichen, das ja einen Halskragen[21] darstellt und dessen symbolische Bedeutung hier vielleicht durch den Schmuck angedeutet ist. Eine 'nackte Göttin' mit Strichgesicht und grossen

---

[16] Vgl. zur Herkunft TUFNELL 1971: 82. Die Ausführung der Göttin, besonders die fehlenden Ohren, erinnern an ein Rollsiegel aus Geser (NOUGAYROL 1939: Pl.VIII TA.14 LXXXX), wo eine sehr ähnliche Gestalt von einem Verehrer und einer Verehrerin flankiert wird.

[17] Vgl. oben zu **No 1**.

[18] Vgl. zu diesem Rollsiegel WINTER 1983: 278f.

[19] Auch die zweigehaltende Astarte-Qarnaim bei **No 42** zählt zu diesen Vorläuferinnen des SB-zeitlichen Qudschu-Typs. Auf die sogenannten Astarte-Plaketten der SB-Zeit kann hier nur verwiesen werden (vgl. zum Beispiel die stattliche Anzahl solcher Plaketten vom Tell Bet Mirsim bei ALBRIGHT 1938: 121f; Pl.25-28).

[20] Vgl. WINTER 1983: Abb. 135.216.289.300.301.305.373 und den Exkurs aaO. 302-311.

[21] Vgl. HORNUNG/STAEHELIN 1976: 170f.

Ohren auf einem Skarabäus aus Lachisch (weiter unten **No 19**) trägt ebenfalls eine Kette gleicher Art.

Für die deutliche Markierung des Nabels (vgl. auch **No 8**) gibt es in der altsyrischen Glyptik durchaus Parallelen, wenngleich die nackte Frau auch da, wie auf den Skarabäen aus Palästina, in den meisten Fällen ohne Nabel dargestellt ist.[22] In der SB-Zeit sind Nabel und Scham auf syrischen Terrakottafiguren (KEEL 1986b: Abb. 116) und auf den Edelmetallanhängern, die den Kopf einer Göttin mit der Hathorfrisur und das Schamdreieck zeigen[23], gelegentlich austauschbar. So kann das Zweiglein, das auf einem Elektrum-Anhänger aus Ugarit (14./13.Jh. v. Chr.) aus der Scham wächst, bei einem ähnlichen Stück vom Tell el-ᶜAǧǧul (*Abb. 012*) aus dem Nabel wachsen.

1.2.3. Zweig/Blatt und Scham: der Schoss der Erde und der Schoss der Göttin/Frau

O. KEEL hat im Zusammenhang der Gartenmetaphorik in einem der Liebeslieder des Hohen Liedes (KEEL 1986b: 156-173 zu Hld 4,12-5,1) die Assoziation von Garten, Kanal, Schoss und Vagina sowohl in sumerischen als auch altägyptischen und neuarabischen Gedichten aufgezeigt. Wenn es in Hld 4,13 heisst:"Deine 'Kanäle' (sind) ein Park von Granatbäumen", dann steht dahinter die Vorstellung von der Erde als Frau, aus deren Scham die Vegetation hervorgeht (KEEL 1986b: 164). Die Fruchtbarkeitssymbolik, welche die weibliche Scham mit Garten und Baum verbindet bzw. identifiziert, ist allerdings älter als die SB-Zeit.[24]

Die ältesten mir bekannten Bildzeugnisse für die Assoziation von Baum und Schamdreieck stammen aus Ur. Es handelt sich um zwei Keramikständer der FD III-Zeit (2600-2300 v. Chr.). Auf dem einen (*Abb. 013*) sind ein Bäumchen und zwei Schamdreiecke neben zwei weiteren rätselhaften Symbolen (Stab und Webkamm?)[25] abgebildet, auf dem anderen (*Abb. 013*) ist der Fuss des Ständers genau unterhalb der Dattelpalme mit drei solchen Dreiecken deko-

---

[22] Vgl. die nackten Göttinnen bei WINTER 1983: Abb. 131 (unsere *Abb. 04*).134-143.166. 269 (mit Schmuck).275.277.280-281.300.302.305.

[23] KEEL 1986b: Abb. 96.96a.97.97a. Zur Austauschbarkeit von Nabel und Scham vgl. ebd. 214f.

[24] Zum Weiterleben der Tradition in der SB- und Eisenzeit vgl. unten Kap. 1.3.

[25] Vgl. zu diesen Symbolen DURING CASPERS 1972: 211-227. D. COLLON vermutet jedoch, dass das grosse Symbol ein (Web-)Kamm sein könnte (mündlich). Die Verbindung von Weberei und Göttinnenkult ist bei assyrischen Tempeln und ev. auch für das eisenzeitliche Israel bezeugt (SCHROER 1987: 4lf).

Abb.08

Abb.09

Abb.010

Abb.011

Abb.012

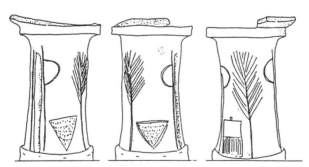

Abb.013

Abb.013a

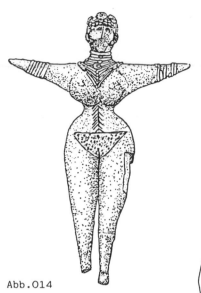

Abb.014

Abb.015

Abb.016

Abb.017

Abb.018

Abb.019

Abb.020

Abb.021

Abb.022

Abb.023

Abb.024

Abb.026

Abb.027

Abb.028

Abb.029

Abb.030

106

riert.[26] Etwa in die Mitte des 3. Jts. v. Chr. datiert auch ein weibliches Ton-Idol aus Turang Tepe (Nordost-Iran) mit einem Zweiglein, das aus der Scham wächst *(Abb. 014)*. In Zentralkleinasien sind an verschiedenen Orten weibliche Terrakotta-Figürchen der Namazga V-Periode (2000-1600 v. Chr.) ausgegraben worden, die deutlich ein solches Zweiglein erkennen lassen, das aus der Scham oder dem Nabel wächst.[27]

Abb. 015 zeigt ein Rollsiegel aus der Pierpont Morgan Library in New York, das von U. WINTER (1983: 152) der provinziell-babylonischen Gruppe (19./18. Jh. v. Chr.) zugeordnet wird. Es zeigt drei Göttinnen, die einen Beter vor eine Hauptgottheit führen. Bei der vorderen, nackten Göttin ist deutlich die Scham als Zweiglein bzw. Bäumchen mit je drei Ästen links und rechts gezeichnet.

Ebenfalls in die 1. Hälfte des 2.Jts.v.Chr. dürfte die fragmentarische Steatitgussform aus Byblos bei *Abb. 016* zu datieren sein. Sie liefert die Matrix für eine 'nackte Göttin', die ihre Brüste hält und deren Schamdreieck durch ein Zweiglein markiert ist wie bei *Abb. 015*.

Der MB II B-zeitliche Skarabäus aus Geser bei **No 6** kann als weiterer sehr früher Beleg für das gleiche Motiv angesehen werden. Von den oben erwähnten Metallanhängern rückt zeitlich der Goldanhänger vom Tell el-ᶜAǧǧul *(Abb. 012)*, der ins 15. Jh. v. Chr. datiert ist, in die Nähe dieser frühen Zeugnisse.

Eine andere Variante desselben Bildgedankens findet sich nun auch auf einem Skarabäus, der in Afek (Stratum A-11) gefunden wurde (**No 9**). Zu sehen ist eine nackte Frau mit eng am Körper anliegenden Armen und geschlossenen, nach rechts gewandten Füssen. Auch der Kopf mit der schulterlangen Frisur schaut nach rechts. Der ganze Unterleib der Frau ist in Form eines grossen, auf der Spitze stehenden, fein geästelten Blattes gezeichnet. Die besondere symbolische Bedeutung dieses Blattes wird erhärtet durch eine Anzahl von Stempelsiegeln/Skarabäen aus Palästina, deren Siegelfläche nur ein Blatt zeigt. In der Studie von O. TUFNELL (1984 II/2: Pl. 1 Nr. 1007-1012) finden sich sechs MB II B-zeitliche Skarabäen, vier vom Tell el-Farᶜa (Süd) und zwei aus Jericho, mit diesem Blattmuster. Insgesamt bin ich auf der Suche nach diesem Motiv auf zwölf Stück gekommen[28], die im folgenden als *Abb. 017-027* zusammengestellt sind.

Abb. 017, ein Skarabäus vom Tell el-Farᶜa (Nord), gehört zur Gruppe der in erhabenem Relief gearbeiteten Skarabäen, von denen weiter oben schon die Re-

---

[26] Vgl. zur exakten Anbringung des mittleren, grossen Dreiecks unter der Palme DURING CASPERS 1972: 215 Anm.3.

[27] MASSON/SARIANIDI 1972: Nr. 40 (Altintepe), Nr. 41 (verschiedene Orte), Nr. 43 (Altintepe) und KOHL 1984: Pl.11c (Altintepe).

[28] Eventuell könnten bei genauerer Suche noch einzelne hinzukommen. Bei vielen Stücken ist eine exakte Unterscheidung zwischen Blatt und feinem Zweiglein nicht möglich. Vgl. auch das Exemplar bei NICACCI 1980: Tav. 7 Nr. 254.

de war. Umgeben von einer Kerbbandumrandung ist ein Blatt oder Zweig zu erkennen. Das Stück ist zwar in einem Stratum der Eisenzeit IIA (Stratum VII B) gefunden worden, dürfte aber aus der MBII B-Zeit (1650-1550 v.Chr.) stammen.

*Abb. 018-021*und *Abb. 022-023* zeigen die erwähnten Exemplare vom Tell el-Far'a (Süd) (späte MB II B-Zeit; 1640-1540 v.Chr.) und vom Tell es-Sulṭan (Jericho). Ein weiterer Skarabäus mit einer Blattdekoration aus einem Grab in Jericho datiert in die SB II A-Zeit (*Abb. 024*). In die SB II B-Zeit gehört ein Stück aus der Höhle 500 vom Tell Bet Mirsim (*025*). Von den folgenden beiden Exemplaren ist nur der Skarabäus aus Lachisch (*Abb. 026*) datiert (MB II-Zeit), der Siegelabdruck aus Geser (*Abb. 027*) ist durch den Fundkontext zeitlich nicht näher bestimmt.[29]

Das Blattmotiv auf Skarabäen scheint schon älter als die MB II B-Zeit zu sein. W.A. WARD (1978: Pl. III Nr. 84) hat das bei *Abb. 028* abgebildete Exemplar aus dem University College in London in seine "Period 2" datiert (2150-2075 v. Chr.).[30] Ein Stück vom Tell el-Yehudiyeh ist von PETRIE (1906: Pl. IX Nr. 187) in die 12.-17.Dynastie eingeordnet worden (*Abb. 029*). Skarabäen nachweislich ägyptischer Herkunft mit diesem Motiv sind mir sonst nicht bekannt[31], was vielleicht so zu deuten ist, dass die besondere Symbolik des Blattes nur im Verbreitungs- und Wirkungskreis der vorderasiatisch-syrischen Göttin bekannt war und tradiert wurde. Auch für das Motiv der 'nackten Göttin' selbst ist Tell el-Yehudiyeh der südlichste nachweisbare Fundort (unsere **No 33** und **39**).

Das bei **No 10** abgebildete Siegel (eine runde Platte mit gewölbter Oberseite) stammt vom Tell el-'Aǧǧul (1750-1550 v.Chr.). Es zeigt auf der Siegelfläche ein merkwürdiges Gebilde aus gebogenen Linien und kleinen Querstrichen. R. GIVEON (1985: 86f) interpretiert dies als "Two fish, a branch on either side". Für zwei aneinanderliegende Fische ist aber die Trennungslinie in der Mitte zu schwach und sind die Aussenlinien zu stark gezeichnet.[32] Mit der Bestimmung der Dekoration ganz aussen als Zweige bin ich einverstanden. Das zentrale Element aber könnte im Vergleich mit der nackten Frau bei **No 9** eventuell als stilisierter Körper einer 'nackten Göttin' gedeutet werden. Zu sehen wäre dann oben noch der Halsansatz, die äusseren Linien umreissen die Körperkonturen bis zu den Beinen, und in den Torso sind deutlich unten das Blatt/Zweiglein, das die Scham symbolisiert, sowie oben die Brüste eingezeichnet. Nun sind

---

[29] Vgl. auch ein Stempelsiegel mit einer ähnlichen Dekoration aus Megiddo (LAMON/ SHIPTON 1939: Pl. 73,10), die aber eher ein Bäumchen als ein Blatt darzustellen scheint.

[30] Vgl. ev. auch aaO. Pl. III Nr. 78-81.

[31] Vgl. aber ein weiteres Exemplar aus dem University College (London) bei PETRIE 1925: Pl. 8 Nr. 231.

[32] Ausserdem sind Fische m.W. auf Stempelsiegeln sonst immer in tête-bêche-Form angeordnet.

zwar die MB II B-zeitlichen Skarabäen wie auch die altbabylonische und alt-syrische Glyptik dieser Epoche in der Regel sehr dezent bzw. desinteressiert, was die Darstellung der Brüste der nackten Göttin betrifft.[33] Es gibt aber hin und wieder Ausnahmen, vor allem bei altbabylonischen Rollsiegeln (vgl. z.B. unsere *Abb. 03*).[34] Auch bei der Gussform aus Kültepe (*Abb. 010*) sind die runden Brüste sehr deutlich markiert. Die Tendenz, von der nackten Göttin nur noch den Torso (mit nur angedeutetem Kopf und ohne Füsse) darzustellen - vielleicht weil es bei diesem Motiv primär um die Nacktheit und damit den Genitalbereich ging - bestätigt auch der Skarabäus aus Akko bei **No 35** und ein Stück aus einer am BIF deponierten Privatsammlung bei **No 36**.

1.2.4. *Der syrische Göttinnentyp zwischen Zweigen*

Mit **No 11**, einem Skarabäus vom Tell el-Farᶜa (Süd) (1750-1550 v.Chr.) und **No 12**, einem sehr ähnlichen Exemplar aus einer Privatsammlung[35], kommen wir zu einem recht häufigen Typ der 'nackten Göttin'. Die nach syri-schem Vorbild frontal und mit nach rechts gewandtem Kopf im Profil darge-stellte Frau (vgl. **No 1-2**) steht auf einem *nb*. Sie hält aber weder die Brüste (wie bei **No 3-4**) noch die Zweige (wie bei **No 6-8**), sondern steht einfach mit herabhängenden Armen zwischen den Zweigen, die mit der Umrandungsli-nie identisch sind.

Dem Skarabäus vom Tell el-Farᶜa sehr ähnlich sind zwei weitere aus einer Schweizer Privatsammlung (am BIF) bei **No 13** und **14**. Bei **No 13** steht die nach rechts blickende Frau mit schulterlangem Haar auf einem *nb*, bei **No 14** fehlt dies, und es fallen besonders die überlangen Arme der Frau auf. Aus dem British Museum stammt das Exemplar bei **No 15**. Hier hat der Siegelschneider auf die vollständige Ausführung der Beine der nackten Frau verzichtet. Das Stück ist auch sonst sehr grob geschnitten.

Zum selben Typ gehören auch **No 16**, ein Skarabäus aus Lachisch (1650-1550 v.Chr.), wo die Umrandungslinie nur noch durch die nach innen ge-zogenen Schrägstriche als Zweigdekor identifizierbar ist, sowie eine nackte Göt-tin mit etwas kürzerem Haarschopf zwischen zwei kleinen Bäumchen auf einem Skarabäus aus Geser (**No 17**).

---

[33] Vgl. zum Wandel der Akzentuierung in der eisenzeitlichen Kunst KEEL 1986b: 229f.

[34] Vgl. WINTER 1983: Abb. 94-101.102.104.116.

[35] Vgl. auch die bekleidete Göttin in derselben Haltung aus der Sammlung HORNBLOWER (HORNBLOWER 1922: Pl. XXI,15).

Nach links blickend wie bei **No 16** ist auch die nackte Frau auf einem Ska-rabäus aus Pella dargestellt (**No 18**). Das Motiv war also auch östlich des Jor-dans bekannt. Bemerkenswert an dieser Gruppe ist die Konzentration auf das Wesentliche, die 'nackte Göttin' und die Zweigumrandung. Zusätzliche Glücks-zeichen, wie sie bei anderen Motiven der MB II B-Zeit gern ergänzend zugefügt werden, fehlen hier.[36]

1.2.5. Die Zweiggöttin mit den grossen Ohren[37]

In der nun folgenden, zahlenmässig grössten Gruppe, begegnet uns die Göt-tin mit einem sehr stilisierten Gesicht, ohne Haare und mit den typischen gros-sen Ohren. Diese nackte Göttin mit Strichgesicht, ohne Haare und mit grossen Ohren ist immer in voller Frontalansicht dargestellt. Die Ohren sind nie ganz deutlich Kuhohren, sondern eher übergrosse Menschenohren. Abgesehen von Unterschieden in der Ausführung des Motivs sind bei den nun folgenden Ex-emplaren aus offiziellen Grabungen in Israel/Palästina sowie aus Sammlungen kaum Variationen zu beobachten.

Die 'nackte Göttin' auf dem Skarabäus aus Lachisch bei **No 19** unterscheidet sich zunächst nur durch die Haltung der Arme von der Göttin bei **No 5**. Sie steht ebenfalls auf dem *nb*[38], über ihren Füssen erheben sich ein Zweig (links) und ein Zweig mit Lotosblüte (rechts). Auf die Bedeutung der Halskette ist wei-ter oben (zu **No 6**) bereits hingewiesen worden. Erwähnenswert sind noch die über dem kleineren Schamdreieck angedeuteten Striche/Punkte, die wahrschein-lich als Gürtel zu deuten sind. Solche Gürtel tragen gelegentlich die sich ent-schleiernden Göttinnen auf altsyrischen Rollsiegeln. Ein besonders schönes Beispiel zeigt *Abb. 030*, ein Siegel aus der Pierpont Morgan Library in New York.[39] Ebenfalls aus Lachisch (Höhle 1552) stammt das Exemplar bei **No 20** (1650-1550 v. Chr.). Nur fragmentarisch erhalten ist ein sehr ähnliches Ex-emplar aus einem Grab in Jericho (**No 21**).

---

[36] Der 'Fürst' im Wulstsaummantel ist z.B. fast immer von ᶜ*nḫ*- und anderen Lebens- oder Glückszeichen umgeben (vgl. KEEL/SCHROER 1985).

[37] Die Bezeichnung 'Zweiggöttin' ist hier vor allem in Abgrenzung zur herrschenden Ter-minologie gewählt, die den Begriff 'Baumgöttin' schon fest mit den ägyptischen Grab- und Totengöttinnen vor allem der 19. Dyn. verbindet. Ein bedeutungsmässiger Unterschied zwi-schen Zweig und Baum ist mit dem Begriff 'Zweiggöttin' nicht eigentlich vorausgesetzt.

[38] Zur unsicheren Deutung des *nb*-Zeichens, das auf Stempelsiegeln gern zur Ausfüllung der unteren Rundung gebraucht wurde, vgl. HORNUNG/STAEHELIN 1976: 170.

[39] Vgl. auch WINTER 1983: Abb. 274.284.

No 22, ein Stück vom Tell el-Far'a (Süd), datiert in die 2. Zwischenzeit (ca. 1650-1550 v. Chr.). Es scheint ein Halsschmuck angedeutet zu sein, und die Frau steht auf einem schraffierten *nb*. Aus einem Grab vom Tell el-Far'a stammt No 23 (1650-1550 v.Chr.). No 24 wurde auf dem Tell el-'Aġġul gefunden (1750-1550 v.Chr.). Auffällig ist bei den Stücken vom Tell el-'Aġġul und Tell el-Far'a wiederum das Zusammenfliessen der Zweige mit der Umrandungslinie.

Hinzu kommen nun noch einige Skarabäen aus Sammlungen bzw. Museen, die die 'Zweiggöttin' in verschieden guter Ausführung, gelegentlich auf einem *nb*-Podest, erkennen lassen: No 25 aus dem Archäologischen Museum in Zagreb, No 26 aus dem Kestner-Museum in Hannover, No 27 aus dem University College in London, No 28-31 aus dem British Museum und No 32 aus dem Museum in Kairo. Speziell hinzuweisen ist auf das Zweiglein auf der Oberseite des Skarabäus bei No 27 und auf die Andeutung von Brüsten und Nabel bei No 32.

Vom Tell el-Yehudiyeh stammt das bei No 33 abgebildete Exemplar. Die 'Zweiggöttin' auf dem *nb*-Zeichen trägt hier auf dem Kopf zusätzlich noch ein trapezförmiges Hütchen, das vielleicht auf die ältesten ägyptischen Typen des Göttinnenkopfes (vgl. unten Teil 2) zurückgehen könnte.

Noch stärker vereinfacht oder stilisiert finden wir die 'nackte Göttin' dann auf den folgenden Skarabäen, wo sogar die Zweige oder die zweigartige Umrandung ganz wegfallen. Bei No 34 aus einem Grab vom Tell el-Far'a (Süd) (1650-1550 v.Chr.) sind die Zweige einer Kerbbandumrandung gewichen. Bei No 35 aus Akko fehlt nicht nur jede dekorative Umrandung, sondern die nackte Frau scheint auch weitgehend auf den Torso reduziert, eine Eigenart, auf die oben schon hingewiesen worden ist. Ähnlich schlecht geschnitten und nachlässig gerade in der Ausführung von Kopf und Füssen ist auch das Stück aus einer im BIF deponierten Privatsammlung bei No 36. Aus dem British Museum stammen No 37 und die von Kreisdekors umgebene Göttin ohne Ohren bei No 38.[40] No 39 zeigt eine Göttin mit besonders langen Armen auf einem Skarabäus vom Tell el-Yehudiyeh. Die Herkunft von Stücken aus Sammlungen ist unbekannt, so dass No 33 und 39 die einzigen *nachweisbar* aus Ägypten stammenden Exemplare mit dem Motiv der 'nackten Göttin' sind. Die enge Verbindung von Tell el-Yehudiyeh mit Syrien/Palästina (sog. Hyksos) rechtfertigt es, diese Stempelsiegel in den Katalog der Stempelsiegel aus Palästina/Israel aufzunehmen.

Zwei Besonderheiten, nämlich ein Kreuzband auf der Brust und ein W-förmiger Kopfschmuck, kennzeichnen die nackte Frau auf dem Stück vom Tell

---

[40] Vgl. auch NEWBERRY 1906: Pl. XXV,4 (Leiden), wo eine total schematisierte nackte Frau dargestellt sein könnte.

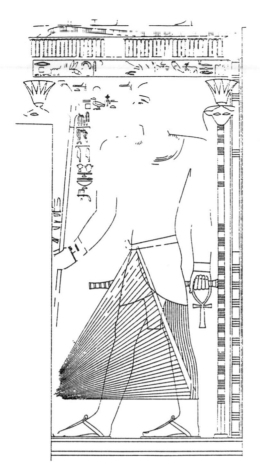

Abb.031

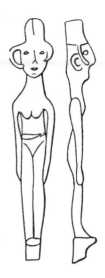

Abb.033

Abb.032

Nagila bei **No 40**.[41] Der Kopfschmuck ist vielleicht als Lotosblüte zu deuten. Auf die enge Verbindung der Hathor mit der Regenerationssymbolik des Lotos weisen HORNUNG/STAEHELIN (1976: 95) hin.[42] Schon für die 12. Dyn. ist in der Grabkapelle von Uchhotep III. in Meir[43] die Darstellung eines Hathorkapitells mit einem Lotosaufsatz bezeugt (*Abb. 031*). Die Verbindung von Hathor und Lotos scheint aber vor dem Neuen Reich selten zu sein.[44]

Das Kreuzband, dessen Bedeutung M.H. POPE (1970) nachgegangen ist, ist schon auf mesopotamischen Figurinen der Obeid-Periode anzutreffen. Besondere Bedeutung erlangte es in Vorderasien als Attribut der kriegerischen Ischtar in der Kunst des beginnenden 2. Jts. v. Chr.[45] Ursprünglich ein Trägerband für Waffen wurde es zum Symbol für Macht und Sieg und findet sich als solches nicht nur bei den Liebes- und Kriegsgöttinnen, sondern auch bei (vergöttlichten) Fürsten.[46] Die Ischtar mit Waffen und Kreuzband wird in der altbabylonischen Glyptik gern mit dem Löwen und oft frontal dargestellt wie z.B. bei *Abb. 032*, einem Rollsiegel in Berlin.

1.2.6. Die Göttin mit den Hörnern

No 41, ein Skarabäus aus einem Grab in Jericho zeigt die 'nackte Göttin' zwischen zwei hohen Pflanzen/Zweigen. An ihrem Kopf befinden sich nun nicht nur die üblichen grossen Ohren, sondern es ragen zu beiden Seiten starke, gebogene Hörner vom Kopf weg, deren Spitzen auf die Schultern herabreichen. TUFNELL (1984 II/1: 138) deutete die gebogene Doppellinie der Hörnerspitzen als Vögel, die auf den Zweigen sitzen, und publizierte eine entsprechen-

---

[41] Das Stück wurde angeblich im Kibbutz Ruḥam gestohlen und dürfte mit einem im Jerusalemer Handel gekauften und jetzt in Schweizer Privatbesitz befindlichen identisch sein.

[42] Vgl. aaO. 103 Anm. 67 Beispiele für die Kombination von Lotos und Hathorkopf auf der Rückenseite von Skarabäen. Recht eindeutig um eine Lotosblüte handelt es sich bei einem Stück der MB- oder SB-Zeit aus der ehemaligen Sammlung Matouk (jetzt am BIF; KEEL 1980: 265 fig. 73 = unsere Abb. *0103* weiter unten). Vgl. zum Kopfschmuck der Hathor die Arbeiten von ALLAM (1963: bes. 29.32), STAEHELIN (1978: 76.84) und MALAISE (1976: 215.236) sowie WINTER 1983: 179 Anm. 457.

[43] Zur Datierung vgl. D. KESSLER, Art. "Meir", in: LdÄ IV 14-19.

[44] Zum Lotos auf Stelen des Neuen Reiches mit dem Göttinnenfetisch siehe weiter unten in Kap. 2.3.3.

[45] Vgl. zusätzlich zu den bei POPE angegebenen Beispielen WINTER 1983: Abb. 87.185-189.

[46] Zum Kreuzband beim thronenden 'Fürsten' auf MB II B-Stempelsiegeln aus Palästina vgl. KEEL/SCHROER 1985: 90.

113

de Zeichnung. Die Überprüfung einer sehr guten Photographie des Originals hat aber ergeben, dass mit Sicherheit keine Vögel vorhanden sind, sondern nur die querschraffierten, sehr dicken Hörner.

In seinem Buch über syrisch-palästinische Gottheiten in Ägypten hat schon R. STADELMANN die Existenz einer Göttin "ᶜAšterot Qarnajim" notiert (1967: 98). Er stützt sich dabei auf den in Gen 14,5 erwähnten, gleichlautenden Ortsnamen.[47] Als einzigen ikonographischen Beleg führt er für diese Erscheinungsform der Göttin aber nur das MB-zeitliche Bronzefigürchen aus Geser (*Abb. 033*) an, das die nackte Frau mit anliegenden Armen und nach unten gebogenen, kleinen Hörnern darstellt.[48] Der Skarabäus aus Jericho bei **No 41** dürfte dieselbe Göttin zeigen. Auffällig ist, dass diese Art von Hörnern nicht mit den nach oben wegragenden Hörnern der Hörnermützen oder -kronen vergleichbar ist, welche die nackte Göttin in seltenen Fällen auf (provinziell-)babylonischen und altsyrischen Rollsiegeln trägt.[49] Es scheint, dass die Hörner bei **No 41** Capridenhörner sind, jedenfalls keine Kuhhörner. Die Schraffierung des Horns könnte sowohl die Ringe des Gehörns der Bezoarziege als auch die Wülste des Steinbockhorns andeuten. Bei der grossen Nähen der Capriden zur syrischen Göttin wäre dieser Zusammenhang auch gar nicht erstaunlich. Auf altsyrischen Rollsiegeln mit der Göttin sind Capriden sehr häufig, und bis in die biblische Zeit repräsentieren säugende Capriden und das Motiv der Capriden am 'Heiligen Baum' die Göttin oder Aspekte ihrer Erscheinung und Wirkung (vgl. KEEL 1986b: 61 und 91; zuletzt SCHROER 1987: 25-40).

Ein **No 41** vergleichbares Motiv findet sich m.W. nur noch auf einem Skarabäus der Grant's Collection in Liverpool (**No 42**). Zu sehen ist eine frontal dargestellte, nackte Göttin mit betontem Schamdreieck und Kreuzband auf der Brust. Die Arme sind seitlich ausgestreckt zu den Zweigen, die die Göttin hält. Neben den Beinen ist links und rechts ein *z3*-Zeichen eingeritzt. Die Göttin hat keine Ohren, dafür schmücken dicke Hörner und ein kleiner, ovaler Aufsatz zwischen dem Hörneransatz ihren Kopf.

---

[47] GALLING (1977: 111f) deutet den Namen als Doppelnamen, wobei ᶜAštarot mit dem Tell ᶜAštara und Qarnajim (Am 6,13) mit dem benachbarten Ort Šēḫ Saᶜd zu identifizieren sei.

[48] Vgl. zu diesem Figürchen auch WINTER 1983: 100.

[49] Vgl. WINTER 1983: Abb. 78.87.137.165. Durch die Hörner weist sich die nackte Frau als Göttin aus (aaO. 192). Ein sehr frühes Beispiel für eine gehörnte Göttin in der Glyptik stellt eine Siegelabrollung vom Tell Mardiḫ (2400-2250 v. Chr.) dar (WINTER 1983: Abb. 165).

1.2.7. Die Göttin mit den erhobenen Armen

Die beiden bei **No 43** und **44** abgebildeten Skarabäen aus dem British Museum zeigen eine ungewöhnliche Variante der 'nackten Göttin': sie streckt ihre Arme gerade nach oben aus. Aus dem *Halten* der Zweige (vgl. **No 6-8** und **42**) kann diese Geste kaum entstanden sein, denn bei **No 43** steht die Göttin mit dem merkwürdigen Kopfschmuck und dem evtl. angedeuteten Kleid(?) ja zwischen den Zweigen, ohne diese zu berühren.[50]

Eine interessante Spur des Typs der Göttin mit erhobenen Armen scheint nach Kreta zu führen. V. KARAGEORGHIS (1977) ist in einem ausführlichen Beitrag der zyprischen Göttin mit erhobenen Armen nachgegangen, die seit dem 11. Jh. v. Chr. in Form von Terrakotten, wie sie hier *Abb. 034* (aus Limassol) beispielhaft zeigt, auf Zypern sehr verbreitet ist. Dieser Göttinnentyp wurde um 1100 v. Chr. von kretischen Einwanderern mitgebracht (aaO. bes. 13.27) und verschmolz mit der einheimischen, zyprischen Göttin. KARAGEORGHIS beruft sich, was die Herkunft der Göttin betrifft, auf eine griechische Dissertationsschrift von S. ALEXIOU (1958: 179-299), der die Einführung der Göttin mit den erhobenen Armen in Kreta in der Mittelminoischen Zeit Ib-II (2000-1570 v. Chr.) ansetzt, ihre Hauptverbreitung aber in der Spätminoischen Zeit III (14. Jh. v. Chr.). Weder ALEXIOU noch KARAGEORGHIS wagen eine entschiedene Deutung der Geste. ALEXIOU vermutet, dass sie ursprünglich aus der Fürbitthaltung von Mittlergöttinnen entstanden sei und dann zur Grussgeste der Göttin gegenüber ihren Verehrerinnen wurde. In der SB-Zeit sind auf Kreta und nachfolgend in der Eisenzeit auch auf Zypern Terrakotta-Figürchen mit erhobenen Armen auch eindeutig in der Rolle von Tänzerinnen bezeugt (KARAGEORGHIS 1977: 14-16).

H. DEMISCHs grosse Arbeit über die Gebärde der erhobenen Hände in der darstellenden Kunst (1984) zeigt, wie vieldeutig diese Geste ist. Sie kann Gebet, Beschwörung, Unterwerfung, Tanz, Trauer und Klage bedeuten, Geburt, Tod und Auferstehung signalisieren. Bei Gottheiten ist sie jedoch zumeist als Erscheinungs- und/oder Grussgestus zu deuten (aaO. bes. 11f). Schon zu Beginn des 2. Jts. v. Chr. tritt gelegentlich die altbabylonische, geflügelte Göttin in dieser Erscheinungsgeste auf, wie sie das Tonrelief bei *Abb. 035* und die Gefässritzerei bei *Abb. 036* (beide im Louvre) zeigen. Dass durch die erhobenen Arme eine Theophanie signalisiert wird, legt z.B. auch das Erscheinen der Göttin im Eingang eines kleinen Tempelmodells aus Kreta (*Abb. 037*) nahe.

Ob die beiden Siegel bei **No 43** und **44** über Zypern oder die Ägäis beeinflusst sind bzw. ob sie umgekehrt Spuren einer Tradition sind, die erst später in

---

[50] Es besteht eine gewisse Ähnlichkeit zur klassischen Haltung der 'Herrin der Tiere', die links und rechts ein Tier packt bzw. hochreisst; aber auch die 'Herrin der Tiere' hat m.W. die Arme immer angewinkelt (vgl. z.B. KEEL 1984: Abb. 17 und Abb. 19).

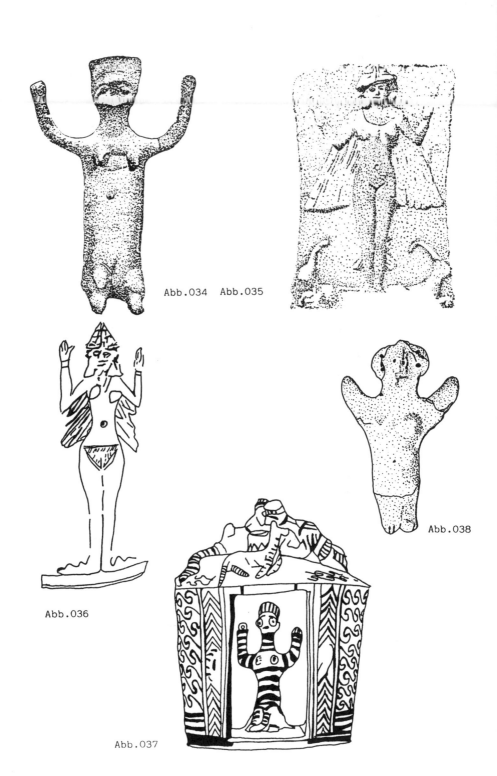

Abb.034   Abb.035

Abb.036

Abb.038

Abb.037

116

diesen Kulturraum hineingetragen wurde, ist wegen der fehlenden Datierungs-
möglichkeit der Stücke nicht eindeutig zu sagen. In jedem Fall ist die nackte
Frau mit den erhobenen Armen als eine Variante der 'nackten Göttin' einzuordnen, die deren bezwingende Erscheinung durch diese besondere Geste her-
vorstellt. Da man östlich des Toten Meeres, in Bab edh-Dhrac, ein Terrakotta-
Figürchen mit erhobenen Armen aus der FB I A-Zeit gefunden hat (*Abb. 038*),
vermute ich, dass dieser Typ, obwohl er selten bezeugt ist, in der Levante bereits eine ganz alte Tradition hatte.

1.2.8. Die Göttin und das Krokodil

Rätselhaft ist zunächst der bei den folgenden Stücken zutagetretende Zusammenhang von nackter Göttin und Krokodil bzw. krokodilköpfigen Mischwesen.

Ein Skarabäus, der südöstlich von Bet Šemeš auf einer Hügelkuppe gefunden
wurde, zeigt links die nackte Frau mit herabhängenden Armen.[51] Sie wendet
sich einem senkrecht dargestellten Krokodil rechts zu. Bei **No 45**, einem Skarabäus vom Tell el-cAǧǧul, ist die Frau, die die Schnauze des Krokodils berührt, mit einem Rock bekleidet. Auf einem weiteren Stück vom Tell el-cAǧǧul
ist statt der Göttin deren Symbol, der Zweig/Baum abgebildet (**No 46**).[52] Auf
dem Skarabäus bei **No 47**, aus dem British Museum, ist die Göttin durch zwei
Symbole, den Zweig und das Goldzeichen[53], repräsentiert.

Auf dem Stück aus dem University College in London bei **No 48** ist die
nackte Frau mit grossen Ohren in Frontalansicht zu sehen. Sie wird links und
rechts von knienden, mit einem Rock bekleideten, krokodilsköpfigen Wesen
flankiert, die eine Hand zur Göttin ausstrecken.[54] Eventuell entspricht das
merkwürdige Motiv von zwei aufgerichteten Krokodilen an einer Palme bei **No
49** aus Lachisch (doppelseitig mit demselben Motiv versehene Platte) der Konstellation von **No 48**; d.h. dass hier wiederum die Göttin durch ihr Symbol,
den Baum, ersetzt wird.

Zu erwähnen ist hier nun auch ein Zylindersiegel aus dem British Museum,
das doppelreihig in je durch Linien abgetrennten Registern einmal eine bekleide-

---

[51] Dieses Stück kann hier leider nicht publiziert werden. Es ist erwähnt bei D. BAHAT, RB
80 (1973) 567; BAHAT, IEJ 23 (1973) 247; im IDAM.

[52] Vgl. NEWBERRY 1906: Pl. 25,23.

[53] Zur Auswechselbarkeit der Göttin und des Goldzeichens für die "Goldene" vgl. weiter
unten Kap. 2.4.1.2.

[54] Vgl. auch einen Skarabäus aus Geser bei MACALISTER 1912/III: Pl. 202a:8 und II 319
(ein Krokodil- und ein Falkenköpfiger am Baum).

te und einmal die 'nackte Göttin' mit den grossen Ohren sowie einen Mann auf einem *nb*-Zeichen, zwei Falkenköpfige und zwei Krokodilsköpfige zeigt, von denen der eine wie bei **No 48** kniend dargestellt ist (*Abb. 039*).

Nun ist zwar die Verehrung der Göttin durch kniende Frauen, die ihre Arme segnend/verehrend erheben, in sehr ähnlicher Weise auch auf dem altsyrischen Rollsiegel bei *Abb. 040* zu sehen oder auf Stempelsiegeln mit dem Motiv des Göttinnenkopfes.[55] Es bleibt aber zu klären, woher die Verbindung der 'nackten Göttin' mit dem Krokodil oder krokodilsköpfigen Mischwesen kommt.

HORNUNG/STAEHELIN (1976: 122-126) haben sechs verschiedene Deutungen des Krokodils, das auf Skarabäen ein sehr häufiges Motiv ist, vorgeschlagen: 1. Das Tier repräsentiert den Gott Sobek. 2. Es steht für den König. 3. Es hat einen Lautwert und ist als Schriftzeichen zu lesen. 4. Es hat apotropäische und damit schützende Kraft. 5. Es symbolisiert die Regeneration. 6. Es ist ein böses Wesen, das aber gebändigt wurde (aaO. 123).[56] Zwar hat schon BONNET (1952: 759) auf eine Nähe des Sobek zur Hathor aufmerksam gemacht, da beide in die Neunheit von Theben Aufnahme gefunden hätten[57], doch bleibt die Verbindung der beiden Gottheiten bei BONNET eher vage. Erst für das Neue Reich ist eine Verehrung von Sobek in Gemeinschaft mit Hathor nachweisbar.[58] HORNUNG/STAEHELIN raten von einer vorschnellen Identifikation der Krokodile auf Skarabäen mit Sobek ab, halten es aber für möglich, dass die Krokodilsköpfigen auf Skarabäen der 2. Zwischenzeit diesen Gott meinen (1976: 100).[59]

Eine wichtige Spur scheint mir nun allerdings zu den ägyptischen Zaubermessern des Mittleren Reiches und damit zur Schutzfunktion des Krokodils und krokodilsköpfiger Mischwesen für Mutter und (Klein-)Kind zu führen. H. ALTENMÜLLER hat in mehreren Beiträgen die Datierung, Typologie und religionsgeschichtliche Bedeutung der Zaubermesser eingehend erörtert.[60] Diese dienten dem magischen Schutz von Müttern und kleinen Kindern, behielten aber ihre Kraft zum Schutz des Leibes offenbar auch für Erwachsene und sogar über den

---

[55] Vgl. weiter unten **No 90**. Vgl. schon KEEL/SCHROER 1985: 87 mit Anm. 70f und aaO. Abb. 51 den 'Fürsten', der von zwei Knienden verehrt wird. Vgl. auch die Göttin zwischen zwei Knienden auf einem späten Rollsiegel aus Ugarit (SCHAEFFER-FORRER 1983: 16-21 zu R.S. 5.089).

[56] Zur komplexen Bedeutung des Krokodils in Ägypten vgl. E. BRUNNER-TRAUT, Art. "Krokodil" in: LdÄ III 791-801.

[57] WINTER (1983: 177 Anm. 449) greift diesen Hinweis bei der Erwähnung unserer **No 48** wieder auf.

[58] E. BROVARSKI, Art. "Sobek", in: LdÄ V 955-1031, bes. 1008.

[59] Vgl. MATOUK 1977: 81 und 338 Nr. 299-302.

[60] ALTENMÜLLER 1965; 1983: 30-45; 1986: 1-27.

Abb.039

Abb.040

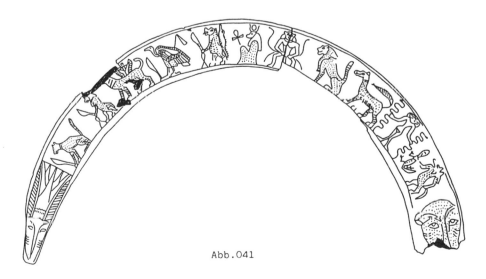

Abb.041

119

Tod hinaus, da sie auch als Grabbeigaben gefunden wurden.[61] Im Repertoire der apotropaischen Darstellungen auf den Zaubermessern findet sich nun u.a."eine Gruppe von Wesen, die bei der Geburt und bei der Aufzucht des Kindes hilfreich mitwirken, wie z.B. die Nilpferdgottheit, der besgestaltige Dämon (Aha) und sein weibliches Gegenstück, das Krokodil und vermutlich auch die Kröte" (ALTENMÜLLER 1983: 34f).[62] Auch in Zaubersprüchen für Mutter und Kind wird gelegentlich das Krokodil erwähnt.

Besonders interessant ist für uns die weibliche Besgestalt, wie sie z.B.auf dem Zaubermesser aus einer Schweizer Privatsammlung bei *Abb. 041*[63] zu sehen ist. Obwohl bei den weiblichen Gestalten dieser Art auf anderen Zaubermessern, soweit ich es überprüfen konnte, die Verwandtschaft mit dem männlichen Bes eindeutiger ist (Hängebrüste, Löwenmähne, zweigeschlechtige Kennzeichen), scheint mir die ikonographische Nähe dieser frontal dargestellten, zumeist Schlangen, aber auch Hasen und Eidechsen bändigenden Gottheit zur 'nackten Göttin' so unverkennbar, dass sie kaum zufällig sein kann.[64] Möglicherweise ist es hier zur Verschmelzung von ägyptischen und syrisch-palästinischen Vorstellungen bzw. Darstellungstypen in der sog. "Hyksoszeit" gekommen. Auf den Skarabäen konnte dann die 'nackte Göttin' eine Funktion des weiblichen Bes-Dämons übernehmen, nämlich den Schutz der Schwangeren und des Kleinkindes.[65]

Dass nicht nur das Krokodil, sondern auch krokodilsköpfige Mischwesen bei der Geburt eine Rolle spielten, zeigt ein Relief aus der Geburtshalle des Tempels

---

[61] Vgl. ALTENMÜLLER 1983: bes. 35-39.

[62] Krokodile auf Zaubermessern finden sich u.a. bei LEGGE 1905: Pl. 4; 5; 16 Fig. 39; ALTENMÜLLER 1965: Abb. 11.

[63] Vgl. zu diesem Zaubermesser speziell ALTENMÜLLER 1986.

[64] ALTENMÜLLER (1986: 20) unterscheidet zwei Gruppen in der Typologie der weiblichen Besgestalten. In der einen ergreift die Gottheit Hasen, Eidechsen oder Schlangen. In der zweiten ist sie durch eine weit ausladende Perücke und geschlossene Beine gekennzeichnet. Die Darstellung bei *Abb. 041* ist der zweiten Gruppe zuzuordnen. ALTENMÜLLER (1986: 20) hat selbst beobachtet, dass auf einem Exemplar aus dem University College in London (ALTENMÜLLER 1965: Nr 77 = LEGGE 1905: 299f Pl. 2 Fig. 47) die weibliche Besgestalt auf der Vorder- und Rückseite des Messers sehr unterschiedlich dargestellt ist. Mir scheint gerade dieses Beispiel ein Hinweis darauf zu sein, dass hier verschiedene ikonographische Taditionen aufgrund religionsgeschichtlicher Einflüsse zusammenfliessen, wahrscheinlich unter dem Einfluss syrischer Stadtfürsten in Ägypten ("Hyksos"). Dieser Hypothese könnte auch die Datierung der beiden von ALTENMÜLLER unterschiedenen Gruppen entsprechen, insofern die zweite Gruppe im Durchschnitt etwa 50-100 Jahre später datiert als die erste und damit ziemlich genau in die Epoche, während der sich in Palästina die MB II B-Kultur der syrischen Stadtstaaten ausbildete.

[65] Aufgrund von Zaubersprüchen für Mutter und Kind auf einem Berliner Papyrus (ausgehende Hyksos-Zeit oder Beginn des Neuen Reiches) deuten HORNUNG/STAEHELIN (1976: 124f) auch Skarabäen mit dem Motiv "Bes-Krokodil-Hand" in dieser Richtung.

der Hatschepsut (1479-1458 v.Chr.) in Der el-Bahari. Dort halten kniende Krokodilsköpfige ᶜnḫ-Zeichen zur thronenden Königin mit dem neugeborenen Gottkönig empor (*Abb. 042*).[66] Wie auf dem Rollsiegel bei *Abb. 039* treten neben diesen auch Falkenköpfige auf. Im unteren Register erscheinen zudem in ihrer Funktion als Schützer der Gebärenden und des Neugeborenen Thoëris und ein männlicher Bes.

Aufgrund all dieser Anhaltspunkte lässt sich mit einiger Sicherheit sagen, dass der Kombination der 'nackten Göttin' (bzw. ihres Baumsymbols) mit dem Krokodil oder Krokodilsköpfigen bei **No 45-49** und *Abb. 039* die Vorstellung zugrundeliegt, dass diese Göttin für Schwangerschaft, Geburt und Kleinkinder zuständig ist oder werden kann. Sicher haben vor allem Frauen gern ein Siegel mit solchen Motiven getragen, um sich des Schutzes der Göttin zu versichern.[67]

1.2.9. Die 'Herrin der Tiere'

Ein aussergewöhnlicher MB II B-zeitlicher Skarabäus vom Tell el-ᶜAǧǧul (**No 50**) beweist in einzigartiger Weise, dass die 'nackte Göttin' in dieser Zeit in Palästina auch als 'Herrin der Tiere' verehrt wurde. Die für ein Stempelsiegel ungewöhnlich ausführliche Szene zeigt in sehr schöner Ausführung einen nach rechts auf einem nb schreitenden Löwen mit sorgfältig gezeichnetem Fell. Der mähnengeschmückte Kopf des Tieres wendet sich zurück. Auf oder über dem Löwen erkennt man eine auf einem Bein kniende Frau mit langem Haar, Halsschmuck, Gürtel und Fußspangen. Das gebeugte Bein ist mit einem Kreuz dekoriert (Andeutung eines Schurzes?), das vorgestellte andere Bein nur strichartig angedeutet. Ein Arm hängt hinten herab, einer ist ausgestreckt, scheint aber nichts zu halten. Oben rechts ist ein Geier zu sehen, der der nackten Frau zugewandt ist. Vier kleine Zweiglein sind in die Bildfläche verstreut.

Das Motiv der 'Herrin der Tiere', die auf Feliden kniet oder steht oder links und rechts wilde Tiere packt, ist, wie O. KEEL (1984: bes. 42f) gezeigt hat, sehr alt. *Abb. 043* zeigt einen Rollsiegelabdruck aus Susa aus der 1. Hälfte des 3. Jts. v. Chr. Im oberen Register kniet eine Göttin auf zwei Löwinnen oder Panthern, im unteren ist zweimal eine Göttin dargestellt, die auf einem Löwen

---

[66] Vgl. BRUNNER 1964: 103f mit Anm. 3.

[67] Vgl. zu diesem wichtigen Aspekt der altorientalischen Göttinnen WINTER 1983: 369-413. In diesem Zusammenhang ist auch auf die "sieben Hathoren" hinzuweisen, Geburtshelferinnengöttinnen, die dann als Dienerinnen oder Lokalformen der Hathor angesehen wurden (HERMSEN 1981: 70; W. HELCK, Art. "Hathoren, sieben" in: LdÄ II 1033).

oder einer Löwin kniet. Eine von ihnen wird dabei von zwei stehenden Verehrerinnen mit Zweigen in den Händen flankiert.[68]

Halbnackte oder nackte 'Herrinnen der Tiere' zeigen schon frühsyrische, syro-kappadokische, altbabylonische und altsyrische Rollsiegel (KEEL 1984: 42f). Das vorgestellte Bein der Knieenden bei **No 50** hat Parallelen bei knienden Blütenträgern.[69] Der Geier findet sich auf MB II B-zeitlichen Stempelsiegeln häufig als Begleiter des Beute machenden Löwen, dessen Werk er als Aasfresser vollendet.[70]

Auf dem Skarabäus vom Tell el-ᶜAǧǧul dürften, um zu einem Fazit zu kommen, wesentliche Aspekte der 'nackten Göttin' zusammengefasst sein: Ihre Nacktheit und der Schmuck betonen ihre erotische Anziehungskraft, die Zweiglein ihre lebensfördernde Vitalität, das Knien/Thronen auf dem Löwen ihre Verehrungswürdigkeit und Herrschaft über die das Chaos verkörpernde Welt der wilden Tiere[71], die durch Löwe und Geier vertreten wird, sowie ihre "wilde, ungebrochene, unnahbare und jungfräuliche Kraft" (KEEL 1986b: 148). Sowohl die erotische Faszination als auch die bezwingende Macht der Göttin bedeuten, auf dem Siegel eingeritzt, für den/die TrägerIn Förderung der Lebenskraft und Abwehr der Mächte des Chaos. Man darf annehmen, dass die Totalität dieser Aspekte der 'nackten Göttin' den Vorstellungshintergrund der gesamten Gruppe von Stempelsiegeln mit diesem Motiv geprägt hat.[72]

---

[68] Vgl. zu den prähistorischen Vorläufern der Verbindung von Göttin, Panthern und Geier IPPOLOTINI STRIKA 1983: 1-41.

[69] TUFNELL 1984 II/2: Nr. 2808.2812.2813.2819.2822. Vgl. auch ebd. Nr. 2830.2835 und die nackte Blütenträgerin mit Kreuzband bei HORNBLOWER 1922: Pl. 21,10.

[70] Vgl. zum Geier als Symbol der bedrohlichen, unbewohnbaren Welt und als Begleittier von Kampf und Tod RÜHLMANN 1965 und KEEL 1978: 69f; OLB I 154ff. Vgl. z.B. die MB II B-zeitlichen Stempelsiegel von Tell el-Farᶜa (Nord) und Tell el-Farᶜa (Süd) bei DUMORTIER 1974: 44f Pl. 3,30 und STARKEY/HARDING 1932: Pl. 43,47, die jeweils einen Löwen mit einem Geier auf dem Rücken abbilden.

[71] Vgl. zu den Tieren, die die unbewohnbare, bedrohliche Welt repräsentieren und zur Figur des 'Herrn der Tiere' KEEL 1978: 61-125.

[72] Auf dem Tell en-Naṣbe wurde ein eisenzeitlicher Siegelabdruck gefunden, der eine Gottheit über einem Löwen zeigt, der über Berge schreitet (MCCOWN 1947: Pl. 55,81; KEEL 1986: Abb. 91). Ob die Gottheit weiblich ist, ist nicht erkennbar.

1.3 Das Weiterleben der 'Zweiggöttin' während der Spätbronze- und Eisenzeit[73]

Das Motiv der 'nackten Göttin' (zwischen Zweigen) ist auf Stempelsiegeln und Skarabäen in Israel/Palästina erstaunlicherweise ab der SB-Zeit nicht mehr nachweisbar: Der einzige eisenzeitliche Skaraboid aus Lachisch bei **No 51** mit dem Motiv der nackten, die Brüste präsentierenden Göttin dürfte ein phönizisches Importstück sein.[74] Bemerkenswert ist, dass rechts ein Bäumchen noch an die MB II B-zeitlichen Vorbilder erinnert. Auf ihm hockt zuoberst ein Affe, der schon auf den Rollsiegeln der 1. Hälfte des 2. Jts. v. Chr. verblüffend häufig im Umfeld der Göttin auftritt[75] und wie die Hasen und Capriden die lebensfördernde Ausstrahlung der Göttin versinnbildlicht, als Schoss- und Luxustier aber zudem noch den Lebensüberfluss in ihrer Nähe.[76] Links ist auf einem Podest ein Verehrer mit segnend/grüssend erhobener Hand zu sehen.[77] Über dem Kopf der Göttin scheint eine Flügelsonne(?) eingraviert.

Ausserhalb der Glyptik wird das Motiv der 'nackten Göttin' zwischen Zweigen bzw. Blüten auf verschiedenen Bildträgern in der SB- und Eisenzeit kontinuierlich weitertradiert, so z.B. auf Terrakotten, Terrakottareliefs, Goldplaketten und -anhängern oder Silberidolen.[78] Besondere Bedeutung erlangt in der SB-Zeit die Assoziation von weiblicher Scham und Zweig/Baum (vgl. oben Kap. 1.2.3). Eine grössere Anzahl von Goldblech- oder Elektronanhängern aus Palästina und Ugarit zeigen eine stark stilisierte Göttin, aus deren Schamdreieck oder Nabel ein Zweiglein wächst.[79] Während hier das Zweiglein die Fruchtbarkeit der weiblichen Vagina symbolisch verstärkt, ist auf SB-zeitlichen Krugmalereien aus Lachisch und vom Tell el-Farʿa (Süd) umgekehrt der von Capriden

---

[73] Zur Tradition der palästinischen 'Zweiggöttin' von der MB- bis zur hellenistischen Zeit vgl. SCHROER 1987a.

[74] Mündliche Auskunft von E. GUBEL.

[75] Vgl. WINTER 1983: Abb. 81.93.128.130.250.268.275.286.289.292.301.301f. 430.435 u.ö. WINTER (aaO. 181 Anm. 463) gibt selbst nur einen Hinweis auf die "Sonnenbegrüssung" der Affen in Ägypten und auf zwei Parallelen zu einem Affen auf einem Baum.

[76] Zur Deutung der Hasen und Affen auf Skarabäen vgl. HORNUNG/STAEHELIN 1976: 106-108 und weiter unten in unserem Kap. 2.4.4.7. D. COLLON hat mich darauf aufmerksam gemacht, dass der Affe auch im 18. Jh. n. Chr. als Luxustier gehalten und z.B. als Orgelspieler mit Hut dargestellt wurde.

[77] Zum Beter/Verehrer auf einem Podest vgl. WINTER 1983: 180 Anm. 462 und KEEL/SCHROER 1985: 81 mit Anm. 60.

[78] Vgl. beispielsweise WINTER 1983: Abb. 24.27.38-40.44.46.54f.322-325 u.ö.

[79] WINTER 1983: Abb. 322-324.453-457 und KEEL 1986: Abb. 96-97a.

flankierte Baum durch Punktierung als Schamdreieck der Göttin gekennzeichnet.[80]

Auch ausserhalb Palästinas ist in der SB-Zeit eine sehr enge Verbindung von
Baumkult und Göttin feststellbar, deren Zentrum sich in der symbolischen Verschmelzung von Baum und Scham der Göttin manifestiert. Der Baumkult
scheint also besonders die sexuelle Potenz der Göttin zu repräsentieren, welche
jedoch wiederum nur Teil ihrer umfassend lebensfördernden Macht ist. An der
Polemik der biblischen Verfasser gegen Israels Kult mit Ascheren und "Hurerei
unter jedem grünen Baum" lässt sich die anhaltende Bedeutung der Baum-/
Zweiggöttin in Palästina/Israel noch sehr deutlich ablesen.[81]

Phönizien und Zypern liefern eine Art positives Gegenbild zu den alttestamentlichen Texten. In Vašta wurde eine eisenzeitliche Felskritzelei entdeckt, wo
eine Palme neben ein Schamdreieck gezeichnet ist (*Abb. 044*). Eine Gruppe von
Goldblechen, die bei Ausgrabungen in Zypern gefunden und von V. KARA-
GEORGHIS als Teile von Golddiademen bzw. -tiaren gedeutet wurden (1986:
129-132), zeigt sehr schön, wie sich die Tradition der MB II B-zeitlichen
Zweiggöttin in Zypern bis in die frühe Eisenzeit erhalten hat. Auf dem bei *Abb.
045* abgebildeten Exemplar des 11. Jhs. v. Chr. aus Amathus ist wieder die
Göttin zwischen den Zweigen zu erkennen. Dieselbe Konstellation bewahrt
auch ein kleines Tempelmodell aus Idalion (Zypern) mit der Göttin zwischen
zwei Pflanzensäulen (SCHROER 1987: 59 und Abb. 24). Zum Schluss sei noch
hingewiesen auf die blütenhaltende, geflügelte Göttin auf einem Karneolsiegel
des 5./4. Jhs. v. Chr. aus Tharros (*Abb. 046*).

1.4. Zur Deutung der 'nackten Göttin' auf den MB II-zeitlichen Stempelsiegeln

Die Frage, welche Bedeutung die 'nackte Göttin' für den/die TrägerIn eines
Stempelsiegels mit diesem Motiv hatte, liesse sich allein aufgrund der Skarabäen
nicht beantworten. Die für Rollsiegel typischen Szenen mit mehreren Figuren,
die in verschiedenen Situationen dargestellt sein können, werden auf den Stempelsiegeln mangels Fläche fast immer auf einzelne Gestalten reduziert, zu deren
Deutung man, wie andere Beispiele schon gezeigt haben[82], auf 'ausführlichere'
Bildträger angewiesen ist.

---

[80] Vgl. dazu SCHROER 1987: 39f mit Abb. 14 und 17.

[81] Vgl. dazu SCHROER 1987: 21-45 und SCHROER 1987a: 215-218.

[82] Vgl. KEEL/SCHROER 1985: 103 zu den isolierten 'Fürsten' auf Skarabäen der MB II B-
Zeit sowie KEEL 1980: 260f zum Zweigträgermotiv (dazu auch unser Kap. 1.4.5).

Abb.042

Abb.043

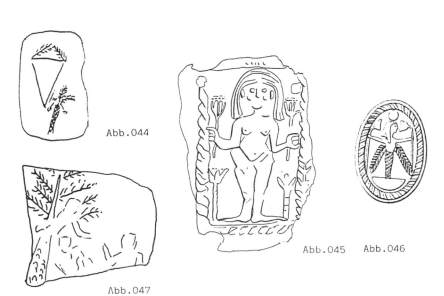

Abb.044

Abb.045   Abb.046

Abb.047

125

In diesem Fall sind die Göttinnen auf den altsyrischen Rollsiegeln bereits so intensiv bearbeitet worden (WINTER 1983), dass im folgenden weniger von den Gemeinsamkeiten der Göttin auf den Rollsiegeln einerseits und den Stempelsiegeln andererseits die Rede sein soll, sondern mehr von den Besonderheiten und Akzentuierungen einzelner Aspekte der Göttin in Palästina, wie sie sich aus dem oben dargelegten Material erheben lassen. Offenbar hat das Motiv der Göttin auf den palästinischen Stempelsiegeln eigenständige Merkmale entwickelt, die sich nicht direkt oder überhaupt nicht aus der Göttinnenikonographie Vorderasiens oder Ägyptens ableiten lassen.

Zu diesen Eigenheiten gehören:

1. Das weitgehende Fehlen zusätzlicher lebensfördernder und unheilabwehrender Zeichen im Umfeld der Göttin (Ausnahmen **No 2, 5, 42**)[83] und die Beschränkung auf die Zweige als fast stereotypes Attribut bzw. als Umrandungsdekor.

2. Die Vorliebe für die Frontaldarstellung, oft sogar auf einem Podestchen (*nb*) wie bei **No 2, 5, 7, 8, 11-13, 19, 22, 25, 26, 32, 33**.

3. Die en-face-Variante der Göttin mit den grossen Ohren (**No 5, 19-44**).

Diese drei Besonderheiten in der Ikonographie der Göttin in Palästina sollen im folgenden eingehender behandelt werden.

1.4.1. Die 'Zweiggöttin'

Die Göttin auf den Stempelsiegeln aus Palästina erscheint in der überwiegenden Zahl der Fälle zwischen zwei Zweigen. Beachtet man zudem noch die oben besprochene Verbindung der Scham mit Zweig- oder Blattmotiven, die Dekoration der Rückenseite einiger Skarabäen mit Zweigen (**No 5, 27**) und die Ausstattung des Göttinnenkopfes oder -fetischs mit Zweig- oder Blattemblemen (dazu Kap. 2.4.1.1), so liegt die Dominanz der Zweigsymbolik im Umfeld der palästinischen Göttin auf der Hand.

Diese Dominanz ist erstaunlich, weil es sie weder in Ägypten noch in Syrien in der MB II B-Zeit in dieser Art gibt. Zwar gilt in Memphis Hathor seit dem Alten Reich als "Herrin der südlichen Sykomore", und in Maulbeerfeigen-, Feigen- und Granatapfelbäumen sowie Dum- und Dattelpalmen hat man in Ägypten schon früh die Anwesenheit vor allem weiblicher, lebenspendender Gottheiten

---

[83] Die 'Fürsten' (vgl. SCHROER 1985: 79-81 Abb. 33-42) sind immer mit sehr vielen verschiedenen Lebens- und Glückszeichen umgeben.

verehrt. Dies weiss man aber nur aus spärlichen Textzeugnissen.[84] Eine *Bild*tradition dieser Baumgöttinnen setzt dagegen erst zur Zeit Thutmosis' III. (1479-1424 v. Chr.) ein und erfreut sich dann von der 19. Dynastie an zunehmender Beliebtheit.[85]

In Vorderasien und Syrien ist die Verbindung von Baum/Zweig und Göttin ikonographisch älter als in Ägypten. So zeigt schon eine Terrakottafigur der 2. Hälfte des 3. Jts. v. Chr. eine menschliche Gestalt, deren Oberkörper sich aus einer Dattelpalme(?) zu einem Verehrer vorbeugt (*Abb. 047*). Auf einem Akkad-zeitlichen Rollsiegel aus Mari (*Abb. 048*) treten in Begleitung Eas oder Els (WINTER 1983: 438) ausgeprägtere Baumgöttinnen auf.[86] Ebenfalls seit dem 3. Jt. v. Chr. besteht eine enge Verbindung der Göttin Ischtar mit der Dattelpalme, wie *Abb. 049* sie zeigt: Vor die kriegerische Ischtar auf dem Löwenthron treten zwei Verehrer, und links sind zwei Frauen beim Dattelpflücken zu sehen (2200 v. Chr.). Im Hof des Ischtarheiligtums in Mari stehen auf dem berühmten Wandgemälde des Palastes zwei riesige Dattelpalmen, die das Heiligtum flankieren.[87]

In der altbabylonischen und altsyrischen Glyptik ist jedoch eine besonders charakteristische Assoziation von Palme oder Baum/Zweig und Göttin nicht auszumachen. Hin und wieder finden sich Zweiglein/Bäumchen irgendwo in Szenen mit der Göttin eingestreut (WINTER 1983: Abb. 76.84.88.93.217.224), oder die Göttin bzw. ihre Verehrerinnen halten Zweiglein in der Hand (aaO.

---

[84] Vgl. zur Hathor als Baumgöttin WINTER 1983: 438 und WINTER 1986: 60-62 sowie zu den Baumgöttinnen allgemein besonders BUHL 1947; ALLAM 1963: 103-109; WALLERT 1962: 105f; GAMER-WALLERT, Art. "Baum, heiliger", in: LdÄ I 655-660; HERMSEN 1981: 62-121.

[85] Vgl. zur Ikonographie der Baumgöttinnen besonders WINTER 1983: 438-440; 1986: 58-63 und KEEL 1986b: 226. Die typischen ägyptischen Baumgöttinnen, deren Bedeutung sich eng mit Privatgräbern und dem Totenreich verbindet, sind ikonographisch zunächst aus den personifizierten "Beiden Sykomoren aus Türkis, zwischen denen Reᶜ hervorgeht" entstanden, wie sie die ältesten Darstellungen in Gräbern aus der Zeit Thutmosis' IV. (1400-1390 v.Chr.) zeigen (so O. KEEL in einem bisher unveröffentlichen Vortrag "Tote und Terra Mater", gehalten im Januar 1987 in Heidelberg).

[86] Vgl. zu den Getreidegottheiten auf Akkad-zeitlichen Siegeln WINTER 1983: 437f mit Abb. 458; auf einem iranischen Rollsiegel des 3. Jts. v. Chr. ist eine menschengestaltige Erdgöttin, aus der Zweige hervorspriessen, dargestellt (KEEL 1986: 113 Abb. 63). Weitere Getreidegöttinnen sind bei DANTHINE 1937: Nr. 864.867 (beide 1. Hälfte 3. Jt. v. Chr.) und Nr. 866 (neusumerische Zeit) abgebildet.

[87] Zur Verbindung der Ischtar und anderer Göttinnen mit der Dattelpalme vgl. bes. KEEL 1986: 224-226. Ein reliefiertes Steingefäss aus Tello (2700 v. Chr.) und ein Akkad-zeitliches Rollsiegel (2300 v. Chr.) zeigen bereits eine thronende Göttin oder die Ischtar mit Datteltrauben in der Hand (aaO. Abb. 126-127), und auf einem Rollsiegel aus Ur (2500 v. Chr.; aaO. Abb. 124) wird unter einer thronenden Gottheit eine Datelernte dargestellt. Das erwähnte Wandgemälde aus Mari ist bei WINTER 1983: Abb. 186 und KEEL 1984: Abb. 43 abgebildet.

Abb.048

Abb.049

Abb.050

Abb.051

Abb.052

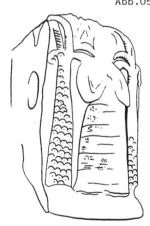

Abb.053

128

Abb. 77.216.476.508). Manchmal sind, worauf oben schon hingewiesen worden ist, die Flügel der geflügelten Göttin wie Zweige gestaltet (WINTER 1983: Abb. 191.194f.201), und einmal ist auf einem altyrischen Rollsiegel (*Abb. 050*) zwischen der Göttin und ihrem Verehrer ein junges Bäumchen in einem Schrein dargestellt.

Mag aber diese Tradition auch Einfluss auf die palästinische Kleinkunst gehabt haben, ein primärer oder dominanter Aspekt der syrischen Göttinnenverehrung scheint der Baum oder Zweig nicht gewesen zu sein. Diese Priorität entwickelt sich erst auf unseren Stempelsiegeln. Die Göttin wurde also in Palästina in der MB II B-Zeit als Zweiggöttin verehrt. Im Baum oder Zweig erkannte man die lebensfördernden, vitalen Kräfte der Göttin, und zugleich repräsentierte der Baum ihre Präsenz, was z.b. auch in der Austauschbarkeit von Göttin und Zweig bei **No 46, 47** und **49** eine Bestätigung gefunden hat.

Zu fragen ist nun nach möglichen Vorbildern für die auf den Stempelsiegeln vorherrschende Konstellation "Göttin *zwischen* zwei Zweigen". Weiter oben ist schon die mögliche Entwicklung der zweigehaltenden Göttin aus der altsyrischen Tradition der sich entschleiernden Göttinnen diskutiert worden. Auf Rollsiegeln der ersten Hälfte des 3. Jts. v. Chr. und, wie das Beispiel aus Susa bei *Abb. 051* zeigt, auch noch der zweiten Hälfte des 3. Jts. v. Chr. werden häufiger Thronszenen mit einer thronenden (weiblichen) Gottheit und Verehrern links und rechts von Palmen flankiert.[88] Das bereits erwähnte Rollsiegel aus Susa bei *Abb. 043* zeigt die auf einem Feliden thronende Göttin zwischen zwei Zweigen, die von den flankierenden Verehrerinnen links und rechts gehalten werden. Auch Tierkampfszenen auf Rollsiegeln aus Ur sind gelegentlich von zwei Bäumen flankiert (DANTHINE 1937: Nr. 61.70).

O. KEEL ist anlässlich der Deutung der Sacharja-Vision vom 'Leuchter zwischen den Bäumen' schon früher der Bedeutung der flankierenden Bäume in der altorientalischen Kunst nachgegangen (KEEL 1977: bes. 296-303). Zum einen hält KEEL grundsätzlich fest:"Die Flankierung eines Gegenstandes durch zwei andere hebt diesen hervor" (aaO. 296), zum anderen verweist er auf eine anscheinend im ganzen Alten Orient verbreitete Vorstellung von zwei Bäumen, die das Himmelstor bzw. den emporsteigenden Sonnengott flankieren, wie es z.B. das Akkad-zeitliche Rollsiegel bei *Abb. 052* zeigt.[89]

Nach der Akkad-Zeit reisst diese Tradition vorübergehend anscheinend wieder ab.[90] Ein stark beschädigtes altassyrisches Relief (um 1800 v. Chr.; in

---

[88] Vgl. DANTHINE 1937: Nr. 34.37 (Susa).66 (Susa).84.87.537.

[89] Vgl. weitere Akkad-zeitliche Rollsiegel mit diesem Motiv bei KEEL 1977: Abb. 229-230.

[90] In Ägypten wurzelt die Vorstellung von den "Sykomoren des Horizonts" im Auf- und Niedergehen der Sonne über den Bäumen. Nach Pyramidenspruch 568 strecken die beiden Sykomoren ihre Zweige ins Diesseits, und der/die Tote kann sie ergreifen und so ins Jenseits ge-

einem mittelassyrischen Tempel auf dem Tell el-Rimah um 1400 v.Chr. wieder-verwendet) zeigt jedoch eine die Brüste haltende Göttin zwischen zwei Dattel-palmen, deren Trauben ihr auf die Schulter fallen (*Abb. 053*). Die palästinische Göttinnenikonographie nimmt die traditionelle Konstellation der Gottheit zwi-schen den Bäumen also gewissermassen wieder auf. Möglicherweise ist darin auch ein Hinweis auf uranische Aspekte der Verehrung der Göttin zu sehen, die im späteren Israel unter anderem ja auch als Himmelskönigin verehrt worden ist.

Besondere Beachtung verdient die in Palästina offenbar seit der MB II B-Zeit beliebte Assoziation von Zweig/Baum und weiblicher Scham. Der Baum, der den Schoss der Erde symbolisiert, wird engstens mit dem Symbol der mensch-lichen Fruchtbarkeit und Weitergabe des Lebens, dem Schoss der Frau, verbun-den. Die Baum- oder Zweigsymbolik erhält somit zusätzlich eine wichtige sexu-elle Komponente, die durch die erotische Nacktheit der Göttin zwischen den Zweigen allerdings grundsätzlich immer schon gegeben ist. Die Assoziation von Göttin, Baum und Sexualität hat sich bis in die biblischen Texte hinein sehr markant erhalten.[91]

1.4.2. Die Göttin auf den Stempelsiegeln - ein Andachtsbild

Dass die 'nackte Göttin' auf den Stempelsiegeln von zwei Bäumchen flankiert wird, hebt ihre Bedeutung, ihre Verehrungswürdigkeit augenfällig hervor. Da-mit zusammen und vielleicht noch stärker fesselt aber die en-face-Darstellung der Göttin mit dem stilisierten Gesicht und den grossen Ohren die Aufmerksam-keit des Betrachters/der Betrachterin.

Gegenüber dem in Kap. 1.1 an Beispielen dargestellten Motiv der Göttin in der Rollsiegelkunst der 1. Hälfte des 2. Jts. v. Chr. fällt zunächst ganz allge-mein die eher steife Haltung der Göttinnen auf den Stempelsiegeln auf. Von der Beweglichkeit der altsyrischen Göttin ist ausser dem zur Seite gewandten Kopf wenig übriggeblieben. Die Frontaldarstellung der Frau mit den nach aussen ge-richteten Füssen erinnert daher stark an die syro-kappadokischen, provinziell-babylonischen und altbabylonischen Varianten des Motivs (*Abb. 01-03.07*), wo

---

langen. Zwischen den beiden Sykomoren im Osten, den Türkisbäumen, erscheint jeden Mor-gen der Sonnengott Reᶜ (Totenbuch-Spruch 109) und geht abends zwischen ihnen unter (To-tenbuch-Spruch 64). Vgl. WINTER 1986: 62f und KEEL 1977: 297 mit Abb. 231-233.

[91] Vgl. oben Kap.1.2.3. und SCHROER 1987a.

die Göttin gelegentlich ebenfalls sehr isoliert vom Kontext auftritt.[92] Vermutlich liegt hier aber keine direkte Beeinflussung vor. Vielmehr dürfte die Herauslösung der Göttin aus dem narrativen Kontext vor allem der altsyrischen Rollsiegel eine eigenständige Weiterentwicklung des Motivs auf den Skarabäen bedingt haben.

H.J.W. DRIJVERS und M. BARASH haben sich 1986 bei einem ikonographischen Symposium, ausgehend von völlig verschiedenen Materien (dem syrischen Kultrelief einerseits und der christlichen Ikone andererseits) zur Bedeutung der Frontalität in der Kunst geäussert. M. BARASH ordnet die frontale Ikone als ein besonderes Genre der christlichen Kunst ein, nämlich als 'Andachtsbild'. Das 'Andachtsbild' bietet eine emotionale Identifikation des Betrachters mit dem Dargestellten an, es absorbiert den Betrachter in der Bildwelt (aaO. 10). Es entsteht durch Subtraktion aus narrativen Darstellungen oder durch Aufwertung eines Ritualbildes (aaO. 12). In der christlichen Ikonentradition verzichtet zwar das total symmetrische und frontale Bild Christi auf jeden emotionalen Ausdruck, aber im Betrachter wird durch den vermeintlichen Blick des Bildes gleichwohl eine Spannung ausgelöst (aaO. 23). Die Frontalität bedeutet Autorität, die Augen Christi scheinen, ähnlich wie in der Antike Plinius dies schon vom Bild der Athene berichtet, überall den Betrachter zu sehen. Sie schauen alle (und niemanden) und zugleich jedeN einzelneN an (aaO. 26). Frontalität erzwingt die Richtung des Betrachters, der sich vor das Bild (die Gottheit) hinstellen muss.

Diese sehr interessanten Ergebnisse der christlichen Ikonographie lassen sich, da sie grundsätzlicher Art sind, durchaus auf unsere Stempelsiegel anwenden. Isolation, Frontalität und Flankierung machen zusammen mit dem 'Sitz im Leben' (Siegelamulett) die ikonologische Bedeutung aus.

Die Isolation und die en-face-Darstellung bei der grösseren Anzahl der Stükke, kombiniert mit der Flankierung durch die Zweige, unterstreicht die Autorität der Göttin und ihre Verehrungswürdigkeit. Die Göttin wird so zu einer bezwingenden Erscheinung. Zugleich wird deutlich, dass für die TrägerInnen eines solchen Siegels das Bild der Göttin nicht nur ein Amulett war, sondern zugleich auch ein persönliches Verehrungs-, eben ein Andachtsbild, das eine enge Beziehung zwischen dem einzelnen Verehrer oder der Verehrerin und der Göttin herstellte. Es kann hier schon vorweggenommen werden, dass auch das in Teil 2 noch zu behandelnde Motiv des Göttinnenkopfes oder -fetischs in seiner Frontalität genau diesem Bedürfnis nach persönlicher Verehrung entgegenkommt. Auf die Schönheit des Gesichts und der Göttin kam es bei diesen Darstellungen wohl nicht so sehr an, die meisten wirken für unser Empfinden sogar ausgesprochen hässlich. Entscheidend ist die Unmittelbarkeit der Wirkung des

---

[92] Vgl. auch die nackte Göttin neben den in Registern angeordneten Symbolen auf einem Rollsiegel aus Ugarit (Anfang 2. Jt. v. Chr.) bei SCHAEFFER-FORRER 1983: 52 (R.S. 24. 363).

Bildes auf den Betrachter/die Betrachterin, die unmittelbare Beziehung zur Göttin. Diese Unmittelbarkeit weckt auf den palästinischen Siegeln ansonsten nur der ebenfalls frontal dargestellte Gott Bes, den mit der 'nackten Göttin' u.a. seine Popularität und die Nichtzugehörigkeit zu einem offiziellen Pantheon verbindet (vgl. O. KEEL unten S. 282ff). Frontalität - in ägyptischen Darstellungen von Menschen und Gottheiten äusserst selten - scheint in Palästina beliebt gewesen zu sein, weshalb wohl gerade dieses Motiv in der MB II B-Zeit gern auf die kleinen Siegelamulette geritzt wurde und Verbreitung bis nach Ägypten fand.[93]

1.4.3. Die (er)hörende Göttin

Die frontal dem Betrachter zugewandte Göttin mit ihrem stilisierten Gesicht und den grossen Ohren ist ikonographisch in engem Zusammenhang zu sehen mit dem aus Ägypten stammenden Göttinnenkopf oder -fetisch, der schon in frühdynastischer Zeit eine menschengesichtige Göttin mit (Kuh-)Hörnern und grossen Kuhohren repräsentiert, wahrscheinlich sowohl Bat als auch Hathor (vgl. Teil 2). Auf den Stempelsiegeln aus Palästina sind die Ohren weder der Fetische noch der 'nackten Göttin' eindeutig Kuhohren (vgl. oben Kap. 1.2.1). Vielmehr scheint es sich um stilisierte, grosse Menschenohren zu handeln.

Es ist sicher kein Zufall, dass gerade die 'Andachtsgöttin' permanent mit diesen grossen Ohren ausgestattet ist. Das Hören der Gottheit spielte in der Antike eine grosse Rolle; so fanden sich in vielen Tempeln Denksteine, auf denen BeterInnen der Gottheit ihren Dank für erhörte Bitten verewigten (KEEL [4]1984: 172f). In Ägypten wurden solche Stelen, vor allem aber auch Bittstelen, auf denen erst um Erhörung eines Gebetes gefleht wird, gern mit möglichst vielen grossen, menschlichen Ohren ausgestattet, um so die Bitte oder ihre Gewährung mit magischen Mitteln noch wirksamer zu machen.[94]

Die VerehrerInnen, die die Göttin auf den kleinen Stempelsiegeln bei sich trugen, hofften und vertrauten also auf die Freundlichkeit dieser Gottheit und darauf, dass sie den Menschen ihr Ohr zuneige. Eine erstaunliche Vertraulichkeit im Verhältnis zwischen VerehrerIn und Göttin spricht aus diesen Bildern. Damit wird ein Ergebnis der Untersuchungen von U. WINTER (1983: bes. 197f) bestätigt, dass nämlich die nackte Göttin 'volkstümlich' und wohl auch

---

[93] In Ägypten werden nur der Bat-/Hathorkopf und Bes sowie der mittlere Kopf eines Feindebüschels, das der Pharao niederschlägt, frontal dargestellt. (Ich bin Prof. D. WILDUNG, München, für diesen Hinweis sehr dankbar.) Frau D. COLLON, London, hat mich darauf aufmerksam gemacht, dass die Tradition von Frontalmotiven wie Stiermensch, kriegerische Göttin und 'Held' elamischen Ursprungs sein könnten.

[94] Vgl. KEEL [4]1984: Abb. 263f und QUAEGEBEUR 1978: 9-19.

weniger unnahbar war als die grossen Göttinnen. Zum Image dieser nackten Göttin gehörte ihre Funktion als Beschützerin, Fürbitterin und Mittlerin.[95] Genau dieses Image spiegeln die Siegel aus Israel/Palästina wider, wobei die in Kap. 1.2.8 behandelten Stücke (**No 45-49**) den Aspekt der Beschützerin nochmals spezifizieren. Dort wirkt die Göttin mit dem Krokodil oder Krokodilsköpfigen als Beschützerin von Frau und Kind.

Bis weit in die biblische Zeit hinein ist die Beliebtheit der Göttin in Israel wahrscheinlich auf diese typischen Eigenschaften zurückzuführen. In der Ikonographie bleiben bis in die Eisenzeit bestimmte Merkmale erhalten, wie die Frontalität vor allem bei den Terrakottareliefs (WINTER 1983: Abb. 24.27-29. 34.44f.47), die Flankierung durch zwei Zweige oder Blüten (ebd. Abb. 38-40), die sexuelle Symbolik des Baumes (vgl. Kap. 1.3) und auch die grossen Ohren (WINTER 1983: Abb. 24.34.39f.47.310.382-385 u.ö.). Die Göttin in Palästina/ Israel blieb immer eine 'Zweiggöttin' und eine freundliche, schützende Göttin.

1.4.4. Weitere besondere Aspekte der palästinischen Göttin

Während in den vorangehenden Abschnitten vor allem davon die Rede war, was sich die VerehrerInnen von der Göttin erhofften (Erhörung, Schutz), soll im folgenden im Anschluss an Kap. 1.4.1 versucht werden, ihre charakteristischen Manifestationen und Aspekte zusammenzufassen. Dabei geht es nun nicht mehr um ganz spezifische Eigenheiten der palästinischen Göttin, die die syrische 'nackte Göttin' überhaupt nicht aufzuweisen hätte, wohl aber um die eine oder andere Akzentuierung.

Die lebensfördernde Macht der Göttin und ihre Vitalität drückt sich in Palästina vornehmlich in der Verbindung der Göttin mit vegetativen Elementen, also den Zweigen und Bäumen aus. Was die palästinische Göttin mit der syrischen verbindet und was ikonographisch die eigentliche Kontinuität der Tradition ausmacht, ist die Nacktheit, die erotische Faszination dieser Gestalt. Mir scheint, dass gegenüber den Rollsiegeln sogar eine konsequentere Betonung des Genitalbereichs der Göttin, bisweilen sogar eine Reduktion auf diesen als Zentrum festzustellen ist (vgl. zu **No 10, 35, 36**). Die Göttin präsentiert ihre Brüste und ihre Scham. Zur machtvollen Sphäre der Göttin gehört ihre sexuelle Aus-

---

[95] Vgl. WINTER 1983: 148 und die Zusammenfassung seiner Untersuchung zur Bedeutung der 'nackten Göttin' aaO. bes. 197. WINTER schreibt:"Ich bin der Ansicht, dass die Hauptfunktion der syrischen 'nackten Göttin' die einer Mittlerin ist und dass sie in den vielen Einzeldarstellungen, vor allem denjenigen mit Amulettcharakter, als solche abgebildet wird... Sie ist die 'Heilige', die Qudschu, deren Schutz sich die Träger eines Amuletts mit ihrem Bild anvertrauen" (197).

Abb.054

Abb.055

Abb.056

Abb.057

Abb.058

strahlung, die wie die Zweige lebensfördernde Kräfte beschwört und für den/die TrägerIn des Siegels zugleich die Abwehr unheilvoller Mächte garantiert. Wie sehr die sexuelle Vitalität und das Leben und die Fruchtbarkeit der Vegetation hier symbolisch ineinander übergehen, beweist die Darstellung der Scham als Blatt oder Zweig (**No 6-10**). Die Macht der Göttin manifestiert sich zudem in ihrer Repräsentation als 'Herrin der Tiere', die das Chaos, die bedrohliche Welt, zu bändigen vermag (Kap. 1.2.9).

Darauf, dass die nackte Frau auf den Stempelsiegeln wirklich eine, wenn auch nicht mit *einem* Namen identifizierbare Göttin ist[96], weisen die Hörner bei **No 41** und **42**, das Kreuzband bei **No 40** und **42** und die Verehrungsszenen bei **No 48** und **51** hin.

Bei der Frage nach der Bedeutung der nackten Göttin für die TrägerInnen eines solchen Stempelsiegels in der MB II B-Zeit bietet sich an, die wenigen in Palästina gefundenen Rollsiegel mit diesem Motiv hinzuzuziehen.

Abb. 054 zeigt ein altsyrisches Rollsiegel aus Megiddo. Die sich entschleiernde Göttin grüsst den Würdenträger im Wulstsaummantel, hinter dem ein kriegerischer Gott mit einem Stier an der Leine zu sehen ist. Wer der Mann mit dem Widdergehörn links ist, konnte bislang nicht gedeutet werden.[97] Die bei *Abb. 055* und *Abb. 056* abgebildeten Rollsiegel stammen aus Bet Šemeš und Megiddo. Sie gehören zur mitannischen Glyptik, die sich um 1500 v. Chr. vom Iran bis nach Palästina verbreitete. Bei *Abb. 055* findet sich die 'nackte Göttin' zwischen einer Gruppe von Capriden und zwei Verehrern, die ihre Hände zu einem Flügelpaar(?), vielleicht auch einem Regensymbol emporheben.[98] Die etwas kleinere nackte Göttin auf dem Rollsiegel aus Megiddo (*Abb. 056*) ist umgeben von zahlreichen Tieren, einem Hirsch, einem Stier, einem Löwen, zwei Capriden am Lebensbaum, sowie von einem Verehrer, einer hockenden Flügelsphinx und mehreren eingestreuten Füllsymbolen.

Die drei palästinischen Rollsiegel können sicherlich nicht als repräsentativ für das Image der Göttin in dieser Zeit gelten. Sie bestätigen aber, dass die nackte Frau eine Göttin ist und Verehrung empfängt, dass sie mit Leben und Fruchtbarkeit in Gestalt des von Capriden flankierten Lebensbaumes[99], der Capriden und eventuell eines Regensymbols assoziiert wurde. Die Präsenz wilder Tiere zum einen und des kriegerischen Gottes zum anderen hebt die wilden, furcht-

---

[96] WINTER (1983: 194f) hält, wie schon vor ihm J.B. PRITCHARD, die allgemeingültige Identifikation der nackten Göttin mit *einer* aus der Literatur bekannten Göttin für verfehlt, wenngleich zeitlich oder lokal begrenzt solche Zuordnungen richtig sein können.

[97] Vgl. die Beschreibung des Siegels bei WINTER 1983: 286.

[98] Zur unsicheren Deutung vgl. aaO. 174 bes. Anm. 436.

[99] Zur Austauschbarkeit von Capriden am Lebensbaum und Göttin in der SB- und Eisenzeit vgl. WINTER 1983: 434-441 und SCHROER 1987: 38-40 und 1987a.

erregenden Aspekte der Göttin hervor, auf die auch im Zusammenhang mit dem Kreuzband schon hingewiesen worden ist.

1.4.5. Die Verehrerin als Repräsentantin der Göttin

Bei einer kleinen Gruppe von Stempelsiegeln, auf denen eine tanzende bzw. eine Blüte haltende Frau auftritt, ist möglicherweise statt der Göttin ihre Verehrerin/Priesterin gemeint. Die Sonderstellung dieser Gruppe manifestiert sich vor allem auch darin, dass hier neben unbekleideten Frauen auch bekleidete vorkommen.

Ein sehr detailliert ausgeführter Skarabäus aus der Sammlung Dayan (**No 52**), den schon WINTER (1983: Abb. 152) den 'nackten Göttinnen' auf Hyksos-Stempelsiegeln zugeordnet hat, zeigt deutlich eine Frau mit gewinkelt erhobenen Armen zwischen zwei Bäumchen. Sie ist nur mit einem Rock oder Lendentuch bekleidet, der Oberkörper ist nackt. Die Frisur oder Kopfbedeckung läuft oben konisch zu. Die geschwungenen Linien in der Darstellung des Unterkörpers unterstützen die Interpretation des Motivs als Tänzerin.[100]

Abb. 057 zeigt eine Darstellung der 11. Dyn. aus dem Grab des Wesirs Achanecht (el-Beršeh). Unter Anweisung einer Vortänzerin führen junge Frauen bei einem Mahl einen Tanz mit erhobenen Armen auf, der von BRUNNER-TRAUT (1938: 37) als "strenger Tanz im Sprungcharakter" beschrieben wird.

Eine besonders enge Beziehung zu Fest und Tanz hatte die Göttin Hathor.[101] Seit dem Alten Reich, vor allem aber im Mittleren Reich führte man ihr zu Ehren besondere Sprungtänze auf (BRUNNER-TRAUT 1938: 40f). Schon auf einem Rollsiegel der 1. Zwischenzeit aus der Bibliotheque Nationale in Paris ist eine Tänzerin, die einen Überschlag ausführt, zu sehen (*Abb. 058*). Dass sie in Beziehung zur Hathor steht, könnte ev. das Zweiglein neben ihr andeuten.

---

[100] Zu dieser Deutung kommt WINTER (1983: 178 und Anm. 452) im Anschluss an J. CAPART, H. SCHAEFER, W. WESTENDORF und G.D. HORNBLOWER, die die ähnliche Haltung schon bei prähistorischen Frauen-Terrakotten und in der Keramik-Malerei Ägyptens als Tanz verstehen. E. BRUNNER-TRAUT (Art. "Tanz", in: LdÄ VI 217) interpretiert diese ganz frühen Zeugnisse jetzt als Klagegestus. Zur Bedeutung und Gestaltung des Tanzes in Ägypten vgl. die älteren Monographien von I. LEXOVA (1935) und E. BRUNNER-TRAUT (1938) sowie dies. in LdÄ VI 215-231. Die gewinkelt erhobenen Arme sind typisch für "strenge Tänze", die u.a. bei kultischen Prozessionen aufgeführt wurden. Die Haltung ist seit dem Alten Reich dargestellt worden (BRUNNER-TRAUT 1938: 15 Abb. 3; 21 Abb. 6; 38 Abb. 14; LEXOVA 1935: Obr. 4-5.8).

[101] Vgl. BRUNNER-TRAUT in: LdÄ VI 219.222 und F. DAUMAS, Art. "Hathor" und "Hathorfeste", in: LdÄ II 1024-1039.

Auf einem Skarabäus der Sammlung Minster in Jerusalem ist eine mit einem Rock bekleidete Frau dargestellt, die, ohne den Zweig aus der Hand zu geben, ein Rad schlägt (**No 53**). Über ihr ist ein weiteres Zweiglein eingeritzt.[102]

Die Verbindung von Tänzerin und Zweig/Baum mit der Göttin scheint also eine alte Tradition zu haben, die es erlaubt, die tanzende Frau zwischen den Zweigen bei **No 53** als tanzende Göttin-Verehrerin bzw. als tanzende Göttin zu deuten. Dass die Verehrerin sich bisweilen in der Gestalt der Göttin selbst präsentiert, zeigen später z.B. noch die 'Frauen im Fenster' der phönizischen Elfenbeinkunst.[103] Aber auch das MB II B-zeitliche Motiv der Blüten/Zweighalterin deutet auf die grosse Nähe von Göttin und Verehrerin.

No 54 zeigt einen Skarabäus aus Bet Šean (Stratum X-A) mit dem Motiv einer nur mit einem Gürtel bekleideten Frau, die, nach links gewandt, eine Lotosblume in der Rechten hält, während der linke Arm hinten herabhängt. Vor ihr ist ein *nfr*-Zeichen eingeritzt. Ein vergleichbares Stück aus einer im BIF deponierten Privatsammlung zeigt in derselben Haltung eine nackte Frau mit betontem Schamdreieck, die die Zweigdekoration links zu halten scheint (**No 55**; 1600 v. Chr.). Unter dem rechten Arm ist ein merkwürdiges Zeichen eingeritzt.[104] In die MB II B-Zeit datiert ebenfalls ein interessantes Stück aus dem Musée Guimet bei **No 56**. Es zeigt frontal die nackte Göttin mit seitwärts gewendetem Kopf, auf einem *nb* stehend. Sie hält in der ausgestreckten Hand eine langstielige Blüte. Unter dem Arm ist ein Djed-Pfeiler eingeritzt.[105]

Normalerweise werden Zweig- oder Blütenträgerinnen bekleidet dargestellt, wie z.B. der im BIF deponierte Skarabäus von Ḫirbet Qara bei **No 57** es demonstriert.[106] **No 57a** zeigt einen bislang unpublizierten Skarabäus mit einer knienden Zweighalterin aus dem British Museum. Auf der Brust trägt sie ein

---

[102] Zur kultischen Bedeutung der akrobatischen Tänze vor der Gottheit hat O. KEEL (1974) im Zusammenhang mit der scherzenden Weisheit im Buch der Sprüche (Spr 8) viel Material zusammengestellt.

[103] WINTER 1983: 296-301. Dass die Differenzierung "Kultteilnehmerin" - "Göttin" nicht trifft, weist der Autor sehr überzeugend nach (Zusammenfassung aaO. 192f). "Dass es möglich ist, eine ähnliche Figur sowohl als 'Göttin' als auch als 'Kultteilnehmerin' zu interpretieren, bricht der Stossrichtung der vorliegenden Untersuchung nicht die Spitze, im Gegenteil. Je schwieriger die Unterscheidung wird, umso deutlicher zeigt dies auf, wie sehr sich die Kultteilnehmerin mit ihrem Vorbild identifiziert" (aaO.193).

[104] Vgl. auch die Parallele bei NICCACCI 1980: Tav. 6 Nr. 218 und STARKEY/HARDING 1932: Pl. 44 Nr. 65.

[105] Vgl. zur (allerdings wenig überzeugenden Deutung) des Djed-Pfeilers nach einer Legende bei Plutarch GUENTSCH-OGLOUEFF 1933.

[106] Vgl. PETRIE 1925: Pl. 23,99; TUFNELL 1984 II/2: Pl. 42 Nr. 2679-2709, KEEL 1980: 260 fig. 59-60 und WINTER 1983: Abb. 467.

Kreuzband, drei Linien deuten einen Rock an.[107] Wie O. KEEL (1980a: 260f) gezeigt hat, sind diese Figuren Verehrerinnen, die in Vorderasien seit dem 3. Jt. v. Chr. und in Ägypten seit der 18. Dynastie gern als Prozessionsteilnehmerinnen auftreten, welche der Gottheit Zweige, Papyrus und Lotosblüten bringen. Besonders im Hathorkult spielte diese Sitte eine wichtige Rolle (ALLAM 1963: 83 Anm. 2). Die nackten Zweigträgerinnen dürften von daher als Verehrerinnen der nackten Göttin interpretiert werden. Es ist sicher kein Zufall, dass gerade auf diesen drei Stücken zusätzliche Glückszeichen eingeritzt sind, welche die Schutzkraft des Hautpmotivs unterstützen sollten.[108]

---

[107] Zu beachten ist hier wiederum das besonders grosse Ohr, obwohl es sich um eine Profildarstellung handelt.

[108] Die Nähe von Göttin und Verehrerin beweist auch das Rollsiegel bei *Abb. 039*, wo die gleiche Figur einmal nackt und einmal bekleidet auf demselben Siegel vorkommt.

2. DER GÖTTINNENKOPF/-FETISCH AUF DEN STEMPELSIEGELN DER MITTEL- UND SPÄTBRONZEZEIT

Unter Bezeichnungen wie "Hathorfetisch", "Hathorkopf", "Hathorsistrum", "Hathorsymbol" wird in Katalogen und in Arbeiten über ägyptische oder palästinische Stempelsiegel/Skarabäen ein sehr häufiges Motiv geführt, das sich zwar in der Ausgestaltung recht verschieden präsentiert, aber doch immer eindeutig an einigen Charakteristika wiedererkennbar ist. Zu sehen ist ein menschliches, oft sehr schematisiertes Gesicht in Frontalansicht auf einem Schaft. Zur 'normalen' Ausstattung dieses Kopfes gehören Krönchen und andere, häufig mehrgliedrige Aufsätze und die grossen Ohren, denen wir schon bei den nackten Göttinnen in Kap. 1 begegnet sind.

Die oben genannten Bezeichnungen sind, wie ich bei der Arbeit an diesem Motiv festgestellt habe, in doppelter Hinsicht problematisch. Erstens ist bei der Identifikation einer Göttin der Bildkunst mit einem ganz bestimmten Namen ("Hathor") grundsätzlich Vorsicht angebracht. Die ersten ägyptischen Zeugnisse des Motivs stammen denn auch offensichtlich nicht aus dem Umfeld der Hathor, sondern der Göttin Bat. Für ägyptische Stücke, die später als die 11. Dyn. datieren, könnte man allerdings die Bezeichnung "Hathorsymbol" gegebenenfalls rechtfertigen. Zweitens ist jedoch, was die palästinischen Stempelsiegel der MB II B-Zeit betrifft, die Deutung des Motivs auf die Hathor genauso unzutreffend wie die Bezeichnung der 'nackten Göttin' als Hathor. Die unbestreitbare Herkunft des Göttinnensymbols aus Ägypten und seine Beliebtheit in Palästina, möglicherweise gerade als besonders *ägyptisches* Motiv, sagt noch nicht viel darüber aus, welche Göttin die TrägerInnen eines solchen Siegels in diesem Bild symbolisiert sahen. Aus diesem Grund wähle ich die neutralere Bezeichnung "Göttinnenkopf/-symbol", die ich zur Vermeidung von missverständlichen, deutenden Nomenklaturen hiermit auch dringend weiterempfehlen möchte.

Eine systematische Beschreibung oder Typologie des zu behandelnden Motivs fehlt m.W. bislang. Um das Material übersichtlich darzustellen, wird daher zunächst eine chronologisch-typologische Systematik der Göttinnenköpfe auf den Stempelsiegeln aus Palästina/Israel entworfen. Ihr folgt in einem zweiten Abschnitt ein Vergleich mit den Erscheinungsformen des Motivs auf den ältesten ägyptischen Stempelsiegeln sowie auf Stücken aus grösseren Sammlungen. Im dritten Teil wird ein ikonographisch-ikonologischer Überblick zur Entwicklung und Bedeutung des Motivs in der ägyptischen Gross- und Kleinkunst versucht. Der abschliessende vierte Teil fragt dann weiter nach der spezifischen Ikonographie und Ikonologie des Motivs in Palästina, nach der Bedeutung seiner Besonderheiten und einzelner Zusatzzeichen und Attribute auf diesen Siegeln.

2.1. Die verschiedenen Typen des Göttinnenkopfes auf den palästinischen Stempelsiegeln

Es ist nur deshalb möglich, hier eine chronologische Typologie des Göttinnenkopfes zu präsentieren, weil der grössere Teil der entsprechenden Siegel, soweit sie aus offiziellen Grabungen in Palästina/Israel stammen, durch Fundkontexte u.a. recht sicher datierbar sind. Die grosse Zahl der Stücke erlaubt dann zudem, einzelne undatierte Exemplare typologisch einzuordnen und auch zu datieren.

Als *Typ A* möchte ich zunächst die einfachste Darstellungsweise auf den MB II B-zeitlichen Exemplaren aus Jerusalem (**No 58**), Jericho (**No 59**) und vom Tell el-Farᶜa (Nord) (**No 60**) bezeichnen. Sie zeigen das mit kleinen Strichen markierte Gesicht auf einem Schaft und auf diesem stilisierten Gesicht einen dreigliedrigen Kopfputz. Die Schraffierung der drei Elemente, bei **No 59** sehr deutlich, bei **No 58** nur angedeutet (rechts noch ein viertes, kleineres Element), lässt sowohl an Federn als auch an Blätter denken. Im folgenden soll zunächst rein deskriptiv von "Schleifen" die Rede sein.

Den Übergang zum *Typ B* bildet **No 61**, ein Skarabäus mit Ringfassung aus Lachisch. Das frontal dargestellte Gesicht ist wie bei **No 59** und **No 60** mit zwei grossen Ohren geschmückt, während sich auf dem Kopf nur zwei schraffierte, oben gerundete Schleifen befinden, deren Musterung hier deutlich eine senkrechte, dünne Mittellinie erkennen lässt.

Das Gemeinsame aller weiteren Exemplare des Typs B (**No 62-76**) sind die Ohren und der zweigliedrige Kopfputz. Das Gesicht ist jeweils sehr schematisch dargestellt, bei fast allen Stücken wird der Kopf durch symmetrisch angeordnete Winkel, Bögen u.a. gerahmt. Neun Skarabäen (**No 62, 64-71**) und ein Kauroid (**No 63**) dieses Typs stammen vom Tell el-ᶜAǧǧul, ein Skarabäus aus Megiddo (**No 72**), zwei aus Gräbern in Jericho (**No 73** und **74**), ein weiterer aus Lachisch (**No 75**) und einer vom Tell el-Farᶜa (Süd) (**No 76**). Die Aufsätze sind bisweilen oben gerundet, manchmal schraffiert, in einigen Fällen wirken sie wie abgeschnitten durch die Umrandungslinie oder eine horizontale Trennlinie. Daraus scheint sich die bei **No 67** und **69** besonders ausgeprägte, kantige Form der sonst eher schleifenartigen Gebilde entwickelt zu haben. Nur einmal (**No 62**) ist die gerundete Form trotz Platzmangel durch die seitliche Biegung gewahrt worden. Beachtenswert ist bei **No 73** die ungewöhnliche Kombination mit dem gekrönten Falken und bei **No 75** die Rahmung des Kopfes durch zwei kleine Zweige/Bäume, wie wir sie vom Motiv der 'nackten Göttin' kennen.

Als *Typ C* sind vier Skarabäen (**No 77-80**) und ein Kauroid (**No 81**) vom Tell el-ᶜAǧǧul aufgeführt. Alle Stücke sind MB II B-zeitlich, sie weichen vom Typ B nur durch ein zusätzlich zwischen den beiden Schleifen aufragendes hochstieliges Gebilde ab, das, wenn man sich an **No 77** orientiert, einer Blüte gleicht.

No 58

No 59

No 60

No 61

No 62

No 63

No 64

No 65

No 66

No 67

No 68

No 69

No 70

No 71

No 72

No 73

141

No 74

No 75

No 76

No 77

No 78

No 79

No 80

No 81

No 82

No 83

No 84

No 85

No 86

No 87

No 88

No 89

No 90

No 91

No 92

No 93

No 94

No 95

No 96

No 97

No 98

No 99

No 100

No 100a

No 101

No 102

No 102a

No 103

No 104

143

No 105

No 106

No 107

No 108

No 109

No 110

No 110a

No 116

No 117

No 118

No 119

No 120

No 121

Typ D, vertreten durch einen Skarabäus (**No 82**) und ein Skaraboid (**No 83**) vom Tell el-ʿAǧǧul sowie ein weiteres Exemplar aus Jericho (**No 84**), weicht von den Typen A-C erheblich ab, insofern der Kopfschmuck hier ein-gliedrig rautenförmig ist, je mit diagonalen oder senkrechten Linien schraffiert. Bei **No 84** sind zwei solche 'Hütchen' übereinandergesetzt. Besonders hinzuweisen ist auf die Papyruspflanze mit drei Dolden bei **No 82** unten und **No 84** oben sowie auf die beiden nach aussen gerichteten Uräen bei **No 82**.

No 85 und **86** (Tell el-ʿAǧǧul) und **No 87** (Jericho) sind zwar in MB II B-zeitlichen Kontexten gefunden worden, lassen sich aber (bei **No 85** wegen starker Abnutzung des Siegels) keinem der Typen A-D zuordnen.

Typ E umfasst eine Gruppe von Skarabäen der MB II B-Zeit, auf denen der Kopf der Göttin durch eine üppige Lockenfrisur bzw. -perücke geschmückt ist. Die Verbindung zu den übrigen MB II B-Typen zeigen sehr schön **No 88** vom Tell el-ʿAǧǧul und **No 89** aus Jericho. Dort sind jeweils der Stiel (auf einem *nb*-Zeichen) und ein zusätzlicher Kopfschmuck zu sehen. Dieser erinnert bei **No 88** an Typ A, bei **No 89** ist nicht sicher zu erkennen, was dargestellt ist - vielleicht ein Kopfschmuck des Typs A, vielleicht eine Lotosblüte? Bei beiden Stücken wird durch zwei nach innen gerichtete Uräen, die am Kopf angeheftet scheinen, der Eindruck einer Lockenperücke erzeugt. Eine schöne Schulterlok-kenfrisur zeigen auch **No 90** und **91** vom Tell el-ʿAǧǧul, **No 92** aus einem Grab von Tel Nagila, **No 93** vom Tell el-Farʿa (Nord) und schliesslich **No 94**, eine Kalotte wahrscheinlich der frühen SB-Zeit aus Lachisch. **No 95**, ein ring-gefasster Skarabäus der 21. Dyn. vom Tell el-ʿAǧǧul, zeigt den Kopf der Göttin mit zwei Hörnern und der Sonnenscheibe geschmückt. Blütenartige Aufsätze des Typs C haben **No 91, 93** und ähnlich auch **No 94**. Beliebt scheint die symmetrische Rahmung des Motivs: bei **No 90** durch zwei kniende Verehrer-innen, bei **No 92** durch zwei aufgerichtete Uräen und bei **No 94** durch die sich nach aussen wendenen Falken. Besonders hinzuweisen ist noch auf die Flügelsonne oben bei **No 88**.

Nicht weiter unterteilbar sind die als *Typ F* angeführten übrigen Stempelsie-gel, die zum grösseren Teil SB-zeitlich, zum Teil auch E-zeitlich sind. Sie zei-gen ebenfalls frontal den Göttinnenkopf mit den grossen Ohren, in unterschied-lich guter Ausführung. Der Kopfschmuck besteht nun aus einem mehr oder we-niger breiten Mittelstück und zwei antennenartig aufragenden, dünnen 'Füh-lern', deren obere Enden spiralenartig nach innen gebogen sind.

Bei Abbildung **No 96**, die hier für drei fast identische Stücke vom Tell el-ʿAǧǧul (SB I - II B) steht, ist das Mittelstück eindeutig als kleiner Naos identi-fizierbar. Ebenfalls vom Tell el-ʿAǧǧul stammt **No 97**, ein Ring mit rechtecki-gem Bügel (SB II B - EZ I B). Wie bei **No 96** sind kleine Strichmarkierungen oben auf dem Kopfputz zu erkennen. **No 98**, eine ovale Platte aus Lachisch (SB I - II A), ist auf der Kehrseite mit einem Falken dekoriert. **No 99**, ein Fisch-Skaraboid, stammt ebenfalls aus Lachisch (SB I - II A). Mit einem Fisch auf dem Rücken ist auch das Stempelsiegel aus Akko bei **No 100** verziert. Aus einem Grab der SB II A-Zeit bei Akko stammt der Skarabäus bei **No 100a**. In die 18. Dyn. datiert der Kauroid vom Tell el-Far⁽ᶜ⁾a (Süd) bei **No 101**. In Geser wurden die Skarabäen **No 102** und **102a** gefunden. **No 103**, ein als Ente gestaltetes Skaraboid aus Geser, und **No 104**, ein Skarabäus oder Skaraboid von Bet Šemeš, datieren in die SB II B- oder E I-Zeit. Vom Tell el-ᶜAǧǧul stammen ein Kauroid der 18. Dyn. (**No 105**) und der Skarabäus **No 106**. Wie bei **No 98** ist auf der Rückseite der rechteckigen Platte von Anafa (**No 107**; Oberflächenfund) ein Falke eingeritzt. In die früheste israelitische Zeit datiert wahrscheinlich ein Kauroid mit runder Basis aus Ašdod bei **No 108** (vgl. ROWE 1936: Pl. 27 Nr. S.27). **No 109** vom Ölberg in Jerusalem ist ein Oberflächenfund (Skarabäus). Hier fehlt das mittlere Kopfschmuckelement ganz. **No 110** zeigt einen Skarabäusabdruck aus Geser. Bei **No 110a**, ebenfalls aus Geser, sind anscheinend die zwei Schleifen in der Anordnung variiert worden. Eine Reihe weiterer Stücke ist hier wegen nicht verfügbarer Photographie oder Unkenntlichkeit nicht abgebildet (**No 111-115** vom Tell Zeror, aus Geser, Dan, Jericho, Tell Bet Mirsim). Fast unkenntlich ist auch die Zeichnung auf dem Skarabäus aus Azor (**No 116**).

No 117 aus Lachisch und **No 118**, ein Siegelring vom Tell el-ᶜAǧǧul, sind in die Periode SB I - II A datiert. Ebenfalls SB-zeitlich dürften die beiden folgenden Stempelsiegel vom Tell el-ᶜAǧǧul (**No 119**) und aus Daharat el-Ḥumraiya (**No 120**) sein, die den Göttinnenkopf in einer Barke zeigen.

Zum Schluss bleibt ein Skarabäus der Spätzeit aus Akko (**No 121**), wo die sonst eingerollten 'Antennen' eher wie kleine Stacheln aussehen. Häufig treten bei Typ E die flankierenden, nach aussen gerichteten Uräen auf (**No 98-105, 107-110, 120**). Zu erwähnen sind die Verbindung mit Fisch bzw. Falke auf der Rückseite bzw. dem Rücken des jeweiligen Stücks bei **No 98, 107** und **No 99, 100**. Bei **No 117** und **118** fallen die flankierenden Katzen und die knienden Verehrer, bei **No 119** und **120** die Barke auf.

2.2. Die ältesten Zeugnisse des Göttinnenkopfes in der ägyptischen Siegelkunst und ausgewähltes Material aus Siegelsammlungen

Die MB II B-zeitlichen Stempelsiegel aus Palästina sind nicht die ältesten Zeugnisse für das Motiv des Göttinnenkopfes, vielmehr ist dies Symbol schon in der zweiten Hälfte des 3. Jts. auf ägyptische Knopf- und Rollsiegel geritzt worden, und Skarabäen, die noch vor die 12. Dyn. datieren, zeigen bereits ein beachtliches Repertoire verschieden gestalteter Exemplare mit diesem Motiv. Hier soll eine überblickbare Anzahl von datierten Stücken aus Ägypten aufgeführt werden, wobei das Interesse vorerst mehr phänomenologisch ist. Der Versuch einer Deutung (Ikonologie) erfolgt erst im nächsten Abschnitt (Kap. 2.3).

Exemplare mit diesem Motiv, die sich in publizierten Sammlungen befinden, können nicht vollzählig berücksichtigt werden, weshalb eine repräsentative Auswahl vorgestellt und durch weitere Belege in den Anmerkungen ergänzt wird. Das Ziel dieser Erhebung ist es, Anhaltspunkte für ägyptische bzw. palästinische Eigenheiten in der Gestaltung des Motivs zu erlangen und aus interessanten Kombinationen des Göttinnensymbols mit verschiedenen Attributen und Symbolen zu weiteren Aufschlüssen für die Deutung des Fetischs zu kommen.

Noch vor der 6./7. Dynastie treten erste Knopfsiegel mit dem stark stilisierten 'Kopf' zwischen zwei nach aussen gerichteten Uräen auf. Auf den drei Exemplaren aus dem University College in London (*Abb. 059-060*) ist keine Gesichtszeichnung erkennbar, deutlich aber die grossen Ohren, die bei *Abb. 061* eventuell wie Blätter dargestellt sind. Der Kopfschmuck besteht bei *Abb. 059* aus zwei nach innen gebogenen (Kuh-)Hörnern, bei *Abb. 060-061* aus einem fast quadratischen bzw. herzförmigen 'Hütchen'. Bemerkenswert ist bei *Abb. 059* eine liegende menschliche Gestalt, die als erschlagener Feind zu deuten sein dürfte.

Ebenfalls aus dem University College stammt das Zylindersiegel bei *Abb. 062*, das Petrie in die 6./7. Dynastie datierte. Das Emblem, umgeben von Falken, die ein $^{c}n\underline{h}$-Zeichen flankieren, Eidechsen und einer horizontal gezeichneten, menschlichen Figur unten, ähnelt dem bei *Abb. 059* stark, der Kopf ist aber nur noch zu vermuten und die langen Ohren(?) bilden nahezu eine waagerechte Linie. *Abb. 063* ist ein Rollsiegel aus einem Grab der Zeit Pepis II. (2254-2160). Die zwischen Meerkatzen und anderen Zeichen eingeritzten Fetische sind zu einem schmalen Schaft mit Hörnern stilisiert. Weitere Knopfsiegel mit Fetischen ohne Gesicht sind bei *Abb. 064-067* abgebildet. *Abb. 064*, jetzt in der Sammlung des BIF, zeigt viermal einen mit Kuhohren und -hörnern geschmückten Kopf. Auffällig sind der Hase und die beiden Affen(?), die bei *Abb. 066* das Emblem flankieren.[1] Die Typen des Kopfschmucks weichen von denen bei *Abb. 059-061* nicht wesentlich ab.

Abb. 068, ein Knopfsiegel der Sammlung des BIF (vormals Matouk), zeigt ein sorgfältig gezeichnetes Symbol mit menschlichem Gesicht, Augen, Nase, Mund, Kuhohren, einem nach oben hin breiter werdenden 'Hut' und zwei gebogenen Linien links und rechts, die einerseits an die Uräen bei *Abb. 059-061* erinnern, andererseits wie stilisierte Arme wirken.

In die Zeit zwischen 2150 und 2025 v. Chr. datieren die von W.A. WARD zusammengestellten Skarabäen bei *Abb. 068-076*. Sie zeigen das Symbol in teilweise kaum noch identifizierbarer Schematisierung. Bald ist der Kopf nur ein

---

[1] Vgl. auch das im ersten Teil unserer Arbeit bei *Abb. 058* abgebildete Rollsiegel der 1. Zwischenzeit mit einem von zwei hockenden Feliden(?) und zwei halben Stierkörpern flankierten Fetisch über einer Eidechse.

Abb.059   Abb.060   Abb.061

Abb.062

Abb.063

Abb.064   Abb.065   Abb.066   Abb.067   Abb.068

Abb.069   Abb.070   Abb.071   Abb.072   Abb.073

Abb.074   Abb.075   Abb.076   Abb.077   Abb.078   Abb.079

148

winziger Kreis (*Abb. 073*), bald ähnelt er eher einem Kuhkopf (*Abb. 069*); Augen und Nase sind bei *Abb. 070-072* angedeutet, bei *Abb. 074* ist gar kein eigentlicher Kopf mehr zu sehen, und *Abb. 075-076* sind überhaupt nur aufgrund der deutlicheren Parallelen erkennbar. Zu den beigefügten Symbolen gehören Rote Kronen (*Abb. 070*), zwei Vögel (*Abb. 074*) und Papyrus (*Abb. 075*). Als Kopfschmuck wechseln 'Hörner' mit spiralenartig eingerollten Spitzen (*Abb. 069.071.072*; vgl. noch *Abb. 075*), 'Hütchen' (*Abb. 070* und *074*) sowie zwei schleifenartige Gebilde (*Abb. 073*). Ohrenartige Ansätze zeigen *Abb. 070-071* und ev. *Abb. 074*, am Kopf herabhängende Bänder (Schmuck? Locken?) *Abb. 072-073* und *076*.

Etwa aus derselben Zeit dürfte auch der Skarabäus mit dem von zwei ᶜ*nḫ*-Zeichen flankierten Fetisch aus Ghurob unter *Abb. 077* stammen und ev. ein weiteres Stück aus Ghurob mit zwei flankierenden grossen Vögeln (*Abb. 078*). Ein interessanter Skarabäus der Sammlung Fraser-von Bissing (Basel) bei *Abb. 079* ist hier ebenfalls zu erwähnen. Das Stück zeigt auf der Unterseite achsensymmetrisch zwei Hasen und zwei Göttinnenköpfe. Sowohl die Hasen (vgl. *Abb. 066*) als auch die auffällige Form des Kopfputzes mit der Spitze oben (vgl. *Abb. 070*) machen eine Frühdatierung (2000-1900 v. Chr.) wahrscheinlich.

Chronologisch geordnet folgen dann die beiden Exemplare aus Kahun (1900-1750 v. Chr.) bei *Abb. 080-081* und *Abb. 082-084* aus Uronarti (1800-1600 v. Chr.). Auch hier treten wiederum gesichtslose Fetische neben solchen mit angedeutetem Gesicht auf. Begleitend finden sich *nfr*-Zeichen und 'Binse'. Auf dem mit zumeist spitzen Ohren versehenen Kopf erheben sich jetzt immer antennenförmige Aufsätze mit eingerollten Spitzen sowie bei *Abb. 080-082.084* einem 'Kästchen'-Element in der Mitte, dessen Seiten bei *Abb. 080-081* und *084* mit Doppellinien gezeichnet sind.

Das folgende, nicht datierte Siegelmaterial mit dem Motiv des Göttinnenkopfes aus Grabungen und aus dem Handel ist mit einiger Sicherheit jünger als die bei WARD publizierten Stücke (*Abb. 069-076*); die ältesten dürften etwa gleichzeitig zu den MB II B-zeitlichen Skarabäen aus Palästina anzusiedeln sein. Im folgenden wird aber auf einen exakten Datierungsversuch verzichtet und statt dessen eine Zuordnung zu den Motivtypen A-F der palästinischen Siegel vorgenommen.

Zum *Typ A* (drei Schleifen) gehört ein Skarabäus der Green's Collection bei *Abb. 085*. Die drei Schleifen sind schraffiert, über dem Kopf befindet sich ein dreistieliger Papyrus, andere Zeichen umgeben das Symbol links und rechts.

Mit mehreren Exemplaren ist *Typ B* vertreten, wobei zuerst besonders sorgfältig geschnittene Stücke genannt werden. *Abb. 086* (University College) zeigt das menschliche Gesicht, flankiert von zwei gekrönten Uräen, deren Schwänze aus dem Schaft des Fetischs hervorzugehen scheinen. Ihre Kronen ragen etwa gleich hoch auf wie der trapezförmige Aufsatz mit den beiden schraffierten

Schleifen auf dem Fetisch. Ganz oben ist eine geflügelte Scheibe eingeritzt. Aus dem British Museum stammt das bislang unpublizierte Stück bei *Abb. 087*. Der Fetisch mit den beiden ungleich grossen Schleifen wird achsensymmetrisch von nach aussen gerichteten Uräen sowie zwei Zeichen flankiert, oben ist ein *nb* eingeritzt. Bei *Abb. 088* ist der Göttinnenkopf mit dem zweigliedrigen Kopfschmuck mit einer Capride kombiniert. Aus der Sammlung Fraser-von Bissing (Basel) stammt das Stück bei *Abb. 089* mit *nb* unten, zwei symmetrisch angeordneten Stadtzeichen und drei unbestimmbaren Symbolen. Zwei recht schöne Exemplare des *Typs B* (*Abb. 090* und *091*) befinden sich im BIF (ehemals Sammlung Matouk). Ebenfalls im BIF befindet sich ein Skarabäus mit zwei Zweigen auf dem Rücken, dessen Unterseite den Fetisch zwischen zwei knienden Verehrerinnen zeigt (*Abb. 092*). Leider sehr vage datiert (12.-17. Dynastie) ist das bei *Abb. 093* abgebildete Exemplar aus Semna. In einer Sammlung in Jerusalem befinden sich *Abb. 094* und *095*, wobei besonders auf die Parallele zu **No 73** (Jericho) bei *Abb. 095* hingewiesen sein soll, wo ebenfalls der gekrönte Falke links neben dem Fetisch zu sehen ist. Oben abgeschnitten wirken die Schleifen bei *Abb. 096* (University College)[2], und schliesslich ist noch auf ein Rollsiegel (*Abb. 097*) aus dem University College hinzuweisen, wo im oberen Register neben einer knienden Zweigträgerin ein kleiner Göttinnenkopf erkennbar ist (12.-17. Dyn.).

Typ C mit einem blütenartigen Element zwischen den Schleifen habe ich nur viermal gefunden. *Abb. 098* (Kairo), *Abb. 099* (Sammlung des BIF, vormals Matouk) und *Abb. 0100* (Sammlung Fraser-von Bissing) entsprechen den in Kap. 2.1. vorgestellten Exemplaren. Beachtenswert ist ein bislang unpublizierter Skarabäus der Sammlung des BIF (vormals Matouk), wo sich zwischen den schräg aufragenden Kopfaufsätzen eindeutig ein kleines Zweiglein erhebt (*Abb. 0101*).

Typ D scheint nur mit späten Stücken im Museum von Kairo vertreten.[3] Selten ist auch *Typ E* ('Lockenfrisur'). Zwei Stücke aus der ehemaligen Sammlung Matouk (jetzt BIF) sind hier zu nennen. Bei *Abb. 0102* wird der Kopf von zwei nach innen gerichteten Uräen flankiert, bei *Abb. 0103* sitzen auf dem Lotos-Krönchen oben noch zwei hochbeinige Vögel, die ein Zweiglein flankieren. In dieser Sammlung befinden sich mehrere Skaraboide, die als Frauenkopf mit 'Lockenfrisur' gestaltet sind.[4] Ob bei *Abb. 0104* (Privatsammlung) der von Papyrusemblemen flankierte Kopf ebenfalls ein Lotos-Krönchen trägt, ist anhand der Photographie nicht auszumachen.

Nur wenige deutlich geschnittene Beispiele des *Typs F*, der in sehr vielen Ausführungsvarianten in grosser Zahl bezeugt ist, sollen angeführt werden:

---

[2] Vgl. auch NEWBERRY 1907: Pl. X Nr. 36812 und 36866; MATOUK 1977: Nr. 124.

[3] NEWBERRY 1907: Pl. X Nr. 36841, 368370 und 36838.

[4] MATOUK 1977: Nr. 128-130.

Abb.080

Abb.081

Abb.082

Abb.083

Abb.084

Abb.085

Abb.086

Abb.087

Abb.088

Abb.089

Abb.090

Abb.091

Abb.092

Abb.093

Abb.094

Abb.095

Abb.096

Abb.097

151

Abb.098   Abb.099   Abb.0100   Abb.0101   Abb.0102

Abb.0103   Abb.0104   Abb.0105   Abb.0106

Abb.0107   Abb.0108   Abb.0109   Abb.0110

Abb.0111   Abb.0112   Abb.0113   Abb.0114 Abb.0115

152

Abb. 0105 aus Buhen, *Abb. 0106* aus Koptos, *Abb. 0107* im BIF (ehemals Matouk), *Abb. 0108-0110* in Basel (Skarabäus und zwei Kauroide).[5] Bei *Abb. 0111* (British Museum) sind die nach aussen gewandten grossen Vögel, die den Kopf mit dem kunstvollen Aufsatz flankieren, besonders zu beachten. Zweimal fand ich den von Katzen flankierten Fetisch, bei *Abb. 0112* (University College) und bei *Abb. 0113* (von Petrie in die 18. Dyn. datiert). Eine weitere interessante Variante bietet der Göttinnenkopf über der Barke bei *Abb. 0114-0115* (Kairo; 19./20. Dyn.).

2.3. Zur Geschichte und Bedeutung des Göttinnensymbols in Ägypten

Der Göttinnenkopf ist in Ägypten nicht erst auf den ältesten Knopfsiegeln, sondern schon auf Bildträgern der vor- und frühdynastischen Zeit bezeugt. Er ist dann, vor allem als Sistrum, im 2. und 1. Jt. sowohl in der Kleinkunst (Bronzen, Schmuck, Spiegel) als auch auf zahlreichen Reliefs häufig anzutreffen. Im Rahmen dieser Studie zu den palästinischen Stempelsiegeln kann es nur darum gehen, einen Überblick über das Auftreten und die Erscheinungsformen des Göttinnenkopfes in der ägyptischen Kunst zu vermitteln sowie gezielt Aspekte zu diskutieren, die für die Interpretation des palästinischen Materials relevant sind. Auf komplexere Fragen, die nicht diskutiert werden, verweisen Angaben in den Fussnoten.

2.3.1. *Das Göttinnensymbol im frühdynastischen Ägypten und im Alten Reich*

H.G. FISCHER hat in seinem Beitrag "The Cult and Nome of the Goddess Bat" (1962: 7-23) die ältesten Belege des Göttinnenfetischs, die bis dahin oft auf die Hathor gedeutet wurden, als Symbole der Göttin Bat interpretiert. Sie wird noch auf dem Schrein Sesostris' I. in Karnak als Göttin des siebten oberägyptischen Gaues erwähnt, die wenigen Textzeugnisse für ihren Namen *b3.t* ("weibliches Ba"?) geben aber über sie kaum irgendwelche Aufschlüsse. FISCHERs These ist nun, dass der Fetisch, ein menschliches Gesicht mit Kuhoh-

---

[5] Vgl. zusätzlich PETRIE 1925: Pl. 9,317; 11,550.553; 16,1122.1148; 18,1366.1401; MATOUK 1977: Nr. 123.136-139; GRENFELL 1915: Pl. 34,178-185; NEWBERRY 1907: Pl. X,36328.36993.37073.37349.37352; HORNUNG/STAEHELIN 1976: 391 Nr. D 13; 386 Nr. B 81; 324f Nr. 674.675.677.680. Vgl. die Parallele zu Nr. 85 bei PETRIE/BRUNTON 1924: Pl. 43,48 (Sedment/Mayana, 16. Dyn.).

ren und -hörnern[6], bis zum Mittleren Reich ein Bat-Emblem ist und erst dann vom Hathorkult so stark aufgesogen wurde, dass er in späterer Zeit ausschliesslich und sehr fest mit der Göttin Hathor verbunden war (FISCHER 1962: 7.12-15). Die so vollzogene Verschmelzung von Bat und Hathor konnte allerdings, so räumt FISCHER ein, nur aufgrund der bereits ganz frühen Ähnlichkeit der beiden Göttinnengestalten möglich werden (1962: 11).

Mir scheinen alle diese Überlegungen insofern bedenkenswert, als sie von einer vorschnellen Identifikation des Göttinnensymbols mit einem bestimmten Namen, nämlich "Hathor", für die früheste Zeit begründet abraten. Andererseits bin ich nicht überzeugt, dass alle Belege vor dem Mittleren Reich als Bat-Fetische zu deuten sind. Die Argumente, die Fischer zu dieser zeitlichen Abgrenzung anführt, sind textbezogen: Hathor wird nicht vor der 4. Dyn. erwähnt (1962: 12) und Bat noch zur Zeit Sesostris' I. (1962: 7). M.E. ist es sinnvoller, von den Bildern auszugehen und von der Erfahrungstatsache, dass Erscheinungsweisen von Göttinnen in der Kunst, seien es die nackten Frauenterrakotten in Syrien/Palästina oder die ägyptischen Baumgöttinnen, nicht notwendig mit *einer* aus der Literatur namentlich bekannten Göttin identifizierbar sind.[7] D.h. konkret, dass das Göttinnensymbol auch schon im Alten Reich oder noch früher sowohl Bat als auch Hathor repräsentiert haben könnte. Für die ältesten ägyptischen Siegel ist sowieso geraten, keine Festlegung vorzunehmen, da wir über die Herkunft dieser Miniaturkunst meistens zu wenig wissen.

Als älteste Belege des Göttinnenkopfes in der ägyptischen Kunst gelten eine Schieferpalette (*Abb. 0116*) aus Gerza, die etwa 3000 v. Chr. datiert wird, sowie eine Steinvase der 1. Dyn. aus Hierakonpolis (*Abb. 0117*). Obwohl bei *Abb. 0116* das Gesicht nicht eingezeichnet ist, besteht aufgrund der fünf die Ohren, Hörnerspitzen und den Scheitel berührenden Sterne kein Zweifel, dass es sich in beiden Fällen um dasselbe Symbol handelt. Auffällig sind bei *Abb. 0117* die wie Blätter gemusterten Kuhohren. Die starken, nach innen gebogenen Hörner sind eindeutig Kuhhörner.

Das Fragment einer Elfenbeindose der 1. Dyn. aus Abu Roaš (*Abb. 0118*) zeigt den Kopf der Göttin zwischen zwei Min-Symbolen. Die Hörner sind auffällig nach innen gebogen, so dass sich die Spitzen auf dem Scheitel berühren. Die Göttin trägt zudem ein breites Collier.

---

[6] Die von FISCHER (1962: 7) nur angedeutete Möglichkeit einer Verwandtschaft dieses Fetischs mit ähnlichen Darstellungen in Mesopotamien halte ich nach Überprüfung der betreffenden Funde für nahezu ausgeschlossen. Erstens ist das Gesicht dort nicht stilisiert, sondern eher naturalistisch dargestellt. Und zweitens sind auch die Hörner viel wuchtiger nach Art der typischen Hörnerkronen ausgebildet. Bei späteren Zeugnissen, wie dem Fragment einer Wandmalerei aus Nuzi (WINTER 1983: Abb. 26), die in die zweite Hälfte des 2. Jts. v. Chr. datiert, ist ägyptischer Einfluss anzunehmen. Dort ist der Göttinnenkopf in einem Fries neben Kuhkopf und Palmetten zu sehen.

[7] Vgl. dazu schon oben und WINTER 1983: bes. 194f.

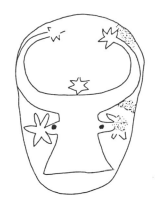

Abb.0116

Abb.0117

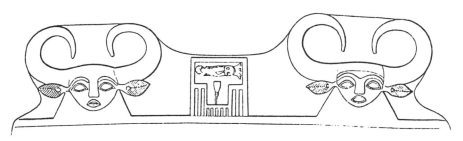

Abb.0119

Abb.0118

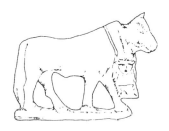

Abb.0121

Abb.0120

155

Abb.0122

Abb.0123

Abb.0124

Abb.0125

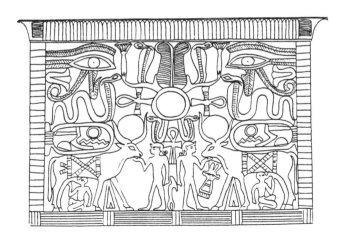

Abb.0126

Abb.0127

Abb.0128

Abb.0129

157

Abb.0130

Abb.0131

Abb.0132

Abb.0133

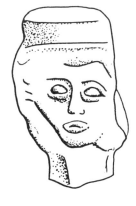

Abb.0134

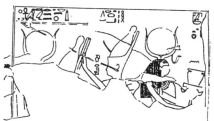

Abb.0135

Abb.0136

Ebenfalls in die 1. Dyn. datiert die berühmte Narmerpalette (*Abb. 0119*) aus Hierakonpolis, auf der oben beidseitig zweimal der Göttinnenkopf mit Kuhgehörn und Blattohren zu sehen ist. Zudem ist der Gürtel des Pharao mit vier solchen Göttinnenköpfen geziert. Ebensolche Anhänger finden sich am Gürtel der Statue des Königs Djoser in der 3. Dyn. (*Abb. 0120*).

Noch frühdynastisch ist das Goldfolienamulett in Gestalt eines Stieres aus Nag ed-Der (*Abb. 0121*). Der Stier trägt dort das Göttinnensymbol um den Hals. Aus der Reichseinigungszeit dürfte das bei *Abb. 0122* abgebildete Kalksteinfragment stammen, das die Göttin in einer Sänfte zeigt und als *rpj.t.* "die zur Sänfte Gehörige" bezeichnet. Um den Hals trägt sie eine *z3*-Schleife. Eine dreiteilige Schleife ziert auch das kleine Amulett aus Abydos (*Abb. 0123*).[8]

Als grosses Pektorale trägt Prinz Chufu-Chaf auf einer Darstellung der 4. Dyn. das Göttinnenemblem (*Abb. 0124*). Diese Art von Schmuck ist bei Darstellungen höherer Beamter des Alten Reiches häufiger anzutreffen.[9] *Abb. 0125* zeigt einen solchen Schmuck in einer Darstellung des Mittleren Reiches aus El-Beršeh. Die Hörner sind wie bei *Abb. 0118* zu Schleifen umgebogen. Auch auf einem Pektorale der 12. Dyn. aus Byblos (*Abb. 0126*) ist der Fetisch am Hals der Kuh mit zwei Schleifen ausgestattet.

Den Pharao Menkaure zwischen der Gaugöttin des siebten oberägyptischen Gaues und der Göttin Hathor zeigt *Abb. 0127* (aus dem Taltempel in Giza). Über der Gaugöttin ist das menschliche Gesicht mit Kuhohren und Hörnern auf einer Art Standarte eingraviert. Auffällig sind die sehr dünnen, hochgezogenen 'Hörner' und das Band am Hals.[10] Ein Relieffragment Pepis II. aus dem Tempel von Koptos zeigt als Fries unten dreimal den Göttinnenkopf zwischen Djed-Pfeilern (*Abb. 0128*).

Der älteste Nachweis für sog. Hathorkapitelle stammt aus einem Grabrelief der 4. Dyn. in Giza, wo der Göttinnenkopf neun Holzstützen eines Baldachins ziert (*Abb. 0129*). In die monumentale Steinbaukunst ist diese Art von Kapitell in Ägypten selbst aber erst im Neuen Reich übernommen worden.[11] Die einzi-

---

[8] Bei dieser Schleife handelt es sich um eine gebundene Masche, ursprünglich ein Band, das der *B3.t*-Kuh um den Hals gebunden war (STAEHELIN 1966: 129f). Diese Schleife tritt später als sog. "Isisblut" oder "Isisknoten" wieder auf (vgl. W. WESTENDORF, Art. "Isisblut", in: LdÄ III 204).

[9] Vgl. dazu vor allem STAEHELIN 1966: 128-135. Noch in der 18. Dyn. trägt ein solcher Schmuck den Namen *B3.t*.

[10] Siehe dazu oben Anm. 8. Auf einem Rollsiegel ist neben der Kartusche Menkaures eine thronende, ganz menschengestaltige Hathor mit einem *w3s*-Szepter dargestellt. Auf ihrem Haupt erheben sich zwei hochragende Hörner (NEWBERRY 1906: Pl. V,4).

[11] Vgl. zu dieser wohl abgeschlossenen Diskussion jetzt G. HAENY, Art. "Hathor-Kapitell", in: LdÄ II 1039-1041 (bes. Anm. 5); P. JAROŠI/D. ARNOLD, Art. "Säule", in: LdÄ V bes. 344.

gen angeblich älteren Hathorkapitelle stammen aus Bubastis und werden inzwischen mehrheitlich in die Spätzeit datiert (vgl. BORCHARDT 1938: bes. 27 und Abb. 8).

Zuletzt seien für das Alte Reich noch drei Amulette in Form des Göttinnenkopfes (*Abb. 0130-0132*) sowie ein skulpiertes Elfenbein aus Byblos (Schicht XI-XV) angeführt (*Abb. 0133*), das jedenfalls vor die MB II-Zeit datiert und bei dem besonders die deutlich gezeichneten Kuhohren auffallen.

Vom Sinai (Serabit el-Chadim) stammt das älteste Steinkapitell in Gestalt der Göttin mit Lockenperücke (*Abb. 0134*), das von Petrie ans Ende der 11. Dyn. datiert wurde. Diese Datierung ist aber nicht gesichert.

2.3.2. Der Hathorkopf im Mittleren Reich

Vom Beginn des Mittleren Reiches an kann die Zuordnung des Göttinnensymbols zu Hathor als weitgehend fix gelten. Besonders auffällig wird sie durch die Verschmelzung des Kastensistrums, des im Hathorkult besonders bedeutenden Rasselinstruments, mit dem Göttinnenkopf. Dieser wird, was seine Form anbietet, an der Stelle der sonst auf dem Schaft aufruhenden Papyrusdolde (oft doppelseitig) eingefügt und trägt so den als Pforte/Naos gestalteten Rahmen mit den Metallstäben, der dann seitlich meistens noch von den spiralenförmig eingerollten 'Antennen' flankiert ist.[12] Das Rasseln mit dem Sistrum sollte die Göttin besänftigen und erfreuen.

Abb. 0135, ein Ausschnitt aus einem beschädigten Relief aus Dendera, zeigt Hathor mit dem Kuhgehörn und der Sonnenscheibe. In der Hand hält sie das Sistrum, ihr gegenüber sitzt der Pharao auf einem Hockerthron. Besser erhalten ist ein Relief der beginnenden 12. Dyn. aus den Felsgräbern von Meir (*Abb. 0136*), wo drei Priesterinnen der Hathor von Kusa das Sistrum halten. Der Rahmen ist oben mit je zwei flankierenden Uräen versehen. Ein besonders schönes Exemplar hält auch die Frau auf der Darstellung aus Beni Hasan (*Abb. 0137*) in der linken Hand. Das Hathorsistrum findet sich dann z.B. auch in der Schmuckgestaltung, so auf einer Goldblechmuschel (ca. 1800 v. Chr.) bei *Abb. 0138*. Zwei kleine Arme scheinen dort ausgestreckt je eine Art Schleife zu halten.

---

[12] Besonders das Kastensistrum scheint weniger eine funktionale Bedeutung als Instrument und stärker symbolisch-kultische Bedeutung gehabt zu haben, da es im Vergleich zum Bügelsistrum nur wenig Lärm erzeugt. Zu den verschiedenen Sistrentypen vgl. HICKMANN 1961: 46.48. u.ö. sowie C. ZIEGLER, Art. "Sistrum", in: LdÄ V 959-963. Man hat gern einen Zusammenhang des Papyrusraschelns mit dem onomatopoetischen Namen des Kastensistrums angenommen.

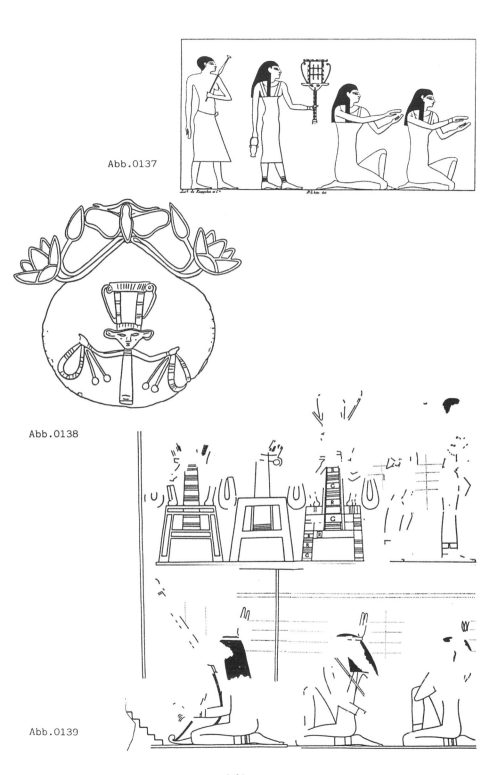

Abb.0137

Abb.0138

Abb.0139

161

Abb.0140

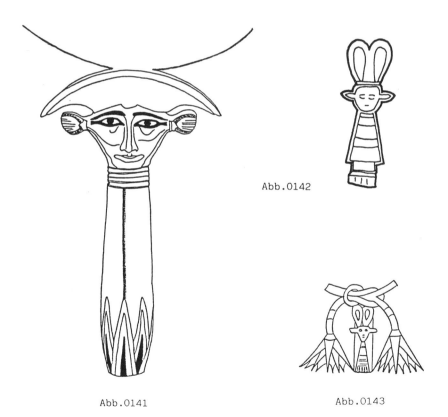

Abb.0141

Abb.0142

Abb.0143

In Darstellungen der Zeit Sesostris' III. aus Meir findet sich neben dem Hathorkapitell mit Lotosblüte (*Abb. 031*) auch ein leider sehr beschädigter Göttinnenfetisch auf einem Podest (*Abb. 0139*). Ob er als Sistrum gestaltet war, lässt sich nicht mehr ausmachen.

Weitere Zeugnisse des Göttinnensymbols, die nicht als Sistrum gestaltet sind, lassen sich für das frühe Mittlere Reich besonders in der Schmuckkunst nachweisen. So findet sich der Göttinnenfetisch mit zwei Hörnern und einer oben aufsitzenden Sonnenscheibe, die von Uräen flankiert wird, als Symbol der Einheit von Ober- und Unterägypten zwischen dem falkenköpfigen Sphinx und dem Seth-Tier auf einem Pektorale aus dem Mittleren Reich (*Abb. 0140*).[13] Zwei Udjat-Augen oben und die Papyruspflanzen an den Seiten rahmen die Szene. Die Papyruspflanzen stützen symbolisch den Himmel. Als Himmelsstütze ist auch der Papyrusstengel zu interpretieren, der den Griff eines Spiegels aus dem Grab der Sat-Hathor-iunet in Illahun bildet.[14] Das Gesicht der Göttin trägt oben den Spiegel als Sonnenscheibe (*Abb. 0141*).

Zu einem Prinzessinnenschmuck (Halsketten) gehörten auch die bei *Abb. 0142* und *Abb. 0143* abgebildeten Göttinnenamulette aus Dahšur. *Abb. 0142* zeigt einen Anhänger aus dem Grab der Chnumit (1929-1897 v. Chr.) und *Abb. 0143* einen sehr ähnlichen aus dem Grab der Sat-Hathor-Iunet (Zeit Sesostris' II.). Besonders zu beachten ist in beiden Fällen der Kopfschmuck in Form von zwei Schleifen. Bei *Abb. 0143* sind über dem Kopf zwei Lotosblüten verschlungen.

2.3.3. Hathorkopf und Hathorsistrum im Neuen Reich

Im Neuen Reich ist das Hathorsistrum, zumeist dem Kastensistrum nachgestaltet und durch die jetzt typische Hathorfrisur gekennzeichnet, in allen Bereichen der darstellenden Kunst äusserst beliebt. Wir finden es als Kapitell, in Gestalt der Sistrophoren, auf Reliefs, als Instrument bzw. Votivgabe und als Schmuck. Gelegentlich werden auch Anukis und lokale Erscheinungsformen der Hathor, Nebet-Hetepet und Iunit, durch das Symbol repräsentiert.[15] Von besonderem Interesse sind für uns eine grössere Zahl von Stelen des Neuen Reiches, die das Hathorsistrum bzw. den Hathorkopf als verehrungswürdiges

---

[13] Nur der Kopf und eine Spirale eines vielleicht ähnlich gestalteten Goldblechamuletts wurde in einem Tempelgründungsdepot in Byblos gefunden (MONTET 1928/29: Pl. 55 Nr. 254).

[14] SCHOSKE/WILDUNG 1984: 116. Zur Symbolik des Papyrus im Hathorkult vgl. auch weiter unten Kap. 2.4.1.2.

[15] Zu den Darstellungen der Anukis vgl. VALBELLE 1981.

kultisches Symbol abbilden. D. WILDUNG hat diese Stelen bereits 1975 einmal zusammengestellt. Einige ausgewählte Beispiele werden hier vorgestellt.

Eine Berliner Stele (*Abb. 0144*; ca. 1488 v. Chr.) zeigt im unteren Register ein grosses Kastensistrum flankiert von zwei Betern, während im oberen Register eine Frau in langem Gewand der Hathor, in Kuhgestalt und mit dem Göttinnenfetisch um den Hals, eine Trankspende darbringt.

Vom Sinai (Serabit el-Chadim) stammt ein Türsturz der Zeit Thutmosis' III. (*Abb. 0145*), der das Hathoremblem mit menschlichen Händen, die $^c n\underline{h}$-Zeichen halten, zwischen liegenden Sphingen zeigt.

Bei *Abb. 0146*, einer Stele aus Abydos (Zeit Amenophis' II.) wird das grosse Hathorsistrum vom doppelt dargestellten König gehalten. Statt des üblichen Naos sind auf dem Kopf kunstvoll Federkrone, Sonnenscheibe, zwei Paar Hörner und vier Uräen angebracht. Über der ganzen Gruppe ist oben eine geflügelte Scheibe zu sehen. Zwischen zwei Papyruspflanzen erheben sich die beiden Sistren auf der Stele aus Medinet Habu (zeitlich vor Amenophis III.) bei *Abb. 0147*. Unten ist ein kniender Beter vor Opfergaben dargestellt. Leider ist das linke der beiden Hathorsistren offenbar gerade im Bereich des Gesichts schlecht erhalten. Die von WILDUNG (1975: 259) vorgeschlagene Deutung des oft grimmig schauenden Hathorsymbols als bewusste Verkörperung der "Herrin des Schreckens", der furchterregenden Seite der Göttin, würde wohl nur durch ein ganz eindeutiges Nebeneinander eines lieblichen und bösen Gesichts bestätigt. Dafür gibt es jedoch bislang keine Beweise, und zudem ist die Wahrscheinlichkeit gering, dass ein solcher gefunden wird, weil mit Ausnahme der Klagefrauen, die durch Tränen gekennzeichnet sind, Gemütsregungen auf altägyptischen Bildern sonst niemals dargestellt werden.

Ohne den Sistrumaufbau ist das Emblem der Göttin auf einer Lotosblüte bei *Abb. 0148* dargestellt. Die Stele stammt aus einem Grab in Der el-Medineh und dürfte in die 18. Dyn. gehören. Ebenfalls in Der el-Medineh wurde die ramessidische Stele bei *Abb. 0149* gefunden. Im oberen Register ist der Kopf der Göttin zwischen grossen Lotos-Papyrus-Sträussen zu sehen.

Abb. 0150 aus Der el-Bahari (18. Dyn.) stellt das Sistrum zwischen Papyrus-Stengeln(?) dar. Im Naos sitzt ein Falke, zwei weitere sitzen auf den beiden Blütendolden. Die Kombination des Naos mit dem Falken ist eine Andeutung des Namens der Göttin ("Haus des Horus"). Gelegentlich erscheint an Stelle des Falken im Naos auch ein Uräus mit der Sonnenscheibe auf dem Kopf, so z.B. bei der Stele aus Der el-Medineh (*Abb. 0151*; Zeit Ramses' II.). Das Hathorsistrum wird dort von zwei hockenden Katzen flankiert. Diese Variation des Motivs kann sowohl Hathor als auch - wie in diesem Fall - Nebet-Hetepet, die Erscheinungsform der Hathor vor allem in Heliopolis, repräsentieren. Zwischen Lotospflanzen und Katzen erscheint der Hathorkopf auch schon auf Keramik der 18. Dyn. aus Der el-Medineh (*Abb. 0152*).

Abb.0144

Abb.0146

Abb.0145

165

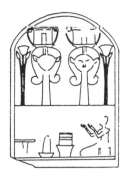

Abb.0147

Abb.0148

Abb.0149

Abb.0150

Abb.0151

166

Auf eine Darstellung der Weiterentwicklung des Motivs in der 3. Zwischenzeit und in der Spätzeit kann hier verzichtet werden, da in Palästina fast keine
eisenzeitlichen Stempelsiegel mit dem Göttinnensymbol gefunden worden sind.

2.4. Zur Ikonographie und Ikonologie der palästinischen Stempelsiegel mit dem Göttinnenkopf

Versuchen wir zunächst, die palästinischen Stempelsiegel chronologisch in
ein Verhältnis zu dem oben präsentierten ägyptischen Material zu bringen, so er-
gibt sich folgende Skizze: Seit der 1. Dyn. entwickelt sich auf verschiedenen
Bildträgern in Ägypten das Motiv eines Göttinnenkopfes mit frontal abgebilde-
tem, menschlichem Gesicht, Kuhohren und -hörnern. Es ist bis ins Mittlere
Reich nicht eindeutig einer Göttin zuzuordnen, scheint aber aus dem Kult der
Bat allmählich in den Hathorkult vorgedrungen zu sein. Die ältesten Knopf- und
Rollsiegel zeigen den Fetisch gern mit seitwärts wegragenden, stilisierten
Uräusschlangen, gelegentlich kombiniert mit Meerkatzen und Hase. Eine besondere Form des Kopfschmucks könnte aus den stark nach innen gebogenen, sich
berührenden Hörnern entstanden sein. Man vergleiche nebeneinander *Abb.
0118.0115.0142.0143* und dann *Abb. 061.067* (ev. *Abb. 078*) mit *Abb. 060.
066.068.*

Skarabäen der Zeit vor der 12. Dyn. (*Abb. 069-079*) zeigen wie ältere Darstellungen in der Steinkunst den Kopf gewöhnlich mit hochgezogenen Hörnern/
Spiralen geschmückt. Etwa gleichzeitig mit dem ersten Auftreten eines Hathor-
sistrums zu Beginn des Mittleren Reiches (*Abb. 0135*) sind die ersten entsprechenden Sistrumtypen auf Siegeln aus Kahun und Uronarti (*Abb. 080-082.084*)
bezeugt. Welche Göttin der Fetisch auf den genannten Stempeln und Skarabäen
repräsentiert, kann letztlich nicht entschieden werden.

In der Siegelkunst setzt sich das Göttinnensistrum dann aber nicht durch, es
kommt erst in der SB-Zeit wieder auf die Stempelsiegel und steht offenbar in
besonders enger Beziehung zu Darstellungen auf Stelen des Neuen Reiches. In
der MB II B-Zeit entwickeln sich aber erstaunlicherweise sehr eigene Typen des
Göttinnenfetisches. Es sei hier bereits die Vermutung geäussert, dass diese von
der Sistrum-Struktur doch stark abweichenden Typen eine Spezialität der palästinischen Kunst sein könnten oder sich dort jedenfalls stark verbreiteten und
eventuell von der Kleinkunst aus später dann wieder auf die ägyptische Grosskunst Einfluss genommen haben.

2.4.1. Der Kopfschmuck der Göttin auf den MB II B-zeitlichen Stempelsiegeln aus Israel/Palästina

2.4.1.1. Die Schleifen

Von besonderem Interesse ist zunächst die Klärung der eigentümlichen Schleifen auf dem Kopf der Fetische des Typs A und B. Die Schraffierung ist in den meisten Fällen wenig aufschlussreich. Nur bei **No 61** ist noch eine senkrechte Mittellinie angedeutet. Als Vorbild dieser Schleifen kommt zunächst nur die im Mittleren Reich[16] bezeugte Variante der völlig nach innen gebogenen Hörner in Frage, wie sie *Abb. 0118.0125.0126* und *Abb. 0142-0143* zeigen. Dennoch glaube ich nicht, dass diese, ausserhalb Palästinas nur auf *einem* einzigen sicher ägyptischen Skarabäus aus Semna (*Abb. 093*) bezeugte Variante in Palästina im Sinne von 'eingebogenen Hörnern' aufgefasst worden ist. Dagegen sprechen mehrere Eigenheiten: Das Vorkommen von drei solchen Schleifen bei **No 58-60** und *Abb. 085*, die zumeist deutliche Schrägstellung der aufragenden Schleifen, die Veränderungen des Typs B zu eckigeren Schleifenformen hin bzw. die Tendenz, sie oben abzuschneiden.

An dieser Stelle ist auch auf ein Stempelsiegel aus Geser (*Abb. 0153*) hinzuweisen, das eine liegende, geflügelte Sphinx mit den drei Schleifen auf dem menschlichen Kopf zeigt. Die Schleifen scheinen also auch unabhängig vom Göttinnenkopf ihre eigene Symbolik gehabt zu haben. Bei einer Sphinx liegen 'Hörner' kaum sehr nahe. Was aber ist dann mit diesem Kopfschmuck gemeint?

Die Deutung als Federkrone ist nicht unproblematisch, weil es zwar in Ägypten Federkronen aus Straussenfedern oder aber Federkronen aus vielen Federn gibt (wie die des Bes[17]), jedoch keine genauen Parallelen zu den Göttinnenfetischen mit zwei oder drei Federn zu finden sind. Auch ist auf keinem Stempelsiegel wirklich deutlich eine Federmusterung erkennbar. Die einzige Möglichkeit, dass die Schleifen mindestens ursprünglich doch als Federn gedacht waren, ist in der m.E. sehr wahrscheinlichen Identifikation oder Verschmelzung des Göttinnenfetischs mit dem *wḫ*-Szepter der oberägyptischen Hathor von Kusa zu sehen. Dieses Szepter, ein Ableger des *w3ḏ*-Szepters, setzt sich aus Papyrusstengel, Doppelstraussenfeder und Stoffband zusammen und ist seit der 5. Dyn. bezeugt.[18] *Abb. 0154* zeigt einige dieser *wḫ*-Szepter nach Darstellungen

---

[16] Vgl. auch ähnlich wie bei *Abb. 0126* ein Relief der 18. Dyn. aus dem grossen Tempel von Der el-Bahari (KEEL 1980: 79 Abb. 40).

[17] Vgl. beispielsweise die kleine Fayenceplatte mit einem Bes-Kopf aus der Sammlung Fraser-von Bissing bei HORNUNG/STAEHELIN 1976: 328 Nr. 693. Die Federkrone der Anukis (vgl. VALBELLE 1981: Pl. V) ist für die Deutung unserer Stempelsiegel zeitlich nicht mehr relevant.

[18] Vgl. P. BEHRENS, Art. "Uch", in: LdÄ VI 820f; P. KAPLONY, Art. "Zepter", in: LdÄ VI bes. 1374.

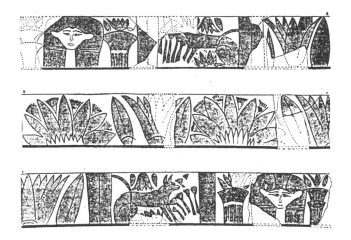

Abb.0152

Abb.0153

Abb.0154

Abb.0155

169

aus Gräbern in Meir.[19] E. STAEHELIN (1978: 79) hat darauf hingewiesen, dass die Frauen im Grab des Gaufürsten Uchhotep in Meir nicht nur mit gelockten Zöpfen[20] dargestellt sind, sondern auch an ihren goldenen Diademen hinten zwei Federn tragen (*Abb. 0155*)[21], wie sie sehr ähnlich das Diadem der Prinzessin Sat-Hathor-Iunet aus Lahun aufweist (*Abb. 0156*). STAEHELIN (1978: 78f) deutet diese Federn auf das *wḫ*-Symbol der Hathor.

Es ist gerade wegen der in der Kleinkunst so beliebten Bedeutungsverdoppelung einzelner Motive oder Motivelemente[22] durchaus nicht phantastisch, dass die Schleifen in Ägypten durch eine Verbindung der 'Hörner'-Tradition mit dieser ursprünglich sehr lokalen Hathor-Szepter-Symbolik entstanden sind. Ein besonders wichtiges Argument dafür, dass die Schleifen in Ägypten als Federn (des *wḫ*-Szepters) verstanden wurden, ist der bei unserer *Abb. 086* abgebildete Skarabäus, bei dem sich auf dem Kopf der Göttin das gesamte Szepter, also Papyrusdolde und die zwei Federn, erhebt. Es bleibt aber fraglich, ob man diese Bildtradition in Palästina kannte und die Schleifen so interpretiert hat.

Aus diesem Grund möchte ich zur Diskussion stellen, ob man die Schleifen in Palästina nicht vielleicht als Palmblätter verstanden und gedeutet hat. Die Argumente, die dafür sprechen, sollen hier der Reihe nach angeführt werden:

1. Die Variante mit drei Schleifen hat, wie bereits gesagt, innerhalb der ägyptischen Tradition, seien es Hörner oder die Federn des *wḫ*-Szepters, keine Vorbilder und auch gar keine Plausibilität.

2. Bei **No 61** könnte die Mittellinie ein Indiz für eine Blatt- oder Zweigform sein.

3. Es scheint eine Tendenz zur Ausstattung des Fetischs mit Pflanzenelementen vorherrschend zu sein. Die Papyrus- und Lotos-Aufsätze des Typs C (**No 77-81**; vgl. Kap. 2.4.1.2) und der *Abb. 031* sowie die Zweiglein bei *Abb. 0101* und *Abb. 0103* finden in der Verbindung mit Palme/Palmblatt ihr Äquivalent.

4. Es gibt sowohl in der altsumerischen als auch in der altsyrischen und ugaritischen Kunst gelegentlich Kopfschmuck, der als Federkrone o.ä. gedeutet wurde, den man aber grundsätzlich auch im Sinne von Palmblättern deuten könnte.

---

[19] Vgl. BLACKMAN 1914: 3-4; 1915: 38 und Pl. 18,1-11. Eine ganz besondere Variante dieses *wḫ*-Szepters hält der Grabherr auf dem Relief aus Meir bei unserer *Abb. 0136*. Es ist als dreiteiliger Papyrusstengel konzipiert, auf denen in der Mitte ein Naos und links und rechts zwei Falken mit einer Doppelfeder auf dem Kopf sitzen. Zur Deutung des Papyrus und der Falken im Hathorkult vgl. weiter unten Kap. 2.4.4.4.

[20] Vgl. zu dieser Frisur unten Kap. 2.4.2.

[21] Vgl. auch unsere *Abb. 0139* und BLACKMAN/APTED 1953: Pl. IX-X.

[22] Dazu weiter unten Kap. 3 und S. 317.

Ein Relief aus Tello (2800 v. Chr.) bei *Abb. 0157* zeigt z.B. eine Gestalt mit einer zweiblättrigen Krone, die meistens als "figure aux plumes" bezeichnet worden ist.[23] Die Deutung des Kopfschmucks als Federn scheint mir insofern fragwürdig, als ein Federkiel die Feder zumeist nicht in zwei gleich grosse Hälften teilt. Einen vegetabilen Kopfschmuck legen hingegen auch Parallelen wie das Fragment eines reliefierten Steingefässes aus Tello nahe (2700 v. Chr.) (KEEL 1986: 225 Abb. 126 = ORTHMANN 1975: Nr. 87a), wo eine Göttin eine mit Pflanzenelementen ausgestattete Krone trägt (vgl. auch ORTHMANN 1975: Nr. 89a und 95b sowie DANTHINE 1977: Nr. 863 und 865). Dabei könnte es sich aber auch um eine Göttin(?) mit einer Palmblatt-Krone handeln.

Eine von SCHAEFFER in die Zeit zwischen 2000 und 1800 v. Chr. datierte Kalksteinstele aus Ugarit (*Abb. 0158*) zeigt einen Gott mit einem hohen Kopfschmuck, der schon als stilisierte Palme gedeutet worden ist.[24] Der Kopfschmuck dieser Baʿal-Gottheit unterscheidet sich recht markant von der des "warrior with plumed helmet", der in Gestalt von Bronzefigürchen des 19./18. Jhs. v. Chr. und auf syro-kappadokischen Zylindersiegeln auftritt (PORADA 1942: 57-63 mit Pl. 7,1-8). Möglicherweise stellt sie den *bʿl tmr* dar. Der Name dieses Gottes ist in Ri 20,33 als Bezeichnung einer Ortschaft erhalten (GALLING ²1977: 34).[25]

Auf altsyrischen Rollsiegeln tragen die nackten oder geflügelten Göttinnen bisweilen einen Kopfschmuck, der wie bei *Abb. 0158* an ein grosses Palmblatt erinnert, so z.B. die Göttin auf dem Rollsiegel der Sammlung de Clercq bei *Abb. 0159*.[26] Die enge Verbindung von Baum und Göttin in Palästina, wie sie beim Motiv der 'nackten Göttin' in Teil 1 offensichtlich geworden ist, könnte also in der Deutung und Gestaltung des Göttinnenkopfes ebenfalls ihren Niederschlag gefunden haben.[27]

Dass die Schleifen des Typs B oben oft abgeschnitten sind und dann, wie **No 71** sehr schön zeigt, eine Art auf der Spitze stehendes Dreieck entsteht, könnte auf den bei *Abb. 080-082.084* abgebildeten, älteren Sistrum-Typ zurückgehen.

---

[23] So DANTHINE 1937: zu Nr. 862; ORTHMANN 1975: 184 zu Nr. 75; BÖHMER, Art. "Kopfbedeckung", in: RlA VI 203f.

[24] PRITCHARD 1969: 307 zu Nr. 491.

[25] Der Deutung von GALLING, dass dieser Palmenbaal ein Fruchtbarkeitsgott war, hat sich STADELMANN (1967: 29f) angeschlossen. Seinen Vergleich der Palmblattkrone mit den hohen Kopfbedeckungen asiatischer Gottheiten auf ägyptischen Reliefs (aaO. 30) halte ich allerdings nicht für sehr überzeugend.

[26] Vgl. auch weitere Beispiele bei WINTER 1983: Abb. 191.441.207 und KEEL 1980: 103 Abb. 70.

[27] In der SB-Zeit wird in der Keramikmalerei die stilisierte Palme mit drei grossen und zwei kleinen Blättern noch als Symbol der Göttin verstanden worden sein, wie eine Malerei auf einem Krug des 14. Jhs. v. Chr. aus Megiddo sie zeigt (AMIRAN 1969: 163 Photo 166).

Abb.0156

Abb.0157

Abb.0159

Abb.0158

Abb.0160   Abb.0161   Abb.0162

172

Vor allem *Abb. 084* ist, abgesehen von den fehlenden 'Antennen', **No 71** sehr ähnlich.

2.4.1.2. Die Schleifen mit Papyrusdolde

Bei Typ C (**No 77-81**) erscheint das Göttinnensymbol mit Ohren, Schleifen und einem dazwischen aufragenden Stiel mit einer Blüte. Schon der stilisierte Fetisch bei *Abb. 075* ist mit einer dreistieligen Pflanze kombiniert, bei der die äusseren Stengel nach unten abgeknickt sind, wie es für den Papyrus auch in der Natur typisch ist. Wegen der häufigen Kombination mit dreistieligen Papyrusmotiven kann die einzelne Blüte sicher als Papyrusdolde interpretiert werden, auch wenn die sonst charakteristischen Binsen oben fehlen. Bei *Abb. 083* sind auf dem Kopf der Göttin zwei Papyrusdolden, die seitwärts über die Hörner abgebogen sind, zu sehen. **No 63, 82** und **84** sowie *Abb. 085.095.0104* zeigen das Papyrusmotiv oberhalb des Fetischs oder unter ihm, auf dem Kopf stehend bzw. sogar seitlich eingeritzt (**No 63** und *Abb. 0104*). Bei **No 77** könnten die unteren Bögen ebenfalls umgekehrte Papyruspflanzen sei (vgl. **No 82**).

Interessant ist, dass sich das Papyrusmotiv häufig auf ägyptischen Skarabäen aus Kahun und Uronarti findet, die mit einem Goldzeichen versehen sind. Nur beispielhaft sollen hier einige Stücke angeführt werden. Bei *Abb. 0160* (Uronarti) ist das Papyrusemblem oben auf dem Goldzeichen angebracht. Bei *Abb. 0161* ist die Dolde in der Mitte wie bei unseren **No 78-81** oben offen. Bei *Abb. 0162* fällt wie bei unserer **No 77** (vgl. ev. auch **No 82-83**) die Querschraffierung in der Beuge des Pflanzenstiels auf. Die Verbindung des Goldzeichens mit Papyruselementen ist zwar auch auf Stempelsiegeln aus Palästina nachweisbar, aber sie scheint dort selten zu sein.[28]

Wenn das Goldzeichen für Hathor, die "Goldene"[29] steht, ist die Verbindung mit dem Papyrus in Ägypten nicht erstaunlich. Denn in Unterägypten wurde Hathor schon im Alten Reich mit dem Papyrusstab (*w3ḏ*) in der Hand[30] und in den Mastabas des Alten Reiches das Ritual des Papyrusraufens "für Hathor im Sumpfgelände" dargestellt. Ursprünglich scheint dieser Ritus das Darbringen von Rohmaterial für die Kleidungsherstellung symbolisiert zu haben.[31] In jedem Fall kann das Papyrusdickicht als *das* Gefilde der Hathor gelten (STAEHE-LIN 1978: bcs.77).[32]

---

28 Vgl. TUFNELL 1984 II/2: Nr. 1672 (Jericho).

29 Vgl. zu diesem Beinamen der Hathor ALLAM 1963: 21.40.73.81.100.119.131.139.

30 Vgl. auch Amulette, die die menschengestaltige Hathor mit diesem Szepter darstellen (HERRMANN 1985: Nr. 89.92.93).

31 Vgl. W. HELCK, Art. "Papyrusraufen, Papyruszepter", in: LdÄ IV 671f.

32 STAEHELIN spricht allerdings nicht vom Papyrusraufen, sondern vom Papyrusrascheln für Hathor, dem *zšš w3ḏ*, das man in den Sümpfen vollzieht.

Als Himmelsstütze trat der Papyrus schon bei unseren *Abb. 0140-0141* auf. In späterer Zeit wird die Hathorkuh gern aus dem Papyrusdickicht hervortretend dargestellt, so in Der el-Bahari und in zahlreichen Totenbuch-Illustrationen (ALLAM 1963: 66). Auf den Stelen des Neuen Reiches ist der Papyrus häufig in Begleitung des Göttinnensymbols anzutreffen (vgl. unsere *Abb. 0147.0149-0150*). Die Verbindung des Göttinnenfetisches mit dem Papyrus ist also sicher ägyptisch und stammt aus dem Hathorkult. Ob die Papyrusdolde zwischen den Schleifen allerdings auf den palästinischen Siegeln noch als solche verstanden wurde, wird durch die häufig nachlässige Ausführung doch in Frage gestellt.

2.4.1.3. Der Typ D

Die bei **No 82-84** dargestellte Variante mit dem 'Hütchen' auf dem Kopf geht wahrscheinlich auf die älteren Vorläufer dieses Typs besonders auf Knopfsiegeln zurück (unsere *Abb. 060.061.066.068*). Dafür spricht zusätzlich die ebenfalls schon auf den Knopfsiegeln beliebte Flankierung durch Uräen, wie sie bei **No 82** (ev. **No 83**) erhalten ist. Möglicherweise hat Typ D das Vorbild für die besonders in Alalaḫ und auf sehr vielen altsyrischen Rollsiegeln auftretende Göttin mit dem 'Zylinderhut' abgegeben. Dem kann hier aber nicht nachgegangen werden. Auffällig ist die Verdoppelung des Elements bei **No 84**, für die ich keine Erklärung habe. Rätselhaft bleibt auch der merkwürdige Kopfschmuck bei **No 91**. Allenfalls könnte man sich vorstellen, dass ein *w3ḫ*-Zeichen damit gemeint sein soll.[33]

2.4.2. Die schöne Schulterlockenfrisur

Als Typ E ist eine Gruppe von Skarabäen vorgestellt worden, die den Göttinnenfetisch mit einer kunstvollen Perücke ausgestattet zeigen. Zwei grosse, geschwungene Locken fallen vom Scheitel seitlich weit herab, ihre Spitzen sind nach aussen eingerollt. Die Frisur wird in der gesamten Literatur gewöhnlich als "Hathorfrisur" oder "Hathorperücke" bezeichnet. Als ich der Geschichte der Verbindung der Hathor mit dieser Frisur nachging, stellte sich aber erstaunlicherweise heraus, dass diese in ägyptischen Darstellungen gar nicht so alt und das ganze Mittlere Reich hindurch nur äusserst selten bezeugt ist. Die ältesten eindeutigen Zeugnisse der Frisur stammen aus der Grosskunst: Zwei Parallelstatuen der Regierungszeit Sesostris' II. (1895-1880 v. Chr.), die in die 3. Zwischenzeit nach Tanis verschleppt wurden, zeigen die Gemahlin des Königs,

---

[33] Vgl. zum *w3ḫ* als Zeichen für "bleiben, dauern" HORNUNG/STAEHELIN 1976: 168.

Nofret, mit einer üppigen Lockenfrisur (*Abb. 0163*).[34] Die Perücke ist durch Wellung und Strähnen gezeichnet, die Enden der Schneckenzöpfe legen sich um runde Scheiben, die aus Karneol gewesen sein dürften. Auffällig sind die grossen Ohren, die für Statuen der 12. Dyn. besonders typisch sind (TERRACE-FISCHER 1970: 74). Eine ähnliche Frisur scheinen die Töchter des Gaufürsten Djehuti-hetep auf einem Grabrelief der 12. Dyn. (1850 v. Chr. oder früher) zu tragen (*Abb. 0164*). Auch da enden die Zöpfe in roten Karneolscheiben. Eine Verbindung der Frisur mit der Göttin Hathor beweisen diese frühen Zeugnisse aber eigentlich nicht.[35]

Eine solche scheint jedoch nachweisbar bei den Pfeilerkapitellen der oben schon genannten Darstellung aus Meir (*Abb. 031*), die mit Vorbehalt in die Zeit Sesostris' II. (1895-1880 v. Chr.) datiert werden kann. Zwar ist nicht die ganze Frisur erhalten, aber man erkennt doch deutlich den Göttinnenkopf mit den Kuhohren wieder.

Unzweifelhaft ist bei *Abb. 0165* die Kombination des Fetischs mit der oben beschriebenen Frisur eine Hathor-Darstellung, da die Göttin durch Kuhgehörn mit Sonnenscheibe gekennzeichnet ist. Die Abbildung zeigt die restaurierten Einlagen eines Kästchens aus dem Lahun-Schatz, das in die Zeit Amenemhats III. (1844-1797 v. Chr.) datiert. Auch hier sind die Scheiben in den Zopfenden zu beachten.

An dieser Stelle ist auch auf die vielen Frauen mit Zöpfen auf den bereits erwähnten Grabreliefs von Meir hinzuweisen (BLACKMAN/APTED 1953: Pl. 9-11). E. STAEHELIN, der diese unten zu einer Locke eingedrehten Zöpfe aufgefallen waren (1978: 79), bringt die Frisur in diesem äusserst 'hathorsymbolischen' Grab mit der Bezeichnung "Gelockte" für die Ruderinnen im Pap. Westcar zusammen[36] und nennt die Frisur "Hathorlocken".

M. W. gibt es ausser den genannten keine sicher datierten 'Hathorfrisuren' in Frontaldarstellung im Mittleren Reich, weder in der Gross- noch in der Kleinkunst. Ob das bei *Abb. 0102* abgebildete Kauroid aus Ägypten stammt, ist fraglich. Das 'Hathorkapitell' vom Sinai (*Abb. 0134*) ist leider zum einen nicht sicher datiert und zum anderen gerade im Bereich der Frisur ziemlich stark beschädigt. Es ist mit grosser Wahrscheinlichkeit das erste Hathorkapitell aus der

---

[34] Die Parallelstatue ist die bei TERRACE-FISCHER 1970: Nr. 14 abgebildete (mit angewinkeltem Arm). Dort findet sich im Kommentar eine der wenigen deutlichen Bemerkungen, die ich in der Sekundärliteratur gefunden habe, dass die "Hathorperücke" *vor* dieser Statue gar nicht bezeugt ist (aaO. 73).

[35] Auch in späterer Zeit scheint diese Frisur weiterhin von Frauen, nicht Göttinnen getragen worden zu sein.

[36] Vgl. zur Hathorsymbolik in dieser Erzählung auch unten Kap. 2.4.4.5.

Monumentalkunst überhaupt, d.h. das früheste Kapitell dieser Art stammt nicht aus dem Mutterland selbst.[37]

Für die Haartracht der *im Profil* dargestellten Hathor mit Kuhgehörn und Sonnenscheibe ist typisch, dass ein Teil der Frisur auf dem Rücken und ein Teil vorn über die Schulter fällt. Die Haare sind nicht zu einer Locke eingedreht, sondern unten stumpf abgeschnitten. Dieser Typ von Hathorfrisur findet sich auch in der Rundbildkunst.

Das spärliche Material lässt geraten scheinen, die schöne, frontal dargestellt Frisur nicht vorschnell als "Hathorperücke" o.ä. zu bezeichnen, wenn es sich um Funde des frühen Mittleren Reiches oder der MB II-Zeit handelt.[38] Zwar scheint in der 12. Dyn. Hathor in ihrer Fetisch-Gestalt mit der ursprünglichen Frauenfrisur kombiniert worden zu sein[39], als typisch kann aufgrund dieser sporadischen Belege die Frisur aber kaum gelten, da sie m.W. vor dem Neuen Reich sonst nicht als Hathorfrisur erscheint.[40]

Einige Funde aus Byblos legen nahe, dass die schöne Lockenfrisur dort in der frühen MB II-Zeit in die Göttinnenikonographie Eingang gefunden hat. Zu erwähnen ist eine kleine Gipsbüste aus der Pro-Cella des Obeliskentempels (*Abb. 0166*). Da das Frauenköpfchen mit der Lockenfrisur (vgl. *Abb. 0163*) und den fehlenden Karneolscheiben in einem MB II-zeitlichen Opferdepot lag, dürfte es als Göttinnendarstellung interpretiert werden. Ein Goldblech aus Grab II (12. Dyn.) zeigt zwei nackte Frauen mit der Lockenfrisur. Auch

---

[37] Die Frühdatierung der Hathorkapitelle aus Bubastis ist aufzugeben (vgl. Anm. 11). Damit fällt ein wichtiges Zeugnis eines Hathorkopfes oder -kapitells für die Zeit des Mittleren Reiches.

[38] Mit dieser zeitlichen Beschränkung des Begriffs innerhalb der ägyptischen Ikonographie gehe ich also noch einen Schritt weiter als z.B. HÖLBL (1979: 363 Anm. 100), der wie andere das Entstehen der 'Hathorfrisur' ins Mittlere Reich ansetzt.

[39] Die angeblich archaischen Vorbilder dieser Frisur, die SMITH (1946: 8 mit Pl. 1 und 1958: 27) erwähnt, sind Kalkstein- und Elfenbeinfigürchen aus Hierakonpolis (vordynastisch oder 1. Dyn.) (QUIBELL/GREEN 1902: Pl. IX), sowie ein Kalksteinfragment der 1.-2. Dyn. im Museum von Kairo (SMITH 1958: Pl. 12). Ich halte sie für wenig überzeugend, insofern es nicht um die wirkliche Frisurtechnik, sondern um ihre Darstellungsweise geht. Entscheidend sind dann einzig die nach aussen eingerollten Lockenspitzen (ev. mit der Scheibe), die Frontalität und die grossen Ohren. Beim erwähnten Fragment in Kairo ist leider nur noch einer der Zöpfe unvollständig erhalten, so dass eine Entscheidung unmöglich wird.

[40] Einen Spiegel aus Lahun mit dem typischen Hathorkopf, der von Petrie in die 12. Dyn. datiert wurde, datiert LILYQUIST (1979: 35 mit Fig. 74) aufgrund der Begleitfunde sehr viel später! Auch bei den Löffeldekorationen kommt das Hathorlocken-Motiv erst im Neuen Reich auf (WALLERT 1967: 6 und 35; bei B 29 ist nur ein Göttinnenkopf *ohne* Perücke zu sehen).

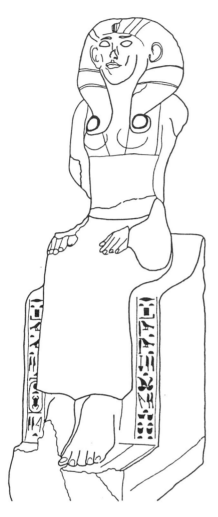

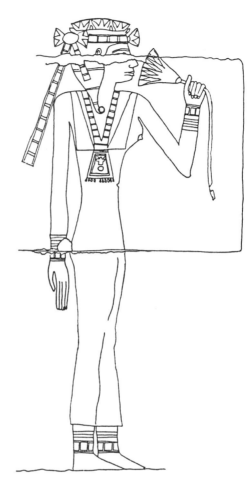

Abb.0163   Abb.0164

Abb.0165

177

Abb.0166

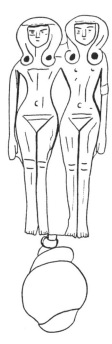

Abb.0167

Abb.0168

Abb.0169

178

Abb. 0170

Abb. 0171

Abb. 0172

Abb.0173

Abb.0174

Abb.0175

179

Abb.0176

Abb.0177

Abb.0178

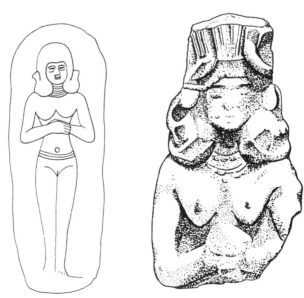

Abb.0179

dort fehlen jetzt die scheibenförmigen Einlagen in den Lockenspitzen (*Abb. 0167*).[41]

Festzuhalten ist vorerst, dass nur beim Kapitell von Meir (*Abb. 031*) und beim Lahun-Kästchen (*Abb. 0165*) die schöne Frisur mit dem Fetischgesicht und dessen Kuhohren kombiniert worden ist. Ansonsten ziert sie im 19./18. Jh. v. Chr. offenbar sowohl Frauen als auch Göttinnen, und, wie *Abb. 0168* zeigt, sogar eine weibliche Elfenbeinsphinx mit grossen menschlichen Ohren aus Açemhöyük.[42] Die Sphingen bestätigen m.E., dass die ägyptische Frauenfrisur zunächst unabhängig von der Göttin Hathor ihre Verbreitung fand.

Die Stempelsiegel aus Palästina zeigen nun alle den frontal dargestellten Göttinnenkopf mit mehr oder weniger deutlichen Kuhohren und einer Frisur mit ausgeprägtem Mittelscheitel und zwei Seitenlocken (ohne Scheiben). Die Frage, die sich nun stellt, ist, ob die Verbindung von Göttinnenfetisch und Lockenfrisur, wie sie sich auf den Stempelsiegeln manifestiert, wirklich auf ägyptischen Einfluss zurückgeführt werden kann, und ob die Frisur als 'Hathorfrisur' verstanden worden ist. Da die Stempelsiegel der MB II B-Zeit vielfach von der syrischen Glyptik beeinflusst sind, sollen hier einige interessante Rollsiegel(abdrücke) diskutiert werden, auf denen ein einzelner Kopf/Fetisch mit einer Lockenperücke auftritt.

Der älteste Beleg ist ein Rollsiegelabdruck aus Kültepe Schicht I (1850-1750 v. Chr.) bei *Abb. 0169*. Ein Würdenträger überrreicht einer sich entschleiernden Göttin einen Capriden. Rechts ist ein menschliches Gesicht mit einer unten in geschwungenen, aber nicht eingerollten Locken endenden Frisur zu sehen. Zweimal taucht ein ähnliches Emblem in der Alalaḫ-Glyptik von Stratum VII (1720-1650 v. Chr.) auf. Bei *Abb. 0170* ist über einer männlichen Gestalt ein stilisierter Kopf mit einer schönen Frisur zu sehen. Darunter sind zwei kleine Ärmchen nach links und rechts ausgestreckt, die ᶜnḫ-Zeichen zu halten scheinen (vgl. *Abb. 0138*). Eventuell ist rechts der Rest eines angefügten Ohres erkennbar. In einer Art Rosette sind die beiden stark stilisierte Köpfe auf dem Rollsiegelabdruck aus Alalaḫ bei *Abb. 0171* eingefasst. Die Gesichter wirken maskenhaft. Was hier aber besonders auffällt, sind die aussen an die Haare angefügten spitzen Ohren.

---

[41] Vgl. auch ein ähnliches MB II-zeitliches Goldblech einer nackten Frau bei DUNAND 1950: Pl. 164 Nr. 9306. PORADAs Hinweis (1983: 238 Anm. 8), dass diese Figürchen wie Frauen "aussehen", besagt natürlich nicht, dass es sich wirklich um Frauen handeln muss. Auch Göttinnen können im syrisch-palästinischen Raum wie Frauen aussehen, so z.B. die 'nackte Göttin' in der altsyrischen Glyptik. Umgekehrt sind Darstellungen gewöhnlicher Frauen häufig denen von Göttinnen angeglichen. Die Verehrerin der Göttin identifizierte sich selbst ein Stück weit mit der Göttin oder wurde mit dieser identifiziert.

[42] Vgl. BARNETT 1982: Pl. 26a-b. Im Schatz von Ägina wurde ein Goldpektorale mit zwei menschlichen Sphingenköpfen im Profil, die ähnliche Lockenfrisuren aufweisen, gefunden (HIGGINS 1979: 28 Nr. 22).

Weitere Gesichter dieser Art finden sich auf zwei Rollsiegeln im Ashmolean Museum in Oxford, einmal eingestreut zwischen Tierkampfszenen (*Abb. 0172*) und einmal zwischen einer Göttin und einem Fürsten (*Abb. 0173*). Bei *Abb. 0173* sind die Kuhohren so gezeichnet, dass die Haare hinter sie gelegt scheinen. Ein nur fragmentarisch erhaltenes Rollsiegel der Sammlung de Clercq zeigt den Fetischkopf (neben einer Einführungsszene?) wiederum in einem kleinen, fast kreisrunden Rahmen (*Abb. 0174*). Auf einem sehr schlecht erhaltenen Zylindersiegel ist ein Göttinnenkopf mit Lockenperücke zwischen zwei Booten und unter einer mit kleinen Ärmchen versehenen geflügelten Scheibe eingeritzt (*Abb. 0175*).[43]

Ein besonders interessantes Rollsiegel, das stilistisch in die frühe Zeitspanne der Alalaḫ VII-Glyptik (1720-1650 v. Chr.) datiert werden kann (PORADA 1983: 237f), wurde in einer Zerstörungsschicht des Tempels von Ost-Karnak (Luxor) gefunden (*Abb. 0176*). Es gehörte laut Inschrift einem "Hammurapi des Schatzhauses", wahrscheinlich einem Schatzmeister aus Nordsyrien. Zwischen den Inschriftenkolumnen sind ein syrischer Herrscher mit Krummholz und eine babylonische Göttin zu sehen. Zwischen den beiden befindet sich ein stilisierter Baum, der aus einem geflügelten Göttinnenkopf mit Locken emporzuwachsen scheint und aus dem sich menschliche Arme erheben. Zuoberst ist noch eine geflügelte Scheibe eingeschnitten. PORADA (1983: 237-240) hat bei der Veröffentlichung und ausführlichen Besprechung des Siegels auf den Zusammenhang von Flügelscheibe, Ärmchen und Göttinnenkopf hingewiesen, der auf mehreren altsyrischen Rollsiegeln zutagetritt (unsere *Abb. 0170* und *0175*).[44] Die Verbindung des Göttinnenkopfes mit einem stilisierten Bäumchen ist noch ein weiteres Mal auf einem Rollsiegel der Sammlung Brett bezeugt (*Abb. 0177*), wo sekundär ein gelockter Göttinnenkopf mit einem Bäumchen ähnlich wie bei *Abb. 0175* neben der Hauptszene eingeritzt wurde (auf dem Kopf).[45]

M.-TH. BARRELET hat schon 1958 anlässlich der Bearbeitung einer Bronze mit zwei Göttinnendarstellungen im Louvre ihre Skepsis über die Deutung der schönen Frisur als "Hathorfrisur" geäussert, da zu Beginn des 2. Jts. v. Chr. sowohl altbabylonische Frauenstatuetten (vgl. *Abb. 0178*, ein Terrakottarelief vom Tell Asmar, Ende des 3. oder Anfang des 2. Jts. v. Chr.)[46] als auch die

---

[43] Vgl. zu diesem Siegel PORADA (1983: 238f), die das geflügelte Göttinnensymbol als Symbol des Schutzes für die zwei Boote deutet.

[44] Zur Deutung der ausgestreckten Arme vgl. COLLON 1975: 74 Anm. 2.

[45] Die sekundäre Zeichnung dürfte nach PORADA (1983: 240) noch in die Alalaḫ VII-Periode fallen (1720-1650 v. Chr.). Auf einem Felsrelief aus Imamkulu (1400-1200 v. Chr.) steht eine sich entschleiernde Göttin auf der Spitze eines Baumes neben einem Wettergott im Wagen (WÄFLER 1975: 17-26 und Taf. 3-4).

[46] BARRELET 1958: 34 Anm. 2; BARRELET 1968: Pl. 37.38.79. Vgl. auch das interessante altbabylonische Fragment bei OPIFICIUS 1961: 251 Taf. 3,205 (unsere *Abb.0179*) sowie

'nackte Göttin' in der altbabylonischen Siegelkunst[47] eine ähnliche Frisur tragen. Ihre Einwände und die These, dass ein ägyptischer Einfluss nur indirekt über Mesopotamien stattgefunden haben könnte, wurden von U. WINTER mit dem Argument verworfen, die "Hathorfrisur" habe mit der in Mesopotamien/ Syrien heimischen nichts zu tun und das Charakteristikum der "Hathor-Köpfe" seien die Kuhohren oder grossen Ohren (WINTER 1983: 98f mit Anm. 18).[48]

Mir scheint aber das frühe Rollsiegel aus Kültepe bei *Abb. 0169* zu beweisen, dass die später mit Ohren versehenen Köpfe in eine altbabylonisch-syrische Tradition (Frontaldarstellung einzelner, männlicher oder weiblicher Köpfe[49]) integriert wurden, dass also der Kopf der nackten Göttin mit der syrischen Schulterlockenfrisur - bei der die Locken nicht ganz eingedreht sind und der Scheitel nicht so ausgeprägt ist - erst sekundär stilisiert und mit den Kuhohren des Fetischs ausgestattet wurde. Nicht immer sind die strengen Züge des Fetischs in der altsyrischen Glyptik übernommen worden, auch fehlt grundsätzlich der Fetischschaft.

Unter den palästinischen Stücken sind ebenfalls mehr ohne als mit Fetischschaft erhalten. Bei keinem dieser Stempelsiegel ist die Frisur durch Scheiben in den unteren Lockenrollen gekennzeichnet. Besonders merkwürdig sind die bei **No 88-89** als angehängte Uräen gestalteten Perückenhälften. In beiden Fällen handelt es sich um einen Göttinnenfetisch auf einem *nb*, in beiden Fällen trägt der Fetisch eventuell einen Pflanzenschmuck auf dem Kopf. **No 89** hat dabei auffallend Ähnlichkeit mit einem altbabylonischen Terrakottafragment, das eine 'nackte Göttin' mit Perücke und oben einer kleinen Federkrone zeigt (*Abb. 0179*; vgl. auch *Abb. 0104*).

Der motivgeschichtliche Zusammenhang, der zwischen den Funden aus Ägypten, Byblos, der altsyrischen Glyptik und unseren Stempelsiegeln besteht, kann nur hypothetisch rekonstruiert werden. Mir scheint, es bestätige sich HÖLBLs Vermutung (1986: 14; 1979: 360-363), dass zwei voneinander unabhängige Frisurentypen, eine ägyptische und eine altbabylonisch-syrische Lokkenfrisur) gerade im palästinischen Gebiet miteinander verschmolzen sein könnten. Dabei hat eventuell im Hathorkult von Byblos die Vermittlung der schönen ägyptischen Frisur mit den Scheiben mit der Göttinnendarstellung stattgefunden

---

Taf. 3,206. Ähnlich hatte schon POULSEN (1912: 44) die unabhängige Entwicklung einer "syrischen Spirallocke" beobachtet.

[47] Vgl. BARRELET 1958: 33 Fig.4; WINTER 1983: Abb.88.91.93-95.97.98.101.102. 104-107.113.116.117. Vgl. auch unsere *Abb. 03*.

[48] FRANKFORT (1939: 266) vermutete direkten ägyptischen Einfluss auf die altsyrische Glyptik.

[49] Zum möglichen Zusammenhang der Göttinnenköpfe mit männlichen, sog. Humbaba-Masken vgl. PORADA 1983: 238 Anm. 9. Zur Frage der Verbindung zwischen der Lockenfrisur und dem omegaförmigen Zeichen vgl. KEEL (1987: passim) und oben S. 56.

und von Byblos aus den palästinisch-syrischen Raum beeinflusst.[50] Die Frisur des Göttinnenkopfes auf den palästinischen Stempelsiegeln ist in jedem Fall richtiger als "syrische Schulterlockenfrisur" (HÖLBL 1979: 363 Anm. 100) denn als "Hathorfrisur" zu bezeichnen.

Während in der älteren syro-kappadokischen Glyptik noch ein syrischer Lokkenkopf dargestellt wird, wird das Motiv in der altsyrischen Glyptik ägyptisiert. Altsyrische Rollsiegel stellen unabhängig davon auch häufig die typische ägyptische Hathor mit Hörnern und Sonnenscheibe im Profil dar.[51] Ob der ägyptische Einfluss auf die altsyrische Glyptik ein direkter war, ist fraglich. In Ägypten gab es die Verbindung von Göttinnenfetisch und Lockenfrisur womöglich zu dieser Zeit noch gar nicht, jedenfalls war sie nicht ausgeprägt. Die Funde aus Ägypten sind sehr sporadisch, es handelt sich um ganz verschiedene und z.T. nur fragmentarisch erhaltene bzw. rekonstruierte Bildträger. Zudem ist zu beachten, dass Schmuck wie der von Lahun und Dahšur als für vorderasiatische Einflüsse besonders empfänglicher Bildträger angesehen werden muss.[52] In der ägyptischen Siegelkunst ist der Fetisch mit den Locken für die MB II B-Zeit nicht sicher bezeugt.

Möglicherweise haben sich die altsyrische Glyptik und die palästinische Siegelkunst bei der Gestaltung des Göttinnenkopfes mit der schönen Frisur wechselseitig beeinflusst. Die Eigenart, dass bei *Abb. 0171*, einem stilistisch offenbar ägäisch beeinflussten Siegel, und bei *Abb. 0174* der Kopf in einen Rahmen eingezeichnet ist, deutet vielleicht auf seine Herkunft von Stempelsiegeln hin. Auch ist im Vergleich der Stempelsiegel mit den Rollsiegeln festzustellen, dass hier die Stempelsiegel erstaunlich sorgfältige Ausführungen des Motivs mit Variationen in der Gestaltung der Perücke zeigen, während die Rollsiegel den Kopf fast immer sehr schematisiert darstellen. Andersherum könnten die Flügelsonne(?) bei **No 88** und die Blattkronen(?) des Fetischs bei **No 88** und **89** ihre Vorbilder in altsyrischen Darstellungen wie bei *Abb. 0176-0177* haben.

Unabhängig von diesen noch hypothetischen Überlegungen ist aber festzuhalten, dass der Göttinnenkopf mit der syrischen Schulterlockenfrisur weder in Syrien noch in Palästina als Hathor verstanden worden sein dürfte, sondern wahrscheinlich als Repräsentation der syrisch/palästinischen 'nackten Göttin'. Dafür

---

[50] Die starke Verschmelzung von ägyptischen, syrisch-palästinischen und mesopotamischen Kunsttraditionen in Byblos haben TUFNELL/WARD (1966: 165-242) untersucht. Besonders der Schmuck ist stark von mesopotamischen Kunsthandwerkern geprägt (aaO. 225f). Auch BÖRKER-KLÄHN/CALMEYER vermuteten eine Vermittlungsfunktion von Byblos bei der Verbreitung des Göttinnenkopfes (Art. "Hathor-Frisur", in: RlA II 148).

[51] Vgl. COLLON 1975: Nr. 147.148.150 und Pl. 27 sowie WINTER 1983: Abb. 120.234. 238.239-240 (Mitte 2. Jt. v. Chr.).275.

[52] Hinweis von Prof. D. Wildung (mündlich). Vgl. zur möglichen Vermittlungsrolle von Byblos oben Anm. 50.

spricht besonders die parallele Konstellation von Göttin bzw. Göttinnenkopf zwischen knienden Verehrerinnen bei **No 90**, *Abb. 040* und *Abb. 092*.

Ziemlich sicher ist die grosse Beliebtheit des Motivs, wie es sich dann in späterer Zeit in Ägypten und auch in anderen Ländern entwickelt[53], auf die Verbreitung durch die Kleinkunst zurückzuführen. Dabei dürfte die palästinische Siegelkunst zur Zeit der "Hyksos" ihren Wirkungskreis bis nach Ägypten gezogen haben.

2.4.3. *Der Kopfschmuck der Göttin in der Spätbronze- und Eisenzeit*

In der SB-Zeit treten schlagartig fast ausnahmslos (Ausnahmen **No 109, 116**) nur noch Göttinnensistren auf den Stempelsiegeln auf, d.h. es wird jetzt die in der ägyptischen Reliefkunst zuerst nachweisbare und schon im Mittleren Reich fest etablierte Verschmelzung von Sistrum und Fetisch übernommen. Wichtig ist, dass das Mittelelement mit zwei 'Antennen' gemeinsam auftritt, was bei den MB II B-zeitlichen Stücken aus Palästina nie der Fall war. Als Naos ist das mittlere Element nur in wenigen Fällen deutlich kenntlich (**No 96-98**). Neben breiten Varianten, gelegentlich mit den auch bei Bronzesistren üblichen Zakken oben, gibt es viele Stücke mit sehr schmalen Mittelelementen, die bis zu einer T-Form zusammenschmelzen können (**No 117**). Hinzuweisen ist hier am Rande auf eine besondere Gruppe von Skarabäen der 18. Dyn., wo der Name *Mn-ḫpr-rc* in dieses zur Kartusche umgestaltete Mittelelement eingetragen ist.[54]

---

[53] Das vielfältige Weiterleben des Göttinnenkopfes mit Lockenfrisur in der SB- und Eisenzeit, auf Rollsiegeln, in Schmuckform etc. kann hier nicht ausführlich verfolgt werden. Auf folgende interessante Belege sei deshalb nur hingewiesen: ein mitannisches Rollsiegel mit einem Göttinnenkopf in der Borowski-Sammlung (ARCHÄOLOGIE ZUR BIBEL 127 Nr. 76 mit weiteren Hinweisen aaO. 339 zu Nr. 76) und bei MOORTGAT 1967: Taf. J Nr. 5 sowie KÜHNE 1980: 116 Nr. 63 (13./12. Jh. v. Chr.); mehrere SB-zeitliche Elfenbein-Frauenköpfchen aus Megiddo (LOUD 1939: Pl. 44 Nr. 190.193); eine phönikische Silberschale (Villa Giulia, Rom) des 7. Jhs. v. Chr., auf der ein geflügelter Göttinnenkopf mit zwei menschlichen Armen das Gefährt eines 'assyrischen' Königs 'entrückt' (HÖLBL 1979 I: 153.295f; II: 363 und Taf. 159b); auf einem Anhänger aus Bronzeblech aus Salamis (700-600 v. Chr.) ist über einer nackten, geflügelten Göttin (als 'Herrin der Tiere') ein geflügelter Göttinnenkopf mit Lockenfrisur zu sehen (J. KARAGEORGHIS 1977: Pl. 25d); aus Meroe stammt eine grössere Anzahl Schmuckanhänger mit einem oder zwei Göttinnenköpfen (SCHOLZ 1987: Abb. 161).

[54] JAEGER 1982: 164f; vgl. z.B. auch DUNAND 1954/58: Pl. CC Nr. 7645.

2.4.4. Die Attribute des Göttinnensymbols

Nachdem die verschiedenen Kopfzierate des Göttinnenfetisches auf ihre Tradition und Bedeutung hin untersucht worden sind, soll im folgenden die Aufmerksamkeit auf ergänzende Figuren, Motive und Symbole gelenkt werden, die sich auf den Stempelsiegeln in Verbindung mit dem Göttinnensymbol präsentieren.

2.4.4.1. Kniende Verehrerinnen

Kniende Verehrerinnen finden sich bei **No 58** (um 90° gedreht[55], mit segnend erhobener Hand), bei **No 90** und bei *Abb. 092*. Dass bei **No 58** ein Erschlagener gemeint ist (wie bei *Abb. 059*), kann aufgrund des erhobenen Arms und der Kniehaltung ausgeschlossen werden. Auf die Herkunft des Motivs aus der altsyrischen Glyptik wurde bereits oben hingewiesen. Kniende Verehrer finden sich in der MB II B-Siegelkunst z.B. auch in Verbindung mit dem 'Fürsten im Wulstsaummantel' (SCHROER 1985: Abb. 51.53.53).

Bei **No 117** (18. Dyn.) scheinen die knienden Gestalten weniger verehrend gedacht zu sein, sondern vor allem als Träger des Papyrusstabs. In ähnlicher Funktion sind die beiden stehenden Figuren Thutmosis' III. bei *Abb. 0146* dargestellt. Kniende Verehrer flankieren aber auch das Kultemblem auf der Berliner Stele bei *Abb. 0144*. Durch diese Gestalten wird in allen Fällen der Verehrungswürdigkeit und kultischen Bedeutung des Göttinnensymbols Nachdruck verliehen.

2.4.4.2. Die Zweige

Die Bedeutung der Zweige ist oben im 1. Teil schon ausführlicher diskutiert worden. Besonders hinzuweisen ist hier auf **No 75**, wo die Identität von 'nackter Göttin' und Göttinnenfetisch ähnlich wie in der Konstellation mit den Verehrerinnen durch die beiden flankierenden Zweige/Bäumchen manifestiert wird. Die Vorliebe für die Verbindung der Göttin mit Zweigen ist auch durch die kleinen Zweiglein auf dem Göttinnenkopf bei *Abb. 0101* und *0103* bezeugt.

2.4.4.3. Die Uräen

Von den ältesten ägyptischen Knopf- und Zylindersiegeln bis zu den eisenzeitlichen Stempelsiegeln ist die Verbindung des Göttinnenfetisches mit zwei flankierenden, nach aussen gerichteten Uräen eine der häufigsten. In der MB II

---

[55] Für solche gedrehten Figuren gibt es sowohl bei Roll- als auch bei Stempelsiegeln der MB II B-Zeit viele Beispiele (vgl. z.B. WINTER 1983: Abb. 100.379 und SCHROER 1985: Abb. 50).

B-Zeit ist sie aber eigenartigerweise, abgesehen von den nach innen gewandten Uräen beim Typ E (**No 61.88.89.92**) nur einmal sicher bezeugt (**No 82**).

Nun ist der Uräus in der ägyptischen Kunst zwar allgegenwärtig, aber ganz zufällig wird die Assoziation des Fetischs mit den Schlangen nicht sein. O. KEEL (1977: 94ff) hat schon darauf hingewiesen, dass auf den Stempelsiegeln aus Palästina heilige Gegenstände, Gottheiten, Göttersymbole und Königssymbole (ägyptische Lebenszeichen, Djedpfeiler, Horusfalke, Horusauge, Skarabäus, Sonnenscheibe, Re^c, falkenköpfiger Gott, Rešef und Göttinnensymbol) von zwei Uräen flankiert werden können, aber nicht der König selbst.

Während in der Ikonographie Hathor selbst kaum mit dem Uräus erscheint, wird sie in Sargtexten häufiger mit der Uräusschlange identifiziert. So kann der/ die Tote seine/ihre Verwandlung in Hathor behaupten:"Ich bin erschienen als Hathor, die Urzeitliche, die Allherrin, die von der Wahrheit lebt. Ich bin die Uräusschlange (*j^{c}r.t*), die von der Wahrheit lebt, die das Antlitz jedes Gottes überhöht...", oder:"Ich habe die sieben Uräen (*j^{c}r.t*) verschluckt, ich bin (also) Hathor, die Herrin der Böcke".[56] Die Uräen dürften in jedem Fall die unheilabwehrende Kraft des Fetischs unterstrichen und zugleich dessen Göttlichkeit signalisiert haben. Eine engere, mythologische Verbindung von Schlange und Hathor ist aber nicht anzunehmen.

2.4.4.4. Falke und/oder Rote Krone

Im Gegensatz zum Uräus ist der Falke in Ägypten hauptsächlich mit dem König verbunden (vgl. KEEL 1982: 448f), der so als inkarnierter Horus erscheint.

No 73 zeigt den Göttinnenkopf neben einem Falken, der die Rote Krone trägt. Ob die Standlinie unten ebenfalls Teil einer liegenden Roten Krone ist, lässt sich nicht ausmachen. Sehr ähnlich ist *Abb. 095*. Schon auf dem Zylindersiegel bei *Abb. 062* findet sich der Fetisch umgeben von Falken, die ^{c}nh-Zeichen flankieren. Von zwei stilisierten Roten Kronen wird der Skarabäus bei *Abb. 070* flankiert.

Sehr häufig sind in Kahun und Uronarti Skarabäen, die das Goldzeichen mit zwei Roten Kronen zeigen, wie *Abb. 0180* es beispielhaft darstellt. Auch in Palästina sind in MB II B-zeitlichen Schichten Skarabäen mit Goldzeichen und Roten Kronen oder gekrönten Falken nicht selten. *Abb. 0181-0183* zeigen drei Beispiele vom Tell el-^{c}Aǧǧul.

In der SB- und Eisenzeit findet sich der Falke zweimal auf der einen Seite von doppelseitig gravierten Siegelplatten (**No 98** und **107**) sowie bei dem späten Stück bei **No 94** antithetisch nach aussen gewendet. Auf den Stelen des Neuen Reiches ist der Falke in dreifacher Ausführung bei *Abb. 0150* zu sehen. Diese

---

[56] CT IV 172h-173e (Spruch 331) und CT 225k-l (Spruch 612), zitiert nach ALLAM 1963: 111.

Komposition könnte auf die Sonderform des *wḫ*-Szepters bei *Abb. 0136* (Meir) zurückgehen.

Der Falke dürfte in allen Fällen Horus bzw. Re^c-Harachte oder den sich mit Horus identifizierenden Pharao repräsentieren. WILDUNG hat die bei *Abb. 0144* abgebildete Stele in Berlin zum wahrscheinlich ältesten Zeugnis der in der Spätzeit sehr wichtigen Verbindung Hathors, die als göttliche Muttergemahlin des Horus angesehen wird ("Haus des Horus" = "Mutter des Horus"), mit Horus/Re^c-Harachte von Edfu erklärt (1975: 266). Die Inschrift im oberen Stelenteil besagt:"Hathor, zu Gast in Edfu, die Herrin von Dendera", und über der falkenköpfigen Menschenfigur mit der Doppelkrone auf dem Haupt steht "Horus von Edfu" (aaO. 257). Ob die Rote Krone als Symbol der Herrschaft über Unterägypten oder wegen ihrer allgemeinen Zauberkraft mit der Göttin kombiniert wurde, bleibt offen. Jedenfalls scheint sie in der SB-Zeit keine Bedeutung mehr im Hathorkult gehabt zu haben. Seit dem Mittleren Reich ist Hathor mit dem Titel *nb.t t3.wj* "Herrin der beiden Länder" (ALLAM 1963: 131) bedacht worden, was *Abb. 0140* bildlich durch die Symboltiere von Ober- und Unterägypten zum Ausdruck bringt.[57]

2.4.4.5. Der Fisch

Zweimal ist bei den SB-zeitlichen Stempelsiegeln durch die Oberseitengestaltung des Siegels eine Assoziation des Göttinnensymbols mit dem Fisch dokumentiert (**No 99** und **100**). E. STAEHELIN ist bereits 1978 in einem kleinen Aufsatz zur Hathorsymbolik in der ägyptischen Kleinkunst der Bedeutung der Fischanhänger im Hathorkult nachgegangen. Der älteste Hinweis dürfte in der Ruderinnengeschichte des Pap. Westcar (12. Dyn.) bewahrt sein, wo einer der Ruderinnen ihr "Fischanhänger aus neuem Türkis" ins Wasser fällt. Die ganze Ambiance der Szene ist 'hathorträchtig', und die Ruderinnen werden als der Göttin ebenbildliche Hathor-Dienerinnen (STAEHELIN 1978: 77) beschrieben.

Im Grab des Uchhotep in Meir ist die Tochter des Grabherrn zweimal mit einem solchen Fischanhänger im Haar dargestellt.[58] Zudem ist in diesem Grab der Tilapia-Fisch, der ebenfalls mit Hathor assoziiert wurde, dargestellt. Lotosblume, Tilapia und Hathorsymbol sind auf einer Fayence-Schale des Neuen Reiches zusammen abgebildet.[59] STAEHELIN weist aber darauf hin, dass im Mittleren Reich die Fischanhänger, die alle in Gräbern gefunden wurden, in deren Umgebung ein Hathorkult bezeugt ist, keine Tilapia, sondern einen Fieder-

---

[57] Schon auf den bei *Abb. 069* und *071* abgebildeten frühen Skarabäen wird der Göttinnenkopf mit dem Vereinigungszeichen *zm3* kombiniert. Vgl. dazu TUFNELL 1984 II/2: Pl. 7 und HORNUNG/STAEHELIN 1976: 170.

[58] BLACKMAN/APTED 1953: Pl. 13f; 25,1; 26,2; 28,34; vgl. STAEHELIN 1978: 78.

[59] Vgl. ausführlicher zur Symbolik auf den Fayenceschalen STAEHELIN 1978: 81 mit Anm. 49.

Abb.0180

Abb.0181

Abb.0182

Abb.0183

Abb.0184

Abb.0185

Abb.0186

Abb.0187

Abb.0188

189

Abb.0189

Abb.0190

Abb.0191

Abb.0192

190

bartwels darstellen. Die symbolische Bedeutung beider Arten dürfte aber dieselbe gewesen sein (STAEHELIN 1978: 84), nämlich 'Regeneration', wie man sie sich ebenfalls von der Darstellung der Göttin versprach.

2.4.4.6. Die zwei Katzen

Die Katzen sind im Neuen Reich aus dem Kult der Nebet-hetepet (im Alten und Mittleren Reich identisch mit Iusaas), der Hathor von Heliopolis, in die Hathorsymbolik gewandert.[60] Die Zeugnisse auf Keramik und Stelen sind oben bereits genannt worden. Ab der 22. Dyn. wurde die Katze mit der Göttin Bastet assoziiert (HORNUNG/STAEHELIN 1976: 120). Statt des Göttinnenfetischs flankieren die Katzen bei *Abb. 0184* eine Lotosblüte. Auch bei *Abb. 0185*, einem Skarabäus der Sammlung Fraser-von Bissing, scheint der Hathorkopf durch Lotosblüte und Goldzeichen vertreten zu sein. Oben ist der Thronname *Mn-ḫpr-rꜥ* in einer Kartusche zu lesen.

2.4.4.7. Der Affe

Bereits auf den ältesten Zylinder- und Knopfsiegeln tritt das Göttinnensymbol in Kombination mit einer langschwänzigen Affenart auf (*Abb. 063.066*). Da der Affe auch auf dem eisenzeitlichen Skaraboid aus Lachisch (**No 51**) neben der 'nackten Göttin' erscheint, sollen diesem Motiv hier einige Bemerkungen gewidmet werden. Auf den palästinischen Siegeln kommt der Affe m.W. erst in der Eisenzeit vor, so z.B. auf dem früheisenzeitlichen Exemplar bei *Abb. 0186* aus Bet Šemeš (EZ I - II A).[61]

In der Glyptik Vorderasiens tritt der Affe jedoch schon in der ersten Hälfte des 3. Jts. v. Chr. als Füllmotiv auf, wie der Rollsiegelabdruck aus Susa bei *Abb. 057* zeigt. Auf altsyrischen Rollsiegeln ist diese kleine, hockende Gestalt so häufig irgendwo in die Siegelfläche eingestreut, dass sich eine Auflistung von Belegen erübrigt.[62] Besonders oft findet sich das Tier auf altbabylonischen und syrischen Siegeln mit der (nackten) Göttin, was ein nur oberflächlicher Blick in die Sammlung von Rollsiegel-Zeichnungen bei WINTER (1983) schon bestätigt.

Der Affe ist in die Szenen der Rollsiegel offenbar selten richtig eingebunden. Bemerkenswert sind einige Siegel, bei denen zwei Affen die Göttin oder einen

---

[60] Vgl. dazu vor allem VANDIER 1966: bes. 76-80 und W. GUTEKUNST, Art. "Nebet-hetepet", in: LdÄ IV 362f.

[61] Vgl. das SB zeitliche, zyprische Rollsiegel mit Affen am Baum bei BUCHHOLZ/KARA-GEORGHIS 1971: Nr. 1752.

[62] Vgl. schon oben Teil 1 Anm. 74 und COLLON 1975: Nr. 51.88.153.213 sowie SCHAEFFER-FORRER 1983: 22 (R.S. 5.175).

Raum flankieren[63], was *Abb. 0187*, ein Rollsiegel aus der Sammlung Aulock beispielhaft illustrieren soll. Am häufigsten tritt der Affe zwischen der Göttin und einer weiteren Figur auf, in der Nähe von Trink- oder Trankspendeszenen bzw. bei sogenannten Bankettszenen, wie bei *Abb. 0188*, einem altsyrischen Rollsiegel im Louvre.[64] Auf einem Rollsiegel des British Museum könnte ein tanzender Affe dargestellt sein.[65] Ein spitzschnauziges Tier, das eine Mondsichelstandarte hält, ist auf einem syro-kappadokischen Rollsiegel (1950-1850 v. Chr.; WINTER 1983: Abb. 74) zu sehen. Es dürfte von seiner typischen Haltung her ebenfalls als Affe zu deuten sein. In einem Fall könnten neben einem Heiligtum der Göttin ebenfalls Affen abgebildet sein (WINTER 1983: Abb. 136). Die zoologische Identifikation (vgl. dazu COLLON 1986: 45) ist schwierig, da die Tiere oft sehr merkwürdig dargestellt sind, so dass sie schon als Mungos gedeutet wurden (vgl. dazu DUNHAM 1985: bes. 246). Als Kandidat für nach Mesopotamien importierte Affen kommt besonders der *Rhesus macaque* in Frage (aaO. 261 Anm. 110). Gewöhnlich aber hocken die Tiere und führen dabei gelegentlich eine Hand (essend?) zum Mund.

In ihrem 1983 erschienenen Beitrag "More Monkey Business"[66] hat C. MENDLESON, ausgehend von einer Gruppe von neun reliefierten Plaketten aus Ur, die sich im British Museum befinden, versucht, der Bedeutung des Mannes mit einem oder zwei flötespielenden Affen auf die Spur zu kommen. Aufgrund weit zurückreichender neuzeitlicher Traditionen kommt sie zu dem Schluss, dass der Schausteller mit dem/den musizierenden Affen ein indischer "Monkey Wallah" ist. Diese auf dem ganzen indischen Subkontinent verbreitete wandernde Gestalt sei wahrscheinlich Ende des 3. Jts. v. Chr. auch nach Ur gekommen, und zwar möglicherweise über Elam, wo das Schlagzeug des spielenden 'Zirkus'-Affen in der Ikonographie durch die Flöte ersetzt wurde. *Abb. 0189* zeigt eine der oben erwähnten Terrakotten aus Ur mit einem Mann, auf dessen Schulter ein Affe hockt, während er einen weiteren Affen an der Leine führt.

Auch S. DUNHAM ist in einem neueren Beitrag zum Affen im Mittleren Osten (1985) der Bedeutung dieses Tieres in der vorderasiatischen Kunst und Literatur nachgegangen. Obwohl Affen in Mesopotamien nie heimisch waren, werden sie seit dem 4. Jt. in der mesopotamischen und elamischen Kunst dargestellt. In der sumerischen Literatur gibt es Hinweise auf eine Verbindung des Affen mit Mu-

---

[63] Vgl. WINTER 1983: Abb. 89.93.289.

[64] Vgl. aaO. Abb. 130.250.282.301.305.

[65] WINTER 1983: Abb. 130, vgl. ev. auch Abb. 282.

[66] Vgl. schon den etwas älteren, kleinen Beitrag von BARNETT (1973), in dem eine Reihe interessanter Hinweise auf altorientalische Affendarstellungen zusammengestellt sind (aaO. bes. 3). Wichtiges Material bietet zudem VAN BUREN (1939: 22-24), ohne jedoch eine Interpretation der Affensymbolik zu wagen.

sik und Unterhaltung, und diese Assoziation legen nun auch die von DUNHAM zusammengestellten Bildzeugnisse nahe.

Da ist zunächst ein altbabylonisches Terrakottarelief im Iraq-Museum (*Abb. 0190*), auf dem zwei nackte Frauen sich händeklatschend gegenüberstehen. Möglicherweise tanzen sie zur Musik der kleinen, krummbeinigen Lautenspieler in der Mitte. Von den drei Affen mit Kreuzband scheint der linke sich ebenfalls nach der Musik zu bewegen. DUNHAM führt vier altbabylonische Rollsiegel an, auf denen ein Affe zusammen mit einem solchen krummbeinigen Männchen neben dem Motiv der 'nackten Göttin' auftritt (1985: Fig. 3-6). Altbabylonische Terrakotten stellen zuweilen flötespielende Affen dar (aaO. Fig. 7-8). Ein solcher ist bereits auf einem Zylindersiegel des 3. Jts. v. Chr. vom Königsfriedhof in Ur zu sehen (FRANKFORT 1939: Pl. 13h). *Abb. 0191* zeigt ein mesopotamisches Rollsiegel der Borowski-Sammlung (2600-2500 v. Chr.) mit einem flötespielenden Affen auf einem Kissen in der Nebenszene.

DUNHAM kommt mit ihren Untersuchungen u.a. zum Schluss, dass Affen besonders in der altbabylonischen Zeit eine Rolle bei Unterhaltung und Musik spielten (aaO. 248.261). Ihre vorsichtige Vermutung einer erotischen Komponente dieses Tieres sowie einer Verbindung zur Göttin (aaO. 262) darf man aufgrund der Untersuchungen von WINTER und der oben genannten Beobachtungen zum Affen besonders in der altsyrischen Glyptik wohl entschieden bejahen. Im Umfeld der erotischen Göttin, des oft mit ausgeprägten Geschlechtsteilen gezeichneten, krummbeinigen Männleins (DUNHAM 1985: 247 Anm. 57), des Lautenspielers, der ebenfalls bisweilen bei Koitusszenen erscheint (ebd.), und der erotischen Bankettszenen ist die Symbolik des Affen nur allzu evident. WINTER hat in seiner Studie "Frau und Göttin" umfassend die enge Verbindung von Sexualität, Musik und Essen/Trinken in der altorientalischen Ikonographie nachgewiesen (1983: bes. 253-272).[67] Wieso der Affe in dieses Umfeld geraten ist, muss offenbleiben. Vielleicht war es seine Fähigkeit, musikalische und artistische Kunststückchen zu erlernen, vielleicht auch die Eigenart, dass sich bei Affen offenbar jede Art von Erregung als sexuelle Erregung äussern kann.[68]

In jedem Fall dürfte D. COLLON (1986: 46) darin zuzustimmen sein, dass der Affe zu Beginn des 2. Jts. v. Chr. eine Art Luxus- und Statussymbol, möglicherweise von sesshaft gewordenen Amoritern, war und so die Annehmlichkeit des sesshaften Lebens repräsentierte. In diese Richtung weist auch der dem

---

[67] Zur Ikonographie der Bankettszene in Mesopotamien vgl. auch SELZ 1983.

[68] In BREHMS TIERLEBEN wird die dem Affen nachgesagte besondere Sinnlichkeit als unzutreffendes Urteil abgewiesen (BREHMS TIERLEBEN Bd. 13 1920: 436) und festgestellt:"Der Affe...ist nur allgemein, in seinem ganzen Nervensystem sehr erregbar, und jede Erregung äussert sich daher bei ihm leicht auch als geschlechtliche Erregung." COLLON (1986: 46) verweist ebenfalls auf die "ityphallische Neigung" des Affen (vgl. BARNETT [2]1975: 47).

Ibbi-Suen, König von Ur, als Geschenk offerierte Affe, nach welchem sogar das entsprechende Regierungsjahr benannt wurde.[69]

Für Ägypten liegt zur Ikonographie des Affen eine ältere Untersuchung von VANDIER D'ABBADIE vor (1964: 147-177; 1965: 177-188; 1966: 143-201). Bis ins Mittlere Reich waren in Ägypten Mantelpavian und Meerkatze heimische Tierarten. Affen wurden abgerichtet zum Musizieren und Tanzen, man hielt sie als Spassmacher und Schosstierchen. In den Mastabas des Alten Reiches finden sie sich oft zusammen mit Zwergen, und in den Gräbern des Neuen Reiches hockt häufig ein Affe unter dem Sessel der Grabherrin. Eine spezielle Verbindung herrscht in der Bildkunst zwischen Affe und Toilettedarstellungen bzw. -gegenständen.[70] HORNUNG/STAEHELIN (1976: 106-108) haben die häufiger geäusserte, aber nie nachgewiesene Vermutung[71] einer erotischen Bedeutung, die der Affe in Ägypten gehabt haben soll, kritisch beurteilt. Sie bestimmen die Symbolik des Tieres als Regenerationssymbolik im weiteren Sinn:"Wir möchten ...annehmen,...dass mit der erotischen Anspielung noch nicht der ganze Hintergrund ausgelotet ist, sondern dass, hinter dem Wunsch nach Liebe und körperlicher Erfüllung auch im Jenseits, die Hoffnung auf Regeneration anklingt, die eben nur ganz verhalten angetönt ist. Dass Affen gerade auch in Toilettenszenen vorkommen, dass diese Tiere mit Salbgefäss oder Spiegel erscheinen können,... dass Affen oft als Schmuck von Salbgefässen und Schminktöpfen auftreten, also mit lauter Elementen, die eine Beziehung zum Wiedergeburtsgedanken haben, unterstützt unsere Annahme" (aaO.108).

Dieser vorsichtigeren Umschreibung der Symbolik des Affen in Ägypten wird man zwar bedenkenlos zustimmen können. Allerdings fragt sich, ob nicht bei späten, sehr deutlichen Darstellungen wie z.B. einem ptolemäisch-römischen Fayence-Figürchen aus Theben (jetzt in Heidelberg; FEUCHT 1986: 154 Nr. 364), das eine Frau beim Koitus mit einem Affen zeigt, eine Vorstellung zum Vorschein kommt, die bei früheren ägyptischen Affenbildern schon im Hintergrund gestanden haben könnte.

Es wäre Gegenstand einer grösseren Arbeit, den möglichen Verbindungen der Affenhaltung und -darstellung in Mesopotamien und Ägypten nachzugehen. In jedem Fall scheint es da einige Parallelen zu geben, die Bedeutung von Affen

---

[69] Vgl. zur Lesung der Jahrformel, die (gegen MENDLESON 1983: 83) jedenfalls eine positive Bedeutung des Affen voraussetzt, jetzt COLLON 1986: 46.

[70] Vgl. den Art. "Affe" von E. BRUNNER-TRAUT in LdÄ I 83-85. Von der komplexen Verbindung von Affe und Thot kann hier nicht die Rede sein. Auf einigen Prunkäxten, die in die 1.-2. Zwischenzeit datiert werden, kommen Affen (stehend allein oder zu zweit, auch hockend) vor. KÜHNERT-EGGEBRECHT interpretiert sie als Tiere des Thot, die auf diesen Streitäxten die kämpferische Rolle des Thot als Herrn der östlichen Fremdländer symbolisieren (1969: 77f mit Taf. 24,1-3).

[71] Die bei HORNUNG/STAEHELIN (1976: 144 Anm. 12) erwähnte Dissertation, in der es um die Erossymbolik des Affen gehen sollte, ist m.W. nicht fertiggestellt worden.

bei Musik und Tanz, ihr gemeinsames Auftreten mit Zwergen und ein dominantes Erscheinen im Umfeld von Frauen (Ägypten) bzw. Göttinnen (Vorderasien/ Syrien). Dass auch in Ägypten der Affe schon zu Beginn des Alten Reiches mit einer Göttin verbunden war, zeigen unsere *Abb. 062.063.066.*

2.4.4.8. Weitere Zeichen auf dem Stempelsiegeln aus Palästina und Hinweise auf interessante Begleitmotive bei Stücken aus Sammlungen

Die sonstigen, auf den Stempelsiegeln erkennbaren Zusatzsymbole vor allem der MB II B-Zeit sind, wie es meistens der Fall ist, oft schwer identifizierbar. Es treten *nfr, z3, w3ḏ,* Udjat-Auge (**No 84**) und häufig Winkelhaken auf, einmal die 'Binse' (**No 115**; vgl. *Abb. 083*).Zum Papyrus als Symbol der Lebensfrische ist oben schon mehr gesagt worden, ebenfalls zum Udjat-Auge. Die übrigen Zeichen dürften kaum mehr als ihre gewöhnliche Bedeutung von 'Leben', 'Glück', 'Regeneration' oder 'Schutz' haben, wie sie sie auch im Zusammenhang mit anderen Motiven repräsentieren.

An dieser Stelle soll noch auf einige interessante Begleitmotive des Göttinnenkopfes auf Skarabäen aus Sammlungen hingewiesen werden. Da ist zunächst die bereits auf den frühesten Skarabäen bezeugte Verbindung des Göttinnenkopfes mit zwei grossen Vögeln, wie sie *Abb. 074.078.0103.0111* zeigen. O. KEEL (1980: 265) hat darauf hingewiesen, dass es sich hierbei offensichtlich nicht um Tauben, also Symboltiere der Ischtar handelt, sondern dass die zwei flankierenden Vögel einfach das in der Mitte befindliche Motiv, bei *Abb. 0103* das kleine Bäumchen, hervorheben. Zwei Vögel, die in dieser Weise einen Zweig flankieren und zugleich auf einem aus drei Bäumchen gebildeten Tempelchen(?) sitzen, zeigt auch ein Stempelsiegel aus Megiddo (*Abb. 0192*). Die Bäumchen dürften, wie sich inzwischen mehrmals erwiesen hat, als Attribute bzw. Repräsentation der Göttin zu deuten sein.[72]

Bemerkenswert ist bei *Abb. 088* der Capride. Schon auf Skarabäen vor der 12. Dyn. kommen vereinzelt Steinböcke/Ziegen vor (WARD 1978: Pl. 6,174 und 8,220). Rätselhaft ist der nur einmal bezeugte Hathortitel "Herrin der Bökke" in einem Sargspruch (ALLAM 1963: 111.113). Auf altsyrischen Rollsiegeln sind Capriden dagegen vielfach in der Nähe der nackten oder sich entschleiernden Göttinnen anzutreffen. Sehr wahrscheinlich stammt also dieses Stück aus der Levante, wo man den Göttinnenkopf nicht als Hathor verstand, sondern als Repräsentation der syrischen Göttin.

---

[72] Vgl. aber die Deutung der Vögel als Horusfalken durch KEEL unten S. 222.232-239. Vgl. auch eine Schiefergussform aus Nordsyrien (1810-1740 v. Chr.), die drei nackte Göttinnen darstellt, von denen die beiden äusseren je einen Vogel auf dem Haupt tragen, so dass diese Vögel die Sichel und Scheibe auf dem Kopf der mittleren flankieren (ARCHÄOLOGIE ZUR BIBEL 254 Nr. 208).

Zu klären wäre noch eingehender die Symbolik des Hasen, der offenbar sowohl in Ägypten als auch in Vorderasien schon sehr früh mit der Göttin in Zusammenhang stand. HORNUNG/STAEHELIN vermuten beim Hasen Regenerationssymbolik, was bei der grossen Fruchtbarkeit dieses Tieres durchaus naheliegt.[73]

Zum Schluss sollen noch die Sonnenbarken erwähnt sein, über denen sich bei **No 94** und **95** sowie bei *Abb. 0114* und *0115* (eventuell auch bei **No 97**) der Fetisch erhebt. ALLAM hat Hinweise vor allem aus Sargsprüchen gesammelt, nach denen in der Barke des Re^c auch die Göttin Hathor am Bug des Schiffes sitzt (ALLAM 1963: 116-118). Neben dieser engen Beziehung zur Sonnenbarke gab es auch die Vorstellung von einer Hathorbarke, mit der Hathor mehrmals im Jahr eine Schiffahrt am Himmelsozean unternimmt (ALLAM 1963: 118-120).

2.4.5. Welche Göttin repräsentiert der Fetisch auf den Stempelsiegeln aus Palästina?

Als Ergebnis der ikonographischen und ikonologischen Untersuchung des Göttinnenmotivs auf den Stempelsiegeln aus Palästina/Israel kann festgehalten werden, dass dieses zwar eindeutig ägyptischer Herkunft ist, in Palästina in der MB II B-Zeit aber nicht als ägyptische Hathor verstanden wurde, sondern als Repräsentation der einheimischen, syrisch-palästinischen Göttin. Dafür spricht vor allem die Assoziation mit Pflanzenelementen (Zweigen) und die mögliche Umdeutung der ägyptischen Hörner bzw. Federn auf dem Fetischkopf zu Palmblättern. Dafür spricht auch die Austauschbarkeit von Göttin und Göttinnenkopf zwischen knienden Verehrerinnen. Auch die Verbindung des stilisierten Fetischs mit der Lockenfrisur könnte eine syrisch-levantinische Erfindung gewesen sein und steht jedenfalls ikonographisch in einer syrischen Tradition. Zur Beliebtheit des ägyptisierenden Motivs dürfte die en-face-Darstellung am meisten beigetragen haben. Die Isolation des Kopfes der Göttin und seine Frontalität kamen der persönlichen Frömmigkeit ihrer VerehrerInnen entgegen. Auch

---

[73] HORNUNG/STAEHELIN 1976: 114f; vgl. STAEHELIN 1978: 80. Hasen gehören zu den häufigsten Begleitmotiven der 'nackten Göttin' auf altsyrischen Rollsiegeln (vgl. z.B. COLLON 1975: Nr. 81.153.155 und WINTER 1983: Abb. 192.193.200.216.249.264.272.285.292.371. 440.448). Sie treten aber meistens als Füllmotiv (manchmal nur ein Hasenkopf) oder als Fries am oberen oder unteren Rand des Siegels auf, m.W. nie in einer deutlicheren Beziehung zur Göttin (z.B. als Opfertier). VAN BUREN (1939: 26-28) nennt nur eine mythologische Szene, in der ein Hase auf dem Arm einer Gottheit auftritt. Im 2. Jt. scheint auch eine Beziehung des Hasen zum Gott Amurru zu bestehen (ARCHÄOLOGIE ZUR BIBEL 117). J.V. CANBY (RlA IV 131-133) weist besonders auf den Hasen als Jagdbeute (Falkenjagd) in der anatolischen Kunst hin. Selten tritt er in der syrischen Glyptik als Opfertier auf.

der Göttinnenkopf war im oben erklärten Sinn (vgl. Kap. 1.4.2) ein 'Andachtsbild'.

Frontalität ist für ägyptische Darstellungen von Menschen und Göttern ausgesprochen untypisch, denn ausser dem Göttinnenkopf wird nur Bes sowie beim Niederschlagen ganzer Feindbüschel durch den Pharao der mittlere Kopf frontal dargestellt.[74] In Ägypten scheint das Göttinnenmotiv im Mittleren Reich längst nicht solche Bedeutung gehabt zu haben wie in Palästina. Es gibt z.B. keine sicher in das Mittlere Reich datierten Skarabäen aus Ägypten mit dem Göttinnenfetisch, der zwei Schleifen auf dem Kopf trägt. Für die Verbindung des Fetischs mit der schönen Frisur kommt nur ein einziges Stück vermutlich ägyptischer Herkunft in Frage (*Abb. 0102*). Bei solchen sog. Hyksos-Skarabäen ist der Einfluss von Palästina-Syrien her zudem unbestritten.

In der SB-Zeit liegen die Dinge völlig anders. Unter der ägyptischen Dominanz verschwindet in Palästina eine eigenständige Siegelkunst weitgehend. Die Stempelsiegel dieser Zeit sind völlig ägyptisch, vielleicht sogar importiert. Sie entsprechen den ägyptischen Motiven, ohne allerdings das ganze Spektrum der dort verbreiteten Varianten zu bieten. Grundlegend für die Gestaltung des Motivs in der SB-Zeit ist ikonographisch das Hathor*sistrum*, das in Ägypten zu Beginn des Mittleren Reiches durch Verschmelzung des kultischen Sistrums mit dem Göttinnenfetisch entstanden ist. Auch in Ägypten scheint aber das frontale Bild der Göttin dann entscheidender gewesen zu sein als der Aspekt von Kultgerät und Musik, da die Details des Sistrums auf den Stempelsiegeln zumeist nachlässig ausgeführt sind. In der SB-Zeit wurden diese Siegel also unter ägyptischem Einfluss als Repräsentationen der Hathor verbreitet. Wahrscheinlich stand dabei deren freundliche Seite als Herrin des Spiels und der Musik im Vordergrund.

---

[74] Vgl. oben Teil 1 Anm. 93.

3. ZUM SCHLUSS

Die Untersuchung der Göttinnenmotive auf den Stempelsiegeln hat einige frühere Beobachtungen zu den Eigenheiten der Ikonographie Palästinas bestätigt, sie hat aber auch ganz neue Ergebnisse hervorgebracht. Thesenartig sollen diese Resultate hier zum Abschluss der Arbeit festgehalten und zur Diskussion gestellt werden.

1. Die 'nackte Göttin' ist, wie der 'Wulstsaummantelfürst', ein Beispiel für die Isolierung einer Figur der altsyrischen Glyptik bzw. für die 'Beförderung' einer Nebenfigur der Rollsiegel zur Hauptfigur auf den Stempelsiegeln.[75] Damit zusammen geht eine gewisse Ausweitung und Verallgemeinerung ihrer Bedeutung, weil nun nicht mehr *eine* Göttin in einer narrrativen Szene dargestellt ist, sondern *die* Göttin schlechthin.[76] Dieser Konzentration auf die Göttin an sich entsprechen besonders die en-face-Variante und der Göttinnenkopf, die aus dem Siegel ein persönliches, kleines Andachtsbild mit Amulettkraft macht.

2. Die 'nackte Göttin' ist neben dem Falkenköpfigen die einzige mehrfach belegte Gottheit, die in der Miniaturkunst Palästinas in der MB II B-Zeit ganzgestaltig abgebildet wurden. Ihre Beliebtheit und die Verbreitung auf einem damaligen Massenmedium legen den Schluss nahe, dass diese Göttin eine für Volksreligion und persönliche Frömmigkeit besonders wichtige Gestalt war. Die grossen Gottheiten mussten von ihren VerehrerInnen in den Tempeln aufgesucht werden, diese Göttin aber kam per Bild zu den Menschen.[77]

3. Der Versuch, die Wirksamkeit der positiven Zeichen auf dem Siegel zu erhöhen, führt zu gelegentlicher Doppelfunktion einzelner Motive: der Zweig fällt mit der Umrandungslinie zusammen, das Goldzeichen mit dem Göttinnengesicht bzw.-schmuck.[78]

4. Die Göttinnenmotive auf den MB II B-zeitlichen Stempelsiegeln in Palästina/ Israel beweisen nicht nur eine Durchmischung von vorderasiatischen und ägyptischen Traditionen, wie sie in diesem Raum durchwegs zu beobachten ist (vgl. SCHROER 1985: 107), sondern zugleich die selbständige Verbindung dieser Traditionen und Einflüsse zu *eigenen palästinischen Motiven und neuen Traditionen*. Die 'nackte Göttin' ist zwar syrischer Herkunft, aber

---

[75] Vgl. dazu O. KEEL unten S. 230ff.308ff.

[76] Vgl. KEEL unten S. 299-308. Ebenso wird auf Stempelsiegeln in der Regel nicht wie auf Tempelreliefs ein bestimmter, mit Namen versehener Pharao bei einer Kulthandlung gezeigt, sondern generell *der* Pharao bei der Verehrung des Ptah.

[77] Vgl. KEEL unten S. 282-291.

[78] Weitere Beispiele für diese Erscheinung im Beitrag von O. KEEL unten S. 312-316.

in Palästina wird sie nun vor allem als Zweiggöttin und als freundliche, hörende Göttin präsentiert. Der Göttinnenkopf mit den Hörnern und grossen Ohren ist zwar ägyptischer Herkunft, aber in Palästina wird er zu einem Emblem der einheimischen Göttin umgestaltet, indem er mit Blättern/Zweigen ausgestattet und in der Variante mit der Schulterlockenfrisur der syrischen Tradition angeglichen wird.

5. Ist die MB II B-Zeit eine Epoche der selbständigen Entfaltung von Kunsttraditionen in einer starken syrisch-kanaanäischen Kultur, die ihre Einflüsse in der sog. Hyksoszeit bis nach Ägypten geltend machte, so ist die SB-Zeit durch ein fast vollständiges Aufhören künstlerischer Eigenständigkeit in der Siegelkunst Palästinas gekennzeichnet. Die 'nackten Göttinnen' verschwinden komplett von den Bildflächen, und auch die einheimische Tradition der Göttinnenköpfe reisst ab und wird durch die rein ägyptischen Hathorsistren ersetzt.

Verzeichnisse

Die mit * bezeichneten Nummern und Abbildungen wurden von Hildi Keel-Leu, die mit ** bezeichneten von Thomas Staubli für diese Publikation gezeichnet.

BIF = Biblisches Institut Freiburg Schweiz

1. Katalog der Stempelsiegel aus Israel/Palästina und aus Sammlungen mit dem Motiv der 'nackten Göttin'

Angegeben werden Herkunftsort und/oder Aufbewahrungsort sowie ein Publikationsnachweis; die fettgedruckten Nummern stammen aus Ausgrabungen in Palästina/Israel.

1 Bet Šemeš; GRANT 1929: 134 Nr. 755; 89 Abb. dritte Reihe von unten, zweites Stück von links = KEEL 1986: Nr. 5 Fig. 14.
2 Tell el-ʿAǧǧul; PETRIE 1934: Pl. 5,109 = TUFNELL 1984 II/2: Nr. 2842.
3 Jericho, Grabung Kenyon; Grab E 1, Exc.no. 61b; L 17,5; B 13; D/H 2,5 mm; Steatit; Sydney, Nicholson Museum NB 52.641; unveröffentlicht.*
4 Privatsammlung; im BIF; WINTER 1983: Abb. 154.
5 Privatsammlung, im BIF; WINTER 1983: Abb. 153 = KEEL 1980: Fig. 84.
6 Geser; GIVEON 1985: 114f Nr. 16.
7 Privatsammlung; in Jerusalem erworben; TUFNELL 1971: Fig. 1 Nr. 6 und Pl. 26a.
8 Privatsammlung S. Schott; SCHOTT [2]1950: Frontispiz.
9 Afek; L 16,5; B 11; D/H 6,1 mm; grauer Steatit mit weissem Überzug; Tel Aviv University, Institute of Archaeology; SCHROER 1987a: Abb. 4.
10 Tell el-ʿAǧǧul; PETRIE 1933: Pl. 4,184 = GIVEON 1985: 86f Nr. 73.
11 Tell el-Farʿa (Süd); STARKEY/HARDING 1932: Pl. 73,12.
12 Privatsammlung; HORNBLOWER 1922: Pl. 21,14.
13 Privatsammlung; im BIF; WINTER 1983: Abb. 150 = Heiliges Land 4/3 (1976) Titelblatt.
14 Privatsammlung; im BIF; unveröffentlicht.
15 British Museum; BM 39922; unveröffentlicht.*
16 Lachisch; TUFNELL 1958: Pl. 30,47; 31,47; 41,14. Abbildung seitenverkehrt.*
17 Geser; L 20; B 14; D/H 8 mm; hellbrauner Steatit; IDAM 74-879 (Neg. Nr. 91539/40[?]); unveröffentlicht; unauffindbar, Abbildung nach Handskizze.
18 Pella; LA VOIE ROYALE 1986: 80 Nr. 102.
19 Lachisch; TUFNELL 1958: Pl. 32,99; 33,99; 41,24 = ROWE 1936: Nr. 273 = SCHROER 1987a: Abb. 2.
20 Lachisch; TUFNELL 1958: Pl. 30,11; 31,11.
21 Jericho; GARSTANG 1933: Pl. 26 Tomb 19,8 = ROWE 1936: Nr. 274.
22 Tell el-Farʿa (Süd); PETRIE 1930: Pl. 7,47 = TUFNELL 1984 II/2: Nr. 2839.
23 Tell el-Farʿa (Süd); PETRIE 1930: Pl. 10,103 = TUFNELL 1984 II/2: Pl. 48 Nr. 2840.
24 Tell el-ʿAǧǧul; PETRIE 1933: Pl. 4,138 = TUFNELL 1984 II/2: Pl. 48 Nr. 2841 = GIVEON 1985: 80f Nr. 57.
25 Archäologisches Museum Zagreb; MONNET SALEH 1970: 79 Nr. 257.*
26 Kestner-Museum Hannover; BESTE 1979: II 114-116 = WOLDERING 1955: Nr. 51.

27	University College, London; PETRIE 1925: Pl. 15 Nr. 1054 und Pl. 28,26A.
28	British Museum; BM 53620; unveröffentlicht.*
29	British Museum; BM 45518; unveröffentlicht.*
30	British Museum; BM 52117; unveröffentlicht.*
31	British Museum; BM 45519; unveröffentlicht.*
32	Museum Kairo; NEWBERRY 1907: Pl. 7 Nr. 36598.
33	Tell el-Yehudiyeh; PETRIE 1906: Pl. 9,137 = PETRIE 1925: Pl. 15,1053.
34	Tell el-Farᶜa (Süd); PETRIE 1930: Pl. 22,225.
35	Akko; GIVEON/KERTESZ 1986: 14f Nr. 28.
36	Privatsammlung; im BIF; unveröffentlicht.
37	British Museum; BM 56996; unveröffentlicht.*
38	British Museum; BM 45520; unveröffentlicht.*
39	Tell el-Yehudiyeh; PETRIE 1906: Pl. 9,138 = 1925: Pl. 19,1564.
40	Tel Nagila; Privatsammlung Schweiz; L 18; B 13; D/H 9 mm, Steatit; unveröffentlicht. Abbildung seitenverkehrt.
41	Jericho; KENYON 1965: 633 Fig. 296,14; TUFNELL 1984 II/2: Pl. 48 Nr. 2838 = SCHROER 1987a: Abb. 3.
42	Grant's Collection, Liverpool; NEWBERRY 1906: Pl. 25 Nr. 6 = STOCK 1942: Abb. 37.
43	British Museum; BM 49086; unveröffentlicht.*
44	British Museum; NEWBERRY 1906: Pl. 25,5.
45	Tell el-ᶜAǧǧul; PETRIE 1933: Pl. 4,144 = GIVEON 1985: 78f Nr. 56.
46	Tell el-ᶜAǧǧul; PETRIE 1934: Pl. 9,307 = TUFNELL 1984 II/2: Nr. 2587.
47	British Museum; BM 51882; unveröffentlicht.
48	University College, London; PETRIE 1925: Pl. 15,1052.
49	Lachisch; TUFNELL 1958: Pl. 34,166.
50	Tell el-ᶜAǧǧul; PETRIE 1933: Pl. 3,89 = ROWE 1936: Nr. 70 = TUFNELL 1984 II/2: Nr. 2648.*
51	Lachisch; TUFNELL 1953: Pl. 44,124 = WINTER 1983: Abb. 155 = SCHROER 1987a: Abb. 28.
52	Sammlung Dayan; WINTER 1983: Abb. 152.
53	Sammlung Munster, Jerusalem; KEEL 1980: 260 Fig. 60.
54	Bet Šean; ROWE 1936: Nr. 180.*
55	Privatsammlung; im BIF; = WINTER 1983: Abb. 468.
56	Musée Guimet; GUENTSCH-OGLOUEFF 1933: Fig. 1-2 = STOCK 1942: 31 Abb. 38.
57	Ḥirbet Qara; Privatsammlung; KEEL 1980: 260 Fig. 59.
57a	British Museum; BM 45522; unveröffentlicht.*

2. Katalog der Stempelsiegel aus Israel/Palästina mit dem Motiv des Göttinnenkopfes

Angegeben werden Herkunftsort und/oder Aufbewahrungsort sowie ein Publikationsnachweis; alle Nummern stammen aus Ausgrabungen in Palästina/Israel.

58	Jerusalem; WEILL 1918: 740 mit Anm. 12 und Abb. 8.
59	Jericho; TUFNELL 1984 II/2: Nr. 2843 = KENYON 1965: Fig. 293,14.*
60	Tell el-Farᶜa (Nord); DE VAUX/STEVE 1949: Pl. 4a,2.

61	Lachisch; TUFNELL 1958: Pl. 37,250; 38,250.
62	Tell el-ʿAǧǧul; TUFNELL 1984 II/2: Nr. 2856.
63	Tell el-ʿAǧǧul; TUFNELL 1984 II/2: Nr. 1061 = Nr. 2866.
64	Tell el-ʿAǧǧul; TUFNELL 1984 II/2: Nr. 2862 = PETRIE 1934. Pl. 7,182.
65	Tell el-ʿAǧǧul; TUFNELL 1984 II/2: Nr. 2852 = PETRIE 1934: Pl. 7,155.
66	Tell el-ʿAǧǧul; TUFNELL 1984 II/2: Nr. 2859 = PETRIE 1933: Pl. 3,39.
67	Tell el-ʿAǧǧul; TUFNELL 1984 II/2: Nr. 2861 = PETRIE 1933: Pl. 3,108.
68	Tell el-ʿAǧǧul; TUFNELL 1984 II/2: Nr. 2850 = PETRIE 1934: Pl. 5,15.
69	Tell el-ʿAǧǧul; TUFNELL 1984 II/2: Nr. 2858 = PETRIE 1931: Pl. 13,56.
70	Tell el-ʿAǧǧul; TUFNELL 1984 II/2: Nr. 2849 = PETRIE 1931: Pl. 13,57.
71	Tell el-ʿAǧǧul; TUFNELL 1984 II/2: Nr. 2853 = PETRIE 1932: Pl. 7,79.
72	Megiddo; LOUD 1948: Pl. 149,11.
73	Jericho; TUFNELL 1984 II/2: Nr. 2844 = KENYON 1965: Fig. 290,18.
74	Jericho; TUFNELL 1984 II/2: Nr. 2845 = KENYON 1965: Fig. 299,23.
75	Lachisch; TUFNELL 1958: Pl. 34,162; 35,162.
76	Tell el-Farʿa (Süd); TUFNELL 1984 II/2: Nr. 2848 = PETRIE 1930: Pl. 7,43.
77	Tell el-ʿAǧǧul; TUFNELL 1984 II/2: Nr. 2857 = PETRIE 1934: Pl. 11,40.
78	Tell el-ʿAǧǧul; TUFNELL 1984 II/2: Nr. 2863 = PETRIE 1952: Pl. 9,49.
79	Tell el-ʿAǧǧul; TUFNELL 1984 II/2: Nr. 2860 = PETRIE 1934: Pl. 5,38.
80	Tell el-ʿAǧǧul; TUFNELL 1984 II/2: Nr. 2867 = PETRIE 1934: Pl. 11,410.
81	Tell el-ʿAǧǧul; TUFNELL 1984 II/2: Nr. 2855 = PETRIE 1952: Pl. 7,50.
82	Tell el-ʿAǧǧul; TUFNELL 1984 II/2: Nr. 2869 = PETRIE 1934: Pl. 7,217.
83	Tell el-ʿAǧǧul; TUFNELL 1984 II/2: Nr. 2864 = PETRIE 1933: Pl. 3,105 = GIVEON 1985: 104f Nr. 126.
84	Jericho; TUFNELL 1984 II/2: Nr. 2847.
85	Tell el-ʿAǧǧul; im Manchester Museum; L 14,5; B 11; D/H 7 mm; Steatit mit blauer Glasur; unveröffentlicht.
86	Tell el-ʿAǧǧul; TUFNELL 1984 II/2: Nr. 2851.
87	Jericho; GARSTANG 1932: 50f Pl. 38,2 Nr. 57.
88	Tell el-ʿAǧǧul; TUFNELL 1984 II/2: Nr. 2865 = PETRIE 1934: Pl. 11,411.*
89	Jericho; Aberdeen; Steatit; unveröffentlicht.*
90	Tell el-ʿAǧǧul; TUFNELL 1984 II/2: Nr. 2445 = Nr. 2796 = Nr. 2870 = PETRIE 1952: Pl. 9,47.
91	Tell el-ʿAǧǧul; TUFNELL 1984 II/2: Nr. 2868 = PETRIE 1952: Pl. 9,48.
92	Tel Nagila; AMIRAN/EITAN 1977: 896 Abb. links oben Nr.1.
93	Tell el-Farʿa (Süd); DE VAUX 1951: Pl. 16,3 = DUMORTIER 1974: Pl. 2,19.
94	Lachisch; TUFNELL 1958: Pl. 34,167; 35,167.
95	Tell el-ʿAǧǧul; GIVEON 1985: 106f. Nr. 134.
96	Tell el-ʿAǧǧul; drei identische Exemplare; PETRIE 1932: Pl. 3,43.
97	Tell el-ʿAǧǧul; PETRIE 1932: Pl. 8,132.
98	Lachisch; TUFNELL 1958: Pl. 37,319; 38,319.
99	Lachisch; TUFNELL 1953: Pl. 45,132; 44 A,132 = KEEL 1977b: 96 Abb. 62.
100	Akko; GIVEON/KERTESZ 1986: Nr. 85.
100a	Akko; BEN-ARIEH/EDELSTEIN 1977: Fig. 14,1 und Pl. 8,1.
101	Tell el-Farʿa (Süd); STARKEY/HARDING 1932: Pl. 55,290.
102	Geser; MACALISTER 1912 III: Pl. 206,2.
102a	Geser; BRANDL 1986: 248f; Pl. 1,4 Fig. 1,4.
103	Geser; MACALISTER 1912 III: Pl. 205a,10.

104 Bet Šemeš; GRANT 1934: 43 Fig. 3,12.*
105 Tell el-ʿAǧǧul; PETRIE 1932: Pl. 7,6.
106 Tell el-ʿAǧǧul; TUFNELL 1984 II/2: Nr. 2854 = GIVEON 1985: Nr. 127 = PETRIE 1934: Pl. 7,226.
107 Anafa; Sammlung des Kibbutz Schamir; L 16,5; B 10,8; D/H 5,8 mm; Fayence oder Paste; unveröffentlicht.*
108 Ašdod; HESTRIN 1970: Nr. 18.*
109 Jerusalem (Ölberg); YMCA, Coll. Clark; L 21,3; B 16; D/H 8,2 mm; Steatit; unveröffentlicht.*
110 Geser; MACALISTER 1912 III: Pl. 204a,12.
110a Geser; MACALISTER 1912 III: Pl. 204a,13.
111 Tel Zeror; im Israel Department of Antiquities; L 14; B 10; D/H 5 mm; Steatit-Kauroid; unveröffentlicht; ohne Abbildung.
112 Geser; im Israel Department of Antiquities; L 13; B 5; D/H 7 mm; bläuliche Fayence; unveröffentlicht; ohne Abbildung.
113 Dan; im Israel Museum?; weisser Stein; unveröffentlicht; ohne Abbildung.
114 Jericho; SELLIN/WATZINGER 1913: 156 Blatt 42c; ohne Abbildung.
115 Tell Bet Mirsim; im Israel Department of Antiquities; L 15,5; B 11; D/H 6,4 mm; grauer Steatit; unveröffentlicht; ohne Abbildung.
116 Azor; im Israel Department of Antiquities; L 15,2; B 13,1; D/H 7,8 mm; blaue Paste; unveröffentlicht.*
117 Lachisch; TUFNELL 1958: Pl. 37,307; 38,307.
118 Tell el-ʿAǧǧul; PETRIE 1932: Pl. 7,44.
119 Tell el-ʿAǧǧul; PETRIE 1931: Pl. 14,193.
120 Dharat el-Ḥumraiya; ORY 1948: 81 und Pl. 33,5.
121 Akko; GIVEON/KERTESZ 1986: Nr. 176.

3. Nachweise der sonstigen Abbildungen

01 WINTER 1983: Abb. 74 = DIGARD 1975: Nr. 208-9-10.
02 WINTER 1983: Abb. 85 = DELAPORTE 1910: Nr. 251 = CONTENAU 1922: Abb. 128.
03 WINTER 1983: Abb. 106 = DE CLERCQ 1888: Nr. 218.
04 WINTER 1983: Abb. 131 = CONTENAU 1922: Abb. 165.
05 WINTER 1983: Abb. 132 = KEEL 1986: Fig. 15.
06 WINTER 1983: Abb. 293 = PORADA 1948: Nr. 942.
07 WINTER 1983: Abb. 83 (Ausschnitt).
08 MACALISTER 1912 III: Pl. 210 Nr. 71.
09 WINTER 1983: Abb. 278 = KEEL [4]1984 Abb. 475a.
010 WINTER 1983: Abb. 290 = ÖZGÜÇ 1950: Taf. 67 Nr.473a und b.
011 WINTER 1983: Abb. 319 = VON DER OSTEN 1936: Nr. 88.
012 KEEL 1986b: Abb. 97a = SCHROER 1987a: Abb. 13.
013a DURING CASPERS 1972: Pl. 36A-C.
013b DURING CASPERS 1972: Pl. 37A.
014 PORADA 1962: 35 Fig. 16.
015 WINTER 1983: Abb. 81 = PORADA 1948: Nr. 502.
016 DUNAND 1938/39: Pl. 107 Nr. 6556 = BOSSERT 1951: Nr. 572.
017 DUMORTIER 1974: Pl. 2,26.*

018 PETRIE 1930: Pl. 7,9 = TUFNELL 1984 II/2: Nr. 1009.
019 STARKEY/HARDING 1932: Pl. 44,74 = ROWE 1936: Nr. 377 = TUFNELL 1984 II/2: Nr. 1010.
020 STARKEY/HARDING 1932: Pl. 43,22 = TUFNELL 1984 II/2: Nr. 1011.
021 PETRIE 1930: Pl. 12,119 = TUFNELL 1984 II/2: Nr. 1012.
022 TUFNELL 1984 II/2: Nr. 1007.
023 TUFNELL 1984 II/2: Nr. 1008.
024 ROWE 1936: Nr. 623.*
025 Tell Bet Mirsim; L 11; B 11; D/H 5 mm; IDAM 81-2005; ohne Abbildung.
026 TUFNELL 1958: Pl. 32,100 und 33,100 = ROWE 1936: Nr. 376.
027 MACALISTER 1912 III: Pl. 204a,10.
028 WARD 1978: Pl. 3 Nr. 84.
029 PETRIE 1906: Pl. 9 Nr. 187.
030 WINTER 1983: Abb. 269 = PORADA 1948: Nr. 967.
031 BLACKMAN/APTED 1953: Pl. 11.
032 WINTER 1983: Abb. 189 = SOLYMAN 1968: Abb. 400.
033 WINTER 1983: Abb. 14 = MACALISTER 1912 II: 419 Abb. 504 Nr. 12.
034 KARAGEORGHIS 1982: 111 Fig. 88.**
035 DEMISCH 1984: 19 Abb. 13 = BARRELET 1968: Pl. 78 Nr. 793.**
036 DEMISCH 1984: 18 Abb. 12.**
037 DEMISCH 1984: 25 Abb. 23.**
038 RICHARD 1987: 25 unten.**
039 HORNBLOWER 1922: 205 und Pl. XX,3 = FRANKFORT 1939: Pl. 46u.*
040 WINTER 1983: Abb. 306.
041 ALTENMÜLLER 1986: Abb. 1.
042 BRUNNER 1964: Taf.9 = KEEL [4]1984: Abb. 336 = WINTER 1983: Abb. 391 = NAVILLE, Deir el-Bahari: II Pl. 51.
043 KEEL 1984: Abb. 14.
044 DANTHINE 1937: Nr. 23 = WINTER 1983: Abb. 473.
045 KARAGEORGHIS 1986: Pl. 26 Ill. 6.*
046 HÖLBL 1986: 292 Nr. 83.
047 DANTHINE 1937: Pl. 14,76.
048 WINTER 1983: Abb. 459 = KEEL [4]1984: Abb. 42.
049 KEEL 1986b: 223 Abb. 125.
050 WINTER 1983: Abb. 508.
051 DANTHINE 1937: Pl. 8,46.
052 KEEL 1977b: 298 Abb. 228.
053 KEEL 1986b: 227 Abb. 128.
054 WINTER 1983: Abb. 303 = PARKER 1949: Nr. 15.
055 WINTER 1983: Abb. 142 = NOUGAYROL 1939: Pl. 5 Gr 3 Nr. 75 = PARKER 1949: Nr. 123.
056 WINTER 1983: Abb. 143 = PARKER 1949: Nr. 128.
057 BRUNNER-TRAUT 1938: 37 Abb. 13 = LEXOVA 1935: Obr. 23.
058 BRUNNER-TRAUT 1938: 40 Abb. 17 = FRANKFORT 1939: Pl. 46,l.
059 PETRIE 1925: Pl. I,1.
060 PETRIE 1925: Pl. I,2.
061 PETRIE 1925: Pl. I,3.
062 PETRIE 1917: Pl. 7,174.*

063 JEQUIER 1929: 52 Fig. 56.
064 BUKOWSKIs: Nr. 53; jetzt BIF S 1984.5.
065 BUKOWSKIS: Nr. 12; jetzt BIF S 1986.2.
066 WARD 1978: 50 Fig. 10,9 (UC 13320).
067 BRUNTON 1927: Pl. 32,39.
068 WARD 1978: 50 Fig. 10,17 (M.6666).
069 WARD 1978: Pl. XI,284.
070 WARD 1978: Pl. XI,285.
071 WARD 1978: Pl. XI,286.
072 WARD 1978: Pl. XI,287.
073 WARD 1978: Pl. XI,288.
074 WARD 1978: Pl. XI,289.
075 WARD 1978: Pl. XI,290.
076 WARD 1978: Pl. XI,291.
077 PETRIE 1925: Pl. 18,1367.
078 PETRIE 1925: Pl. 18,1365.
079 HORNUNG/STAEHELIN 1976: 325 Nr. 678.
080 TUFNELL 1975: 100 Fig. 11 K434.
081 TUFNELL 1975: 100 Fig. 11 K435.
082 TUFNELL 1975: 100 Fig. 11 U436A.
083 TUFNELL 1975: 100 Fig. 11 U436B.
084 TUFNELL 1975: 100 Fig. 11 U436C.
085 NEWBERRY 1906: Pl. 25,15.
086 PETRIE 1925: Pl. 15,1055.
087 British Museum; BM 45509; unveröffentlicht.*
088 NEWBERRY 1906: Pl. 25,14.
089 HORNUNG/STAEHELIN 1976: 325 Nr. 679.
090 MATOUK 1977: Nr. 122 (M.2001).
091 MATOUK 1977: Nr. 126 (M.1982).
092 KEEL 1980: Fig. 69.
093 DUNHAM/JANSSEN 1960: Pl. 123,7.
094 NICCACCI 1980: Tav. 5,183 (= Tav. 12,183).
095 NICCACCI 1980: Tav. 5,183 (= Tav. 12,189).
096 PETRIE 1925: Pl. 11,552.
097 NEWBERRY 1906: Pl. 7,11.
098 NEWBERRY 1907: Pl. 10,36802.
099 MATOUK 1977: Nr. 125 (M.1981).
0100 HORNUNG/STAEHELIN 1976: 397 MV 13.
0101 Sammlung des BIF, M.1991, ehemals Matouk; unveröffentlicht.
0102 MATOUK 1977: Nr. 127 (M.2012).
0103 MATOUK 1977: Nr. 131 (M.2011) = KEEL 1980: 265 Fig. 73.
0104 NEWBERRY 1906: Pl. 25,30.
0105 RANDALL-MACIVER 1911: Pl. 56,10017.
0106 PETRIE 1925: Pl. 16,1204.
0107 Sammlung des BIF, M.1996, ehemals Matouk; unveröffentlicht
0108 HORNUNG/STAEHELIN 1976: 386 Nr. B81.
0109 HORNUNG/STAEHELIN 1976: 324 Nr. 674.
0110 HORNUNG/STAEHELIN 1976: 324 Nr. 675.

0111 NEWBERRY 1906: Pl. 25,28.
0112 PETRIE 1925: Pl. 11,551.
0113 PETRIE 1917: Pl. 27,27.
0114 NEWBERRY 1907: Pl. 10,36528.
0115 NEWBERRY 1907: Pl. 10,36579.
0116 PETRIE 1912: Pl. 6.
0117 BURGESS/ARKELL 1958: Pl. 9,3.**
0118 KLASENS 1958: Fig. 20 und Pl. 25.
0119 GRESSMANN [2]1927: Nr. 25 = PRITCHARD [2]1969: Nr. 296 = KEEL [4]1984: Nr. 397 (Ausschnitt).
0120 WILKINSON 1971: 21 Fig. 14.
0121 WILKINSON 1971: 15 Fig. 7 = ALDRED [2]1972: Nr. 2.
0122 SEIPEL 1983: Nr. 8.
0123 WILKINSON 1971: Pl. I A.
0124 WILKINSON 1971: Fig. 23 = ALDRED [2]1972: 147 Fig. 31.
0125 JEQUIER 1921: Fig. 212 = NEWBERRY o.J. (El Bersheh I): Pl. 33.
0126 KEEL 1980: 78 Abb. 39.
0127 REISNER 1931: Pl. 44 (Nr. 12).*
0128 PETRIE 1896: Pl. 5,7.*
0129 HASSAN 1943: 140 Fig. 81 = BORCHARDT 1897: 168 (Ausschnitt).
0130 BRUNTON 1928: Pl. 96,24.3.
0131 BRUNTON 1928: Pl. 96,24.6.
0132 REISNER 1958: Pl. 23,12668.
0133 DUNAND 1950: Pl. 164 Nr. 12166.*
0134 PETRIE 1906a: 142 Nr. 5.*
0135 HABACHI 1963: 26 Fig. 8 (Ausschnitt).
0136 BLACKMAN 1915: Pl. 15 (Ausschnitt).
0137 CHAMPOLLION o.J.: Pl. 397,3 = NEWBERRY 1893 I: Pl. 12.
0138 SCHOSKE/WILDUNG o.J.: 45 Abb. 29 (ÄS 5301).*
0139 BLACKMAN/APTED 1953: Pl. 19 (Ausschnitt).
0140 ALDRED [2]1972: Nr. 25/26 = WILKINSON 1971: Pl. 20 A.B.*
0141 SCHOSKE/WILDUNG 1984: Nr. 53.**
0142 DE MORGAN 1903: 55 Taf. 5,7 = VERNIER 1927: Taf. 71-72.75 = DAS ÄGYPTISCHE MUSEUM KAIRO Nr. 107.
0143 DE MORGAN 1895: Pl. 15,3.
0144 WILDUNG 1975: 258 Abb. 1.
0145 WILDUNG 1975: 260 Abb. 2.
0146 WILDUNG 1975: 261 Abb. 3.
0147 WILDUNG 1975: 261 Abb. 4.
0148 WILDUNG 1975: 261 Abb. 7.
0149 WILDUNG 1975: 262 Abb. 10.
0150 WILDUNG 1975: 261 Abb. 8.
0151 WILDUNG 1975: 263 Abb. 12.
0152 BRUYERE 1937: 113 Fig. 49 oben.
0153 MACALISTER 1912 II: 314 Nr. 43 und III: Pl. 63,79.
0154 BLACKMAN 1915: Pl. 18,1.2.6.
0155 BLACKMAN/APTED 1953: Pl. 9-10 (Ausschnitt).
0156 WINLOCK 1934: Pl. II.*

0157 DANTHINE 1937 II: Pl. 135 Nr. 862.

0158 PRITCHARD [2]1969: Nr. 491.

0159 WINTER 1983: Abb. 238 = DE CLERCQ 1888: Nr. 392.

0160 TUFNELL 1975: Fig. 2 Nr. 33.

0161 TUFNELL 1975. Fig. 6 Nr. 294.

0162 TUFNELL 1975: Fig. 2 Nr. 50.

0163 LANGE-HIRMER [5]1975: Taf. 102.**

0164 TERRACE/FISCHER 1970: Nr. 15 Taf. IV = SCHOSKE/WILDUNG 1984: Nr. 74.**

0165 WINLOCK 1934: 15 Fig. 3 = BRUNTON 1920: Pl. 8.

0166 DUNAND 1950: Pl. 94 Nr. 15372.*

0167 MONTET 1928/29: 185f. Pl. 94 Nr. 107.*

0168 BARNETT 1982: Pl. 26 d-e.*

0169 WINTER 1983: Abb. 296.

0170 COLLON 1975: 74 Fig. 136.

0171 COLLON 1975: 58 Fig. 106.

0172 BUCHANAN 1966: Pl. 56 Nr. 897 (E).*

0173 BUCHANAN 1966: Nr. 871 = FRANKFORT 1939: Taf. 44n = WINTER 1983: Abb. 431.

0174 DE CLERCQ 1888: Pl. 37 Nr. 281bis.

0175 DELAPORTE 1923: Pl. 97,9 (A 937).

0176 PORADA 1983: Pl. 34a (Ausschnitt).*

0177 VON DER OSTEN 1936: Pl. 9 Nr. 94 = WINTER 1983: Abb. 424.*.

0178 WINTER 1983: Abb. 68 = BARRELET 1958: 32 Fig. 3 = BARRELET 1968: Pl. 79 Nr. 801.

0179 OPIFICIUS 1961: 251 Taf. 3,205.*

0180 TUFNELL 1975: Fig. 5 Nr. 261.

0181 TUFNELL 1984 II/2: Nr. 1569.

0182 TUFNELL 1984 II/2: Nr. 1647.

0183 TUFNELL 1984 II/2: Nr. 1686.

0184 LANGTON 1940: Pl. 14,202.*

0185 HORNUNG/STAEHELIN 1976: 249 Nr. 293.

0186 ROWE 1936: SO 17.

0187 WINTER 1983: Abb. 289 = VON DER OSTEN 1957: Nr. 306.

0188 WINTER 1983. Abb. 245 = DELAPORTE 1923: A 907.

0189 MENDLESON 1983: Pl. 24 a.*

0190 WINTER 1983: Abb. 256 = DUNHAM 1985: Fig. 2.

0191 ARCHÄOLOGIE ZUR BIBEL: 61 Nr. 16.*

0192 LOUD 1948: 150,104.

OTHMAR KEEL

DIE JASPIS-SKARABÄEN-GRUPPE

Eine vorderasiatische Skarabäenwerkstatt des 17. Jahrhunderts v. Chr.

I. Ein Rollsiegel-Typ und verwandte Skarabäen

In einem 1986 in der Festschrift für Edith Porada veröffentlichten Beitrag hat Dominique COLLON eine Gruppe von altsyrischen Rollsiegeln aus der Zeit zwischen 1720 und 1600 v. Chr. zusammengestellt, deren auffälligstes Merkmal das Material ist, aus dem sie hergestellt sind. Altsyrische Rollsiegel wurden ebenso stereotyp aus Hämatit geschnitten wie die gleichzeitigen Skarabäen aus Steatit. Die von Collon isolierte Gruppe aber ist *mehrheitlich* aus grünem 'Jaspis' gearbeitet. Stellt man diese Rollsiegel zusammen, so ist leicht zu erkennen, dass sie auch ihre geringe Grösse, der Stil, in dem sie geschnitten sind, und ihre Ikonographie zu einer Gruppe verbinden. Collon vermutet, dass alle aus *einer* Werkstatt stammen, und nennt diese den "Green Jasper Workshop", wenngleich - wie eben angedeutet - nicht alle Produkte, die dieser Werkstatt zugeordnet werden können, aus grünem 'Jaspis' gefertigt sind. Zur Problematik der Bezeichnung 'Jaspis' vgl. den Abschnitt am Ende des unter II. folgenden Katalogs!

Die Höhe dieser Siegel bewegt sich zwischen 29,5 (**Abb. 1**) und 13 mm (Collons Nr. 20); die durchschnittliche Höhe beträgt 21,5 mm. Der Durchmesser reicht von 15 mm (**Abb. 1**) bis 8 mm (**Abb. 7**); der Durchschnitt beträgt 10,8 mm. Damit steht für die Dekoration im Schnitt eine Fläche von 7,28 cm^2 zur Verfügung. Dies wird von Bedeutung sein, wenn wir die Dekoration dieser Rollsiegel-Gruppe mit derjenigen der ihr verwandten Skarabäengruppe vergleichen.

Collon unterscheidet in ihrer Gruppe eine frühere, noch ins 18. Jh. gehörige Produktionsphase und eine spätere, die dem 17. Jh. zugehört. Die 13 von ihr gesammelten Belege für die spätere Phase (**Abb. 1-13**) sind ikonographisch durch Menschen bzw. anthropomorphe Götter charakterisiert. Diese stellen auf allen 13 Stücken das Hauptmotiv dar. Nebst ägyptischen oder ägyptisierenden Gottheiten (**Abb. 4, 10, 12**) und dem König von Ober- und Unterägypten (**Abb. 1** und **5**) ist auch das typisch syrische Motiv des Mannes im Wulstsaummantel vertreten (vgl. KEEL/SCHROER 1985: 49-115 und hier unsere **Abb. 1-2, 5-6, 11-12**). Am häufigsten aber ist ein Mann zu sehen, der einen kurzen ägyptischen Schurz trägt (**Abb. 1-4, 7-10, 12-13**); gelegentlich ist der Schurz so rudimentär, dass die Gestalt wie nackt erscheint (**Abb. 3-4**).

Die verschiedenen Gestalten sind zu Zweier- oder Dreiergruppen zusammengestellt. Dabei hat der niedriger Gestellte seine Hand verehrend vor dem höher Gestellten erhoben, so der Mann im Wulstsaummantel vor der Gottheit (**Abb. 11-12**, vgl. auch **Abb. 1**) oder der Mann im kurzen Schurz vor dem Mann im Wulstsaummantel (**Abb. 2, 6**). Es können aber auch Gottheiten und Könige ihre Hand segnend über niedriger Gestellte halten (**Abb. 1, 4-5, 12**), oder zwei Männer im kurzen Schurz berühren gemeinsam eine Blume oder den stilisierten Baum (vgl. **Abb. 8-9**).

1

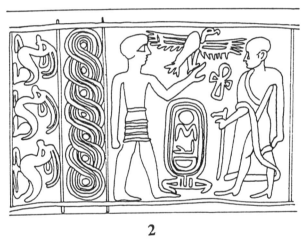

2

3

4

5

6

7

8

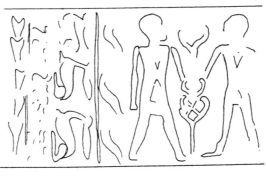

9

10

11

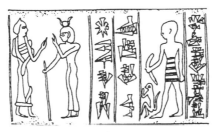

12

13

Als Nebenmotive erscheinen hauptsächlich Tiere, so Reihen von Capriden (**Abb.** 1, 2, 5), Hasen (**Abb.** 8-9), Falken (**Abb.** 3-4) und Schwimmvögeln (**Abb.** 8). Als einzelne Tiere finden sich vor allem Affen (**Abb.** 3-5, 7, 11-13) und wiederum Falken (**Abb.** 3, 7, 10-11, 13). Dazu kommen verschiedene Keilschriftzeichen und Hieroglyphen, auf einzelnen Stücken von einer Kartusche eingerahmt (**Abb.** 1-2, 7, 11, 13). Auch abstrakte Muster fehlen nicht, wie z.B. die Guilloche (**Abb.** 1-2, 4, 6), die Z-Spirale (**Abb.** 5) und das Flechtband (**Abb.** 8).

Diese Ornamente sind wie die Tierreihen vertikal plaziert und nehmen die Stelle ein, die auf klassischen mesopotamischen Siegeln den senkrecht gestellten Keilinschriften entspricht. Nebst diesem kompositorischen Prinzip charakterisieren den Stil der Gruppe die Schlankheit und die überlangen Gliedmassen der "nackten" Gestalten bzw. der Gestalten im kurzen Schurz.

Aufgrund der Fundorte (Alalaḫ, Byblos, Tell el-ᶜAǧǧul, Tell Bet Mirsim; Kition und Klavdia auf Zypern, Poros auf Kreta und Karthago) vermutet Collon einen Herstellungsort an der Ostküste des Mittelmeers. Diese Vermutung wird durch die Tatsache erhärtet, dass die Stücke der **Abb.** 1-2, 4, 9 und 17 aus Sammlungen stammen, die in Palästina/Syrien angelegt worden sind. Eine Hafenstadt wie Byblos würde die weite Verbreitung wie auch den starken ägyptischen Einfluss verständlich machen.

Die Identifizierung dieser Jaspis-Rollsiegel-Gruppe hat mich auf den Gedanken gebracht, sie mit einer Skarabäengruppe zu vergleichen, auf deren Existenz ich erstmals am 11. Okt. 1984 bei einem Besuch im Wilfried Israel Museum im Kibbuz Ha-Zoreaᶜ aufmerksam geworden bin. Herr Ezra Meyerhof, der Kurator der Funde vom Tell Abu Zureq (israelisch Tel Zariq) 1 km südöstlich von Ha-Zoreaᶜ, erlaubte mir freundlicherweise, die Stücke unserer **Abb.** 14 und 16 zu studieren und zu photographieren. Dabei fiel mir sowohl das ungewohnte Material als auch die starke Schematisierung der Figuren auf, welche die Basis dekorieren. Nachdem die Aufmerksamkeit einmal geweckt war, zeigte sich, dass man diesen Typ von Skarabäen in einer ganzen Reihe von Grabungen gefunden hat. Ein Katalog dieser Stücke, der keinen Anspruch auf Vollständigkeit erhebt, soll dies dokumentieren. Er liefert auch die Grundlage dafür, die weiteren gemeinsamen Merkmale der Gruppe herauszuarbeiten und sie mit denen der von D. Collon entdeckten Jaspis-Rollsiegel-Gruppe zu vergleichen.

II. Katalog

Abb. 14: vom Tell Abu Zureq.
OBJEKT: Skarabäus; Kopf und Kopfschild sind als Trapez gestaltet, dessen Schmalseite auf der waagrechten Linie aufruht, die die Kopfpartie vom Rest des Rückens trennt, und dessen Breitseite mit dem obern Rand des Skarabäus zusammenfällt; dort deuten drei Kerben die Zahnung des vorderen Endes des Kopfschildes an. Nicht durch lineare Gravur, aber durch die plastische Gestaltung des Steins ist innerhalb des Trapezes ein runder Kopf (TUFNELLs Typ A1) angedeutet. Prothorax und Rücken bleiben bis auf zwei winzige seitliche Einkerbungen glatt. Zwei auf der Seite umlaufende Rillen, dazwischen zwei Rillen vorn und hinten und auf jeder Seite eine schräg gestellte Linie deuten die Beine an. Die Basis ist teils linear, teils flächig gekerbt graviert; dunkelgraugrüner Stein; 18,3 x 12,8 x 9,2 mm.
BASIS: Nach rechts schreitende menschliche Gestalt; die Mundpartie ist schnabelartig gestaltet; der rechte Arm hängt dem Körper entlang herunter, die innere Handfläche zeigt nach hinten; der linke Arm ist schräg nach unten vorgestreckt und hält eine Lotus?-Blüte; unter dem Arm eine weitere Lotus?-Blüte und ein senkrechter Strich, vielleicht die Fortsetzung des Blütenstengels; hinter der Gestalt ein Zweig oder eine Schilfrispe (*j*); darunter ein leicht gekrümmter Strich; ovale Umrandung.
FUNDKONTEXT: Areal C, Grab: in der Mittleren Bronzezeit II A (2000-1750 v. Chr.) angelegt, wurde das Grab in der Mittleren Bronzezeit II B (1750-1550 v. Chr.) wieder benutzt; in seinen Eingangsschaft wurde am Ende der Eisenzeit II C (7./6. Jh. v. Chr.) oder in der Perserzeit ein Silo (Locus 517) eingetieft. Die Stratigraphie ist dementsprechend stark gestört.
BIBLIOGRAPHIE: GIVEON 1988: 20f Nr. 2 und Pl. I,2.

Abb. 15: aus Sichem.
OBJEKT: Skarabäus; der Kopf ist trapezförmig, die Augen sind deutlich markiert (TUFNELLs D3), der Kopfschild ruht als umgekehrtes Trapez auf dem des Kopfes, die Wangen sind nicht speziell ausgearbeitet. Pronotum und Rücken bleiben bis auf zwei winzige seitliche Einkerbungen glatt. Zwei auf der Seite umlaufende Rillen und dazwischen zwei Rillen vorn und hinten deuten die Beine an. Die Basis ist teils flächig, mehrheitlich aber linear graviert; dunkelgrauer Stein, nach Rowe Steatit; 18 x 12,4 x 7,7 mm.
BASIS: Nach rechts schreitende menschliche Gestalt, die Mundpartie ist schnauzenartig gestaltet; der rechte Arm hängt dem Körper entlang herunter; der linke Arm ist schräg nach unten vorgestreckt und hält eine Lotus?-Blüte; oben ein nach links gerichteter Schwimmvogel; darunter ein *z3* "Schutz"oder *ḥm* "Majestät"; rechts und links vom Stengel der Lotus?-Blüte ein Zweig oder eine Schilfrispe (*j*); unten ein schraffiertes *nb* "Herr"; ovale Umrandungslinie.
FUNDKONTEXT: In einer der Kasematten der spätbronzezeitlichen Nordmauer; zusammen mit spätbronzezeitlicher Keramik.
BIBLIOGRAPHIE: SELLIN 1927: 270 und Taf. 28 Ac. ROWE 1936: 76 Nr. 291 und Pl. 7,291. HORN 1962: 3f und Fig. 1,4.

Abb. 16: vom Tell Abu Zureq.
OBJEKT: Skarabäus; Kopfpartie, Rücken und Seiten sind gleich gestaltet wie beim Stück von Abb. 14. Die Basis ist, abgesehen vom Kopf der menschlichen Gestalt, linear graviert; dunkelgraugrüner Stein; 15,2 x 10,9 x 7,4 mm.
BASIS: Nach rechts schreitende menschliche Gestalt; die Mundpartie ist schnabelartig gestaltet; die Schultern sind durch eine waagrechte Linie wiedergegeben; der rechte Arm hängt paral-

217

lel zum Körper herunter und hält einen Gegenstand, der am besten als $^cnḫ$, das Zeichen für "Leben", zu deuten ist; der linke Arm ist senkrecht (grüssend) erhoben; zwischen Kopf und Vorderarm ein V-förmiges Zeichen, vielleicht eine stilisierte Blüte; am rechten Rand eine Kolumne von drei Zeichen: umgekehrtes T, vielleicht ein Arm ^{c}; eine Wasserlinie (n oder protosinaitisch m); ein X (GARDINERs Z9 oder ein protosinaitisches t); ovale Umrandungslinie.
FUNDKONTEXT: Wie bei Abb. 14.
BIBLIOGRAPHIE: GIVEON 1988: 22f Nr. 4 und Pl. I,4.

Abb. 17: aus Jericho.
OBJEKT: Skarabäus; Kopfpartie und Rücken sind gleich gestaltet wie beim Stück von Abb. 14; einzig die plastische Ausgestaltung des Kopfes scheint zu fehlen. Zwei auf der Seite umlaufende Rillen, dazwischen eine Rille vorn und auf jeder Seite eine schräg gestellte Linie deuten die Beine an. Die Basis ist teils linear, teils flächig graviert; nach KIRKBRIDE 1965: 649 Steatit, aber mit Fragezeichen (da Steatit das übliche Material ist, signalisiert das Fragezeichen wohl, dass es sich um ein anderes Material handelt); 18 x 14 x 9,1 mm.
BASIS: Nach rechts gerichtete, stehende menschliche Gestalt; die Mundpartie ist schnabelartig gestaltet; der rechte Arm hängt dem Körper entlang herunter; der linke Arm ist gewinkelt (grüssend) erhoben; vor der Gestalt eine Kolumne von vier Zeichen: Schilfrispe (j), Arm (^{c}), Wasserlinie (n) und Mund (r); ovale Umrandungslinie.
FUNDKONTEXT: Grab H 13; der Gruppe V zugerechnet; 15. Dyn. (ca. 1650-1550 v. Chr.).
BIBLIOGRAPHIE: KIRKBRIDE 1965: 648f und Fig. 301,10.

Abb. 18: von el-Ǧib (Gibeon?).
OBJEKT: Skarabäus; die Kopfpartie ist gleich gestaltet wie beim Stück von Abb. 14, nur dass das Trapez zu einem V geworden ist und die plastische Ausgestaltung des Kopfes fehlt. Pronotum und Rücken bleiben bis auf je zwei winzige seitliche Einkerbungen glatt. Zwei auf der Seite umlaufende Rillen und dazwischen zwei Rillen hinten und eine vorn deuten die Beine an. Die Basis ist teils linear, teils flächig graviert; grüner Jaspis; 16,4 x 10,9 x 7,3 mm.
BASIS: Nach rechts schreitende menschliche Gestalt; der rechte Arm hängt dem Körper entlang herunter; der linke ist schräg nach unten vorgestreckt und scheint ein Instrument zu halten, das wie eine Axt aussieht; gleichzeitig hängt von der Hand eine Uräusschlange? herunter, die sich nach innen aufbäumt; ober- und unterhalb des Axtstiels ein $^cnḫ$ "Leben"; ovale Umrandungslinie.
FUNDKONTEXT: Grab 11; 13.-15. Dyn., wahrscheinlich 15. Dyn. (ca. 1650-1550 v. Chr.).
BIBLIOGRAPHIE: PRITCHARD 1963: 19 und 154f Fig. 70,13.

Abb. 19: aus Geser.
OBJEKT: Skarabäus; Kopfpartie und Rücken sind gleich gestaltet wie beim Stück von Abb. 14, nur dass die plastische Ausgestaltung des Kopfes zu fehlen scheint und die kleinen Einkerbungen auf der Seite, die den Übergang vom Pronotum zum Bereich der Flügeldecken markieren, ebenfalls fehlen. Beides kann allerdings auf blosse Unsorgfältigkeit zurückzuführen sein. Zwei auf der Seite umlaufende Rillen und dazwischen eine Rille hinten und zwei als flache Pyramide angeordnete Linien auf jeder Seite deuten die Beine an. Die Gravur scheint aufgrund der Zeichnung rein linear zu sein; 20 x 14 x 11 mm.
BASIS: Nach rechts schreitende menschliche Gestalt; die Mundpartie ist schnabelartig gestaltet, der Oberkörper als spitzwinkliges Dreieck; der rechte Arm hängt dem Körper entlang herunter; der linke Arm fehlt (mindestens auf der Zeichnung); vor der menschlichen Gestalt oben

2 : 1

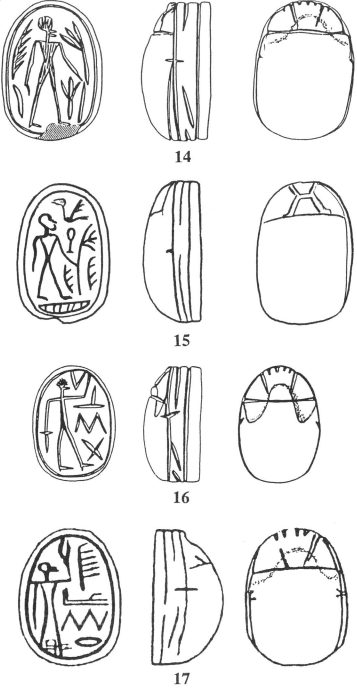

14

15

16

17

219

eine Lotus?-Blüte mit waagrecht gelegtem Stengel; zwei Schilfrispen (*jj*) in einer nur gerade angedeuteten Kartusche; unten eine Wasserlinie (*n*); ovale Umrandungslinie.
FUNDKONTEXT: Sekundär verwendet in einem spätrömisch-byzantinischen Grab.
BIBLIOGRAPHIE: MACALISTER 1912: II 329 Nr. 397 und III Pl. 209,17.

Abb. 20: aus Lachisch.
OBJEKT: Skarabäus; Kopfpartie, Rücken und Seiten sind gleich gestaltet wie beim Stück von Abb. 14, nur dass die seitlichen Einkerbungen fehlen (vgl. Abb. 19); aus dem Rücken ist ein kreisrundes Stück weggebrochen. Zwei auf der Seite umlaufende Rillen, dazwischen eine Rille vorn und auf jeder Seite eine schräg gestellte Linie deuten die Beine an. Die Gravur ist vorwiegend linear; nur Kopf und Körper der menschlichen Gestalt sind flächig graviert; dunkler Stein (Tufnell schreibt Obsidian, allerdings mit Fragezeichen; es scheint sich aber aufgrund der Bruchstelle eher um Jaspis bzw. Grünschiefer zu handeln); 20 x 15 x 10 mm.
BASIS: Nach rechts schreitende menschliche Gestalt, die in allen Details mit der des Stücks von Abb. 16 identisch ist; auch das V-förmige Zeichen links vom erhobenen Arm findet sich schon bei jenem Stück; vor der schreitenden Gestalt eine Lotus?-Blüte (vgl. Abb. 14); am rechten Rand senkrechte Zeichenkolumne: undefinierbares Zeichen, vielleicht eine "Schriftrolle" (*md3t*) oder ein "Altar" (*ḥtp*), waagrechte Linie, Arm (*ᶜ*), Schilfrispe (*j*); ein weiteres undefinierbares Zeichen zwischen den Beinen der menschlichen Gestalt; ovale Umrandungslinie.
FUNDKONTEXT: Höhlengrab 4004; Ende der Mittleren Bronzezeit II B - Späte Bronzezeit II A, ca. 1580-1350 v. Chr.); wiederverwendet gegen Ende der Späten Bronzezeit II; zu den Begräbnissen in dieser Höhle vgl. TUFNELL 1958: 283-285.
BIBLIOGRAPHIE: TUFNELL 1958: 103.121 Nr. 236; Pls. 36,236; 37,236; 41,44.

Abb. 21: vom Tell Ǧemme.
OBJEKT: Skarabäus, von dem die Hälfte weggebrochen ist. Der erhaltene Teil des Rückens ist glatt. Zwei auf der Seite umlaufende Rillen und eine Rille hinten deuten die Beine an. Gravur vorwiegend linear; schwarzer Stein, Jaspis?; erhaltene Länge 13, Breite 12, Dicke 7 mm.
BASIS: Nach rechts schreitende menschliche Gestalt, die soweit erhalten in allen Details mit der auf den Stücken von Abb. 16 und 20 identisch ist; von den Zeichen vor der Gestalt sind zu erkennen: Wasserlinie (*n*), Arm (*ᶜ*) und X; ovale Umrandungslinie.
FUNDKONTEXT: Unbekannt; wahrscheinlich ohne stratigraphischen Kontext (vgl. PETRIE 1928: 10).
BIBLIOGRAPHIE: PETRIE 1928: Pl. 17,40.

Abb. 22: vom Tell el-ᶜAǧǧul.
Die Zugehörigkeit dieses Stückes zur Jaspis-Gruppe ist aus verschiedenen Gründen unsicher.
OBJEKT: Skarabäus mit Goldfassung, an Goldring; der Kopf ist hier stärker plastisch herausgearbeitet als bei den Stücken von Abb. 14, 16 und 20; er hat die Form eines Ovals, auf dessen oberer Längsseite die Augen sitzen; die Wangen sind deutlich herausgearbeitet. Prothorax und Rücken sind glatt, auch ohne die kleinen Einkerbungen auf der Seite. Die Basis ist flächig graviert; als Material nennt Petrie Hämatit; 8,7 x 7,1 x ? mm.
BASIS: Nach rechts schreitende menschliche Gestalt mit kurzem Schurz?; der rechte Arm hängt dem Körper entlang herunter; der rechte ist gewinkelt (grüssend) erhoben; darunter *ᶜnḫ* "Leben"; hinter der Gestalt Blüte auf langem Stengel; ovale Umrandung.
FUNDKONTEXT: Festung III, "Cenotaph" 1450; Späte Bronzezeit I (ca. 1550-1400 v. Chr.).
BIBLIOGRAPHIE: PETRIE 1932: 6.9; Pl. 1 oben links und Pl. 8,121. ROWE 1936: 37 Nr. 14; Pl. 4,140.

2 : 1

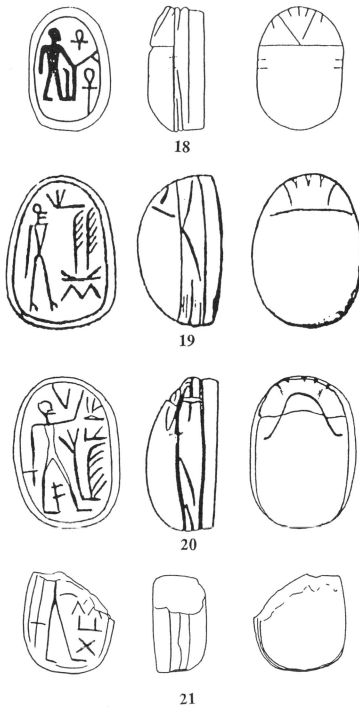

18

19

20

21

Abb. 23: aus Megiddo.

OBJEKT: Skarabäus; Kopfpartie, Rücken und Seiten sind gleich gestaltet wie beim Stück von Abb. 14, nur dass die seitlichen Einkerbungen fehlen (vgl. **Abb. 19**). Die Gravur ist linear; grüner Jaspis; 19 x 13,7 x 9,3 mm.

BASIS: In der obern Hälfte zwei Falken, die einen Zweig flankieren; über dem Rücken jedes Falken eine Blüte; in der untern Hälfte ein 'Schrein' (vgl. TUFNELL 1984: II/2 Pl. 20 Design Class 3E5) mit einem Zweig darin, flankiert von zwei Schilfrispen (*j*); ovale Umrandungslinie.

FUNDKONTEXT: Areal BB, Square M13, Grab 5231, Stratum XI; Mitte der Mittleren Bronzezeit II B (ca. 1700-1650 v. Chr.).

BIBLIOGRAPHIE: LOUD 1948: II Pl. 150,104; Pl. 156,104.

Abb. 24: vom Tel Reḥob (Gräber bei ʿEn Našab), 4,5 km südlich von Bet Šean.

OBJEKT: Skarabäus; am unteren Ende der Basis ist ein Stück weggebrochen; Kopfpartie, Rükken und Seiten sind gleich gestaltet wie beim Stück von **Abb. 14**, nur dass oben die seitlichen Einkerbungen und hinten die mittlere Rille fehlt. Die Gravur ist linear; matter, hellgrüner Stein; 24,7 x 18,1 x 9,8 mm.

BASIS: In der oberen Hälfte, die durch eine waagrechte Linie von der untern abgetrennt ist, senkrechter Strich, flankiert von zwei einander gegenüberstehenden Roten Kronen, die ihrerseits Rücken an Rücken zu einer L-förmigen Roten Krone stehen; in der untern Hälfte ein 'Schrein' (vgl. **Abb. 23**) mit *r*, *nṯr*, einem Falken, einer Blüte und ev. einem *nwb* "Gold"; der 'Schrein' ist von zwei nach aussen gerichteten Uräen mit Roten Kronen flankiert.

FUNDKONTEXT: Grabhöhle der Mittleren Bronzezeit II B (1750-1550 v. Chr.).

BIBLIOGRAPHIE: ZORI 1962: 174; Pl. 20,5 oben.

Abb. 25: aus Bet Šemeš.

OBJEKT: Skarabäus; Kopf und Kopfschild bilden je ein Trapez, wobei das obere mit seiner Schmalseite auf der des unteren steht; die grossen Wangen sind deutlich gezeichnet. Pronotum und Rücken sind glatt. Zwei seitlich umlaufende Rillen und eine Rille hinten deuten die Beine an. Die Gravur ist linear; schwarzer Stein, Serpentin?; 20 x 13 x 9 mm.

BASIS: Oben zwei Bogenlinien, darunter ein Falke, der von zwei weiteren gekrümmten Linien und zwei nach aussen gerichteten Uräen flankiert ist, die mit dem Schwanz verbunden sind; in der Mitte geflügelte Sonnenscheibe; unten unter einer abgeschlossenen Doppellinie ein *ḫpr* "Skarabäus", flankiert von zwei undefinierbaren Zeichen; ovale Umrandungslinie; die Basisdekoration steht im Verhältnis zum Rücken auf dem Kopf.

FUNDKONTEXT: Westteil der Stadt, Square AB 29, Grab 13 (= früher 3); frühe Mittlere Bronzezeit II B (1750-1650 v. Chr.).

BIBLIOGRAPHIE: GRANT 1929: 89 unterste Reihe, 2. Stück von links; 132 Nr. 707.

Abb. 26: aus Megiddo.

OBJEKT: Skarabäus; Kopf, Rücken und Seiten sind gleich gestaltet wie beim Stück von Abb. 18, nur dass statt der je zwei kleinen Einkerbungen auf der Seite nur eine vorhanden ist. Gravur linear; grüner Jaspis; 21 x 15 x 10 mm.

BASIS: Oben *ʿnḫ* von zwei Blüten flankiert, deren Stengel in Blasen enden, so dass der untere Teil der Blüten an *nfr* erinnert; die beiden Stengel sind durch eine waagrechte Linie verbunden, mit vier senkrechten Strichen unten; diese ganze Komposition ist von zwei kleinen *w3s*-Szeptern flankiert; unten Falke mit ausgebreiteten Flügeln, mit gespreiztem Schwanz und ge-

2 : 1

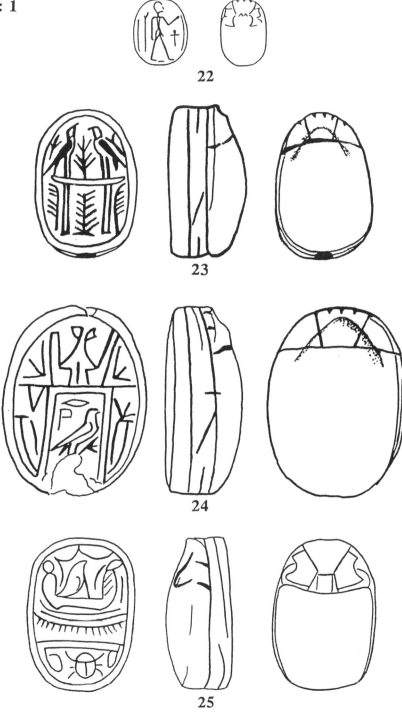

22

23

24

25

223

spreizten Fängen, flankiert von zwei schräg gestellten *nfr* "vollkommen"; ovale Umrandungslinie.
FUNDKONTEXT: Areal BB, Square O14, Grab 3018E, Stratum IX; Späte Bronzezeit I (1550-1400 v. Chr.).
BIBLIOGRAPHIE: LOUD 1948: II Pl. 151,148; Pl. 157,148.

Abb. 27: aus Megiddo.
OBJEKT: Skarabäus mit Silberring; Kopf, Rücken und Seiten sind gleich gestaltet wie beim Stück von **Abb. 14**. Gravur linear; grüner Jaspis; 20 x 13,8 x 9 mm.
BASIS: Oben 'Strauss' aus Blüte und zwei Zweigen; zwei waagrecht liegende Blüten; unten Falke mit ausgebreiteten Flügeln und mit gespreiztem Schwanz und gespreizten Fängen (die Klauen sind der stärkern Schematisierung zum Opfer gefallen); der Kopf des Falken ist von zwei ^{c} "Arm" flankiert, sein unterer Teil von zwei Blüten (oder rudimentären Zweigen); ovale Umrandung.
FUNDKONTEXT: Areal AA, Square K7, Grab 3175, Stratum XI; Mitte der Mittleren Bronzezeit II B (ca. 1700-1650 v. Chr.).
BIBLIOGRAPHIE: LOUD 1948: II Pl. 150,80; Pl. 155,80.

Abb. 28: aus Bet Šemeš.
OBJEKT: Skarabäus, stark abgenutzt; Kopf, Rücken und Seiten sind gleich gestaltet wie beim Stück von **Abb. 14**. Gravur linear; dunkelgraugrüner Stein, Jaspis?; 22 x 17 x 11 mm.
BASIS: Die obere Hälfte ist fast identisch mit der Dekoration des Stücks von **Abb. 27**, nur dass die 'Blüte' im Zentrum 6 statt 5 'Blätter' hat, die Zweige, die sie flankieren, nur auf einer Seite 'Blättter' haben und die zwei waagrecht liegenden Blüten nur per analogiam als solche zu erkennen sind; eine waagrechte Linie trennt die obere von der unteren Hälfte; auch diese ist mit der des Stücks von Abb. 27 so gut wie identisch, nur dass die ^{c}, die den Kopf des Falken flankieren, zu waagrechten Strichen vereinfacht sind; die Zweige, die auf **Abb. 27** Kopf und Fänge flankieren, sehen beim Stück von **Abb. 28** wie die Fortsetzung der Fänge, d.h. wie Klauen aus; wir haben es offensichtlich mit einer flüchtigen Kopie zu tun; ovale Umrandung.
FUNDKONTEXT: Ostteil der Stadt, westlich von Square X38, wahrscheinlich Stratum V ("4,5 m tief"); Mittlere Bronzezeit II B (1750-1550 v. Chr.).
BIBLIOGRAPHIE: GRANT 1932: 88 Nr. 5 = Neue Serie Nr. 28a; ROWE 1936: 93 Nr. 375; Pl. 9,375.

Abb. 29: aus Megiddo.
OBJEKT: Skarabäus; Kopf in Gestalt eines Trapezes, dessen Seitenlinien doppelt gezogen sind (TUFNELLs Typ D5); der Kopfschild bildet ebenfalls ein Trapez, wobei dieses mit seiner Schmalseite auf der Schmalseite des unteren steht. Ausser den zwei kleinen seitlichen Einkerbungen sind Pronotum und Rücken glatt. Die Beine sind durch eine flache 'Pyramide', eine umlaufende Rille und hinten eine Rille zwischen diesen beiden Linien angedeutet. Gravur linear; schwarzer Stein; 19 x 13 x 8,5 mm.
BASIS: Oben *z3* "Schutz" von zwei Doppelwinkeln flankiert; darunter zwei waagrechte Linien; Nestling eines Schwimmvogels; vor seinem Kopf undefinierbares Zeichen; unten *nb* "Herr"; ovale Umrandung.
FUNDKONTEXT: Areal BB, Square N14, Locus 2133, Stratum XI; Mitte der Mittleren Bronzezeit II B (ca. 1700-1650 v. Chr.).
BIBLIOGRAPHIE: LOUD 1948: II Pl. 150,62; Pl. 155,62.

2 : 1

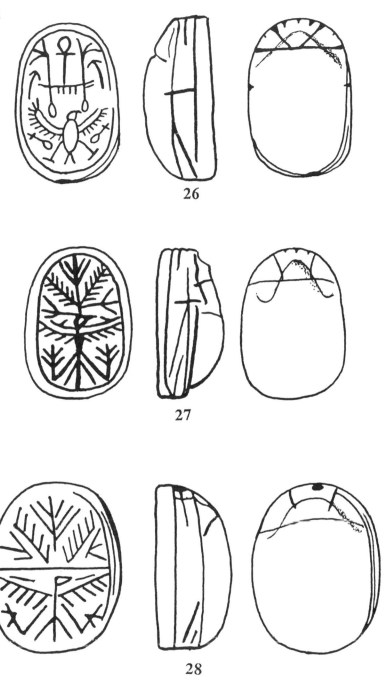

26

27

28

Abb. 30: aus Megiddo.

OBJEKT: Skarabäus; Kopf und Rücken sind gleich gestaltet wie beim Stück von Abb. 14, nur dass die beiden Linien, die dort Kopf und Kopfschild bilden, vom Rand her nur bis zum plastisch herausgearbeiteten Kopf gezogen sind und nicht bis zur waagrechten Linie, die die Kopfpartie von Pronotum und Rücken trennt. Die Beine sind durch zwei seitlich umlaufende Rillen und je eine dazwischen liegende Rille vorn und hinten angedeutet. Die Gravur ist linear; grüner Jaspis; 17,6 x 13,1 x 5,2 mm.

BASIS: Die Basisfläche wird durch eine waagrechte Linie in zwei Hälften geteilt; oben eine 'Blüte' mit einem Querstrich am Stengel, flankiert von zwei Binsen (*swt*); unten eine Wasserlinie (*n*) und eine Art Tisch mit einem umgekehrten T zwischen den vier Beinen (vgl. ROWE 1936: Pl. 9,354 und 371); ovale Umrandungslinie.

FUNDKONTEXT: Südostabhang des Tells, Square U19, Grab 24; Mittlere Bronzezeit II B (1750-1550 v. Chr.).

BIBLIOGRAPHIE: FISHER 1929: 46 Fig. 26 (unterste Reihe 3. von rechts; versehentlich dem Grab 37 zugeschrieben). ROWE 1936: 91 Nr. 361; Pl. 9,361. GUY 1938: 50; Pl. 106,12.

Abb. 31: vom Tell el-ʿAǧǧul.

OBJEKT: Skarabäus; der Kopf und ein Teil des Rückens sind zerstört; soweit erkennbar waren beide gleich gestaltet wie beim Stück von **Abb. 14**; identisch ist auch die Gestaltung der Seiten. Die Gravur ist linear; schwärzlicher Stein, Jaspis?; 19 x 13,3 x 10,6 mm.

BASIS: Die Basisfläche ist durch eine waagrechte Linie in zwei Hälften geteilt; oben Papyruspflanze mit drei Dolden; der traditionelle Erdklumpen ist auf eine sehr kurze waagrechte Linie reduziert; die Dolden erscheinen als ganz unspezifische, extrem schematisierte Blüten; die untere Hälfte ist durch zwei senkrechte Linien in drei Felder eingeteilt; im mittleren eine 'Blüte', die in einer Erdmulde steht; im rechten und linken je ein Zweig; ovale Umrandung.

FUNDKONTEXT: Oberflächenfund.

BIBLIOGRAPHIE: PETRIE 1934: Pl. 9,385; Photo Pl. 8. ROWE 1936: 21 Nr. 74; Pl. 2,74. TUFNELL 1984: II/2 Pl. 3 Nr. 1108.

Abb. 32: vom Tell el-ʿAǧǧul.

OBJEKT: Skarabäus; Kopf, Rücken und Seiten sind gleich gestaltet wie beim Stück von **Abb. 14**, nur dass die Rille vorn und die zwei kleinen seitlichen Einkerbungen fehlen. Die Gravur ist linear; dunkelgraugrüner Jaspis; 19,4 x 14 x 10 mm.

BASIS: Kolumne von Zeichen: zwei Schilfrispen (*jj*), Netznadel mit Garn (*ꜥḏ*), Wasserlinie (*n*), Arm (*ꜥ*) und Binse (*sw*), Schilfrispe (*j*) und Hacke (*mr*); die Kolumne ist flankiert von je drei flachen, ineinandergreifenden Spiralen, die oben und unten verbunden sind (vgl. TUFNELL 1984: II /2Pl. 31 Sektion 7B3[ii]a); ovale Umrandung.

FUNDKONTEXT: Feld A, Grab 2 (bei AZ); Ende der Mittleren Bronzezeit II B - Anfang Späte Bronzezeit I (ca. 1600-1500 v. Chr.).

BIBLIOGRAPHIE: PETRIE 1931: 7; Pl. 14,113; Pl. 15; Pl. 60. ROWE 1936: 47 Nr. 177; Pl. 5,177. TUFNELL 1984: II/2 Pl. 31 Nr. 2348; Pl. 50 Nr. 2946.

Abb. 33: vom Tell el-ʿAǧǧul.

OBJEKT: Skarabäus; der Kopf ist vom Pronotum durch eine halbrunde Linie abgetrennt; eine zweite Linie soll wohl den Kopfschild (Clypeus) vom Kopf abgrenzen, der bis auf die beiden grossen Augen nicht linear, sondern plastisch rund herausgearbeitet ist; am oberen Schmalende deuten fünf Einkerbungen die Zahnungen des Kopfschilds an. Der Rücken ist bis auf eine kleine Einkerbung rechts glatt. Die Beine sind durch zwei umlaufende Rillen angedeutet; dazwi-

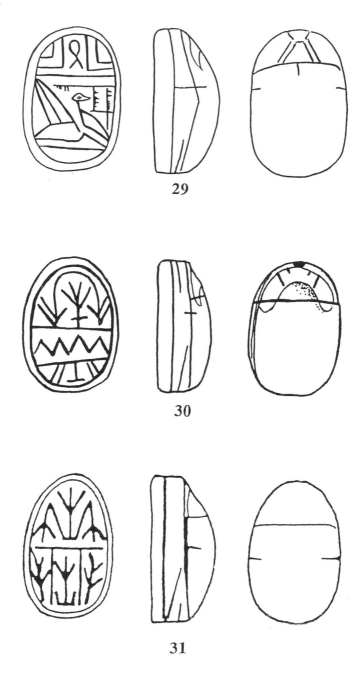

29

30

31

schen eine schräg nach hinten verlaufende Rille. Die Gravur ist linear; dunkelgrüner Jaspis; 24 x 18 x 10 mm.

BASIS: In der Mitte *nfr*, *n*, *w3d* oder Blüte, zwischen je vier runden Spiralen, die unten verbunden sind und oben in nach innen gerichteten Uräen enden (ein ähnliches Stück vom Tell el-Jehudije bei HORNUNG/STAEHELIN 1976: 210 NR. 101).

FUNDKONTEXT: Feld E, Raum EW, 826", Stratum II; späte Mittlere Bronzezeit II B (ca. 1625-1550 v. Chr.).

BIBLIOGRAPHIE: PETRIE 1934: 4; Pl. 7,143; Pl. 69; Photo Pl. 6. ROWE 1936: 5 Nr. 17; Pl. 1,17. PIEPER 1940: 55 Fig. 5. TUFNELL 1984: I/1 130; II Nr. 2375 und 2953.

Abb. 34: in Jerusalem gekauft.

OBJEKT: Skarabäus; Kopf, Rücken und Seiten sind gleich gestaltet wie beim Stück von **Abb. 14**, nur dass auf den Seiten die schräg gestellte Linie fehlt; die Gravur ist linear; dunkelgrüner Jaspis; 16,5 x 10,8 x 7 mm.

BASIS: Acht Doppelkreise; im Zentrum ein senkrechter Strich; ovale Umrandung.

FUNDKONTEXT: Unbekannt.

BIBLIOGRAPHIE: Unveröffentlicht.

Aufgrund von Form, Material, Stil und Ikonographie definiert sich eine klar konturierte Gruppe von Stempelsiegeln. Die Ω-Gruppe verdankt ihren Namen einem hervorstechenden ikonographischen Element, das allerdings so wenig wie der berühmte "Lyre-player" von Poradas "Lyre-player-group" (PORADA 1956; BUCHNER/BOARDMAN 1966) auf jedem Stück der Ω-Gruppe zu finden ist. Die hier vorliegende Gruppe habe ich aufgrund des für die Gruppe charakteristischen Materials - in Analogie zu Collons altsyrischer Jaspis-Rollsiegel-Gruppe - die Jaspis-Skarabäen-Gruppe genannt, obwohl nicht alle Stücke aus diesem Material gefertigt sind und obwohl die Bezeichnung Jaspis vielleicht nicht ganz korrekt ist..

Jaspis oder Hornstein nennt man heute ein unreines, undurchsichtiges, auch an den Kanten nicht durchscheinendes feinkörniges Quarzaggregat, das je nach den Beimengungen in nahezu allen Farben auftreten kann (LÜSCHEN 1979: 244; SCHUMANN 1977: 50). Skarabäen aus grünem, braunem und schwarzem Jaspis sind aus dem Mittleren Reich (ca. 2000-1650 v. Chr.) bekannt (HALL 1913: xxvif; PETRIE 1917: 8; TUFNELL 1984: II/1 42). "Roten und gelben Jaspis zu erkennen, macht keinerlei Schwierigkeiten, aber im Falle von grünem, braunem und schwarzem Jaspis sind Indentifizierungsfehler nichts Ungewöhnliches und Aussagen über ihr Vorliegen müssen verifiziert werden, bevor man sie akzeptieren kann" (LUCAS/HARRIS 1962: 397f). Neulich hat man das Material der grünen Tharros-Skarabäen, das herkömmlich als "grüner Jaspis" identifiziert worden ist, als Grünstein-Facies bezeichnet. Das ist ein Oberbegriff für die gleiche chemische Substanz, die aber durch die Einwirkung verschieden hoher Temperaturen je verschiedene Endformen angenommen hat (BARNETT/MENDLESON 1987: 106f).

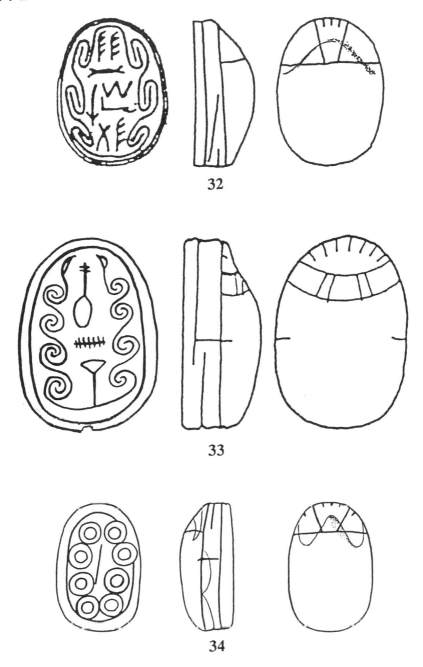

32

33

34

Von den 21 hier zusammengestellten Skarabäen der Jaspis-Gruppe wird nur bei sieben Stücken klar grüner Jaspis als Material angegeben und auch da ist diese Bezeichnung noch fraglich (**Abb. 18, 23, 26, 27, 30, 33, 34**). Bei einer ganzen Reihe weiterer Stücke handelt es sich um feinen schwarzen Stein. Kein einziges Objekt scheint aus dem für Skarabäen dieser Zeit sonst üblichen Steatit gefertigt zu sein. Es handelt sich durchwegs um härtere Gesteinsarten, die nicht gebrannt worden sind. Stärker als das auffällige Material eines Teils der Stücke definiert die Art und Weise, in der alle 21 Käfer geschnitten sind, diese als homogene Gruppe, so z.B. die sehr typische Kombination von plastisch herausgearbeitetem Kopf und linearen Elementen (Kopfschild) und die einheitliche Gestaltung der Seiten. Die Gravur ist weitgehend linear, nur gelegentlich sind kleine Teile, etwa der Rumpf der Figuren, flächig gekerbt. Die Rollsiegel sind weniger linear graviert. Aber einzelne Stileigentümlichkeiten sind Rollsiegeln und Skarabäen gemeinsam. So ist die schnabelartige Gestaltung der Mundgegend nicht nur bei den Skarabäen (**Abb. 14-17**), sondern auch bei den Rollsiegeln zu finden (**Abb. 1, 5, 6**). Auch die übertriebene Schlankheit der Gestalten und die Länge ihrer Extremitäten ist für beide Gruppen charakteristisch. Noch eindrücklicher als von Material und Stil wird die enge Verbindung der Jaspis-Skarabäen zu der altsyrischen Jaspis-Rollsiegelgruppe aber durch einen Teil des ikonographischen Repertoires bezeugt.

III. Die Ikonographie der Jaspis-Skarabäen-Gruppe
und ihre Beziehung zur altsyrischen Jaspis-Rollsiegel-Gruppe

Wie eingangs festgestellt wurde, beträgt die durchschnittliche Höhe der Jaspis-Rollsiegel 21,5 mm und ergibt sich bei einem durchschnittlichen Durchmesser von 10,8 mm eine gravierbare Fläche von 7,28 cm². Die durchschnittliche Länge der hier zusammengestellten 20 Skarabäen ist nur wenig geringer als die Höhe der Rollsiegel, nämlich 18,84 mm. Die durchschnittliche Breite beträgt 13,2 mm, allerdings bei ovaler Grundform an der breitesten Stelle gemessen. Damit erhalten wir bei den Skarabäen eine gravierbare Fläche von ca. 1,8 cm² oder ungefähr ein Viertel der bei den genannten Rollsiegeln zur Verfügung stehenden Fläche. Da die einzelnen Figuren auf den Skarabäen nur wenig kleiner geschnitten werden als auf den Rollsiegeln, kann es nicht erstaunen, dass das ikonographische Repertoire der Skarabäen sich auf einzelne Elemente des Repertoires der Rollsiegel beschränkt.

1. Verehrer

Dabei ist es nun überraschend und interessant festzustellen, dass nicht die höchsten auf den Rollsiegeln dargestellten Wesen, die ägyptischen oder ägyptisie-

renden Gottheiten (**Abb. 4, 10, 12**), nicht der König von Ober- und Unterägypten (**Abb. 1** und **5**), nicht der Fürst im Wulstsaummantel (**Abb. 1-2, 5-
6, 11-12**), sondern die rangniedrigste Gestalt, der Mann mit kurzem Schurz,
ausgewählt wurde, um als einziger auf den Skarabäen Platz zu finden. Diese
Gestalt ist auf den Rollsiegeln zwar am häufigsten vertreten (**Abb. 1-4, 7-10,
12-13**), aber sie tritt dort stets als Verehrer ranghöherer Mächte auf. Auf den
Skarabäen ist sie wie auf **Abb. 3** und **4** so schematisiert, dass selbst der kurze
Schurz nicht mehr zu erkennen ist und die Gestalt wie nackt erscheint.

Die Gestalt mit der Blume von **Abb. 14** und **15** hat ihre Parallele auf **Abb.
1**, wo sie zusammen mit dem Wulstsaummantel-Fürsten vor einem König oder
Gott mit der ägyptischen Doppelkrone erscheint. Während der Mann mit der
Blume auf **Abb. 1** die freie Hand anbetend erhoben hat, hängt diese bei **Abb.
14** und **15** dem Körper entlang herunter.

Die Gestalten auf **Abb. 16-17** und **20-23** halten keine Blume, sondern haben die entsprechende Hand grüssend/verehrend erhoben. Sie finden genaue
Entsprechungen auf **Abb. 2-3** und **6-7**. Die Gestalten von **Abb. 16** und **20-
21** scheinen in der herabhängenden Hand ein Lebenszeichen ($^c n\underline{h}$) zu halten. In
Ägypten ist dies den Gottheiten reserviert. Auf dem Rollsiegel von **Abb. 3** erscheint es in der Nähe der herabhängenden Hand. Auf **Abb. 13** wird es von
einer Verehrerin, die zusammen mit einem Blumenträger einen Thronenden flankiert, gehalten. Man scheint in Vorderasien die strikten ägyptischen Regeln nicht
gekannt oder jedenfalls nicht strikt angewendet zu haben. Das Lebenszeichen ist
auf den Rollsiegeln ein häufiges Nebenmotiv (**Abb. 1-6, 11, 13**). Auf den
Skarabäen mit dem Verehrer erscheint es ausser in dessen Hand noch zweimal
(**Abb. 18** und **22**).

Dass bei dem für die Skarabäendekoration beherrschenden Zwang zur Reduk-
tion der Verehrer und nicht die verehrte Grösse ausgewählt wird, um auf der
Basisfläche der Skarabäen dargestellt zu werden, ist nicht so erstaunlich, wie es
auf den ersten Blick erscheint (vgl. KEEL 1980: 260-263). Wir finden dasselbe
Phänomen auch auf assyrisch-aramäisch-phönizischen Siegeln des 1. Jts. v.
Chr. (GALLING 1941: 157 und Taf. 8,126-128; Taf. 9,134). Pietät wird im
Ijobbuch als eine Art Amulett evoziert: "Ist deine (Gottes-)Furcht nicht deine
Zuversicht?" (Ijob 4,6). Dieselbe Überzeugung mag noch viel später in der
abendländischen Kunst einen Anlass zu den zahllosen Bildern mit 'Stiftern'
geboten haben.

2. Nebenmotive beim Verehrer

Das häufigste Nebenmotiv ist die Schilfrispe. Die Schilfrispe mit dem Lautwert *j*
ist auf den Rollsiegeln (**Abb. 1, 3-5, 8, 13**) und den Skarabäen (**Abb. 14-
15, 17, 19-20**) gleich häufig. Teilweise mag sie als Phonem bzw. Graphem
dastehen (**Abb. 1** in der Kartusche), teilweise verdankt sie ihre Beliebtheit aber
wohl der Ähnlichkeit mit dem in der altsyrischen Kunst so wichtigen Zweig

(vgl. **Abb. 23, 27-28**). Dieser scheint ein Symbol der jährlich wiederkehrenden Vegetation gewesen zu sein. Als solches ist es wohl in der Hand des Wettergottes zu deuten (vgl. den Beitrag zum "Falkenköpfigen" in diesem Band). Eine ähnliche Bedeutung wie der Zweig hat die Blüte, die ebenfalls in der Hand des Wettergottes erscheint (vgl. Ω-Gruppe Abb. 63). Sie ist auf den Rollsiegeln (**Abb. 1, 3, 8, 13**) wie auf den Skarabäen zu finden (**Abb. 14** in der Hand des Beters und als Nebenmotiv, **Abb. 15, 19-20**; vgl. **Abb. 22**). **Abb. 15** zeigt über dem Blumenträger einen Schwimmvogel, der auch auf den Rollsiegeln häufig auftaucht (**Abb. 3-4, 8**).

Auf den meisten Skarabäen finden sich auch Elemente, die als Hieroglyphen identifiziert werden können. Ob sie als Schriftzeichen zu lesen sind oder einfach als Vergegenwärtigung ägyptischer Zaubermacht verstanden werden wollen, ist nicht klar. Hier sei nur auf formale Ähnlichkeiten zwischen den Zeichen auf den Rollsiegeln und denen der Skarabäen hingewiesen. Von der 'Schilfrispe', die vielleicht auch als Zweig zu verstehen ist, war eben die Rede.

Ein T-förmiges Zeichen, einmal umgedreht, findet sich auf dem Rollsiegel von **Abb. 11** (in der Kartusche) und auf dem Skarabäus von **Abb. 16**. Vielleicht handelt es sich um ein degeneriertes *c*, das in den Kartuschen von **Abb. 1-2** und 7 und auf den Skarabäen von **Abb. 17, 20** und **21** erscheint. Häufig ist eine auf ein M reduzierte Zickzacklinie belegt (vgl. die Rollsiegel von **Abb. 1-2** und 4 und die Skarabäen von **Abb. 16-17, 19** und **21**).

Das Zeichen *r* "Mund" ist auf den Rollsiegeln **Abb. 4** und **13** und auf dem Skarabäus von **Abb. 17** zu sehen. Das X findet sich auf dem Rollsiegel von **Abb. 3** und auf den Skarabäen von **Abb. 6** und **21**.

3. Falke

Nebst dem "Verehrer" ist der Falke das häufigste Hauptmotiv. Auf den Skarabäen von **Abb. 23-25** ist er stehend, auf denen von **Abb. 26-28** mit gespreizten Schwingen dargestellt. Auf **Abb. 23** stehen zwei Falken auf einer Aedicula ('Schrein'); auf **Abb. 24** ist ein Falke in einer Aedicula zu sehen, und ähnlich dürfte die Konstellation auf **Abb. 25** zu deuten zu sein. Bei den Stücken von **Abb. 26-28** füllt ein Falke mit gespreizten Schwingen die untere Hälfte der Basis aus. Stehende Falken sind auf den Jaspis-Rollsiegeln häufig (**Abb. 3, 4, 7, 10, 11, 13**). Einmal stehen sich auch zwei Falken gegenüber (Rollsiegel von **Abb. 13**, wie auf dem Skarabäus von **Abb. 23**).

Falken mit gespreizten Flügeln sind auf den Jaspis-Rollsiegeln, soweit sie von D. Collon erfasst wurden, keine zu sehen. Hier zeigt die Jaspis-Skarabäen-Produktion den Jaspis-Rollsiegeln gegenüber zum ersten Mal eine gewisse Eigenständigkeit. Allerdings fehlt es nicht an Vorbildern und Parallelen für den Falken mit gespreizten Schwingen in der näheren und weiteren Umgebung der Jaspis-Rollsiegel bzw. -Skarabäen: Eine ganz zentrale Stellung nimmt der Falke mit gespreizten Schwingen und Klauen auf den Prunkstücken ein, die P. MON-

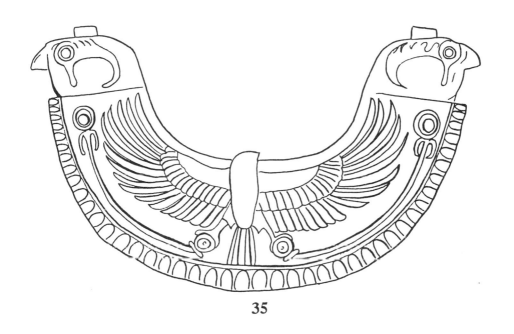

35

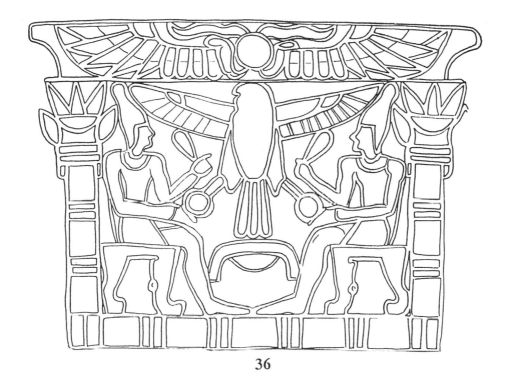

36

37

TET in den Fürstengräbern von Byblos entdeckt hat. Sie sind, da sie zusammen mit Geschenken Amenemhats III. und IV. gefunden worden sind, ans Ende des 19. oder, da diese Geschenke eine Zeit lang vererbt worden sein können, ins 18. Jh. v. Chr. zu datieren. Im Fürstengrab II und III (MONTET 1928: 166f Nr. 619 und Pl. 95f = PARROT/CHÉHAB/MOSCATI 1977: 39-41 Abb. 27) sind je ein goldener Halskragen (*wsḫ*) gefunden worden, die beide in zwei Falkenköpfen enden (**Abb. 35**). Das zentrale Dekorationsmotiv der Kragen sind noch einmal Falken mit weit gespreizten Schwingen und Klauen. Diese halten je einen *šn*-Ring. Von den Falken gehen unägyptisch zwei stilisierte "Palmen" aus. Bruchstücke von zwei weiteren solcher Kragen sind im Grab I gefunden worden (MONTET 1928: 166-169 Nr. 619-622). Der für diese Art von Kragen überlieferte Name *wsḫ Ḥr* "Horuskragen" sichert die Identität der Falken auch inschriftlich (JEQUIER 1921: 71ff). Ebenso deutlich wie bei den *wsḫ*-Kragen ist die ägyptische Inspiration bei dem Pektorale von **Abb. 36**. Auch hier beherrscht der Falke mit gespreizten Flügeln das Zentrum. Er wird von zwei Königen in völlig identischer Tracht flankiert. Byblos kennt die alte Dualität des Königs von Ober- und Unterägypten nicht. Neben der ägyptischen Inspiration ist also auch bei diesem Stück die lokale Modifikation deutlich festzustellen. Über dem Kopf des Falken ist die geflügelte Sonnenscheibe mit Uräen und Widdergehörn zu sehen. Unter dem Falken ist das Goldzeichen (*nwb*) angebracht. Wahrscheinlich deutet es auf den Königstitel "Goldhorus" hin.

Dass man im Byblos dieser Zeit durchaus fähig war, Hieroglyphen zu lesen und zu verstehen, zeigt das Medaillon von **Abb. 37**. Hier hat der Fürst von Byblos Japi-šemu-abi seinen Namen mit Hieroglyphen in eine liegende Kartusche schreiben lassen und sich so eine Prärogative des Pharao angemasst. Die ganze untere Hälfte des Medaillons nimmt der Falke mit gespreizten Schwingen ein. Der königliche Falke ist das Hauptmotiv auf allen diesen Prunkstücken der Herrscher von Byblos. Die "Könige von Byblos spielten sich auf ihrem winzigen Gebiet...in der Tat wie kleine Pharaonen auf " (CHÉHAB in PARROT/ CHÉHAB/MOSCATI 1977: 39).

Von den eindeutigen Belegen für den Falken als Horusfalken auf den Stücken von **Abb. 35-37** her dürften auch die Falken auf fünf Stücken einer Gruppe von nordsyrischen Rollsiegeln zu identifizieren sein, die D. Collon aufgrund ihres Stils und ihrer Ikonographie als Gruppe definiert und ins 18. Jh. v. Chr. datiert hat (COLLON 1985: 57-68). Auf zweien der fünf Belege nimmt der Falke einen ähnlich zentralen Platz ein wie auf den Prunkstücken von Byblos (**Abb. 38-39**). Er trägt eine typisch ägyptische Kompositkrone und wird von verehrenden Wesen flankiert. In den drei andern Fällen erscheint der Falke ohne jedes Attribut als ein Motiv unter andern (**Abb. 40-41**) oder gar als Nebenmotiv (**Abb. 42**). Der Falke mit gespreizten Schwingen und der stehende Falke mit Roter Krone sind noch in der Glyptik von Stratum VII in Alalaḫ zu finden (**Abb. 43-44**), das zwischen 1720 und 1650 v. Chr. anzusetzen ist.

38

39

40

41

42

43

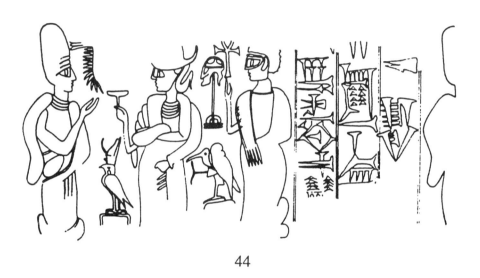

44

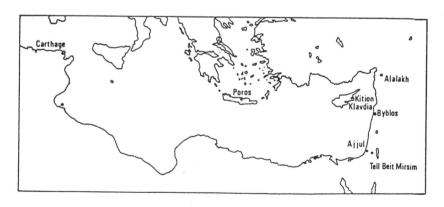

45

An die Tradition der Falken auf den **Abb. 35-43** schliessen die der Skarabäen von **Abb. 23-28** nahtlos an. Vor diesem Hintergrund sind wahrscheinlich sowohl die Falken mit gespreizten Schwingen wie die einfachen stehenden Falken der **Abb. 23-28** als Horusfalken zu interpretieren.

4. Nebenmotive beim Falken

Wie bei der ersten Gruppe mit dem "Verehrer" als Hauptmotiv spielen auch hier Zweige (**Abb. 23, 27-28**), Blüten (**Abb. 26-28**) und Schilfrispen (**Abb. 23**) eine Rolle. Bei den Stücken von **Abb. 23, 27-28** sind sie die einzigen Nebenmotive, wenn wir von der Aedicula auf **Abb. 23** absehen. Die Kombination des Horusfalken mit solchen pflanzlichen Motiven ist überraschend und interessant. Ich werde bei der Identifikation des Falkenköpfigen im nächsten Beitrag darauf zurückkommen. Blüten und Schilfrispen waren schon ein wichtiges Nebenmotiv bei der 'Verehrer'-Gruppe (**Abb. 14-22**).

Auf den Stücken von Abb. **24-25** flankieren Uräen den Falken. Der Uräus fehlt bei den Jaspis-Rollsiegeln ganz und war bei den Skarabäen einzig bei dem 'Verehrer'-Stück von **Abb. 18** zu sehen. Hingegen finden sich flankierende Uräen auf den Prunkstücken aus Byblos (**Abb. 36-37**). Der Skarabäus auf dem Stück von **Abb. 25** ist singulär. Die Roten Kronen (**Abb. 24**) und die geflügelte Sonnenscheibe? (**Abb. 25**; vgl. **Abb. 42**) gehören zur Königssymbolik.

An Hieroglyphen sind ausser der Schilfrispe *r* und *nṯr* auf **Abb. 24** und *ᶜnḫ*, *nfr* und *w3s* auf **Abb. 26** zu nennen.

5. Weitere Haupt- und Nebenmotive

Was auf den restlichen sechs Stücken der Jaspis-Skarabäengruppe zu sehen ist, bleibt entweder im Rahmen der für diese Gruppe bereits inventarisierten Motive oder gehört zum Gemeingut der Skarabäenproduktion dieser Zeit.

Der Nestling eines Schwimmvogels auf dem Stück von **Abb. 29** hat eine Parallele im Schwimmvogel als Nebenmotiv auf dem 'Verehrer'-Skarabäus von **Abb. 15** und den Schwimmvögeln auf der Jaspis-Rollsiegelgruppe. Die Zweige, Blüten und Schilfrispen auf den Stücken von **Abb. 30-32** bildeten die wichtigsten Nebenmotive bei der 'Verehrer'- und der Falken-Gruppe. Ebenso sind die 'Schriftzeichen', die Zickzacklinie aus zwei M und das umgekehrte T auf **Abb. 30**, wie auch das umgekehrte M, das *ᶜ* (Arm) und das X auf **Abb. 32** schon von andern Stücken dieser Gruppe her bekannt.

Nicht begegnet sind bisher in diesem Rahmen die Binse (*swt*) von **Abb. 30** und **32**, die Papyruspflanze von **Abb. 31**, der Tisch von **Abb. 30**, die Hieroglyphen *z3* "Schutz" (**Abb. 29**), *ᶜḏ* "Wohlergehen" (**Abb. 32**), *nfr*, *n* und *w3ḏ* oder Blüte (**Abb. 33**), wie auch die Winkel (**Abb. 29**), die ineinandergreifenden Spiralen (**Abb.** 32) bzw. Spiralen und Uräen (**Abb.** 33) als Umrandung sowie die konzentrischen Kreise (**Abb.** 34). Alle diese Elemente sind aber auf Skarabäen der 13.-15. Dyn. (1800-1550 v. Chr.) überaus häufig zu finden und zeigen nur, dass den Leuten unserer Werkstatt nicht nur die Produktion der Jaspis-Rollsiegel- und ähnlicher Rollsiegelwerkstätten bekannt war, sondern auch die zeitgenössische Skarabäenproduktion. Doch spezialisierten sie sich offensichtlich bewusst auf Motive wie den Verehrer und den Horusfalken.

IV. Schlussbemerkungen

D. Collon lässt ihre Jaspis-Rollsiegelwerkstätte in der Zeit zwischen 1720-1600 v. Chr. aktiv sein. Wenn wir den Fundkontext der Jaspis-Skarabäen betrachten, so lassen sich diese mühelos im selben Zeitraum unterbringen. Die Stücke von **Abb.** 23, 25, 27 und 29 stammen aus Zusammenhängen, die kaum später als 1650 v. Chr. sein können, und gehören so jedenfalls noch ins 17. Jh. Die meisten Fundkomplexe sind wenig genau in die Mittlere Bronzezeit II B (**Abb.** 14, 16, 18, 24, 28, 30), zwei ans Ende dieser langen Periode (**Abb.** 17, 33) datiert. Mit einer Laufzeit von ca. 1750-1550 v. Chr. schliesst die Periode COLLONs Zeitspanne von 1720-1600 v. Chr. bequem ein.

Allerdings sind fünf weitere Stücke und immerhin etwa ein Viertel der Gruppe (**Abb.** 15, 20, 22, 26, 32) in Schichten gefunden worden, die nach 1600 oder gar deutlich in die Späte Bronzezeit I gehören (1550-1400 v. Chr.). Diesen relativ hohen Anteil kann man aber mit der Härte und Kostbarkeit des Materials erklären, welche dazu führten, dass diese Stücke sorgfältiger vererbt und geerbt worden sein dürften als gewöhnliche Skarabäen. Zudem wird auch ihre Thematik (Treue zum Königtum bzw. zu einer bestimmten Dynastie; siehe gleich) dazu beigetragen haben, dass sie länger über dem Boden blieben als etwa die Stücke der Ω-Gruppe.

Was das Verbreitungsgebiet betrifft, so sind 8 der 19 Stücke mit bekanntem Fundort nördlich der Karmelkette in Megiddo (5), Abu Zureq (2) und Reḥob bei Bet Šean (1) gefunden worden. Nur 4 der 19 Stücke kommen von der Küstenebene (4 vom Tell el-ʿAǧǧul, 1 vom Tell Ǧemme). Der Rest stammt aus der Schefela, dem Bergland und dem Jordangraben. Die Jaspis-Skarabäen dürften also nicht wie die Ω-Gruppe über einen Hafen ins Land gekommen sein, sondern von Norden her auf dem Landweg. Angesichts der grossen Konzentration von Stücken in Megiddo und seiner Umgebung wäre es nicht abwegig, dort eine Werkstatt anzunehmen. Nördlich von Megiddo sind Jaspis-Skarabäen, soweit ich sehe, nicht gefunden worden. Aber auch die Verbreitung der Jaspis-Rollsiegel (**Abb.** 45) erlaubt eine Ansiedlung in Megiddo ebenso wie in Byblos. Denn dem einen Stück aus Byblos und den zwei Abdrücken aus Alalaḫ im Norden stehen das Siegel vom Tell Bet Mirsim und die vier Stücke vom Tell el-

ʿAğğul gegenüber. Angesichts gewisser Unterschiede im ikonographischen Repertoire (Falke mit gespreizten Schwingen) kann man sich fragen, ob *eine* Werkstatt beide Produkte (Rollsiegel und Skarabäen aus grünem Jaspis) hergestellt hat. Aufgrund der vielen Gemeinsamkeiten zwischen den beiden Gruppen müssen die zwei Werkstätten aber jedenfalls in enger Verbindung gestanden haben.

Im Vergleich zur vorderasiatisch geprägten Ikonographie der Ω-Gruppe ist die der Jaspisgruppe deutlich ägyptisierend. Dabei könnten die Hauptmotive des Verehrers und des Falken im Sinne eines Loyalitätsbeweises dem König (bzw. einem bestimmten König) gegenüber gewählt und in Auftrag gegeben worden sein. Auf den Rollsiegeln steht der Verehrer ja häufig einem König (und nicht etwa einem Gott) gegenüber (vgl. **Abb. 1-2, 6**). In der Einfluss-Sphäre der ägyptischen Kultur darf die Zäsur zwischen Gott und König allerdings nicht zu scharf gesehen werden.

Dem königlich-höfischen Bereich entsprechen die Kostbarkeit des Materials und die Schwierigkeit, dieses zu bearbeiten. Auch darin unterscheiden sich Ω- und Jaspisgruppe sehr stark. Sie gehören deutlich verschiedenen Lebensbereichen an: Während die Ω-Gruppe von weiblichen Motiven, von der Sorge um das Leben bestimmt ist, charakterisiert die Jaspis-Skarabäen die männliche Thematik von Herrschaftslegitimation (Falke) und Loyalität (Verehrer).

Quellenverzeichnis zu den Abbildungen

Die mit einem * bezeichneten Stücke sind von Hildi Keel-Leu gezeichnet.
1-13 COLLON 1986a: 58f und 64-67.
14 GIVEON 1988: 20f Nr. 2.
15 HORN 1962: 3 Fig. 1,4. Nach Photos der Expedition.*
16 GIVEON 1988: 22f Nr. 4.
17 KIRKBRIDE 1965: 648f Fig. 301,10.
18 PRITCHARD 1963: 154f Fig. 70,13.
19 MACALISTER 1912: III Pl. 209,17.
20 TUFNELL 1958: Pls. 36,236; 37,236; 41,44.
21 PETRIE 1928: Pl. 17,40. Nach Photos des Institute of Archaeology, London.
22 PETRIE 1932: Photo Pl. 1 oben links; Pl. 8,121; ROWE 1936: Pl. 4,140.*
23 LOUD 1948: II Pls. 150,104; 156,104.*
24 ZORI 1962: Pl. 20,5. Zeichnungen nach eigenen, im Bet Šean Museum gemachten Photos.*
25 GRANT 1929: 89. Zeichnungen nach Photos des University Museum, Philadelphia.*
26 LOUD 1948: II Pls. 151,148; 157,148.*

27	LOUD 1948: II Pls. 150,80; 155,80.*
28	GRANT 1932: Pl. 51,5; ROWE 1936: Pl. 9,375.*
29	LOUD 1948: II Pls, 150,62; 155,62.*
30	ROWE 1936: Pl. 9,361; GUY 1938: Pl. 106,12.*
31	PETRIE 1934: Pl. 8 Photo; Pl. 9,385; ROWE 1936: Pl. 2,74.
32	PETRIE 1931: Pl. 14,113; ROWE 1936: Pl. 5,177.*
33	PETRIE 1934: Pl. 6 Photo; Pl. 7,143; ROWE 1936: Pl. 1,17.*
34	Privatsammlung am Biblischen Institut der Universität Freiburg/Schweiz. Zeichnungen nach Photos des Instituts.*
35	MONTET 1928: Pl. 95,620.*
36	MONTET 1928: Pls. 93 und 94,617: PARROT/CHEHAB/MOSCATI 1977: 41f Abb. 29.*
37	MONTET 1928: Pl. 97,618; PARROT/CHEHAB/MOSCATI 1977: 42f Abb. 28.*
38	COLLON 1985: 68 Fig. 3,20.
39	COLLON 1985: 68 Fig. 3,21.
40	COLLON 1985: 68 Fig. 3,17.
41	COLLON 1985: 67 Fig. 2,16.
42	COLLON 1985: 66 Fig. 1,3.
43	COLLON 1975: 76 Nr. 139.
44	COLLON 1975: 76 Nr. 140.
45	COLLON 1986a: 70 Fig. 25.

Othmar Keel

Zur identifikation des Falkenköpfigen

auf den Skarabäen
der ausgehenden 13. und der 15. Dynastie

I. Deutungen und Probleme

In der Zeit vom Beginn der 13. bis zum Ende der 15. Dyn. (ca. 1800-1550 v. Chr.) nimmt die Skarabäenproduktion sehr stark zu und erreicht vor allem in der 15. Dyn. (1650-1550 v. Chr.) eine in Palästina auch später nie mehr erlebte Blüte. Auf diesen sog. Hyksos-Skarabäen fällt u.a. ein menschengestaltiger, falkenköpfiger Gott[1] auf, der gelegentlich die eine Hand schützend und segnend über einem Menschen erhoben hat (**Abb. 1-2**) bzw. vor dem ein Mensch mit verehrend erhobener Hand steht (**Abb. 7-9**). Ein weiterer Typ zeigt den Falkenköpfigen, wie er verdoppelt einen Baum oder eine Blüte flankiert (**Abb. 11-18**). Sehr verbreitet ist der Falkenköpfige kniend oder schreitend mit einem Zweig, einer Blume oder einem (daraus entstandenen) *w3s*-Szepter (**Abb. 42-60**), gelegentlich auch mit einem Uräus in der Hand (**Abb. 81-92**). Endlich kann der Falkenköpfige hinter einem senkrecht gestellten Krokodil stehen (**Abb. 100-104**; vgl. KEEL 1978: 144-146) oder auf einem Krokodil knien (**Fig. 105-106**).

Diese auf den sog. Hyksos-Skarabäen recht prominente Gestalt hat bis heute keine befriedigende Deutung erfahren.

M. PIEPER wollte unter dem Eindruck von W.W.F. BAUDISSINs "Adonis und Esmun" (1911) die eine Blume oder einen Zweig haltende menschliche Gestalt mit (aber auch die ohne) Falkenkopf auf Adonis, diejenige mit einer Kobra auf Ešmun deuten (PIEPER 1930: 185-195, bes. 191f). Er dachte beim Falkenköpfigen zunächst "natürlich an Horus, aber in dieser Gestalt (mit dem Blumenstrauß) ist Horus gerade nicht ägyptisch. Es muß sich um einen semitischen Gott handeln, da gerade Exemplare dieser Art sich häufig in Palästina finden" (PIEPER 1933: 94-97, bes. 96). Unägyptisch ist auch der Knielauf (das eine Bein im Oberschenkel waagrecht, im Unterschenkel senkrecht, das zweite umgekehrt; PIEPER 1933: 94f). Pieper war mit seiner Deutung auf Adonis bzw. Ešmun allerdings nicht sehr glücklich. Er schlug die Gleichung nur versuchsweise vor: "Ich bin selbst froh, wenn ein anderer eine bessere Deutung hat" (PIEPER 1933: 96).

Da Adonis eindeutig nicht vor dem 5. und Ešmun nicht vor dem 7. Jh. v. Chr. bezeugt ist (POPE/RÖLLIG 1965: 234f), ist ihr Erscheinen auf rund 1000 Jahre älteren Skarabäen in der Tat problematisch. H. GESE macht zwar zu Recht darauf aufmerksam, dass beide Götter im syrischen Raum vor der ersten literarischen Bezeugung schon ein längeres Vorleben gehabt haben dürften (GESE 1970: 185-191), und Blume oder Zweig passen tatsächlich gut in die Hand eines der Vegetation eng verbundenen Gottes (vgl. die Adonisgärten), wie auch die Schlange ein angemessenes Attribut für einen Heilgott ist (vgl. Num 21,4-

---

[1] TUFNELL 1984: I/1 135-137; II/2 Pl. 44f.47.

244

9). Aber über Konvenienzgründe ist da nicht hinauszukommen, weil die Namen Adonis und Ešmun für das 2. Jt. v. Chr. nicht bezeugt sind und keinerlei ikonographische Tradition vorliegt, die weiter zurückreicht als die schriftlichen Denkmäler.

Zehn Jahre nach Pieper wandte sich H. STOCK dem Problem erneut zu. Auch ihn erinnerten mindestens einzelne Belege für den Falkenköpfigen "an einen ägyptischen Falkengott" (STOCK 1942: 28), wobei er auf Bilder vom Typ der **Abb. 1-2** und **42-60** verwies. Aber die Blumen, Zweige und Uräen in den Händen des Falkenköpfigen, die antithetischen Gruppen, der Knielauf und die zahlreichen Funde aus Palästina liessen auch ihn schliesslich eher einer semitischen Gottheit zuneigen:"vielleicht ließe sich...an den falkenköpfigen Hūrūn denken."[2]

Dieser Vorschlag ist u.a. - wenn auch mit Einschränkungen - von R. STADELMANN (1967: 81; skeptischer 1987: 438) und I. VODOZ (1979: 71-73) übernommen worden. Aber der Falkenkopf des Horon geht allem Anschein nach erst auf die Gleichsetzung des asiatischen Gottes mit dem ägyptischen Hormachis (*Hrw-m-3ht*) zurück. Die ältesten Zeugnisse dafür stammen aus der Zeit Amenophis' II. (1426-1400 v. Chr.; STADELMANN 1967: 81-88, bes. 82; HELCK 1977: 1055) und sind somit 200 bis 300 Jahre jünger als die frühen Belege für den Falkenköpfigen auf Skarabäen.

Entgegen der bisher referierten, von Pieper über Stock bis Stadelmann reichenden deutschen Tradition hat der Hauptstrom der englischen Ägyptologie stets einen fundamentaleren Zusammenhang zwischen der ägyptischen Tradition und dem Falkenköpfigen auf den Skarabäen der 13.-15. Dyn. gesehen. W.M.F. PETRIE statuierte 1925, d.h. wenige Jahre vor Piepers Adonis-Ešmun-Deutung:"The gods in name, emblem or figure, are the principal subject on scarabs. The most usual of all is the falcon-headed Ra, especially in the XIVth - XVth dynasties. He is generally figured with the royal uraeus or with the uas sceptre. After the XVth, the greater part are in the XIXth" (PETRIE 1925: 27 § 45; vgl. Pl. 15,1000-1015). Zwei Punkte sind an dieser Erklärung bemerkenswert: Petrie identifiziert den Falkenköpfigen nicht mit dem Himmelsgott Horus, sondern mit dem Sonnengott Re[c], und er sieht im Unterschied zu STOCK (1942: 29) die Tradition im Neuen Reich nicht völlig abbrechen, sondern vor allem in der 19. Dyn. weiter- bzw. wiederaufleben.[3]

---

[2] STOCK 1942: 28f. STOCK weist dabei auf die wenig früher entdeckte Skulptur eines Falken hin, der Ramses II. als Kind schützt und die man, da Ramses in der Beischrift als "geliebt von *Hwrwn*" bezeichnet wird, als ägyptisierende Darstellung des semitischen Gottes Hauron oder Horon versteht (Kairo, JdE 64735; vgl. MONTET/BUCHER 1935: 153-165; MONTET 1935: 11-14 und Pl. X-XI; zuletzt STADELMANN 1987: 436-449).

[3] Im deutschen Sprachraum haben, wenn auch zögernd, HORNUNG/STAEHELIN 1976: 99 die Deutung auf Re[c] übernommen.

In einem kleinen, aber interessanten Aufsatz postulierte dann M.A. MURRAY einen Wandel von ganz menschengestaltigen Zweig- und Blumenträgern zu falkenköpfigen: "In both cases the figure represents a deity, probably the Canaanite equivalent of Horus or Rê; possibly therefore the sun-god, later called Shems by the Israelites. The significance of the lotus, the palm, and the cobra in Palestine is unknown" (1949: 95). Der von Murray postulierte Wandel von den ganz menschengestaltigen zu den falkenköpfigen Gestalten ist durch die mit dem jeweiligen Fundkontext argumentierenden Untersuchungen von O. TUFNELL, die es vorzieht, auf einen eigenen "spekulativen" Deutungsvorschlag zu verzichten (1984: I/1 134), insofern bestätigt worden, als rein menschengestaltige Wesen auf den Skarabäen in der Tat früher auftauchen als falkenköpfige (TUFNELL 1984: I/1 134-140; II/2 343-353). Das eine entwickelte sich jedoch nicht aus dem andern, sondern beide treten zunächst unabhängig voneinander in ihrem eigenen Recht und in ihrer eigenen Bedeutung auf, um sich erst im Laufe der Geschichte zu vermischen.

Die bisherigen Interpretationsversuche kranken daran, dass sie zu schnell mit einem aus der Literatur bekannten Namen zur Hand sind. Sie verfolgen die ikonographische Tradition zu wenig gründlich und weiträumig. Die folgenden Ausführungen versuchen, die Bildtradition in ihrem eigenen Recht ernstzunehmen und eine Beziehung zwischen Bild und Wort erst herzustellen, nachdem dieses Fundament gelegt ist.

II. Ein ikonographischer Zugang

1. Frühe Menschendarstellungen

Wenn man von den 'Männchen' ohne Tracht und Geschlecht der frühesten Skarabäen absieht (vgl. WARD 1978: Pl. 5), begegnen bis zum Ende der 12. Dyn. auf Skarabäen keine Menschendarstellungen. Weder die 69 Skarabäen aus dem Montet Jar, den TUFNELL/WARD (1966) in die 11. Dyn. datieren, während O'CONNOR (1985: 32-37) ihn der späten 13. Dyn. zuweisen will, noch die 19 Skarabäen aus dem Grab 66 bei Ruweise in der Nähe von Sidon, das sowohl TUFNELL (1975/76: 5-25) wie O'CONNOR (1985: 37) der 12. Dyn. zuweisen, noch die 488 Abdrücke aus Kahun, einer Beamten- und Arbeiterstadt der 12. Dyn. (PETRIE 1890: Pl. 10; 1891: Pl. 9-10; PETRIE/BRUNTON/ MURRAY 1923: Pl. 64-65), zeigen auch nur eine einzige Menschendarstellung, die realistischer wäre als die ohnehin äusserst seltenen Strichmännchen der frühesten Skarabäen (PETRIE 1891: Pl. 9,36; PETRIE/BRUNTON/MURRAY 1923: Pl. 64,225.229. 252f.261). Die 489 Abdrücke aus der Festung Uronarti haben eine längere Laufzeit als die von Kahun (DUNHAM 1967: 65-80); die Besiedlung auf der Nilinsel beim 2. Katarakt erstreckte sich bis ans Ende der 13. Dyn., also bis ca. 1650 v. Chr. Noch hier haben sich jedoch nur gerade zwei menschengestaltige

Wesen gefunden, ein Fruchtbarkeitsgott und ein Heh (vgl. im Beitrag zu Ptah in diesem Band Abb. 14 und 16; vgl. auch TUFNELL 1975: 74). Ein Falkenköpfiger war nicht dabei.

Als älteste Belege für Skarabäen mit einigermassen realistischen Menschendarstellungen sind Beispiele aus den ersten zwei Dritteln der 13. Dyn. (ca. 1800-1700 v. Chr.) aus Palästina zu nennen. Es handelt sich dabei um syrische Motive wie die nackte Frau der Abb. 21 der Ω-Gruppe oder um linear gravierte Wulstsaummantel-Fürsten wie z.B. derjenige aus Megiddo XII mit Partnerin (LOUD 1948: Pl. 149,52 = KEEL/SCHROER 1985: 94f Abb. 66) oder derjenige aus Barqai mit der hohen Mütze (KEEL/SCHROER 1985: 76 Abb. 32). In diesen Zeitraum - wenigstens an sein Ende oder kurz danach - gehören höchst wahrscheinlich auch schon Menschengestalten in ägyptischer oder ägyptisierender Tracht, etwa stehende (PETRIE 1925: Pl. 14,941) und kniende, linear gravierte Verehrer mit einem Zweig (LOUD 1948: Pl. 150,73) oder mit einer Blume. Besonders interessant ist ein im Knielauf dargestellter Verehrer (PETRIE 1932: Pl. 7,1103; TUFNELL 1962: 19 Fig. 7,1), der eine sehr enge Parallele in den Verehrern auf ins 18. Jh. zu datierenden (COLLON 1985: 57-68) Rollsiegeln hat (Abb. 38 und 41 des Beitrags zur Jaspis-Skarabäen-Gruppe). Wir hätten da ähnlich wie bei der Jaspis-Skarabäen-Gruppe einen - allerdings älteren - Fall, dass ein ägyptisch-ägyptisierendes Motiv über den Umweg der Rollsiegelglyptik auf die Skarabäen gekommen ist. Zur Gruppe früher ägyptisierender Menschendarstellungen auf Skarabäen gehört wohl - aufgrund des Rückens und der Seiten - auch der thronende 'Pharao' vom Tell el-ʿAǧǧul (PETRIE 1933: Pl. 4, 157), dessen Armhaltung allerdings derjenigen kanaanäischer Fürsten entspricht (KEEL 1982: 462f).

Es gibt keinerlei Grund für die indistinkte Behandlung der menschen- und der falkenköpfigen Gestalten bei PIEPER und STOCK und keinen Grund, in den Zweig- und Blumenträgern einen semitischen Sonnengott zu sehen, wie MURRAY das tut. Bei den rein menschengestaltigen Wesen mit Zweig oder Blume haben wir es mit KultteilnehmerInnen[4], in einzelnen Fällen mit Königen oder Königsgöttern zu tun (s.u.). Der Falkenköpfige aber hat einen andern Ursprung.

2. Der segnend-schützende Falkenköpfige

Falkenköpfige scheinen im Gegensatz zu den rein menschengestaltigen Darstellungen erst im 17. Jh. v. Chr. (vgl. **Abb. 42-43**), in signifikanter Zahl sogar erst ab der zweiten Hälfte dieses Jahrhunderts und d.h. in der 15. Dyn. (ca. 1650-1550 v. Chr.) aufzutreten. Unter den Skarabäen aus Kerma, deren Be-

---

[4] KEEL 1980: 259-263; zu Verehrern und Verehrerinnen mit Zweigen und Blumen auf altsyrischen Siegeln vgl. SAFADI 1975: Taf. XIII* 94.98.99.101; Taf. XVIII* 125 und oben den Beitrag zur Jaspis-Skarabäen-Gruppe.

stand typisch ist für die 15. Dyn., finden sich gleich ein halbes Dutzend Falken-köpfige (REISNER 1923: Pl. 40 unterste Reihe, 1.-2., 4.-5. und 7. Stück von links; Pl. 42,24-26). Auch auf dem Tell el-Dabᶜa sind rein menschengestaltige Figuren schon in Stratum G/F (1750-1680 v. Chr.) und in Stratum F (1710-1680 v. Chr.) gefunden worden, während der Falkenköpfige erst in Stratum D/3 (1600-1570 v. Chr.) auftaucht.[5]

Auf dem Rollsiegel von Abb. 38 im Aufsatz zur Jaspis-Skarabäen-Gruppe flankieren die Gestalten im Knielauf einen Falken mit weit ausgebreiteten Schwingen, der eine Art Atefkrone über einem Widdergehörn trägt. Der Falke mit ausgebreiteten Flügeln erscheint auch noch auf vier andern Siegeln dieser Gruppe (Jaspis-Skarabäen Abb. 37 und 39-41). Die Prunkstücke aus den Für-stengräbern in Byblos und der entsprechende Textabschnitt zu den Abb. 35-37 im Aufsatz zur Jaspis-Skarabäen-Gruppe haben gezeigt, wie häufig dieses Mo-tiv in der Levante damals war und dass der Falke als Horusfalke zu interpre-tieren ist. Angesichts der Verbreitung des Horusfalken im syrisch-palästini-schen Raum im ausgehenden 19. und im 18. Jh. sollte man vorsichtig sein, eine falkenköpfige Gottheit vorschnell als einheimische zu postulieren.

Die ältesten Skarabäen, auf denen die Mischgestalt mit Menschenleib und Fal-kenkopf erscheint, sind laut TUFNELL (1984: I/1 140) solche mit zwei oder drei Figuren. Diese reichen allerdings nicht über das 17. Jh. hinauf. Wahrscheinlich setzen sie - wie bereits gesagt - in bedeutendem Umfang erst mit der 15. Dyn. (1650-1550 v. Chr.) ein. Skarabäen, auf denen der Falkenköpfige allein ist, sollen nach Tufnell jünger sein. M.E. lässt sich, wenn überhaupt eine zeitliche Priorität einer Gruppe anzunehmen ist, eher das Gegenteil demonstrieren (vgl. **Abb. 42-43**).

Wie die ältesten Menschendarstellungen auf (vorderasiatischen) Skarabäen scheinen auch die Darstellungen des Falkenköpfigen der altsyrischen Rollsie-gelglyptik verpflichtet zu sein. Ein Stück aus Tell el-ᶜAğğul II (ca. 1625-1550 v. Chr.) ist mit einem Falkenköpfigen dekoriert, welcher die eine Hand segnend oder schützend über einer menschlichen Gestalt erhoben hat, die mit rückwärts gewendetem Kopf vor ihm kniet (**Abb. 1**). Ein weiteres Stück vom Tell el-ᶜAğğul, dessen Fundkontext nicht bekannt ist, zeigt eine ähnliche Szene (**Abb. 2**). Der Falkenköpfige steht mit erhobener Hand hinter einem Mann, der einen Zweig in der einen Hand hält und vor dem sich ein Uräus aufbäumt. Falken-köpfiger und Uräus stehen nicht nur in einer kompositorischen, sondern auch in einer bedeutungsmässigen Symmetrie, insofern sie beide den Beter bzw. König in der Mitte schützen. Eine ganz ähnliche Szene wie auf den beiden Skarabäen von **Abb. 1-2** findet sich auf einem altsyrischen Rollsiegel der ehemaligen Sammlung Clerc (**Abb. 3**). Wie auf den Skarabäen hat der Falkenköpfige seine

---

[5] Ich verdanke diesen Hinweis Frau Ch. Mlinar, Wien. Es handelt sich um die Objekte Tell el-Dabᶜa Nr. 105, 206 und 701 (= unten Abb. 92).

1

2

3

4

5

6

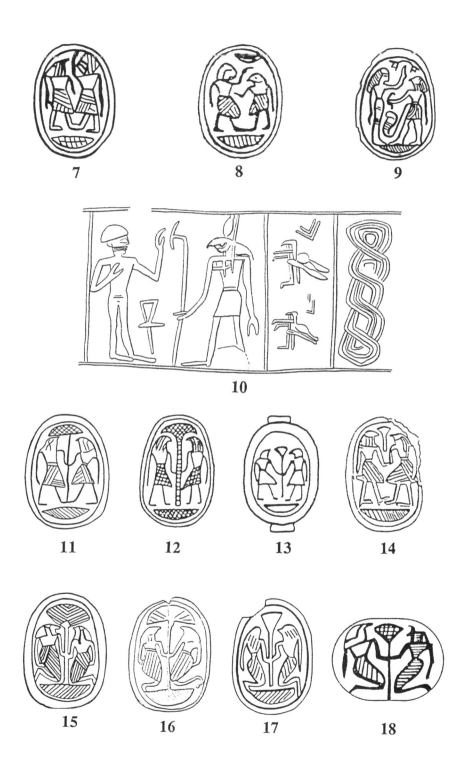

7   8   9

10

11 12 13 14

15 16 17 18

Hand segnend über einem Mann erhoben, der nur mit dem Schurz bekleidet ist. Das Stück zeigt (einmal mehr) den engen Zusammenhang zwischen der altsyrischen Rollsiegelglyptik und den Skarabäen mit figürlicher Dekoration der 13.-15. Dyn. (ca. 1800-1550 v. Chr.). Bei der Identifizierung des Falkenköpfigen hilft dieses Siegel allerdings nicht weiter.

3. Der Falkenköpfige mit bzw. ohne Doppelkrone

Ergiebiger ist da das Fragment einer Siegelabrollung aus Stratum VII (ca. 1720-1650 v. Chr.) aus dem Palast von Alalaḫ (**Abb. 4**). Im Gegensatz zu den Siegeln der **Abb. 1-3** trägt der Falkenköpfige hier eine Krone, die deutlich der ägyptischen Doppelkrone nachempfunden ist und den Träger so als Königsgott und d.h. doch wohl als Horus charakterisiert. Die Gestalt, über die dieser Gott schützend seine Hand erhoben hat, befand sich, wenn sie vorhanden war, auf dem weggebrochenen Teil. Auf dem ebenfalls ins ausgehende 18. oder beginnende 17. Jh. v. Chr. datierenden Siegel des Sumirapa von Tuba ist eine solche Gestalt zu sehen (**Abb. 5**). Es handelt sich um einen syrischen Fürsten mit der typischen hohen ovalen Kopfbedeckung und dem Wulstsaummantel. Symmetrisch zum Falkenköpfigen mit der schützend erhobenen Hand steht nicht ein Uräus wie bei **Abb. 2**, sondern die syrische Grosse Göttin (vgl. WINTER 1983: 414-434). Die Krone des Falkenköpfigen ist hier noch deutlicher als bei **Abb. 4** die Doppelkrone (*sḫmtj*). Diese sitzt auch auf dem Kopf eines Falkenköpfigen auf einem Siegel aus grünem Jaspis, das in Byblos geschnitten worden sein dürfte und in die Zeit zwischen 1725-1600 v. Chr. gehört (**Abb. 6**). Hier segnet Horus mit der 'rechten' Hand, während er in der linken eine Blume oder ein degeneriertes *wȝs*-Szepter hält. Der Segensgestus gilt einer rein menschengestaltigen Figur, die ihm zugewandt ist und ein *wȝs*-Szepter hält.[6]

Da bei den drei Beispielen von **Abb. 4-6** und dem in Anm. 6 genannten Stück der Falkenköpfige durch die Doppelkrone eindeutig als Königsgott Horus charakterisiert ist, dürfte es sich bei den Skarabäen (**Abb. 1-2**) ebenfalls um diesen handeln, auch wenn die Doppelkrone wie bei **Abb. 3** fehlt. Bei der Weglassung war wohl der Trend zur Vereinfachung, vielleicht auch der Platzmangel ausschlaggebend. Ganz ähnlich ist ja bei der Übernahme des syrischen Fürsten im Wulstsaummantel aus der Rollsiegelglyptik auf die Skarabäen bis auf eine einzige Ausnahme (KEEL/SCHROER 1985: 76f mit Abb. 32) die hohe

---

[6] HAMMADE/HITCHCOCK 1987 haben unter Nr. 171 ein weiteres Siegel veröffentlicht, das einen Falkenköpfigen mit Doppelkrone und erhobener Hand vor einem Wulstsaummantel-Fürsten zeigt. Hinter diesem steht ein zweiter Gott, bei dem es sich um Month handeln könnte. Vgl. auch COLLON 1975: Pl. XII Nr. 194, wo der Segnende Month zu sein scheint. Da weder auf diesem Siegel noch auf den Siegeln von Fig. 1-3 und 5-6 der Gesegnete eine Krone trägt, hat die Deutung P. AMIETs, es handle sich bei der Szene auf dem Siegel von Abb. 5 um eine Krönung (NOUGAYROL/AMIET 1962: 173), wenig Wahrscheinlichkeit für sich.

ovale Kopfbedeckung stets weggelassen worden, ohne dass sich gleichzeitig ein Bedeutungswandel feststellen liesse.

Wie schon die Funde aus dem Byblos des 18./17. Jh. v. Chr. (vgl. Abb. 35-37 im Beitrag über die Jaspis-Skarabäen-Gruppe) zeigen, übten in der Levante besonders das göttliche Königtum Ägyptens und dessen Legitimationssymbole grosse Faszination aus. So kann es nicht verwundern, dass gerade der ägyptische Königsgott bei den syrischen Stadtfürsten soviel Erfolg hatte.

Dass der Falkenköpfige trotz des Verlusts der Kronen nichts von seiner Göttlichkeit einbüsste, beweisen zwei weitere Skarabäen vom Tell el-ʿAǧǧul (**Abb. 7 und 9**) und ein solcher unbekannter Herkunft im Kairener Museum (**Abb. 8**). Das erste Stück aus Stratum III oder der ältesten Phase von Stratum II (zwischen 1650 und 1600 v. Chr.) von Tell el-ʿAǧǧul zeigt einen Verehrer vor dem Falkenköpfigen; das zweite (**Abb. 9**), das nicht mit Sicherheit Stratum III oder II zuzurechnen ist und somit zwischen 1750 und 1550 v. Chr. angesetzt werden muss, zeigt eine Verehrerin vor dem gleichen Gott. Auch dieses Motiv hat seine Parallelen in der altsyrischen Glyptik, so z.B. auf einem Stück in der Yale Babylonian Collection (**Abb. 10**). Einmal mehr trägt hier der Falkenköpfige die Doppelkrone und ist so als ägyptischer Königsgott charakterisiert. Das *wȝs*-Szepter in seiner Hand weist ihn zusätzlich als genuin ägyptischen Gott aus.[7]

4. Falkenköpfige, die einen Baum oder eine Pflanze flankieren

Eine weitere Gruppe mit einer mehrfigurigen Komposition zeigt zwei Falkenköpfige, die stehend (**Abb. 11-14**) oder kniend (**Abb. 15-18**) eine Pflanze flankieren, welche wie eine Papyrusdolde oder eine stilisierte Palme aussieht. Dieses Motiv war einer der Gründe, warum H. STOCK im Falkenköpfigen einen ursprünglich asiatischen Gott sehen wollte (1942: 28f). Zwei anthropomorphe Gestalten, die einen Baum oder ein baumähnliches Kompositum flankieren, sind in der altsyrischen Glyptik tatsächlich häufig anzutreffen, so dass die Komposition eine eigene Untersuchung fordern und lohnen würde.

4.1. Ein vorderasiatisches Motiv ägyptisch interpretiert

Eines der ältesten Beispiele, das von Schaeffer aufgrund des Fundkontextes wohl etwas zu früh zwischen 1900 und 1750 datiert wird (SCHAEFFER-FORRER 1983: 35-38), zeigt als Hauptmotiv einen stilisierten Palmett-Baum mit einem grossen ägyptischen Lebenszeichen darüber. Dieses Motiv wird von einem Fürsten im Wulstsaummantel und der typisch mesopotamischen Schutzgöttin Lamma mit Hörnerkrone und Falbelgewand flankiert. Als Nebenmotiv erscheint eine Löwenkampfszene (**Abb. 19**). Diesem Siegel sehr ähnlich ist ein wahr-

---

[7] Zu einem altsyrischen Rollsiegel mit einer geflügelten Horusgestalt, vor der ein Verehrer steht, siehe PORADA 1948: 136 Nr. 998 und Pl. 151,998 sowie unten Anm. 19.

19

20

21

22

23

24

25

26

scheinlich aus der gleichen Werkstatt stammendes Siegel in der Bibliothèque Nationale in Paris (**Abb. 20**). Der Baum ist etwas anders stilisiert. An der Stelle des Lebenszeichens steht die Flügelsonne. Statt des syrischen Fürsten im Wulstsaummantel steht links der typisch mesopotamische 'Mann mit Breitrandkappe', Fransenschal und Krummschwert. Die fürbittende Göttin ist identisch mit derjenigen von **Abb. 19**. Statt des Löwenkämpfers finden wir als Nebenmotiv einen Stierkämpfer. Einen sehr ähnlich stilisierten Baum mit Flügelsonne wie **Abb. 20** zeigt ein Siegel im Britischen Museum (**Abb. 21**). Den Platz des 'Mannes mit Breitrandkappe' nimmt hier wiederum der syrische Wulstsaummantel-Fürst ein. Auf einem Stück im Vorderasiatischen Museum in Berlin (**Abb. 22**)[8] ist der zentrale Baum eine Art Pfosten, welcher die Flügelsonne trägt. Anstelle der fürbittenden Göttin steht hier - jetzt doppelt dargestellt - der Wulstsaummantel-Fürst. Die je 'innere' Hand berührt den 'Pfosten' mit der Flügelsonne. Ebenfalls Wulstsaummantel-Fürsten flankieren den zentralen 'Baum' in Form einer Palme auf einem Stück, das D. COLLON der Aleppo-Werkstatt zuweist und in die Zeit zwischen 1750 und 1700 v. Chr. datiert (**Abb. 23**). Auf einem Stück in der Pierpont Morgan Library (**Abb. 24**) nimmt eine grosse Blüte den Platz der Flügelsonne ein. Eine Blüte steht auch im Zentrum der Komposition auf einem Rollsiegel des Biblischen Instituts der Universität Freiburg/Schweiz. Die Männer, die sie mit verehrend erhobenen Händen flankieren, tragen einen kurzen Schurz und keine Kopfbedeckung (**Abb. 25**). Stark ägyptisiert ist die Variante auf einem Siegel aus grünem Jaspis aus Damanḥur (**Abb. 26**): der Pharao mit Atefkrone, w3s-Szepter und Lebenszeichen in den Händen flankiert eine stilisierte Palme (vgl. **Abb. 23**). Da diese Krone in Alalaḫ VII (1720-1650 v. Chr.) mehrmals belegt ist (COLLON 1975: Pl. 27 Nr. 137.143f) und grüner Jaspis als Material ebenfalls typisch für diese Zeit ist, dürfte das Siegel kaum - wie FRANKFORT (1939: Pl. 44u) es tut - erst in die Spätbronzezeit zu datieren sein.[9]

Eine sehr ähnliche Komposition wie diejenige auf **Abb. 24-25** findet sich verschiedentlich auf Skarabäen der 13.-15. Dyn., so auf einem Stück aus Abu Zureq in der Nähe von Megiddo (**Abb. 27**) und auf einem Stück vom Tell el-ᶜAǧǧul (**Abb. 28**). Auf beiden ist der Heilige Baum durch die Lebensblume des Lotus ersetzt.[10] Ein Konoid aus Akko zeigt, dass sich die Komposition aus der MB II B (1750-1550 v. Chr.) bis in die frühe Eisenzeit (1150-1000 v. Chr.) durchgehalten hat (**Abb. 29**). Auf einem weiteren mittelbronzezeitlichen Stück vom Tell el-ᶜAǧǧul scheinen die beiden Gestalten durch die Blaue Krone als Pharaonen charakterisiert zu sein (**Abb. 30**). Die beiden Gestalten können die Blüte auch kniend flankieren, so zwei Frauen(?) auf einem Skarabäus vom Tell Bet Mirsim (**Abb. 31**) oder zwei Männer(?) auf einem Stück aus Megiddo (**Abb. 32**). Auf einem weiteren Exemplar vom Tell el-ᶜAǧǧul sind die beiden durch Rote Kronen als Könige charakterisiert (**Abb. 33**). Von der Zählebigkeit

---

[8] W.H. WARD (1910: 286 Nr. 868) hat ein bis in alle Details identisches Siegel publiziert, das nach ihm aber der University of Pennsylvania gehört. G.R.H. WRIGHT (1971: 578) hat aufgrund schlechter Zeichnungen dieses Siegel als zwei verschiedene publiziert.

[9] Weitere Belege aus altsyrischer Zeit für zwei menschliche Gestalten, die einen Baum oder eine Blüte flankieren, sind WARD 1910: 286 Fig. 870-871; DELAPORTE 1910: Pl. 32,491; MEEK 1943: 24f Fig. 2-3; PORADA 1948: Pl. 145,955; ALP 1968: 116 Nr. 22; FORTE 1976: Nr. 12.

[10] Zur Austauschbarkeit von Palmettbaum und Lotus vgl. KEEL 1984: 63-100, bes. Abb. 60 und 89.

27   28   29   30

31   32   33   34

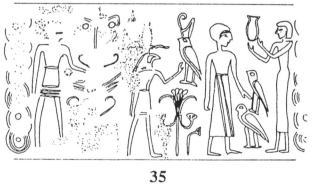

35

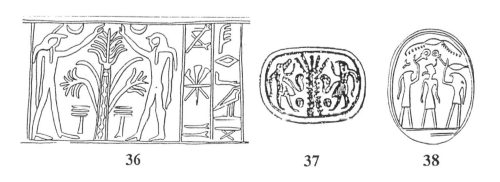

36   37   38

des Themas zeugt u.a. ein Chalzedon-Skaraboid mit dem aramäischen Namen *brk'*, der wohl ins 8. Jh. v. Chr. zu datieren ist (**Abb. 34**).[11]

Was den Sinn dieser Komposition anbelangt, so haben wir es in der Regel wohl kaum mit der Darstellung eines Vertragsabschlusses unter einem Baum zu tun, wie G.R.H. WRIGHT vorschlägt[12], sondern, wie es spätere Ausprägungen des zählebigen Motivs nahelegen, mit einer Darstellung der Welt des durch den König repräsentierten und garantierten gedeihlichen und geordneten Lebens.[13] Die doppelte Darstellung desselben Königs ist, wie **Abb. 19-26** zeigen, eine sekundäre Entwicklung.

Vor diesem vorderasiatischen Hintergrund kann man die beiden Falkenköpfigen, die den Baum flankieren (**Abb. 11-18**), als ägyptische Variante eines vorderasiatischen Themas verstehen, das der Legitimation und Vergöttlichung des Königtums dient. Göttlicher König aber ist ägyptisch gesprochen wiederum in erster Linie Horus.

Die Interpretation des verdoppelt einen Baum oder eine Blüte flankierenden Falkenköpfigen als Horus wird zusätzlich durch ein altsyrisches Rollsiegel (ca. 1720-1600 v. Chr.) gesichert (**Abb. 35**), das der schon genannten, wahrscheinlich aus Byblos stammenden Gruppe aus grünem Jaspis zugehört. Der Falkenköpfige scheint hier eine ähnliche Krone zu tragen wie der Horusfalke auf Abb. 38 im Beitrag zur Jaspis-Skarabäen-Gruppe. Er steht links von einem Palmettbaum und hat seine eine Hand schützend bzw. segnend über diesem erhoben. Rechts über dem Baum steht der Horusfalke mit der Roten Krone.

---

[11] Weitere Belege aus der Spätbronze- und vor allem der Eisenzeit bei VODOZ 1979: 21 Nr. 6; PARROT/CHÉHAB/MOSCATI 1977: 95 Abb. 97; MALLOWAN 1966: I 145 Fig. 85; II 579 Fig. 539.

[12] WRIGHT 1971: 577-583; vgl. JAROŠ 1982: 121f. In einzelnen Fällen mag diese Bedeutung intendiert sein, wenn zwei deutlich verschiedene Personen vor bzw. unter einem Baum einander die Hand geben (vgl. ein spätes Beispiel bei DRIJVERS 1976: Pl. 38).

[13] Vgl. zu dieser Deutung GENGE 1971: 321-334; NIELSEN 1985; COXON 1986: 91-111; WINTER 1986: 57-88, bes. 78-81. Zur Komposition der **Abb. 20-23** ist ein altsyrisches Rollsiegel zu vergleichen, das einen Baum mit einem Gestirnemblem darüber zeigt. Links von ihm steht eine nackte Göttin mit segnend bzw. schützend erhobenen Händen; rechts davon ist der Wettergott zu sehen, der über die Berge schreitet und mit seiner Lanze eine Schlange tötet, wahrscheinlich Jamm, der den Baum bedroht (vgl. KEEL 1972: 42 Abb. 46 und zur Deutung auf Jamm KEEL 1986a: 308-310). Die Deutung der Komposition als Darstellung der heilvollen Ordnung wird dadurch unterstützt, dass anstelle des stilisierten Baums der König stehen kann. Ein altsyrisches Siegel in Bruxelles (SPELEERS 1943: 172f) erinnert mit dem Baldachin aus Lebenszeichen an die sogenannte Taufe des Pharao im Rahmen der Krönungszeremonien (KEEL 1972: 234-238). Aber die erhobenen Hände ohne Wassergefässe evozieren doch eher Szenen wie die von **Abb. 35-37** und die vorderasiatischen Vorbilder dieser Szenen. Zu einem von den Göttern flankierten und mit erhobener Hand geschützten und gesegneten Pharao auf einem protophönizischen Rollsiegel des 13. Jhs. v. Chr. vgl. MENANT 1888: Pl. 35,386 und einen Skarabäus des 13. Jhs. v. Chr. aus Der el-Balaḥ südlich von Gaza (**Abb. 38**).

Horus und der Horusfalke flankieren so den Heiligen Baum. Dem vorderasiatischen Motiv der zwei den Heiligen Baum flankierenden identischen Gestalten noch näher ist ein Rollsiegel aus der ehemaligen Sammlung Moore (**Abb. 36**). Die schmalgliedrigen falkenköpfigen Gestalten halten ihre Hand schützend über eine stilisierte Palme. Eine enge Parallele zu dieser Komposition findet sich auf einer beidseitig gravierten, ovalen Platte aus Geser (**Abb. 37**). Der Hauptunterschied besteht darin, dass der eine der beiden Götter nicht falken-, sondern möglicherweise krokodilköpfig ist.

4.2 Die Tradition des *zm3 t3.wj*

Nebst der so skizzierten interpretatio aegyptiaca eines typisch vorderasiatischen Motivs (vgl. **Abb. 19-25**) könnten die Komposition mit den Falkenköpfigen, die den Heiligen Baum oder die Heilige Blume flankieren, auch die Weiterentwicklung einer genuin ägyptischen Tradition darstellen.

Ein sehr qualitätvolles Hämatit-Siegel aus Alalaḫ (**Abb. 39**) zeigt als Hauptmotiv den doppelt dargestellten Horus beim urägyptischen Geschäft des Bindens der Wappenpflanzen. Er trägt die Krone, die wir schon von **Abb. 35** her kennen. Das traditionelle Zeichen für *zm3* "Vereinigung", an das die Wappenpflanzen in Ägypten geknüpft werden (vgl. METZGER 1985: Taf. 11-16 Nr. 62-99), ist hier durch eine senkrechte Folge von in Vorderasien besser bekannten ägyptischen Symbolen ersetzt.[14] Sie besteht von oben nach unten aus der geflügelten Sonnenscheibe, einer von Uräen geschützten Kartusche mit Pseudohieroglyphen und einem Lebenszeichen. Letzteres erscheint in ähnlich zentraler Position auf **Abb. 19**, die Sonnenscheibe auf **Abb. 20-23**. Wir haben also schon bei diesem Beleg eine gewisse Annäherung zwischen der ägyptischen "Vereinigung der Beiden Länder" (*zm3 t3.wj*) und der vorderasiatischen Komposition des Königs, der den Heiligen Baum flankiert. D. COLLON neigt dazu, das schön geschnittene, aber nicht in einem klaren stratigraphischen Kontext gefundene Siegel aus stilistischen Gründen der Schicht Alalaḫ VII (ca. 1720-1650 v. Chr.) zuzuweisen (1982: 127-129).

Noch näher an der vorderasiatischen Komposition des den 'Baum' flankierenden Königs steht die Dekoration eines syrischen Siegels der Pierpont Morgan Library (**Abb. 40**).[15] Zwei falkenköpfige Gestalten[16] flankieren einen

---

[14] D. COLLON (1982: 128) hebt die Tatsache, daß statt Horus und Seth zweimal Horus und statt 'Lilie' und Papyrus zweimal der Papyrus dargestellt sei, als besonders unägyptisch hervor. Aber wer die Beispiele bei METZGER studiert, sieht, daß viel häufiger als Horus und Seth zwei bis auf die verschiedenen Pflanzen identisch dargestellte Nil- bzw. Fruchtbarkeitsgötter beim Binden dargestellt worden. In der 19. Dyn. kann es auch der König sein (vgl. SCHÄFER 1943: 87 Abb. 25). Immerhin wird in Ägypten, soweit ich sehe, nie Horus doppelt dargestellt.

[15] PORADA (1948: 135-137) weist das Siegel aufgrund der ägyptischen Elemente Palästina zu. Aber inzwischen ist längst klar geworden, daß ägyptisierende Elemente auf Rollsiegeln an

39

40

41

der libanesisch-syrischen Levanteküste ebenso präsent sind wie in Palästina, wo wir kein~~e~~
eigenen Rollsiegelstil finden.

[16] Der Kopf der einen der beiden Figuren ist zwar zerstört, aber die vorhandenen Reste la~~s~~
sen bei der zweiten Figur ebenfalls einen Falkenkopf vermuten.

schematisierten Heiligen Baum. An die "Vereinigung der Beiden Länder" erinnert nur noch der Umstand, dass jede der beiden Gestalten mit der 'inneren' Hand einen 'Seitentrieb' des Baumes hält. Wir sind hier nicht weit vom Falkenköpfigen, der - verdoppelt - auf den Skarabäen von **Abb. 11-18** einen Heiligen Baum oder eine Heilige Blume flankiert. Das Siegel von **Abb. 40** ist nicht im plastisch modellierten Stil der altsyrischen Zeit gearbeitet. Dennoch kann man das Stück mit einiger Zuversicht mindestens der letzten Phase der altsyrischen Glyptik, also der Zeit zwischen 1650-1550 v. Chr., zuweisen. Sicher in die Mittlere Bronzezeit II B datierbare Siegel wie die von **Abb. 6** und **35** sind, was den Stil betrifft, ebenfalls flächig graviert und bezüglich der Ikonographie stark ägyptisierend.

4.3. Raubvogelköpfige Genien am Baum

Als dritte Quelle für den Falkenköpfigen, der doppelt dargestellt einen Baum, einen Pfahl oder eine Blume flankiert, kommt noch ein seltenes Motiv in Frage, das zwei raubvogelköpfige Genien am Heiligen Baum zeigt. Sie sind auf einem altsyrischen Siegel im Louvre nackt dargestellt (**Abb. 41**). Vielleicht handelt es sich trotz dieser Nacktheit um die Ahnen und Vorläufer der raubvogelköpfigen, bekleideten und geflügelten Genien der spätethitischen und neuassyrischen Kunst des 1. Jts. v. Chr.[17] Doch kann dieses Thema hier nicht weiter verfolgt werden. Es würde zu sehr von der gestellten Aufgabe, der Identifikation des Falkenköpfigen, wegführen, da die Falkenköpfigen auf den Skarabäen weder nackt sind noch Flügel tragen oder sonst eines der für diese Genien typischen Merkmale aufweisen.

5. *Falkenköpfige mit Zweig oder Blume*

O. TUFNELL datiert jene Skarabäen, auf denen der Falkenköpfige allein erscheint, wie erwähnt später als die bisher behandelten Kompositionen, in denen der Falkenköpfige nur eines von zwei oder drei Elementen bildet (1984: I/1 139f). Diese Auffassung dürfte nicht zutreffen. Auf einem Skarabäus von Tell el-ʿAǧǧul III (ca. 1750-1625 v. Chr.), also aus dem frühesten Zeitraum, in dem Falkenköpfige überhaupt auftreten, hält dieser einen Zweig (**Abb. 42**), der ganz ähnlich gestaltet ist wie die Zweige auf altsyrischen Siegeln (vgl. oben Anm. 4 und unten **Abb. 62-64**). Auf einem Stück aus Grab Nr. 157 in Lachisch (ca. 1725-1650 v. Chr.), auf dem der Falkenköpfige ausnahmsweise nicht flächig ausgekerbt, sondern nur linear graviert erscheint, hält er eine Kombination aus Zweig und Blüte (**Abb. 43**). Bei beiden Stücken fehlt das später bei diesem Typ fast stets vorhandene *nb* als unterer Abschluss. Die Kombina-

---

[17] ORTHMANN 1971: 320-327. Zwei raubvogelköpfige nackte Genien mit Löwenhinterteil, die einen Baum mit geflügelter Scheibe darüber flankieren, finden sich auf einem altsyrischen Rollsiegel in Montreal (vgl. MEEK 1943: 25ff Nr. 4).

tion von Zweig und Blüte findet sich auch auf einem weiteren Stück vom Tell el-ʿAǧǧul (**Abb. 44**). Als Nebenmotive erscheinen hier *nb*, *nfr* und ein nach innen gerichteter Uräus. Was diesen betrifft, haben wir eine ähnliche Konstellation auf **Abb. 2**, wo ein Beter mit Zweig vom Falkenköpfigen und einem Uräus flankiert wird. Ohne *nb* findet sich der Falkenköpfige auch auf einem Skarabäus aus Sichem (**Abb. 45**). Gleich dreimal ist ein Falkenköpfiger über *nb* mit einer Blume anzutreffen: auf einem Skarabäus vom Tell el-ʿAǧǧul (**Abb. 46**), einem vom Tell el-Farʿa (Süd) (**Abb. 47**) sowie einem von Lachisch (**Abb. 48**), auf dem unter der Blume noch ein *nfr* zu sehen ist. Der Fundkontext der Stücke von Tell el-Farʿa und Sichem weist in die 15. Dyn. (1650-1550 v. Chr.).

Auch beim *knienden* Falkenköpfigen scheint die Variante mit Zweig älter zu sein als diejenige mit Blüte. Das Stück von **Abb. 49** ist zwar in keinem klaren stratigraphischen Kontext gefunden worden, aber die Kerbbandumrandung ist typisch für die 12. und 13. Dyn. (TUFNELL 1984: I/1 131). Der Abdruck eines Skarabäus mit dem gleichen Motiv, jedoch ohne Kerbbandumrandung (**Abb. 50**), aus Megiddo stammt allerdings erst aus Stratum X und gehört damit eindeutig in die letzte Phase der MB II B-Zeit (1650-1550 v. Chr.). Ein kniender Falkenköpfiger über einem *nb*, aber mit Blume statt Zweig, stammt aus einem Grab im Naḥal Tavor mit spätem Material der MB II B-Zeit (**Abb. 51**).

Eine weitere Variante des Falkenköpfigen mit Zweig oder Blume bringt diesen in eine waagrechte Anordnung, in der er von zwei Uräen flankiert wird. Der Falkenköpfige tritt dabei schreitend mit Zweig (**Abb. 52**) oder Blume (**Abb. 53**), kniend jedoch, soweit ich sehe, nur mit Blume auf (**Abb. 54-57**). Kniend oder schreitend kann er statt Blume ein *w3s*-Szepter halten (**Abb. 58-60**). Dabei ist auffällig, dass das *w3s*-Szepter konsequent verkehrt gehalten wird, d.h. mit dem oberen Abschluss, der einen Tierkopf (Schakal-, Hunde-, Sethtierkopf) darstellt, nach innen statt nach aussen gerichtet. Dies ist wohl darauf zurückzuführen, dass das *w3s*-Szepter aus der immer stärker stilisierten nach innen gerichteten Blume entstanden ist (vgl. etwa **Abb. 57** mit **Abb. 58**). Auf einem altsyrischen Rollsiegel vom Tell el-ʿAǧǧul halten zwei Männer einen Gegenstand, bei dem nicht ganz eindeutig zu entscheiden ist, ob es sich um eine Papyrusdolde oder um ein *w3s*-Szepter handelt (**Abb. 61**). Was die Skarabäen betrifft, so scheint die Entwicklung Zweig - Blume - *w3s*-Szepter jedoch ziemlich eindeutig zu sein.

Die Gruppe der Skarabäen mit dem Falkenköpfigen, der in waagrechter Anordnung von Uräen flankiert wird (**Abb. 52-60**), weist nebst diesen Hauptmerkmalen noch eine weitere Eigentümlichkeit auf, welche den Eindruck der Einheitlichkeit der Gruppe verstärkt. Bei 7 der 9 Belege ist unter dem Uräus links - und nur unter ihm - ein *nb* zu sehen. Einzig bei dem Stück von **Abb. 53** findet es sich unter dem Uräus rechts, und bei dem von **Abb. 58** ist überhaupt kein *nb* da, weil der Falkenköpfige ausnahmsweise statt von Uräen von einem

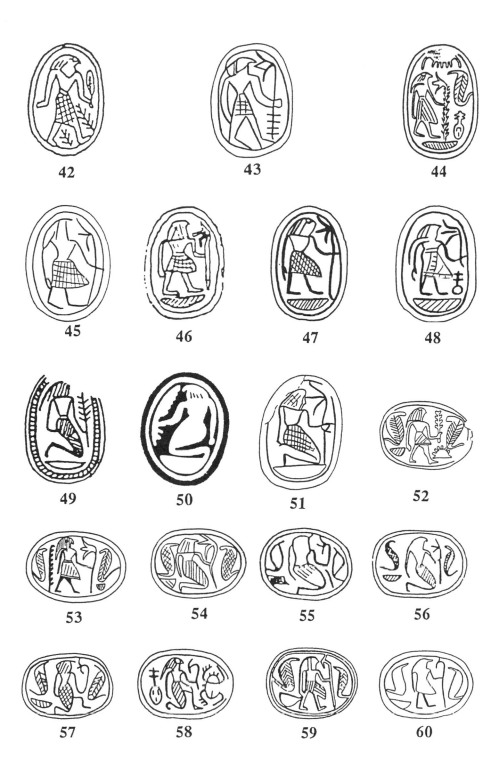

42   43   44

45   46   47   48

49   50   51   52

53   54   55   56

57   58   59   60

61

62

63

64

nfr und einem *ḫpr* flankiert ist. Bei **Abb. 52** ist zusätzlich zu den konstituierenden Elementen vor dem Falkenköpfigen noch ein *ḫᶜ*, bei **Abb. 53** hinter ihm noch ein zusätzlicher Zweig oder eine Schilfrispe zu sehen. Alle Stücke der Gruppe **Abb. 52-60** gehören, soweit der Fundkontext bekannt ist, der späten Mittleren Bronzezeit II B bzw. der 15. Dyn. (der Hyksos, ca. 1650-1550 v. Chr.) an und häufig der ersten Hälfte des 16. Jhs. v. Chr.

Zweifelsohne sehen Falkenköpfige mit Blumen und Zweigen und ganz Menschengestaltige mit denselben Attributen einander sehr ähnlich, und man versteht, dass in der Forschungsgeschichte am Anfang zwischen beiden nicht deutlich geschieden worden ist. Da diese Ähnlichkeit jedoch eine sekundäre Angleichung sein dürfte, welche die verschiedenen Wurzeln verdeckt, die dem Zweig und der Blume in der Hand des Falkenköpfigen und in der Hand des Beters und der Beterin zugrundeliegen, müssen wir den Unterschied festhalten und die Wurzeln freilegen, um ihren je spezifischen Sinn zu entdecken.

Zweig oder Blume in der Hand eines Menschen charakterisieren diesen als Kultteilnehmer oder Kultteilnehmerin, als Verehrer oder Verehrerin (vgl. oben Anm. 14). Die Blume oder (wahrscheinlich die ältere Variante) der Zweig in der Hand eines Gottes oder einer Göttin ist dagegen als Szepter zu verstehen. Auf einem altsyrischen Siegel der Walters Art Gallery in Baltimore (**Abb. 62**) und auf einem der Musées Royaux in Brüssel (**Abb. 63**) hält eine thronende Gestalt, vor der ein Diener bzw. Verehrer steht, einen Zweig in der Hand. Eine solche Gestalt findet sich auch auf einem unveröffentlichten altsyrischen Rollsiegel im Britischen Museum (**Abb. 64**). Bei allen drei Belegen sitzt die thronende Gestalt auf einem für die neusumerische Zeit typischen Tempelfassadenthron mit einem oder zwei Toren.

Noch interessanter als dieses Motiv ist bei **Abb. 64** der stilisierte, praktisch auf einen Zweig reduzierte Heilige Baum, der von zwei menschlichen Gestalten in Schlitzröcken und im Knielauf flankiert wird. Die eine Gestalt ist falkenköpfig. Sie hält mit der einen Hand den Zweigbaum. Vielleicht wird hier der tiefere Grund für den Zweig als Szepter sichtbar. Der Zweig ist eine Repräsentation des Heiligen Baumes. Er ist der Sorge des Königs anvertraut und repräsentiert gleichzeitig das Königtum.

Häufiger als in der Hand eines Thronenden erscheint das Zweig-Szepter auf altsyrischen Siegeln in der Hand des anatolisch-nordsyrischen Wettergottes.[18] Der Zusammenhang mit dem Heiligen Baum ist dort besonders deutlich, wo über dem Baumszepter noch die geflügelte Scheibe erscheint (**Abb. 65**). Häufig dient das Baum-Szepter dazu, den Gegner des Wettergottes in Schlangengestalt zu überwinden (**Abb. 66**). Ob die Gestalt mit Raubvogelkopf, die dem Wettergott bei diesem Geschäft assistiert, einen asiatischen Gott meint oder Horus in etwas verfremdeter Gestalt[19], ist nicht klar. In letzterem Falle würden die beiden Königsgötter den Feind der Ordnung gemeinsam besiegen. Der Wettergott braucht aber sein Zweig- oder Baumszepter nicht nur als Waffe. Er kann es auch schlicht als Szepter halten (**Abb. 67**). Der zum Schlag erhobene Arm mit der Keule wird davon nicht berührt. Er ist das Hauptcharakteri-

---

[18] WILLIAMS FORTE 1983: 40-42 Fig. 6-15 und Pl. I,2-3; II,1. Zur Interpretation der Schlange vgl. Anm. 13.

[19] Zu einem 'Horus' mit Flügeln vgl. SCHAEFFER-FORRER 1983: 35-38 und oben Anm. 7.

stikum.[20] Anstelle des Zweiges kann der Wettergott auch eine Blume halten, so z.B. auf einem Siegel im altsyrischen Stil aus Kültepe Stratum Ib (**Abb. 68**; zwischen 1800 und 1750 v. Chr.) und auf einem etwas jüngeren altsyrischen Siegel, das in Enkomi-Alasia auf Zypern gefunden worden ist (**Abb. 69**; vgl. den Beitrag zur Ω-Gruppe Abb. 63).[21] Ob sein erhobener Arm eine Keule hält oder ob diese einfach als Attribut neben dem erhobenen Arm angebracht ist, ist bei **Abb. 69** nicht eindeutig zu entscheiden. Jedenfalls kann der zum Schlag erhobene Arm als Charakteristikum genügen. Die Keule ist entbehrlich. Das zeigen u.a. zwei Skarabäen der späten Mittleren Bronzezeit II B (ca. 1650-1550 v. Chr.), auf denen die erhobene Hand keine Waffe hält. In der nach vorn gestreckten Rechten des 'Siegers' aber findet sich als Szepter ein Zweig (**Abb. 70-71**), eine Blume (**Abb. 72-73a,b**) oder eine Kombination aus Zweig und *w3s*-Szepter (**Abb. 74**), das seine Herkunft aus der Blüte dadurch verrät, dass es verkehrt gehalten wird (vgl. **Abb. 57** und **58**).[22]

Auf der Rückseite der interessanten Platte von **Abb. 73** sind zwei Tänzer zu sehen, die die Ankunft des Wettergottes enthusiastisch feiern, und ein Verehrer, der mit Blume in der Hand und erhobenem Arm die Haltung des Gottes imitiert. Vom Gott unterscheidet ihn das Fehlen der hohen Kopfbedeckung und die geringere Grösse (Bedeutungsmassstab). Dass die Deutung des Zweiges in der Hand des Falkenköpfigen und des Wettergottes als Szepter wahrscheinlich korrekt ist, bestätigt ein Skarabäus, der auf dem Tell el-Dab^c-a, dem alten Auaris, gefunden worden ist (**Abb. 75**). Ohne stratigraphischen Kontext erlaubt doch die Gestalt des Käfers (runder Kopf, Pronotum und Elytren mit Doppellinien angegeben, Beine sorgfältig gezeichnet; Basisgravur rein linear) eine Datierung in die 13. Dyn. (ca. 1800-1650 v. Chr.). Das bisher einzigartige Stück zeigt den Pharao mit Roter Krone und Königsschurz (*šndjt*). In der Rechten schwingt er wie der Wettergott eine Keule (vgl. **Abb. 66-68**), in der Linken hält er ebenfalls wie dieser einen Zweig (vgl. **Abb. 65-67** und **70-71**). Die Darstellung steht den altsyrischen Rollsiegeln aus der Zeit zwischen 1850-1650 v. Chr. näher als den Skarabäen und Platten von **Abb. 70-74**, die in die 15. Dyn. (1650-1550 v. Chr.) gehören. Die durch die Machart des Käfers nahegelegte Datierung wird von der Ikonographie bestätigt. Fische, wie sie den Pharao-Wettergott auf **Abb. 75** flankieren, erscheinen auch auf altsyrischen Rollsiegeln (vgl. z.B. **Abb. 66**). Ihre Spezifizierung als Barsche (Tilapia) ist allerdings ägyptisch.

---

[20] D. COLLON hat eine große Zahl von Bronzen, die diesen Gott darstellen, unter dem Titel "The Smiting God" publiziert (1972: 111-134).

[21] Belege für Blumenszepter aus der Spätbronze- und der Eisenzeit aus dem vorderasiatischen Bereich finden sich bei LOUD 1939: Pl. 4,2; BIRAN/NEGBI 1966: 163 und Pl. 23; ORTHMANN 1971: Taf. 63 Nr. F/1a; GIVEON 1978: 31-33; GIVEON 1985: 158f Nr. 9.

[22] Weitere Belege sind MACKAY/MURRAY 1952: Pl. 9,12; TUFNELL 1958: Pl. 30,30; Pl. 31,20. Einmal hält der 'Sieger' anstelle des Zweiges einen Uräus, der Zweig erscheint dann hinter ihm (TUFNELL 1940: Pl. 32A,1).

65

66

67

68

69

265

70

71

72

73

74

75

6. Der Uräus in der Hand des Falkenköpfigen

Eigenartiger als Zweig und Blume berührt der Uräus in der Hand des Falkenköpfigen. Von einem Uräus geschützte (vgl. **Abb. 44**), besonders aber von Uräen flankierte Falkenköpfige (**Abb. 52-57** und **59-60**) sind allerdings häufig. Wenn die hier anvisierte Deutung des Falkenköpfigen auf Horus korrekt ist, dann kann seine Verbindung mit dem Uräus nicht überraschen. Der Uräus ist zwar im Laufe der Zeit zum Schutze aller möglichen Grössen eingesetzt worden, hat aber seine primäre und durch die ganze Religionsgeschichte Ägyptens stets prioritäre Bindung an den König und an die Königsgötter, vor allem an Horus und Re^c, stets bewahrt (MARTIN 1986: 864-868). Auf den Skarabäen der 13.-15. Dyn. (1800-1550 v. Chr.) flankiert er denn auch kein anderes Wesen nur annähernd so häufig wie den Horusfalken (**Abb. 76-78**; TUFNELL 1984: II/2 Pl. 37 Nr. 2541-2560). Gelegentlich werden dabei die Uräen (**Abb. 79**), gelegentlich wird auch der Falke verdoppelt (**Abb. 80**), so wie der Falkenköpfige und der König des öfteren verdoppelt werden können.

Der Uräus in der Hand des Falkenköpfigen scheint aus einer Verbindung des Zweigs in der Hand des Falkenköpfigen und des Uräus, der ihm schützend zugewandt ist (vgl. **Abb. 44**), hervorgegangen zu sein. Eines der ältesten Stücke mit diesem Motiv - aufgrund der Gestaltung des Käfers und des Fundkontexts - stammt aus Stratum III vom Tell el-ʿAǧǧul (**Abb. 81**). Es ist nicht ganz klar, ob es sich bei der knienden Gestalt im Zentrum um eine Frau oder wirklich um den Falkenköpfigen handelt. Ebenso zweideutig ist der Gegenstand, den die Figur in der Hand hält. Oben ist zwar ziemlich eindeutig ein Schlangenkopf zu identifizieren; was jedoch der aufgeblähte Hals sein müsste, ist wie ein Zweig stilisiert (vgl. dazu bes. **Abb. 42**). Der Rest scheint dann wieder ein Schlangenschwanz zu sein. Solche Kombinationen von machthaltigen Objekten sind auf den Skarabäen der 13.-15. Dyn. nicht selten (vgl. den Schluss von Abschnitt 5 im Beitrag zu Ptah in diesem Band). Bei einem weiteren Stück vom Tell el-ʿAǧǧul (**Abb. 82**) ist der Schwanz des Uräus als Zweig gestaltet, und bei einem Exemplar der Gruppe IV aus Jericho (**Abb. 83**) wird, wie bei den Stücken von Abb. **52-57** und **59-60**, der kniende Falkenköpfige von zwei Uräen flankiert, deren Schwänze hier als Zweige gestaltet sind.

Auch bei einem der vom Fundkontext her ältesten Belege für den schreitenden Falkenköpfigen mit Schlange (**Abb. 84**) ist die Verwandtschaft bzw. Kombination von Zweig (oder Blume) und Uräus noch deutlich zu erkennen. Der Falkenköpfige hält den Uräus gar nicht am Schwanz. Vielmehr überschneiden sich Zweig und Schwanz des Uräus. Auch dort, wo direkte Spuren des Zweigs, den der Falkenköpfige ursprünglich in der Hand gehalten hat, verschwunden sind, fällt immer noch der scharfe Knick im Schwanz des Uräus auf (**Abb. 85** und **86**). Auf einem Stück aus Akko ist dieser Knick nicht mehr sehr ausgeprägt (**Abb. 87**). Ganz fehlt er bei jener grossen Gruppe, wo zusätzlich zu dem nach innen gerichteten Uräus in der Hand des Falkenköpfigen noch ein zweiter nach aussen gerichteter hinzukommt (**Abb. 88-89**), der bei vielen Belegen mit der Schwanzspitze am vorderen spitzen Ende des Schurzes zu hängen scheint (**Abb. 90-92**). Uräen, die vom Schurz herabhängen, sind wiederum für den König typisch (vgl. MARTIN 1986: 864-866).

Ein schützender Uräus wie auf **Abb. 88-92** begegnet auch häufig auf Skarabäen mit dem Wulstsaummantel-Fürsten (KEEL/SCHROER 1985: Abb. 39-42). Dabei trägt der Uräus in drei von fünf Fällen die Rote Krone. Seine Bedeutung als Königsinsignie wird so noch unterstrichen.

Im Gegensatz zur häufigen Präsenz des Horusfalken auf altsyrischen Rollsiegeln[23] ist die Uräusschlange, soweit ich sehe, fast völlig abwesend; eine Ausnahme stellt **Abb. 39** dar. Umso typischer scheint die Schlange für die Skarabäenproduktion der Mittleren Bronzezeit II B zu sein. Der Umstand zeigt, dass bei aller Verwandtschaft der Ikonographie der Skarabäenproduktion mit derjenigen der altsyrischen Rollsiegel diese doch auch eigene Motive und Themen hat.

7. Falkenköpfiger und Krokodil

Eine letzte Verbindung, in der der Falkenköpfige auf den Skarabäen dieser Periode erscheint, ist diejenige mit dem Krokodil. Auch diese Konstellation ist auf Skarabäen beschränkt und scheint keine Entsprechung in der altsyrischen Rollsiegelglyptik zu haben.

Das Krokodil ist in Ägypten eine äusserst ambivalente Figur. Seine erschreckende Gewalt konnte als Manifestation einer zutiefst positiven Macht, ja eines Gottes (Sobek) erlebt werden. Andererseits hat die Angst, die es auslöste, das Tier zu einem Inbegriff alles Bösen werden lassen.[24] Natürlich hat man das gefährliche Tier zu allen Zeiten der ägyptischen Geschichte gejagt.[25] Als Verkörperung kosmischer Gefährdung erscheint es in der Lehre für Merikare (um 2000 v. Chr.). Dort wird vom Sonnengott als Schöpfergott gesagt, dass er Himmel und Erde um der Menschen willen erschaffen habe, und im Anschluss daran:"Er hat den Gierigen des Wassers vertrieben" (*dr.n.f snk n mw*). *snk* ist in zwei der drei Papyri, die diese Lehre überliefern, mit dem Krokodil determiniert.[26] Als Feind des Sonnen- und Schöpfergottes ist es in den Unterweltsbüchern des Neuen Reiches verschiedentlich dargestellt. Am berühmtesten ist das Titelbild der Sonnenlitanei (ägyptisch: "Anbetung des Re' im Westen"). Es zeigt die ab-

---

[23] Vgl. im Beitrag über die Jaspis-Skarabäen-Gruppe Abb. 26-28, 34-43; COLLON 1975: Pl. XXVII Nr. 140.191.

[24] Zur vielfältigen Symbolik vgl. HORNUNG/STAEHELIN 1976: 122-126; BRUNNER-TRAUT 1980: 791-801.

[25] DE MORGAN 1896: 162; CAPART 1905: 204; ROSELLINI 1834: Pl. 24,4; Herodot, Historien II 70.

[26] VOLTEN 1945: 73.76; HELCK 1977a: 83; BLUMENTHAL 1980: 20.

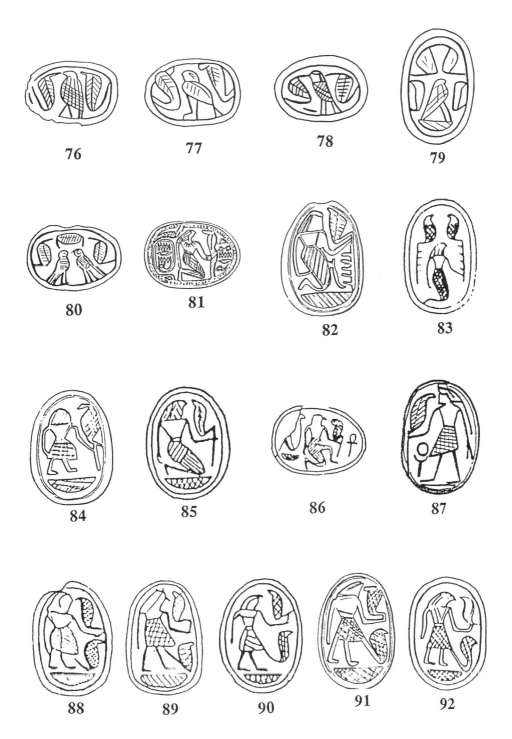

76 77 78 79

80 81 82 83

84 85 86 87

88 89 90 91 92

93

94

geplattete Sonnenscheibe, der ein Skarabäus und eine menschliche Gestalt mit Widderkopf einbeschrieben sind. Bei ihrem Eintritt ins Totenreich fliehen ein Krokodil und eine Antilope (unten) und eine Schlange und eine Antilope (oben).[27] Das Krokodil kann aber nicht nur den Feind des Sonnen- und Schöpfergottes, sondern auch den Feind des Horus, Seth, verkörpern. In der ptolemäischen Zeit ist das Thema vielfältig belegt (KEEL 1978: 151-154). Kampf und Triumph des Horus über Seth in Krokodilsgestalt können in einem Standarten- und Andachtsbild zusammengefasst werden, das Horus zeigt, der auf dem Krokodil steht (**Abb. 93**). Ein anderer Typ von Bronzen zeigt die Harpune des Horus geschmückt mit Horus, der seinem Gegner in Krokodilsgestalt das Maul zusammengebunden hat (**Abb. 94**).

Das ikonographische Motiv des Horus als Krokodilsüberwinder reicht vor die ptolemäische Zeit zurück. Ein in Šiqmona in der Nähe von Haifa gefundener, sehr schön gearbeiteter Skarabäus aus blaugrauem, hartem Material, wahrscheinlich aus opakem Glas, zeigt eine menschliche Gestalt mit Atefkrone, die einem Krokodil eine lange Lanze in den Kopf rammt (**Abb. 95**). Da die Gestalt, die dabei steht, Isis ist, dürfte es sich beim Krokodiltöter trotz des nicht eindeutig identifizierbaren Kopfes um Horus oder, vielleicht genauer, um seinen irdischen Repräsentanten, den König, handeln. Das Stück gehört wohl in die 26. Dyn. (664-525 v. Chr.). Eine leider sehr abgenutzte, aus dem 23. Jahr Psammetichs I. (d.h. 641 v. Chr.) stammende Stele im Puschkin Museum in Moskau zeigt zweimal Horus, der in sehr ähnlicher Weise einem Krokodil die Lanze in den Kopf stösst (**Abb. 96**).

Im magischen Papyrus Harris (BM [EA] 10042) aus der 20. Dyn. (1190-1075 v. Chr.) wird Anweisung gegeben, das Krokodil Maga, den "Sohn des Seth" zu zeichnen, wie Amun mit vier Gesichtern auf ihm steht und von der Achtheit verehrt wird.[28] Dass Amun über den Sohn des Seth triumphiert, ist eher überraschend. Wahrscheinlich handelt es sich um die Übertragung einer Prärogative des Horus auf Amun.

Das älteste ikonographische Zeugnis für den das Krokodil besiegenden Horus dürfte ein Skarabäus aus Jericho sein (**Abb. 97**). D. KIRKBRIDE (1965: 655) deutet das Bild als männliche Gestalt, die einen Zweig, möglicherweise einer Palme, in der Hand hält. Aber vom 'Palmblatt' führt ganz deutlich ein Strich zum Rachen des Krokodils. Wir haben hier wohl eine frühe Darstellung des Krokodilfangs mit Hilfe einer Angel vor uns, wie dies literarisch in Ijob 40,25 und von Herodot (Hist II 70) beschrieben, ikonographisch aber schon im Papyrus des Cha in einer Totenbuchvignette aus der Zeit um 1340 v. Chr. (**Abb. 98**) sowie auf einem Skarabäus aus der Ramessidenzeit (1292-1075 v.

---

[27] HORNUNG 1976: 28-30.55; KEEL 1978: 148-150; HORNUNG 1982: 111 Abb. 77.

[28] Vgl. BORGHOUTS 1978: 87; HELCK 1980: 1133.

95

96

97

98

99

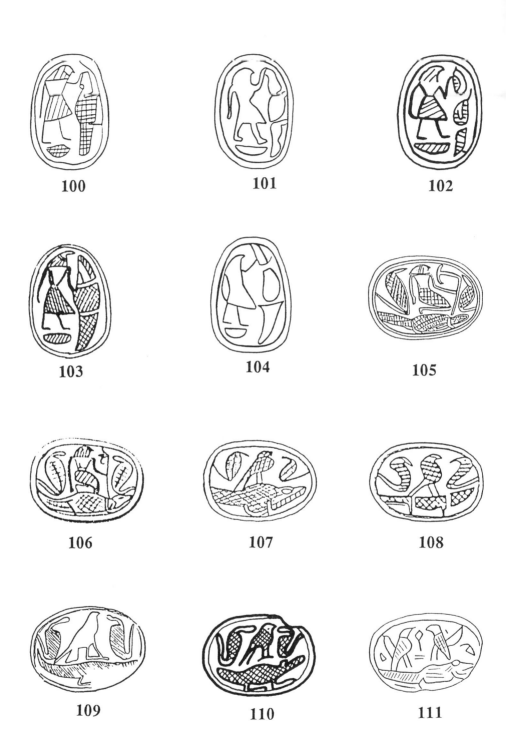

100   101   102

103   104   105

106   107   108

109   110   111

Chr.) in einer Jerusalemer Privatsammlung dargestellt wird (**Abb. 99**).[29] Beim Skarabäus von **Abb. 97** ist der Kopf des 'Anglers' zwar etwas verunstaltet. Aber angesichts der zahlreichen Parallelen dürfte es sich doch um den Falkenköpfigen handeln. In einigen Fällen packt dieser das Krokodil an der Schnauze (**Abb. 100-102**). Man könnte dies auch als Gestus der Verehrung deuten, doch wäre in diesem Falle ein kleiner Abstand zwischen der Schnauze des Krokodils und der Hand des Verehrers zu erwarten. Die Deutung des Krokodils als Verkörperung des Bösen wird vor allem dadurch deutlich, dass es in der Regel wie auf **Abb. 102-104** in drei Teile zerschnitten dargestellt wird.

Wo das Krokodil als Verkörperung des Sobek verehrt (SCHROER 1987: 521 Abb. 31) oder sonst positiv dargestellt wird[30], zerstückelt man es nicht. Auch die auf einem Krokodil knienden, von zwei Uräen flankierten Falkenköpfigen mit *w3s*-Szepter aus Afek (**Abb. 105**) und mit Blume aus Jericho (**Abb. 106**) sind wohl als Triumphatoren zu deuten. Anstelle des Falkenköpfigen kann in der gleichen Konstellation auch ein Falke auftauchen (**Abb. 107-111**), wie ja Falkenköpfiger und Falke auch auf den frühesten Skarabäen, auf denen Ptah erscheint, austauschbar sind (vgl. unten im Beitrag zu Ptah Abb. 32-34).

Es ist kaum zufällig, dass Horus als Sieger über das Krokodil zuerst in der stark vorderasiatisch bestimmten Hyksosglyptik auftaucht. In Vorderasien war das Krokodil nicht heilig. CH. UEHLINGER macht mich darauf aufmerksam, dass wir zusätzlich zu dieser niedrigeren Hemmschwelle einen positiven kanaanäischen Impuls ins Spiel bringen können. Nicht nur das Zweigszepter, sondern auch der häufig eng damit verbundene Sieg über die Chaosschlange könnte dieses Thema begünstigt haben. Die Schlange heisst ugaritisch u.a. *ltn* "Lotanu"[31], eine Bezeichnung, die mit dem hebräischen *liwjātān* eng verwandt ist. Dieser Leviatan erscheint in der hebräischen Bibel wie der ugaritische *ltn* als Repräsentant der Chaosmacht des Meeres (Psalm 74,13f; Psalm 104,29) und wird wie auf den altsyrischen Siegeln einmal als gleitende und gewundene Schlange (Jesaia 27,1), ein andermal aber als Krokodil vorgestellt (vgl. Ijob 40,25 und dazu KEEL 1978: 141-156). Ähnlich könnte das Krokodil auf den Skarabäen aus der Zeit der Hyksosdynastie eine ägyptisierende Gestalt des *ltn* oder einer ähnlichen Chaosmacht sein. Die zurückhaltende Darstellung des Sieges wäre dann ihrerseits wieder der ägyptischen Hemmung zuzuschreiben, das Tier zu drastisch in dieser negativen Rolle zu zeichnen.

---

[29] Vgl. KEEL 1978: 141-156; 1981: 223f.

[30] HORNUNG/STAEHELIN 1976. Nı. 697-699.793-803.

[31] GORDON 1965: 178 (Nr. 67 I 1f); DIETRICH/LORETZ/SANMARTIN 1976: 21 (Nr. 1.5. I 1f); CAQUOT u.a. 1974: 239 (I* AB I 1f); zur Identifikation von *ltn* mit dem Meergott Jammu vgl. DE MOOR 1987: 69 Anm. 325; KEEL 1986a: 308-310.

Der Falkenköpfige auf den Skarabäen der 15., der Hyksos-Dynastie, kann als ägyptischer Königsgott *Horus* identifiziert werden. Über die Häfen der Levante drang er ins syrische Kernland ein. Dort wurde er mit Doppelkrone, *w3s*-Szepter und in typisch ägyptischen Zusammenhängen wie z.B. der Vereinigung der beiden Länder zuerst auf altsyrischen Rollsiegeln in der Zeit zwischen ca. 1800 und 1600 v. Chr. dargestellt. In Syrien fand dabei eine gewisse Angleichung an den wichtigsten kanaanäischen Königsgott, den Wettergott, den Herrn (*bʿl*) des fruchtbaren Landes, statt. Horus übernahm dessen Zweig- oder Blumenszepter. In kanaanaisierter Form kehrte er nach Ägypten zurück, um nun auf den Skarabäen der Hyksos-Dynastie zu erscheinen.[32] Dem kanaanäischen Einfluss ist wohl auch seine Darstellung als Beherrscher der Chaosmacht in Gestalt des Krokodils zuzuschreiben.

Die Vorliebe für den Horusfalken auf den Prunkstücken aus den Fürstengräbern von Byblos vom Ende des 19. und der ersten Hälfte des 18. Jhs. v. Chr. zeigt, dass die Vertrautheit mit ägyptischer Königsideologie, -symbolik und -legitimation in der Levante mindestens bis in diese Zeit zurückreicht. Als die "Fremdherrscher" aus der Levante um 1650 v. Chr. die Herrschaft über das Nildelta übernahmen, waren sie schon seit mindestens 100 Jahren mit Symbolen der ägyptischen Königsideologie vertraut und hatten sie aufgrund eigener Vorstellungen teilweise modifiziert und so assimiliert. Die Machtübernahme in Ägypten dürfte dazu beigetragen haben, dass das Bedürfnis, die eigene Verbundenheit mit dem ägyptischen Königsgott zu demonstrieren, erst recht virulent wurde. So erklärt sich der plötzliche Boom des Falkenköpfigen auf den Hyksos-Skarabäen. Die hier vorgelegte und begründete Deutung des Falkenköpfigen als Königsgott Horus liefert damit einen Beitrag zur *Vorgeschichte und zum Selbstverständnis der Hyksosherrschaft.*

Die führende Schicht der Ägypter des Neuen Reiches hat die Identifizierung Wettergott (Baʿal) - Horus abgelehnt. Sie identifizierte Baʿal mit Seth, dem ägyptischen Gott der Fremde. Sie kam dann aber offenbar doch nicht darum herum, gewisse positive, ja für die Herrschaft unentbehrliche Züge des Seth-Baʿal, wie z.B. seine Effizienz als Bekämpfer des Chaos, in die eigene Vorstellungswelt zu übernehmen.

Nebst einem Beitrag zum Verständnis der religiösen Legitimation der Hyksosherrschaft liefert die Interpretation des Falkenköpfigen als Horus einen Bei-

---

[32] Einen ähnlichen Prozess vermutete schon MERCER (1949: 223f), nur dass er die altsyrische Rollsiegelglyptik nicht kannte und vermutete, Horus sei in Vorderasien zu Horon geworden und als solcher im Neuen Reich in Ägypten eingedrungen. Bei der hier vorgetragenen These erübrigt sich diese komplizierte und wenig wahrscheinliche Verwandlung des Horus in Horon.

trag zur Geschichte der *persönlichen Frömmigkeit*. Dass es eine Beziehung des Einzelnen zu einer bestimmten Gottheit schon im Alten Reich gegeben hat, bezeugen die Eigennamen, die häufig theophor sind und den Träger oder die Trägerin mit der genannten Gottheit in Beziehung setzen (BEGELSBACHER 1981: 13 und 258). Dass man in persönlichen Nöten aller Art zur Gottheit gerufen hat, dürfte auch selbstverständlich sein. Schon in der Lehre für Merikare (um 2000 v. Chr.) heisst es vom Sonnen- und Schöpfergott:"Er hat sich eine Kapelle hinter ihnen (zu ihrem Schutz) errichtet, wenn sie weinen, so hört er es" (VOLTEN 1945: 75f Z. 134/135).

Ein besonderes Zeugnis persönlicher Frömmigkeit sind Gottheiten auf persönlichen Amuletten und Siegeln. Neben der voderasiatischen Zweiggöttin und dem Göttinnenfetisch (s. den Beitrag von S. SCHROER in diesem Band) sind es vor allem Gottheiten der Privatsphäre vom Typ der Thoëris oder des Bes, welche als erste auf dieser Art von Bildträgern auftreten (s. das erste Kapitel des Beitrags zu Ptah auf Siegelamuletten). Horus ist, soweit ich sehe, der erste "Staatsgott", der in grossem Umfang in diesem privaten Bereich der persönlichen Frömmigkeit erscheint. Das mag mit der spezifischen Situation der Träger dieser Siegel zusammenhängen. Sie mögen den Aufstieg eines ihrer Stammes- oder Volksgenossen zum irdischen Repräsentanten des Königsgottes Horus als ein Geschehen erlebt und interpretiert haben, das sie ganz persönlich berührte. Vor allem aber hat die Tradition der grossen Götter auf den altsyrischen Rollsiegeln diese Praxis gefördert und erleichtert. Die Zweiggöttin und der Falkenköpfige sind ja nachweisbar von dort auf die Skarabäen übernommen worden. Es dürfte kein Zufall sein, dass die Hochblüte der persönlichen Frömmigkeit in Ägypten dann in die Zeit der wiederum stark asiatisch geprägten 19. Dyn. fällt.

Quellenverzeichnis zu den Abbildungen

Die mit einem * bezeichneten Stücke sind von Hildi Keel-Leu gezeichnet.

1 PETRIE 1931: Pl. 13,82. Nach Photos des Institute of Archaeology, London.*
2 MACKAY/MURRAY 1952: Pl. 9,28. Nach Photo des Rockefeller Museums, Jerusalem.*
3 MENANT 1888: Pl. 35,388; WARD 1910: 272 Nr. 820.*
4 COLLON 1975: 78f Nr. 144.
5 NOUGAYROL/AMIET 1962: 169f Fig. 1; EL-SAFADI 1974: Taf. 25,174.
6 MENANT 1888: Pl. 35 Nr. 389; WARD 1910: 272 Nr. 822; COLLON 1986a: 65 Nr. 4, Pl. 22 Nr. 4.
7 PETRIE 1933: Pl. 3,6; GIVEON 1985: 80f Nr. 61.
8 NEWBERRY 1907: Pl. 7,36476.
9 MACKAY/MURRAY 1952: Pl. 9,14. Nach Photo des Rockefeller Museums, Jerusalem.
10 BUCHANAN 1981: Nr. 1258.*
11 LOUD 1948: Pl. 150,82. Nach Photo des Oriental Institute, Chicago.
12 PETRIE 1934: Pl. 5,115; ROWE 1936: Pl. 8,294.
13 REISNER 1923: Pls. 40 und 41, je unterste Reihe, 3. Stück von rechts.
14 PETRIE 1930: Pl. 39,437.
15 PETRIE 1933: Pl. 3,104.*
16 SMITH 1922: 208, Pl. 23,6.*
17 HORNUNG/STAEHELIN 1976: 386 Nr. 78.
18 VODOZ 1979: 74 Nr. 38.
19 SCHAEFFER-FORRER 1983: 35-38; EL-SAFADI 1974: Pl. 15,108; COLLON 1981: 41 Fig. 1,1; COLLON 1987: 54 Nr. 218.
20 DELAPORTE 1910: Pl. 29,435; WARD 1910: 275 Nr. 831; EL-SAFADI 1974: Pl. 15, 107; COLLON 1981: 41 Fig. 1,2; COLLON 1987: 54 Nr. 219.
21 WARD 1910: 284 Nr. 863; COLLON 1987: 54 Nr. 217.*
22 WEBER 1920: Abb. 483; MOORTGAT 1940: Taf. 64,535.
23 COLLON 1981: 42 Fig. 2,19.*
24 WARD 1910: 275 Nr. 830; PORADA 1948: Pl. 145,957.*
25 Unveröffentlicht. Biblisches Institut der Universität Freiburg/Schweiz, Rollsiegel Nr. 129a. Nach Photo des Instituts.*
26 SMITH 1922: 207f Nr. 1; FRANKFORT 1939: Pl. 44u; EL-SAFADI 1974: Pl. 20,138.
27 GIVEON 1988: 20f Nr. 3.
28 PETRIE 1934: Pl. 7,224; ROWE 1936: Pl. 8,295.*
29 Unveröffentlicht. Israel Department of Antiquities and Museums, Jerusalem, Inv. Nr. 73-101; ehemals Sammlung Lefkovitz, Akko, Nr. 146. Mit freundlicher Erlaubnis des IDAM.*
30 PETRIE 1931: Pl. 14,161.
31 ALBRIGHT 1937: Pl. 29,6.*
32 GUY 1938: Pl. 106,8; ROWE 1936: Pl. 2,46.*
33 PETRIE 1934: Pl. 11,400; ROWE 1936: Pl. 8,297.*
34 HORN 1962a: 17; JAROŠ 1976: Abb. 192.*
35 BUCHANAN 1981: Nr. 1259; COLLON 1986: 59 und 67 Nr. 10.
36 EISEN 1940: Pl. 16,180.*
37 MACALISTER 1912: III Pl. 202a,8.
38 Unveröffentlicht. Institute of Archaeology, Tel Aviv University; ehemals Sammlung Dayan, Nr. 240.*
39 COLLON 1982: 127 Nr. 117; EL-SAFADI 1974: Pl. 25,181.
40 PORADA 1948: Pl. 151,1000; WINTER 1983: Abb. 223.

41   DELAPORTE 1923: II Pl. 96,13 (A. 916); EL-SAFADI 1974: Pl. 16,115.
42   MACKAY/MURRAY 1952: Pl. 9,22; MURRAY 1949: Pl. 11,17.
43   TUFNELL 1958: Pls. 32,98; 33,98; ROWE 1936: Pl. 7,292.
44   PETRIE 1932: Pl. 7,75; TUFNELL 1984: I 108 Fig. 21,13.
45   SELLIN 1927: 266 Taf. 28Aa; ROWE 1936: Pl. 7,293; HORN 1962: 3 Fig. 1,5.*
46   MACKAY/MURRAY 1952: Pl. 9,30; MURRAY 1949: Pl. 11,18.
47   STARKEY/HARDING 1932: Pl. 44,67.*
48   TUFNELL 1958: Pls. 32,130; 33,130.*
49   PETRIE 1931: Pl. 14,102.
50   LOUD 1948: Pl. 164,6.
51   Unveröffentlicht. Kibbutz Gescher, im Besitz von B. Rivlin, Nr. 8; gefunden in einer
     Grabhöhle am Naḥal Tavor. Mit freundlicher Erlaubnis des Besitzers.*
52   MATOUK 1977: 377 Nr. 179.*
53   PETRIE 1930: Pl. 7,50; WILLIAMS 1977: 53, Fig. 32,1.
54   LOUD 1948: Pl. 152,206.*
55   PETRIE 1933: Pl. 4,147.
56   PETRIE 1934: Pl. 11,397.
57   PETRIE 1931: Pl. 13,52.*
58   PETRIE 1930. Pl. 7,27; WILLIAMS 1977: 23f Fig. 10,4.
59   KIRKBRIDE 1965: Fig. 299,25.
60   PETRIE 1934: Pl. 7,169.*
61   PETRIE 1933: Pl. 8,6; COLLON 1986: 66 Fig. 8.
62   GORDON 1939: 16f Nr. 37; Pl. 5,37; EL-SAFADI 1974: Pl. 10,77.
63   SPEELERS 1943: 159f; EL-SAFADI 1974: Pl. 12,93.
64   Unveröffentlicht. London, British Museum, Western Asiatic Antiquities 129 584. Mit
     freundlicher Erlaubnis der Trustees of the British Museum. Hämatit, Höhe 19 mm.
     Gezeichnet nach Abdruck.*
65   BUCHANAN 1981: Nr. 1222; WILLIAMS-FORTE 1983: 41 Fig. 13.
66   DELAPORTE 1923: Pl. 96,16 (A.918); WINTER 1983: Abb. 200; WILLIAMS-FORTE
     1983: 40 Fig. 9.
67   WILLIAMS-FORTE 1983: Pl. 2,4.*
68   ÖZGÜÇ 1968: Pl. 22,2; WILLIAMS-FORTE 1983: 40 Fig. 6.*
69   SCHAEFFER-FORRER 1983: 57 Nr. 1393.
70   MACKAY/MURRAY 1952: Pl. 9,13.
71   MACALISTER 1912: III Pl. 206,44.
72   SALLER 1964: 191 Fig. 64,1; Pl. 38,1; MAZAR 1968: 6.
73   Unveröffentlicht. München, Sammlung L. Gitbud; in Jerusalem gekauft. Mit freundli-
     cher Erlaubnis des Besitzers. Steatit, 32 x 25 mm.*
74   GIVEON 1978: Abb. 44.
75   Unveröffentlicht. Tell el-Dabᶜa, Nr. 1045. Grabung von M. Bietak. Mit freundlicher
     Erlaubnis von Ch. Mlinar. Steatit, 15,5 x 11,5 x 7 mm.
76   GUY 1938: Pl. 137,3.*
77   LOUD 1948: Pl. 150,79.*
78   BUHL/HOLM-NIELSEN 1969: Pl. 24,195.*
79   LAMON/SHIPTON 1939: Pls. 69,54; 71,54.*
80   GIVEON 1985: 118f Nr. 27.*
81   PETRIE 1933: Pl. 3,79; GIVEON 1985: 78f Nr. 55.
82   PETRIE 1933: Pl. 3,26; GIVEON 1985: 78f Nr. 53.
83   KIRKBRIDE 1965: 638 Fig. 298,14.
84   PETRIE 1933: Pl. 3,86; GIVEON 1985: 76f Nr. 50.
85   MACKAY/MURRAY 1952: Pl. 9,27.
86   PETRIE 1934: Pl. 5,64.

279

87   GIVEON/KERTESZ 1986: 14f Nr. 21.
88   TUFNELL 1958: Pls. 36,234; 37,233 (sic!).
89   TUFNELL 1958: Pls. 30,46; 31,46.
90   PETRIE 1930: Pl. 7,46; WILLIAMS 1977: 17 Fig. 5,2.
91   PETRIE 1933: Pl. 4,137; GIVEON 1985: 80f Nr. 59.
92   Unveröffentlicht. Tell el-Dab^ca Nr. 701. Grabung von M. Bietak. Mit freundlicher Erlaubnis von Ch. Mlinar. Steatit, 18 x 13 x 8,5 mm, Stratum D/3, ca. 1600-1570 v. Chr.
93   DARESSY 1905: Nr. 38620.*
94   PETRIE 1896: Pl. 21,6.
95   Unveröffentlicht. Israel Department of Antiquities and Museums, Jerusalem, Inv. Nr. 81-972; aus Šiqmona, Grabung von Y. Elgavish. Mit freundlicher Erlaubnis des Ausgräbers. Blaugraues, hartes Material, vielleicht Glas, 13,9 x 10 x 7 mm.*
96   HODJASH/BERLEV 1982: 165 Abb. 111.
97   KIRKBRIDE 1965: 653 Fig. 303,15.*
98   SCHIAPARELLI 1927: 49; HORNUNG 1979: 98 Abb. 17; KEEL 1981: 223.
99   KEEL 1978: 145 Abb. 84a; 146 Anm. 405; Taf. 5b.*
100   TUFNELL 1958: Pl. 32,129.
101   PETRIE 1906: Pl. 9,160.
102   MACKAY/MURRAY 1952: Pl. 9,20.
103   PETRIE 1934: Pl. 11,396.
104   MACALISTER 1912: III Pl. 208,58.
105   GIVEON 1988: 48f Nr. 42.
106   GARSTANG 1934: 130f Fig. 4,4.
107   KIRKBRIDE 1965: 610 Fig. 288,15.
108   Unveröffentlicht. Tell el-Dab^ca, Nr. 702. Grabung von M. Bietak. Mit freundlicher Erlaubnis von Ch. Mlinar. Steatit, 17 x 12 x 6 mm, Stratum D/3, ca. 1600-1570 v. Chr.
109   GIVEON 1985: 118f Nr. 28.
110   GIVEON/KERTESZ 1986: 22f Nr. 68.
111   Unveröffentlicht. Israel Department of Antiquities and Museums, Jerusalem, Inv. Nr. PAM 43-193. Mit freundlicher Erlaubnis des IDAM. Steatit, 21 x 15,4 x 10,3 mm.*

OTHMAR KEEL

DER ÄGYPTISCHE GOTT PTAH AUF SIEGELAMULETTEN AUS PALÄSTINA/ISRAEL

Einige Gesetzmässigkeiten bei der Übernahme von Motiven der Grosskunst auf Miniaturbildträger

Bei der Arbeit an den ca. 7500 Skarabäen und andern Stempelsiegeln, die wir für ein Corpus dieser Objekte aus Palästina/Israel gesammelt haben, hatte ich gelegentlich den Eindruck, dieses oder jenes Motiv sei die Wiedergabe einer Komposition der Grosskunst, z.B. eines ägyptischen Tempelreliefs (vgl. dazu EL-ALFI 1972: 176-181). Dies reizte mich, dem Problem - wenn auch in sehr beschränktem Rahmen - einmal systematisch nachzugehen und darauf zu achten, ob sich beim Prozess der Übernahme von Themen aus der offiziellen Monumentalkunst in die Miniaturkunst der Skarabäen gewisse Gesetzmässigkeiten beobachten lassen. Die Untersuchung wurde am Beispiel des ägyptischen Gottes Ptah durchgeführt, wie er auf Siegelamuletten aus Palästina/Israel der Bronze- und Eisenzeit erscheint. Die Fundstücke aus Ausgrabungen wurden durch eine Anzahl Stücke aus israelischen Privatsammlungen, die ebenfalls im Lande gefunden worden sein dürften, und durch einige wenige Stücke aus anderen Zusammenhängen ergänzt. Bei der Analyse dieses Materials ist es gelungen, fünf Gesetzmässigkeiten festzustellen. Diesen gemäss wurde das Material gegliedert; die Überschriften formulieren die entsprechenden Thesen.[*]

I.

Kleinen Formaten bzw. billigen Materialien entsprechen primär kleine Themen

1. Kleinere Gottheiten und Dämonen auf Zaubermessern und Skarabäen

Auf ägyptischen Siegelamuletten vor der 15. Dyn., der sog. Hyksos-Zeit (ca. 1650-1550 v. Chr.) sind, soweit ich sehe, keine grossen Gottheiten dargestellt. Wir finden zwar Tiere, die als Symbol solcher Gottheiten interpretiert werden können, z.B. den Falken (BRUNTON 1927: Pl. 33,127; BRUNTON 1937: Pl. 60, 10) oder den Geier (WARD 1978: Pl. 12,309-312). Relativ häufig ist der Göttinnenkopf oder -fetisch zu sehen (vgl. dazu den Beitrag von S. Schroer in diesem Band). Aber nur solche Göttergestalten werden dargestellt, die primär dem privaten Bereich angehören oder diesem leicht dienstbar gemacht werden können. In diesem Sinne findet sich z.B. schon am Ende des Alten Reiches (2705-2225 v. Chr.) die nilpferdgestaltige Schützerin der Schwangeren, der Kinderstube und des Säuglings, die in älterer Zeit Ipet, Reret oder Hedet, später Thoëris "die Grosse" (*t3 wr.t*) heisst (**Abb. 1-2**; vgl. ALTENMÜLLER 1986: 11-13.26; GUNDLACH 1985: 494-497). Auf einen Elfenbeinskarabäus graviert (**Abb. 3**) hat sie schon vor dem Ende des 3. Jts. v. Chr. den Weg ins Ausland gefunden. Der im Tholos-Grab B in Platanos auf Kreta gefundene Skarabäus

---

[*] Dieser Beitrag erschien in einer kürzeren Form im Annual of Visible Religion, Bd. VI-VII, 1987/1988.

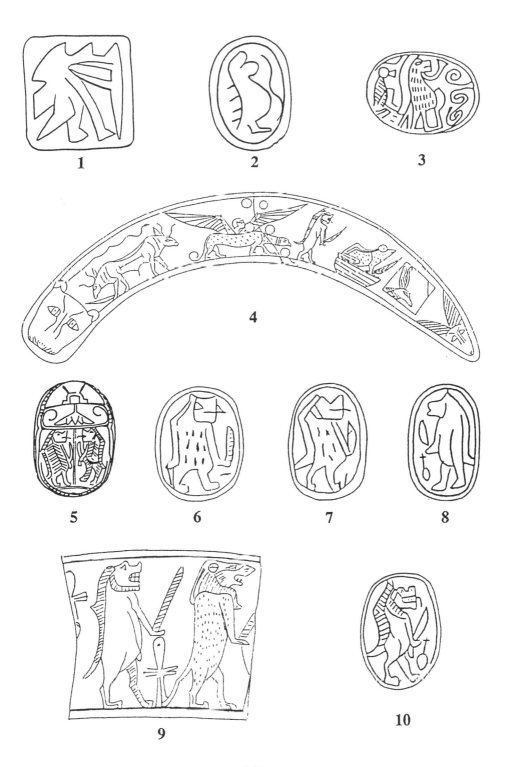

1 2 3

4

5 6 7 8

9 10

wird von Ward der Phase III (ca. 2100-2025 v. Chr.) seiner Pre-12th Dynasty Scarabs zugeordnet (WARD 1981: 71). Das Motiv findet sich auch auf den sog. Zaubermessern (HELCK 1986: 1355), und zwar schon auf den frühesten Belegen zu Beginn des Mittleren Reiches um 2000 v. Chr. (**Abb. 4**). Es hält sich hier in praktisch identischer Form bis zum Beginn der 13. Dyn. um 1800 v. Chr. (vgl. ALTENMÜLLER 1965: II 114 Abb. 1 mit 119 Abb. 13). In der 13. Dyn. ist es auch auf Skarabäen wieder zu finden, so z.B. auf dem Rücken eines Stückes, das für *Z3-Ḥtḥr*, einen Sohn Neferhoteps I. (um 1750 v. Chr.), angefertigt wurde (**Abb. 5**). PETRIE hat ein etwas gröber ausgeführtes Stück aus Koptos veröffentlicht (**Abb. 6**). Der Rücken gehört dem Typ mit eckigem Kopf an, der charakteristisch ist für die 13. Dyn. Ebenso schematisch graviert sind drei Stücke der Matouk-Sammlung (**Abb. 7** und MATOUK 1977: 380 Nr. 332 und 334). Obwohl auch in diesen Fällen die Gravur eher grob ist, sind bei allen drei Stücken Prothorax, Elytren und Beine angedeutet, und die Gravur ist rein linear, so dass auch sie in die 13. Dyn. datiert werden müssen. Ebenfalls in die 13. Dyn. gehören vier Belege aus der Festung Uronarti am 2. Katarakt. Auf allen ist zusätzlich zur Gestalt der Göttin mit dem Messer noch ein *nfr* zu sehen (**Abb 8**; vgl. DUNHAM 1967: 70 Nr. 420-423). Auf einem hält die Thoëris kein Messer, dafür ist vor ihr ein riesiges *z3*-Zeichen ("Schutz") angebracht. Eine beidseitig gravierte Platte, die auf einer Seite die von geflügelten Sonnenscheiben umgebene Kartusche Amenemhats III. (1858-1822 v. Chr.), auf der anderen nebst anderen Motiven auch eine Thoëris mit Messer zeigt, hat NEWBERRY (1906: 88 Fig. 93) veröffentlicht; ihre Datierung in die 12. oder 13. Dyn. muss allerdings ungewiss bleiben. In Palästina findet sich die nilpferdgestaltige Göttin auf dem Bruchstück eines Zaubermessers vom Tell el-ᶜAǧǧul (**Abb. 9**), das ALTENMÜLLER in die 13. Dyn. um etwa 1700 v. Chr. datiert (1965: I 27f; II 104f Nr. 129), und auf einem Skarabäus, der in Azor, in der Nähe von Jafo, ausgegraben worden ist (**Abb. 10**). Das zusätzliche *nfr* erinnert an die Stücke aus Uronarti. Der Käfer gehört aufgrund des trapezförmigen Kopfes und des glatten Rückens wahrscheinlich ans Ende der 13. oder bereits in die 15. Dyn. (ca. 1650-1550 v. Chr.).

Aus Kahun, der Arbeiter- und Beamtensiedlung Sesostris' II. (1892-1878 v. Chr.) am Nordrand der Ausmündung des Fajjumkanals, stammt ein Siegelabdruck, der einen Löwen zeigt, welcher ähnlich wie die Nilpferdgöttin auf den Hinterbeinen geht (**Abb. 11**). Löwen dieses Typs finden sich ebenfalls häufig (ALTENMÜLLER 1986: 7f) und gelegentlich unmittelbar neben der nilpferdgestaltigen Göttin auf Zaubermessern, z.B. auf einem, das ALTENMÜLLER (1965: II 78f Nr. 93) der Zeit um 1800 v. Chr. zuordnet (**Abb. 12**), und auf dem bereits genannten Stück vom Tell el-ᶜAǧǧul (**Abb. 9**). Der Siegelabdruck von **Abb. 11** gehört sehr wahrscheinlich in die 12. Dyn., kann aber auch jünger sein, da die Siedlung - wenn auch nur spärlich - noch in der 13. Dyn. benutzt wurde.

Auf dem Zaubermesser von **Abb. 12** ist rechts vom eben genannten Löwen ein Dämon zu sehen, der en face mit nach aussen geknickten Knien dargestellt

12

11

13

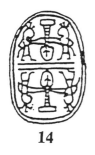

14

15

16

17

ist, die Arme auf die Oberschenkel stemmt und zwei Schlangen hält. Er heisst im Mittleren Reich $^c h3$ und wird später mit Bes identifiziert (ALTENMÜLLER 1986: 15f und 26). Für Palästina ist er auf einem Zaubermesser-Fragment aus Megiddo belegt (LOUD 1948: Pl. 203), das ALTENMÜLLER in die Zeit um 1900 v. Chr. datiert (1965: I 27f; II 70f Nr. 83). Diese Gestalt findet sich auch auf einem Skarabäus, dessen Seiten und Rücken zwar nicht gerade typisch für die 13.-15. Dyn. sind, der aber aufgrund der Basisdekoration bzw. ihrer Nähe zu den Darstellungen auf den Zaubermessern dennoch hier eingereiht werden muss (**Abb. 13**). Die Gestalt findet sich auch noch in der 18. Dyn., ist dann aber in versenktem Relief flächig gearbeitet (ENGELBACH 1923: Pl. 21,155).

2. Kleinere Götter auf Skarabäen

Die bisher genannten niederen Gottheiten haben als primäres Wirkungsfeld den Schutz von Mutter und Kind. Sie sind sowohl auf Skarabäen als auch auf den Zaubermessern vertreten. Zwei weitere Götter, die ebenfalls nicht zu den grossen Göttern Ägyptens gehören, finden sich nicht auf den Zaubermessern, sondern nur auf Skarabäen der 12. (im zweiten Falle vielleicht erst in der 13.) Dyn. Der eine ist der Gott der Nilüberschwemmung und Fruchtbarkeit, häufig als Hapi ($h^c pj$) bezeichnet (vgl. dagegen BAINES 1985: bes. 115f). "Urteilt man nach der Anzahl seiner uns überlieferten Kultstätten und nach seiner in vielen Kontexten eher untergeordneten Rolle, dann kann man Hapi nicht zu den Grossen des ägyptischen Pantheons rechnen" (KURTH 1982: 485). Er erscheint (verdoppelt) bei der "Vereinigung der beiden Länder" auf einem Skarabäus aus dem Prinzessinnengrab der 12. Dyn. in Dahšur (**Abb. 14**) und auf einem Skarabäenabdruck aus Uronarti am 2. Katarakt (**Abb. 15**). Auf einem Stück der Fraser-von Bissing-Sammlung in Basel sind gleich zwei solche Fruchtbarkeitsgötter zu sehen (**Abb. 16**). Aufgrund des glatten Rückens und der Seiten dürfte dieser Käfer ans Ende der 13. oder in die erste Hälfte der 15. Dyn. zu datieren sein.

Der andere ägyptische Gott, der schon vor der 15. Dyn. auf Skarabäen auftritt, wiederum auf einem Abdruck aus Uronarti, ist Heh (hh), die Personifikation der Unendlichkeit (**Abb. 17**).[1] Auch er gehört nicht zu den Haupt- oder Staatsgöttern. Fruchtbarkeit und Unendlichkeit sind ihrem abstrakten Wesen entsprechend leicht auf Einzelpersonen zu applizieren.

---

[1] Als Heh ist vielleicht auch eine kniende Gestalt mit seitlich ausgebreiteten Armen anzusehen, von denen jeder eine Blüte hält. Sie stammt aus Nubt gegenüber von Koptos und datiert in die 15. Dyn. (PETRIE 1925: Pl. 16,1149).

3. Die syrische nackte Göttin, der Falkenköpfige und der mumienförmige Gott

Als Beitrag Vorderasiens erscheint von der 13. Dyn., also von ca. 1800 v. Chr. an, die nackte Göttin in ihrer syrischen Variante (Kopf im Profil, hängende Arme) auf Skarabäen (vgl. die Beiträge zur Ω-Gruppe und zur 'Zweiggöttin' in diesem Band). Von der ausgehenden 13. Dyn., vielleicht aber auch erst von der 15. Dyn. an, also ab ca. 1650 v. Chr., findet sich häufig ein falkenköpfiger Gott, den ich weiter oben in diesem Band als interpretatio asiatica des Königsgottes Horus gedeutet habe. In Vorderasien hatte sich die Darstellung von Göttern auf Siegeln spätestens seit der Akkadzeit auf breiter Front durchgesetzt. In der anatolischen und altsyrischen Glyptik war sie von Anfang an geläufig (COLLON 1987: 35.41-57). So war es für die Bewohner Syriens im 18. Jh. v. Chr. kein Problem, ähnlich wie den Wetter- und Königsgott Ba'al-Hadad auch den ägyptischen Königsgott Horus auf ihren Siegeln darzustellen. Auf dem Umweg über die Rollsiegelglyptik hat der Falkenköpfige dann Eingang in das Repertoire der Skarabäen gefunden.

Im Gegensatz zu dem auf Skarabäen im Hyksosstil häufig dargestellten Falkenköpfigen ist die mumienartige Gestalt von **Abb. 25** mit kahlem, bartlosem Kopf und waagrecht aus der engen Umhüllung hervortretenden Armen ungewöhnlich. Sie erinnert an die ältesten bekannten Darstellungen des Ptah aus dem ersten Drittel des 3. Jts. v. Chr. aus Tarḫan und Saqqara (**Abb. 18-19**). Diese Ritzzeichnungen auf Steingefässen gehen auf Handwerker aus dem Bereich von Memphis zurück, deren Patron Ptah war. Nur auf zwei von Zehntausenden von Steingefässen sind Ritzzeichnungen des mumienförmigen Gottes mit Beischrift gefunden worden. Sie geben wahrscheinlich Kultstatuen wieder, wie bei **Abb. 18** die Kapelle und bei **Abb. 19** der Sockel vermuten lassen. Die Kultstatuen brauchen nicht besonders gross gewesen zu sein. Aber im Vergleich mit ca. 15 mm hohen Siegeldekorationen wirken Bildwerke von 300 mm Höhe bereits monumental.

Seit der 12. Dyn. sind kanonische Bilder des Ptah auf königlichen Monumenten (SANDMAN HOLMBERG 1946: 66* Fig. 3; WOLF 1957: 363, Abb. 380f) und auf Privatstelen (SANDMAN HOLMBERG 1946: 67* Fig. 4) anzutreffen. Schon in der 12. Dyn. findet man das kanonische Bild des Ptah auch ausserhalb Ägyptens in Asien, so z.B. bei den Türkisminen von Serabit el-Ḥadim (**Abb. 20**). Wenn die Datierung von **Abb. 21** in die 12. Dyn. korrekt ist, ist es damals auf dem Sinai auch schon von Asiaten semitischer Sprache in deren ikonographisches Repertoire aufgenommen worden. Die Datierung der protosinaitischen Inschriften und der damit versehenen Denkmäler bleibt allerdings umstritten. Eine Datierung ins 15./14. Jh. v. Chr. scheint zunehmend wahrscheinlicher als eine ins 19. Jh. oder in noch frühere Zeit. Doch zeugt von der Rezeption des Gottes durch Asiaten auch ein altsyrisches Rollsiegel in der Pierpont Morgan Library, das wohl ans Ende dieser Epoche, ins 16. Jh. v. Chr., zu datieren ist (**Abb. 22**). E. Porada wollte das Stück aufgrund des ägyptischen Einflusses nach Palästina verweisen (PORADA 1948: I 136). Aber wie die Jas-

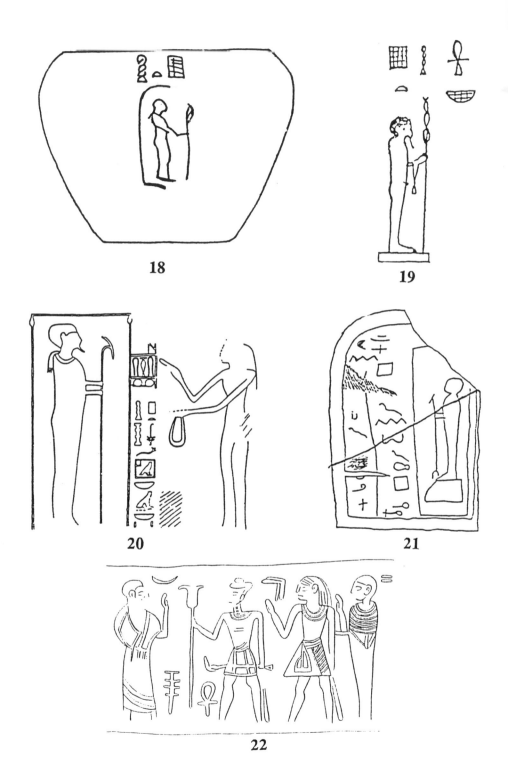

18

19

20

21

22

pis-Gruppe und die Rollsiegel mit dem Falkenköpfigen gezeigt habern, gab es in der Levante schon im 18. und 17. Jh. v. Chr. eine intensive Rezeption ägyptischer Motive. Sie macht sich bei **Abb.** 22 insofern bemerkbar, als die zum Gruss erhobene Hand sich auf genuin ägyptischen Darstellungen Ptahs nicht findet.[2]

Ungewöhnlich an **Abb.** 25 sind, wenn die Deutung auf Ptah überhaupt richtig ist, Zweig und Blume. Sie dürften von den Darstellungen des Falkenköpfigen übernommen worden sein (**Abb. 23-24**), da Ptah zwar nicht unbedingt von Anfang an (vgl. **Abb. 19**), sicher aber seit der 12. Dyn. regelmässig das *w3s*-Szepter hält (vgl. **Abb. 20-21**). Dieses findet sich in den Händen einer archaisch gebundenen Gestalt auf einem Skarabäus (**Abb. 27**), der aufgrund der Kopfform und der flächig versenkten Gravur sehr wahrscheinlich der 15. Dyn. (1650-1550 v. Chr.) angehört. Hier dürfte die Identifizierung mit Ptah feststehen, auch wenn der hohe Kragen mit Troddel fehlt. In den beiden Uräen, die beim Falkenköpfigen ganz selbstverständlich (**Abb. 23-24, 26**), bei Ptah aber ungewöhnlich sind, ist der Einfluss der Ikonographie des Falkenköpfigen zu sehen.

Endlich finden wir aus der Zeit der 15. Dyn. mehrere Belege mit einem Verehrer vor dem Falkenköpfigen (**Abb. 28**; vgl. Abb. 7-10 im Beitrag zum Falkenköpfigen in diesem Band), bei denen der Gott, was auf späteren Skarabäen sehr ungewöhnlich ist, nach links schaut. Aus der gleichen Periode findet sich auch einmal ein ebenfalls nach links gerichteter Ptah mit einem Verehrer (**Abb. 29**), immer noch ohne hohen Kragen und Troddel, aber wiederum mit einem Zweig daneben wie auf **Abb. 25**. Man gewinnt den Eindruck, dass die frühe Ikonographie des Ptah auf Skarabäen aus Palästina/Israel von der des Falkenköpfigen abhängig und in Anlehnung an diese entstanden ist. Der überraschende Sachverhalt wird uns weiter unten noch beschäftigen.

In der 15. oder evtl. schon in der späten 13. Dyn. taucht Ptah auch auf einem ägyptischen Beamtenskarabäus auf, und zwar in seiner in Ägypten seit dem Mittleren Reich klassischen Form. Der Besitzer hiess *Z3-Pth* "Sohn des Ptah" (**Abb. 29a**). Die Gestalt des Gottes erscheint hier als ikonographisches Double zum theophoren Element des Namens. Es betont das theophore Element und stellt den Träger des Siegels in seinem Namen vor die Gottheit und unter ihren speziellen Schutz (vgl. **Abb. 67**); ein frühes Zeugnis persönlicher Frömmigkeit.

Ab Thutmosis III. in der frühen 18. Dyn. erscheint Ptah regelmässig auf Skarabäen, manchmal schlicht mit seinem Namen als Legende (**Abb. 64**), manch-

---

[2] Zur Identifikation Ptahs mit dem nordwestsemitischen (oder zyprischen?) Handwerkergott Kotar in der 2. Hälfte des 2. Jts. v. Chr. vgl. GESE 1970: 148 und 203 Anm. 192; POPE/RÖLLIG 1965: 295f; zur Beliebtheit Ptahs in Vorderasien im allgemeinen vgl. LEIBOVITZ 1956: VI und 64-67.

23

24

25

26

27

28

29

29a

30

31

32

33

mal mit einem zusätzlichen "Herr der beiden Länder" (*nb t3.wj*) wie auf einem Skarabäus aus dem 13. oder 12. Jh. v. Chr. vom Tel Şippor (**Abb. 30**) oder nur mit diesem Titel und einem *nfr* wie auf einem Stück aus der 2. Hälfte der 18. Dyn. (ca. 14. Jh. v. Chr.; **Abb. 31**). Der Titel *nb t3.wj* ist ein typischer Königstitel (s. gleich Abschnitt 2). Das *nfr* ist vielleicht eine Abkürzung von *nfr ḥr* "mit vollkomme-nem Aussehen", einer Beischrift, die auf einem Skarabäus aus Timna in der Schefela neben Ptah zu sehen ist (KELM/MAZAR 1982: 12f und 16 Fig. 4). Ohne jede Beischrift ist Ptah auf einem Fingerring der 19. Dyn. aus Der el-Belaḥ in der südlichen Küstenebene (**Abb. 32**) und auf einem Fingerring vom Tell Abu Hawam in der Nähe von Haifa zu sehen (HAMILTON 1935: 31 Nr. 204 und Pl. 38 Nr. 204). Typisch für die 25.-26. Dynastie (750-525 v. Chr.) ist der hockende Ptah, etwa der mit der Beischrift "reich an Gunst" (*3wj ḥzwt*) versehene vom Tell el-Farᶜa (Süd) (**Abb. 33**; vgl. VERCOUTTER 1945: Nr. 64, 65, 209; PENDLEBURY/JAMES 1962: Fig. 37,638; GIVEON 1985: 144f Nr. 23).

4. Kleinkunst und Volksreligion

Zum Thema dieses Abschnitts sei abschliessend kurz vermerkt, dass im mesopotamischen Bereich die Siegelkunst während verschiedenen Epochen von 'niederen' Wesen beherrscht wurde, so in der frühdynastischen fast ganz und in der Akkad-Zeit noch zu einem beachtlichen Teil von Tierkämpfern, die man nacheinander erfolglos mit bekannten Gestalten der Literatur und/oder der Grosskunst wie Mithras (LAJARD 1847), Gilgameš und Enkidu (SMITH 1876: 239; WEBER 1920: 14-81) oder Tammuz (MOORTGAT 1949: 85-93) zu identifizieren versucht hat. Während der mittel- und neuassyrischen Periode ist eine der populärsten Figuren der Rollsiegelglyptik ebenfalls eine namenlose Gestalt, der sogenannte "Herr der Tiere" (KEEL 1978: 86-125).

Die Miniaturkunst ist primär ein Indikator der Volksreligion, besonders dort, wo ihre Werke in billigen Materialien ausgeführt sind. Das Auftauchen der grossen ägyptischen Götter in dieser Art von Kunst ist nicht selbstverständlich. Im Beitrag zur Identifikation des Falkenköpfigen ist gezeigt worden, wie dieses dem Einfluss einer fremden Kultur zu verdanken war. Die **Abb. 23-29** suggerieren, das Auftauchen eines andern grossen Gottes, nämlich Ptahs, im Zusammenhang mit dem des Falkenköpfigen zu sehen. Der folgende Abschnitt soll dieser Sicht zusätzliches Gewicht verleihen.

In Palästina/Israel wurden aus der Zeit des Neuen Reiches auch zahlreiche Skarabäen mit dem Namen des Ptah gefunden (vgl. z.B. PETRIE 1930: Pl. 12, 174-175; Pl. 22,185. 212 u.o.). Diese werden hier nicht berücksichtigt.

II.

Die Miniaturkunst zeigt häufig in der Grosskunst unbekannte Kombinationen, die - in Massen produziert - der Propaganda dienen

1. Ptah und der Falkenköpfige

Interessant für die Problematik der Beziehung Ptahs zum Falkenköpfigen ist eine Gruppe von drei Skarabäen der 15. oder vielleicht der frühen 18. Dyn., die Ptah von zwei Falken (**Abb. 34**), zwei Falkenköpfigen (**Abb. 35**) oder von einem Falken und einem Falkenköpfigen flankiert zeigen (**Abb. 36**). Diese und ähnliche Kombinationen sind m.W. in der Grosskunst nicht belegt.

Um die Bedeutung des Falken (und der Falkenköpfigen) in diesem Zusammenhang recht zu verstehen, muss man beachten, dass der Falke im Gegensatz zum Uräus nicht allen möglichen Grössen als Schutz und Leibwache beigegeben wird, sondern - von wenigen Ausnahmen abgesehen - auf den König und dessen Symbole (Name in Kartusche, Sphinx) beschränkt ist (KEEL 1982: 448f). Die Flankierung mit Falken und Falkenköpfigen soll also den königlichen Status des Gottes Ptah demonstrieren. H. BONNET (1952: 614) hat darauf hingewiesen, dass Ptah schon in den Pyramidentexten des 3. Jts. (§§ 560, 566) zusammen mit Horus und Re^c, den Göttern der urzeitlichen Hauptstädte Ägyptens, genannt wird, und dass er als Hauptgott der Residenzstadt des Alten Reiches wahrscheinlich schon damals den Anspruch erhoben hat, höchster Gott und d.h. Königsgott zu sein (zu Ptah und Memphis vgl. auch BERGMAN 1968: 44-91). Für diese Argumentation muss heute das Denkmal memphitischer Theologie allerdings wegfallen, da dieses mit H.A. SCHLÖGL (1980: 110-117) in die Ramessidenzeit zu datieren ist.

Gerade in der Miniaturkunst der Ramessidenzeit findet sich nun sehr häufig eine Komposition, die m.W. auf den Tempelreliefs nicht belegt ist. Sie kombiniert den stehenden Ptah mit einem ebenfalls stehenden, ihm zugewandten, falkenköpfigen Gott. Von diesem Typ sind mir allein aus Palästina/Israel elf Stück bekannt (**Abb. 37-47**). Es ist neben dem Typ, der den Pharao in Verehrung vor Ptah zeigt (vgl. **Abb. 62-96**), die häufigste Komposition mit diesem Gott, wenigstens aus diesem Raum. Die Stücke stammen mehrheitlich aus der 19. Dyn. Zwei Belege (**Abb. 37-38**) könnten allerdings noch der 18. Dyn. angehören. Dies suggerieren die Form der rechteckigen Platte, die in der 18. Dyn. sehr beliebt ist, und die bei **Abb. 37** von den Ma^{c}atfedern flankierte Kartusche mit *Mn-ḫpr-r^c* auf der Rückseite (vgl. JAEGER 1982: §§ 479-482, 1060, 1243). Zwingend sind diese Kriterien allerdings nicht, und der Fundkontext datiert bei beiden Stücken in die 19. Dyn.

Der Ptah gegenüberstehende Falkenköpfige trägt stets die Sonnenscheibe auf dem Kopf, und bei mindestens zwei Stücken (**Abb. 39** und **46**) ist deutlich der

34

35

36

37

38

39

40

41

42

43

44

45

46

47

darum herumgelegte Uräus zu sehen. Es dürfte sich dabei also um Re^c-Harachte handeln.

Auf allen elf Stücken blickt Ptah nach rechts, d.h. er nimmt den wichtigeren Platz ein (SCHÄFER 1964: 308f), während der Gott von Heliopolis wie der verehrende König in der weiter unten zu behandelnden Gruppe von **Abb. 84-95** nach links blickt und somit den untergeordneten Platz einnimmt. Auf sieben Stücken ergreift Re^c-Harachte mit der rechten Hand das *w3s*-Szepter des Ptah (**Abb. 37-43**), wie das der König gelegentlich macht (vgl. **Abb. 95**). Auf zwei Stücken hält Re^c-Harachte ein eigenes Szepter (**Abb. 44-45**). Das Anfassen des von Ptah mit beiden Händen gehaltenen Szepters durch Re^c-Harachte bedeutet wohl ein Partizipieren an dessen Macht (vgl. HASSAN 1976: 170). Vielleicht bietet die Reduktion der zwei Szepter auf eines aber auch nur eine Möglichkeit, Platz einzusparen (s.u. Abschnitt 5). Die untergeordnete Stellung des Re^c-Harachte ist auf jeden Fall eindeutig.

2. *Ptah und zwei Ba-Vögel auf Djed-Pfeilern*

Ebenfalls der Ptah-Propaganda im Hinblick auf Heliopolis scheint die Kombination von Ptah mit zwei Ba-Vögeln, die auf Djed-Pfeilern sitzen, gedient zu haben. Dieser sehr häufige Typ ist ausschliesslich für die 19.-20. Dyn. bezeugt (JAEGER 1982: 194). Er hat allerdings eine Vorgeschichte in der 18. Dyn. Auf einem Skarabäus aus Bet Šean IX, d.h. einem Stratum der Späten Bronzezeit I (1550-1400 v. Chr.), steht vor Ptah ein Djed-Pfeiler mit einem Lebenszeichen darüber (**Abb. 48**; zur Richtung nach links vgl. **Abb. 123-124**). Die gleiche Kombination findet sich auf einer Platte aus Si-chem (**Abb. 49**), die auf der andern Seite den Thronnamen Amenophis' III. trägt (vgl. auch HALL 1913: Nr. 1870; PETRIE 1917: Pl. XXXV Nr. 18.9. 127). Vielleicht sind die beiden Zeichen als verkürzte Schreibung der zwei Titel "Herr des Lebens" (*nb* ^{c}*nḫ*) (vgl. **Abb. 19**) und "Ehrwürdiger Djed-Pfeiler" (*ḏd špsj*) zu lesen. In der 19. Dyn. wird das Lebenszeichen gelegentlich durch einen Ba-Vogel ersetzt (**Abb. 50**). Auf einem Stück aus Der el-Belaḥ südlich von Gaza steht vor Ptah nur ein Djed-Pfeiler (**Abb. 51**).Weitaus am häufigsten aber ist jener Typ, bei dem zwei Djed-Pfeiler vor Ptah stehen, auf denen je ein Ba-Vogel mit einer Sonnenscheibe über dem Kopf sitzt. JAEGER (1982: 194 und Anm. 796) kennt über 50 Belege. Allein aus Palästina sind mindestens sechs Stück bekannt (**Abb. 52-57**).

Zwei Djed-Pfeiler mit Ba-Vögeln scheinen zum ersten Mal im Totentempel Sethos' I. (1290-1279 v. Chr.) in Abydos als Attribut des Ptah belegt zu sein (CALVERLEY/BROOME 1935: Pl. 23). Dort scheint sich auch der erste explizite Beleg für die Identifikation Ptahs mit dem "ehrwürdigen Djed-Pfeiler" (*ḏd špsj*) zu finden (SANDMAN HOLMBERG 1946: 154-166). Die bildlichen Darstellungen aus dem Totentempel Sethos' I. zeigen die beiden Djed-Pfeiler mit den Ba-Vögeln als Krönung einer Standarte und als Gallionsfigur am Bug der heiligen

48

49

50

51

52

53

54

55

56

57

Barke. Der Ursprungsort dieser Ikonographie dürfte allerdings Memphis und nicht Abydos sein.

Vor Ptah in seiner Kapelle, wie sie auf den Skarabäen zu sehen sind, tauchen die beiden Djed-Pfeiler mit den Ba-Vögeln in der Grosskunst erst 200 Jahre später auf, ganz am Ende der 20. Dyn. auf einem Relief des Herihor in Karnak aus der Zeit Ramses' XI. (WENTE 1979: Pl. 45). Die Darstellung in der Klein-kunst scheint also wenigstens in dieser bestimten Version derjenigen in der Grosskunst vorausgegangen zu sein. Für diesen Sachverhalt spricht auch das Fehlen der sonst in der Grosskunst üblichen Bildlegende. Wir sind also, wenn wir die beiden Ba-Vögel auf den Djed-Pfeilern mit Namen versehen wollen, auf andere Quellen angewiesen.

HORNUNG/STAEHELIN (1976: 98) deuten die beiden Vögel aufgrund des Totenbuch-Spruchs 17 (Abschnitt 21) als die Bas von Osiris und Reᶜ. Die Stelle lautet:

"Ich bin sein Doppel-Ba, der in seinem Doppelträger ist.
Was bedeutet das?
OSIRIS ist das, als er in Mendes (ḏdt) eintrat,
dort fand er den Ba des REᶜ.
Da umarmte einer den andern,
da wurden (sie) zu seinem Doppel-Ba" (HORNUNG 1979: 68).

In der zweiten Hypostylenhalle des Tempels Sethos' I. in Abydos sind zwei Pilaster mit zwei riesigen Djed-Pfeilern dekoriert. Jeder dieser Djed-Pfeiler ist mit einem breiten Halskragen und einem Pektorale geschmückt. Letztere tragen den Thronnamen Sethos' I., *Mn-m3ᶜt-rᶜ*. Auf dem nördlichen Pilaster ist er von zwei Ba-Vögeln mit Sonnenscheiben auf dem Kopf flankiert (**Abb. 58**), auf dem südlichen von Osiris und Reᶜ (**Abb. 59**). Der strenge Parallelismus suggeriert, dass die beiden Bas die von Osiris und Reᶜ sind.

In dem oben erwähnten Totenbuchspruch interpretiert eine Glosse die Deutung der beiden Bas auf Osiris und Reᶜ aber wie folgt:

"Das ist der Ba, der ŠU ist und der Ba, der TEFNUT ist."

Das Totenbuch kennt also zwei Interpretationen des Doppel-Ba. Nach der einen ist sein Besit-zer eine Art Allgott, der den unterirdischen, nächtlichen (Osiris) und den himmlischen Tagbe-reich (Reᶜ) umfasst. Nach der zweiten ist er vor allem ein Ur- und Schöpfergott im Sinne des Gottes von Heliopolis, aus dem als dem Einen und Einzigen das Urpaar Luft (Schu) und Feuchtigkeit (Tefnut) hervorgegangen ist. Die zweite Deutung scheint die ältere und beständi-gere gewesen zu sein.

Eine Frühform dieser Vorstellung dürfte schon in den Sargtexten des Mittleren Reiches an-gesprochen werden, wenn der Verstorbene sagt:

"Ich kenne die Bas von Heliopolis:
Sie sind Reᶜ, Šu und Tefnut"
(FAULKNER 1973: 133 Spell 154).

Aus der Perserzeit stammt eine ganz eigenartige Darstellung des Ptah als Himmelsträger (**Abb. 60**). Ihm sind die beiden Ba-Vögel auf ihren Djed-Pfeilern beigesellt. Es ist der einzige Beleg, auf dem sie mit einer Beischrift ausgestattet sind. Diese lautet "Schu" und "Tefnut".

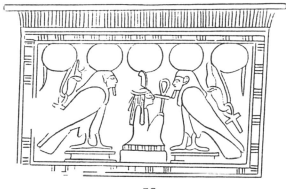

58

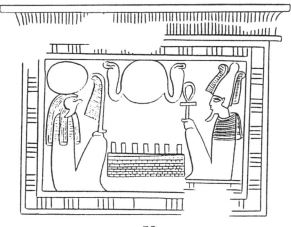

59

60

Eine genaue Betrachtung der Skarabäen von **Abb. 52-57** scheint bald die eine, bald die andere Deutung zu bestätigen, denn auf **Abb. 53** und **57** sind die beiden Ba-Vögel mit Bärten versehen und so wohl als Re^c und Osiris zu deuten, während bei **Abb. 55** der eine einen Bart trägt, während der andere bartlos ist (vgl. **Abb. 60**), weshalb die Deutung auf Schu und Tefnut näher liegt (vgl. HEERMA VAN VOSS 1963: 42f.78-80; KAKOSY 1980: 48-53). Die Djedpfeiler, die in diesem Zusammenhang Ptah als _ḏd špsj_ darstellen, stellen ihn unter dem Aspekt der Urmacht dar, die - seien es Re^c und Osiris oder Schu und Tefnut - ins Dasein hebt (vgl. VAN DIJK 1986: 7-20). Er figuriert so als Ur- und Schöpfergott in einer Rolle, die sonst Atum-Re^c zukommt.

Beide Interpretationen dieser Komposition geben Ptah eine Vorzugstellung gegenüber dem Gott von Heliopolis. Bei der Deutung auf Re^c und Osiris werden die beiden zu Aspekten Ptahs, der so zum Gott der beiden Welthälften, dem Tag und der Nacht, dem Diesseits und Jenseits, der obern und der untern Welt wird. Bei der Deutung auf Schu und Tefnut übernimmt Ptah die Rolle des Re^c als Ur- und Schöpfergott, wie das in dem mit diesem Skarabäentyp gleichzeitigen (vgl. SCHLÖGL 1980: 110-117) Denkmal memphitischer Theologie geschieht:

"Die Götterneunheit (von Heliopolis) ist (in Wirklichkeit) die Zähne und Lippen
in diesem (des Ptah) Munde, der den Namen aller Dinge nannte,
aus dem Šu und Tefnut hervorgegangen sind" (vgl. BRUNNER 1985: 32).

3. Zum Ort der Ptah-Propaganda

Dank der Ausgrabungen W.M.F. Petries im Bereich des Ptah-Tempels in Memphis wissen wir, dass es in diesem Tempel während der 19. Dyn. eine ausgedehnte Skarabäenproduktion gab (PETRIE 1909: 11). Im westlichen Teil des Hofes hat Petrie zahlreiche unfertige, nur grob zurecht geschnittene Skarabäen aus Steatit gefunden (**Abb. 61**). Es ist nicht abwegig, in dieser Werkstätte den Ursprungsort der in diesem Abschnitt diskutierten Ptah-Skarabäen zu suchen, die allesamt die Überlegenheit Ptahs über den Gott von Heliopolis dokumentieren.

Da die Stücke von **Abb. 37-47** und **52-57** samt und sonders in Palästina gefunden worden sind, ist allerdings zu bedenken, dass es sehr wahrscheinlich auch im Lande selber, nämlich in Ašqelon, einen Ptah-Tempel gegeben hat (LOUD 1939: 12f Nr. 379f; GIVEON 1978: 23). Vielleicht spielte in dieser Stadt am Meer der Mythos von "Astarte und dem Meer" eine Rolle (Pap. Amherst). Ašqelon besass neben dem Ptah- auch einen alten Astartetempel (GESE 1970: 213f). Im Mythos von "Astarte und dem Meer" wird Ptah nicht wie sonst oft mit dem aus Ugarit bekannten Handwerkergott Koṯar, sondern mit El, dem obersten Gott des kanaanäischen Pantheons, identifiziert (vgl. GESE 1970: 61f). GIVEON will die Hauptpersonen dieses Mythos, nämlich Astarte, Ptah-El und Seth-Ba^{c}al, auf einem in Akko gefundenen Menschenkopf-Skaraboid (unten

Abb. 118) identifizieren (1978: 92-95). Er datiert das Stück in die 19. Dyn. und nimmt als Entstehungsort den Hafen von Memphis (*Prw-Nfr*) an. In Memphis gab es neben dem Ptah- auch einen Astarte-Tempel. Aber das war - wie gesagt - auch in Ašqelon der Fall. So wäre mindestens für dieses ägyptisch-kanaanäische Mischprodukt als Entstehungsort statt Memphis auch die alte palästinische Hafenstadt denkbar. Ein Indiz dafür, dass es auch in Ašqelon eine Skarabäenproduktion gegeben haben könnte, sind unfertige Skarabäen, die Petrie zwar nicht in Ašqelon, aber auf einem andern Tell der südlichen Küstenebene, nämlich auf dem Tell el-ʿAǧǧul, gefunden hat (heute aufbewahrt im Museum von Bolton, England, unter der Nr. 47.31.20; vgl. auch PETRIE 1931: Pl. 14,170 [unfertiger Rücken] und MACKAY/MURRAY 1952: Pl. 10,118 [unfertige Seiten]).

III.

Wo die Miniaturkunst komplexe Kompositionen der Grosskunst wiedergibt, vereinfacht und verallgemeinert sie

1. Das Darbringen des spitzen Brotes und anderer Versorgungsrituale

Aus der frühen 18. Dyn. sind eine Reihe von Privatstelen bekannt, die PETRIE unter dem reinen Sand des Tempels der 19. Dyn. in Memphis gefunden hat (1909: Pl. 7-11). Eine dieser Stelen vom Anfang der 18. Dyn. zeigt Thutmosis I. bei der Darbringung eines spitzen Brotes vor dem in seiner Kapelle stehenden Ptah. Hinter ihm ist seine Gemahlin Sachmet zu sehen (**Abb. 62**). Allen drei Gestalten ist ihr Name beigeschrieben. Der Vergleich mit entsprechenden Reliefs aus dem Tempel Sethos' I. in Abydos (vgl. **Abb. 63** und **68**) zeigt, dass die Stele die Tempelreliefs bis in zahlreiche Details getreu wiedergeben dürfte. Eine ovale, beidseitig gravierte Platte vom Tell el-ʿAǧǧul (**Abb. 64**) zeigt die gleiche Szene wie die Stele von **Abb. 62**, denn die beiden Darstellungen auf den zwei Seiten der Platte sind eindeutig aufeinander zu beziehen. Objektiv schaut der König (auf der andern Seite der Platte) in Richtung Gott. Beiden Gestalten sind ihre Namen beigeschrieben. Beim König handelt es sich um Amenophis II. (1426-1400 v. Chr.; zu einem Stück mit einer ähnlichen Szene mit dem Namen des gleichen Königs vgl. TUFNELL 1958: Pl. 37/38,295 = HESTRIN 1982: 103-106). Der Thronname ist noch um die zwei Epitheta "Bild des Sonnengottes" (*tjt Rᶜ*) und "Vollkommener Gott" (*nṯr nfr*) ergänzt. Dennoch fällt im Vergleich zu den Tempelreliefs und zur Privatstele die Dürftigkeit der Beschriftung auf, und auch ikonographisch ist eine wichtige Vereinfachung zu konstatieren: bei Ptah fehlt jede Andeutung der Kapelle. Dennoch ist die Wiedergabe eines wichtigen Tempelrituals eindeutig zu erkennen.

Auf einem Skarabäus, der in Jerusalem gekauft worden ist und sich jetzt im Biblischen Institut der Universität Freiburg/Schweiz befindet, sind die beiden auf **Abb. 64** auf die beiden Seiten der Platte verteilten Teile der Opferszene auf der Basis des Skarabäus untergebracht (**Abb. 65**). Hier präsentiert nun der Pharao nicht das spitze Brot, sondern die beiden *nw*-Töpfe. Es handelt sich also um den Ritus der "Darbringung des kühlen Wassers" (*rdjjt qbḥw*) oder, wie auf **Abb. 63**, der "Darbringung des Weins" (*rdjjt jrp*). Im Gegensatz zu **Abb. 64** ist hier dem Gott - wohl aus Platzgründen - der Name nicht beigeschrieben. Nur der Name des Königs, *Wsr-m3ᶜt-rᶜ*, der Thronname Ramses' II., ist stehen geblieben und zwar mit dem nur im ersten Jahr Ramses' II. üblichen Zusatz "Bild des Re" (*tjt Rᶜ*) (vgl. VON BECKERATH 1984: 90 und 93). Auch hier fehlt jede Andeutung der in der Grosskunst unverzichtbaren Kapelle.

Die Darbringung des spitzen Brotes und die der *nw*-Töpfe gehören zu den am häufigsten dargestellten Szenen des täglichen Rituals. Wir finden auf Skarabäen vereinzelt aber auch weniger geläufige Aspekte dargestellt (vgl. z.B. **Abb. 75**). Ein Skarabäus der Sammlung R. Brown in Jerusalem (**Abb. 66**) zeigt wahrscheinlich nicht, wie man auf den ersten Blick annehmen möchte, die "Darbringung spitzer Brote", sondern die "Darbringung des Gewandes" (*rdjjt mnḫt*). Darüber steht der nach dem 1. Jahr übliche Thronname Ramses' II. *Wsr-m3ᶜt-(rᶜ)-stp-n-(rᶜ)*.

Eine interessante Variante der Komposition mit dem namentlich bezeichneten Pharao bei einer Kulthandlung vor Ptah zeigt statt Bild und Namen des Pharao nur den Namen, dafür in einer Kartusche (**Abb. 67**). Diese verkürzte Version scheint sich auf den Tempelreliefs nicht zu finden und ist typisch für die Siegelamulette. Sie betont im Gegensatz zu den Belegen von **Abb. 84-95** die Verbundenheit eines bestimmten, durch den Namen individualisierten Pharao mit der Gottheit.

2. Das Darbringen der Maᶜat

Grundsätzlicherer Natur als die Darbringung konkreter, für das Leben notwendiger Gegenstände (Brote, Wein, Wasser, ev. Kleider) ist die Darbringung der Maᶜat, der rechten Ordnung, die antonomastisch für den ganzen vom Pharao *rite* vollzogenen Opferkult steht (SCHMID 1968: 57-60). Der zusammenfassende Charakter dieser Darstellung mag der Grund dafür sein, dass sie auf Skarabäen besonders häufig zu finden ist. Auf einem in Jerusalem gekauften Skarabäus im Biblischen Institut der Universität Freiburg/Schweiz (**Abb. 69**) steht Ptah ausnahmsweise nach links gerichtet und in seiner Kapelle. Vor ihm steht seine Partnerin, die löwenköpfige Sachmet, als Mittlerin zwischen dem Gott und dem Pharao, der die Linke verehrend erhoben hat und mit der Rechten die Maᶜat darbringt. Über der detaillierten Szene steht auch hier der Thronname Ramses' II. (vgl. HORNUNG/STAEHELIN 1976 Nr. 405).

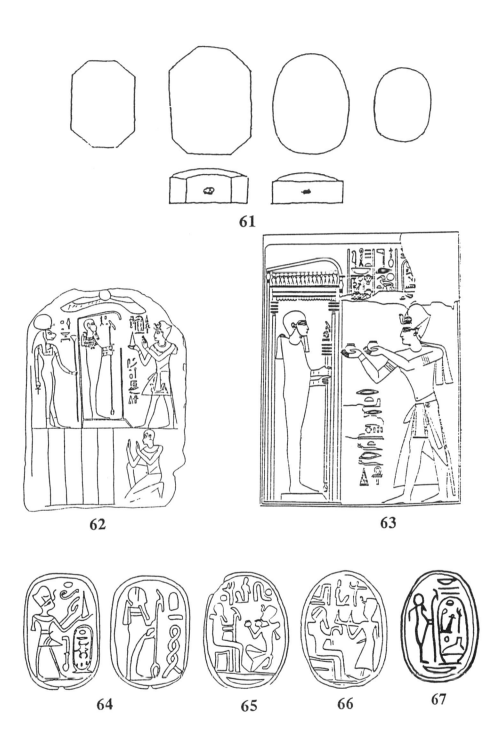

61

62   **63**

64   **65**   **66**   **67**

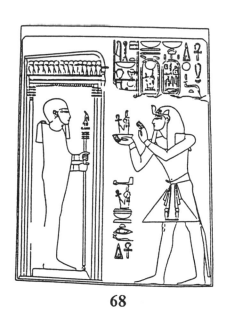

68

69

70

71

72

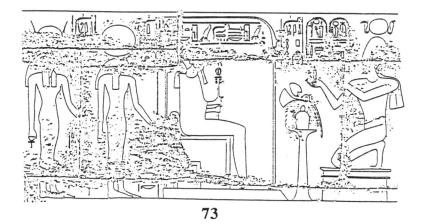

73

74

75

Ein Skarabäus der Sammlung G. Kloetzli in Jerusalem weist zusätzlich zum Thronnamen Ramses' II. noch das Epitheton "Geliebt vom Herrn der Ewigkeit" (*mrj n nb nḥḥ*) auf (**Abb. 70**). *Nb nḥḥ* ist vor allem ein Titel des Sonnengottes. Wir haben hier also ein weiteres Beispiel der Übertragung von Prärogativen dieses Gottes auf Ptah. Ein weiteres Stück aus der Sammlung Kloetzli (**Abb. 71**) enthält nur noch einzelne Elemente des Namens Ramses' II. (vgl. dazu BRANDL 1982: 371-405).

Ein weiterer Schritt (zusätzlich zur Ersetzung der konkreten Opfergaben durch die Maᶜat) in Richtung Verallgemeinerung wird durch einen Skarabäus aus Gezer gemacht (**Abb. 72**), auf welchem dem Pharao, der das Opfer darbringt, kein Name beigeschrieben ist. Nicht ein bestimmter, sondern *der* Pharao präsentiert die Maᶜat. Die Tempelreliefs, die einen bestimmten Pharao mit dessen vollem Namen nennen (**Abb. 68** und **73**), sind stets auch Monumente der Frömmigkeit und Legitimität des jeweiligen Herrschers (auf den Siegelamuletten könnte der Name eines bestimmten Königs ein Zeichen für die Loyalität des Amulett-Trägers gegenüber diesem bestimmten Pharao sein). Auf den Siegelamuletten genügt es aber offensichtlich in vielen Fällen, die Frömmigkeit des Pharao im allgemeinen zu vergegenwärtigen, um ein wirksames Amulett zu besitzen und seine Loyalität zu dokumentieren. Anstelle des Namens steht auf **Abb. 72** die Sonne mit den schützenden Flügeln in der oberen Rundung.

3. Kleinkunst als Kurzformel

Man muss bei diesen Miniaturkunstwerken stets die Knappheit der verfügbaren Fläche bedenken, aber es wäre doch zu einfach, den Verzicht auf den Namen des Königs immer nur dem Platzmangel zuzuschreiben. Dies zeigt ein weiteres Stück aus der Sammlung R. Brown in Jerusalem mit der Darbringung der Maᶜat (**Abb. 74**). Es gibt, wie ein Vergleich mit einer Kultszene aus dem Tempel Ramses' III. (1187-1156) in Medinet Habu zeigt (**Abb. 73**), ungewöhnlich detailreich eine Kultszene wieder (Kapelle, Blumenopfer), und dies unter Benutzung nur der oberen Hälfte der 21 mm hohen Siegelfläche. Die untere Hälfte ist einer Szene des Niederschlagens vor Reᶜ-Harachte vorbehalten. Die Darstellung des Pharao, der in Krieg und Frieden die rechte, von den Göttern gewollte Ordnung aufrecht erhält, war offensichtlich wichtiger als der individuelle Name des Pharao.

Allerdings ist dieser Gesichtspunkt durchaus nicht exklusiv. Dies zeigt ein sehr interessanter Oberflächenfund vom Tell eṣ-Ṣafi in der Schefela (**Abb. 75**). Hier bringt der Pharao dem thronenden Ptah, der ihm das Lebenszeichen an die Nase hält, einen *rḫjt*-Vogel dar, der nach A. NIBBI (1986) ursprünglich die Libyer und später einfach feindliche Menschen, wenn nicht die feindliche Menschheit überhaupt darstellte. Die Allgemeinheit der Szene steht der Kombination mit dem Namen Ramses' II. (und zwar nicht einmal dem Thron-, sondern dem Eigennamen dieses Königs, *Rᶜ-msj-sw-mrj-jmn*) nicht im Wege.

Wenn wir die in Abschnitt 3 bis jetzt zusammengestellten Darstellungen auf Skarabäen der 19. und ev. 20. Dyn. mit der Grosskunst der Tempelwände vergleichen, fällt zunächst einmal die grosse Ähnlichkeit auf. Wir haben es hier offensichtlich mit Miniaturisierungen der offiziellen Kunst der Tempelwände zu tun. Die Unterschiede wie fehlende Details (z.B. Kapelle des Ptah) oder fehlende Beischriften dürften zum Teil, aber nur zum Teil, auf Platzmangel zurückzuführen sein. Wesentlicher für die Abhebung der Ikonographie der Skarabäen von der der Grosskunst sind wohl innere Gründe gewesen. Die Vergegenwärtigung des konkreten, in den inneren und innersten Räumen des Tempels gefeierten Rituals besass für die Siegelamulettte weniger Attraktion als die eher an den Aussenwänden der Tempel dargestellten Szenen allgemeineren Inhalts wie die Darbringung der Ma'at, die z.B. in den innersten Räumen des Luxortempels Amenophis' III. nie dargestellt ist (vgl. BRUNNER 1977). Für die Darbringung des *rḫjt*-Vogels von **Abb. 75** habe ich bei den Tempelreliefs überhaupt keinen Beleg gefunden. Vielleicht ist dies zufällig, vielleicht hängt es aber auch mit der Tendenz der Kleinkunst zum Grundsätzlichen und Allgemeinen zusammen, mit dem für sie typischen Willen, episch-narrative Breite durch Kurzformeln zu ersetzen. Dass selbst einer solchen Kurzformel noch eher der Name des Königs als der des Gottes beigeschrieben ist, dürfte weniger damit zusammenhängen, dass der Gott bekannter war als der König (Information ist kein Anliegen der Siegelamulette), sondern dass die durch diesen Amulett-Typ primär vergegenwärtigte heilvolle Macht die des Königs ist.

4. Das Niederschlagen der Feinde vor Ptah

Besonders eindrücklich tritt diese Macht beim Niederschlagen der Feinde vor Augen. Das ist wahrscheinlich der Grund, warum dort, wo dies vor einem Gott geschieht, der Pharao den wichtigsten Platz mit der Richtung nach rechts einnimmt und der Gott nach links schaut (**Abb. 78-81**). Das ist schon auf den von Petrie in Memphis gefundenen Privatstelen der 18. Dyn. der Fall (**Abb. 76-77**). A. SCHULMAN hat ein Dutzend Stelen mit dieser Komposition gesammelt (vgl. dazu MÜLLER-WOLLERMANN 1988: 69-76). Zehn davon zeigen Ptah rechts stehend und nach links blickend (1988: Fig. 1-5. 9-10.12-14). Nur auf zweien steht der Gott links und blickt nach rechts (Fig. 7 und 11). Die gleiche Verteilung der Akteure findet sich auf den mir bekannten Skarabäen mit dieser Szene (vgl. nebst **Abb. 74** und **78-81** NEWBERRY 1907: Pl. 5, Nr. 36257 [vor Ptah und Sachmet] und Nr. 36360; HALL 1913: Nr. 1108-1110, 2211; ROWE 1936: Nr. 578; MATOUK 1971: 194 Nr. 600; 217 Nr. 652). Das gilt auch von einem Stück, das W. Culican zusammen mit phö-nizischen Skarabäen als "late Egyptian" publiziert hat (**Abb. 81**), bei dem mir aber - mindestens aufgrund des publizierten Photos - keine Gründe gegeben zu sein scheinen, es später als ramessidisch anzusetzen.

Vielleicht hängt das Phänomen, dass der Pharao in diesen Szenen die Hauptposition einnimmt, nicht nur mit seiner dominierenden Dynamik, sondern auch

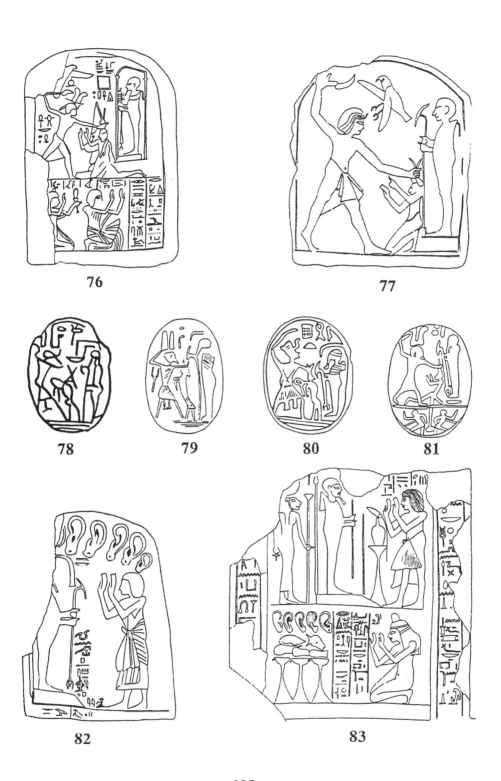

76

77

78

79

80

81

82

83

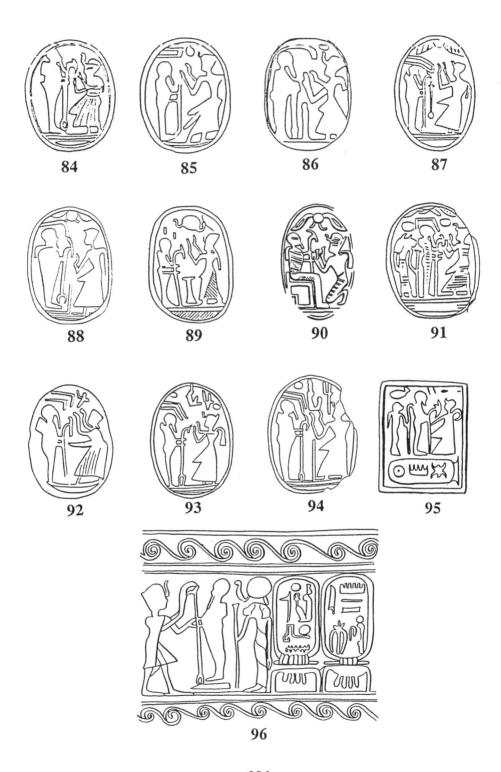

84

85

86

87

88

89

90

91

92

93

94

95

96

damit zusammen, dass der König beim Niederschlagen der ältere Teil der Szene ist und nach Hinzufügung des Gottes die Hauptrichtung (nach rechts) behalten hat. Abgesehen davon darf die Gültigkeit der Regel nicht übertrieben werden. Auf der Stele Ramses' II. am Nahr el-Kelb blickt Ptah nach rechts, und der Pharao kommt zum Niederschlagen von rechts (von Ägypten?) und blickt nach links (nach Norden?; WEISSBACH 1922: 18f und Abb. 4).

5. Name bzw. Namenlosigkeit des dargestellten Königs

Alle vier Skarabäen mit dem Niederschlagen vor Ptah zeigen den Pharao ohne Beischrift des Namens, es sei denn, man wolle in den Elementen *wsr* und *R*c bei **Abb. 78** Elemente eines Namens sehen (vgl. BRANDL 1982: 371-405). Das Geschehen des gottgeschenkten Triumphs über die Feinde ist wichtiger als der Hinweis auf einen bestimmten Inhaber dieser Rolle. Obwohl auch in den Tempelreliefs und andern Werken der Grosskunst die Geschichte als Fest (HORNUNG 1966), als Ritual, als Mysterienspiel dargestellt wird, fehlen bei diesen Denkmälern Hinweise auf eine bestimmte Besetzung - mindestens der Hauptrolle(n) - so gut wie nie. Sie waren eben doch stets auch Denkmäler für den Pharao bzw. (bei Privatstelen und Gräbern) für private Auftraggeber. Für die Siegelamulette waren dagegen die Rollen und ihre Funktion das Entscheidende, wo sie nicht die Loyalität des Trägers einem bestimmten Pharao gegenüber dokumentieren sollten.

So kann es nicht überraschen, dass der Pharao auf Siegelamuletten häufiger als mit einem bestimmten Namen versehen ohne Namen und häufiger als bei einer ganz bestimmten Zeremonie wie dem Darbringen der Brote oder des Weins ganz einfach bei der Verehrung z.B. Ptahs gezeigt wird. Bei den dreizehn Stücken von **Abb. 84-96** bleibt der Pharao auf acht Darstellungen ohne Namen. Auf einem (**Abb. 92**) ist ein einzelnes Element eines Namens zu sehen (*wsr*). Nur auf vieren findet sich ein Name. Der auf diesen Stücken gezeigte Gestus reiner Verehrung ist auf den von Petrie in Memphis gefundenen *Privatstelen* der 18. Dyn. häufig (**Abb. 82-83**), auf den Tempelreliefs dagegen sehr selten (vgl. z.B. CALVERLEY/BROOME 1935: Pl. 22). Abgesehen davon, dass der Gott nach rechts schaut (**Abb. 96** ist ein Abdruck, also seitenverkehrt), befinden sich Gott und König auf diesen Stücken in einem fast perfekten Gleichgewicht. Die Ikone gereicht dem Gott zu Ehren: der Pharao gehört zu seinen Verehrern. Sie gereicht dem Königtum zu Ehren, denn wer Ptah verehrt, der darf mit seinem Segen rechnen. Träger oder Trägerin des Amuletts können sich durch Aktion und Reaktion, durch das ideale Einvernehmen zwischen seinem/ihrem Gott und seinem/ihrem König gesichert und gehoben fühlen. **Abb. 96** ist ein Rollsiegel; und da Rollsiegel zur Zeit Ramses' II. in Ägypten kaum gebräuchlich waren, könnte es sich um eine vorderasiatische Arbeit aus Palästina oder von der libanesischen Küste handeln, die zur Zeit Ramses' II. intensiv ägyptisiert waren.

Die in diesem Abschnitt dokumentierte Korrespondenz zwischen Grosskunst und Kleinkunst, die sich nicht nur wie beim Material der Abschnitte 1 und 2 auf das Bild des Gottes be-
zieht, sondern auf eine ganze Bildkonstellation (König, der Ptah verehrt bzw. der vor Ptah
Feinde niederschlägt), lässt sich auch in Vorderasien finden. Die Einführungsszenen auf der
Urnammu-Stele vom Ende des 3. Jahrtausends v. Chr. (BÖRKER-KLÄHN 1982: 39-44 und Taf.
H) finden zahlreiche, meist etwas vereinfachte Entsprechungen in der Rollsiegelglyptik (vgl.
z.B. MOORTGAT 1940: Nr. 250-280). MOORTGAT erinnert zudem an den Zusammenhang
zwischen einer monumentalen Drachenkampfszene aus einem Tempel Aššurnaṣirpals II. (884-
858 v. Chr.) und zahlreichen Drachenkampfdarstellungen auf neuassyrischen Rollsiegeln
(1940: 67).

IV.

Die Miniaturkunst isoliert einzelne Elemente der Grosskunst und gibt ihnen dadurch eine eigenständige Bedeutung

Spätestens im Mittleren Reich übernimmt Ptah von Re^c-Harachte und anderen
Formen des Sonnengottes das Epithet "Herr der Ma^{c}at" (*nb m3^{c}t*). Im Neuen
Reich trägt er dieses häufiger als irgendein anderer Gott (SANDMAN HOLM-
BERG 1946: 77).[3] Wir haben hier ein weiteres Indiz für die im Abschnitt 2 dis-
kutierte Konkurrenzsituation zwischen Ptah von Memphis und dem Sonnengott
von Heliopolis.

Auf den Tempelreliefs des Neuen Reiches ist dem Namen "Ptah" das Epithet
sehr häufig beigesellt (**Abb. 60, 63, 68**). Aus der 19.-20. Dyn. (1292-1075
v. Chr.) finden sich zahlreiche Skarabäen, die das isolierte "Herr der Ma^{c}at" mit
der Figur des Ptah kombiniert als eigenständige Basisdekoration benutzen
(**Abb. 97-102**; HORNUNG/STAEHELIN 1976: 322f Nr. 666, 668). Dabei wird
die Ma^{c}at-Feder fast so gross wie der Gott dargestellt. Das *nb* füllt die untere
Abschlussrundung oder bleibt ganz weg. Auf den fünf Stücken aus Palästina/
Israel aus der 19.-20. Dyn. erscheint die Ma^{c}at nur einmal nicht in Gestalt der
Feder, sondern als hockende Frau mit Feder auf dem Kopf (**Abb. 101**). Ein
später Nachzügler dieser Gruppe stellt ein Beleg aus der 26. Dyn. (664-525 v.
Chr.) aus Achzib dar (**Abb. 102**). Hier sitzt die Ma^{c}at Ptah gegenüber. Ptah
hält statt des üblichen *w3s*-Szepters eine Blume (vgl. **Abb. 25**).

---

[3] Es überrascht daher, wenn CHARLES (1971: 822) die auf einem Skarabäus aus Enkomi
dem Ptah beigesellten *nb* und *m3^{c}t* nicht als "Herr der Ma^{c}at" lesen will, weil dieses Epitheton
für Ptah ungewöhnlich und seltsam (insolite) sei. Diesen Titel als Kryptographie lesen zu wollen, wie CHARLES das macht, ist seltsamer.

97

98

99

100

101

102

103

104

105

106

Sehr schöne Beispiele für die Isolierung einzelner Elemente aus einer Szene und die daraus resultierende eigenständige Bedeutung der isolierten Elemente hat der Beitrag zur Ω-Gruppe in diesem Band geliefert. Man vgl. etwa Abb. 21 mit Abb. 54 jenes Beitrags. Die Göttin ist auf dem Skarabäus aus der Inter-aktion mit den männlichen Partnern herausgenommen und erscheint so in ihrem eigenen Recht nur von zwei pflanzlichen(?) Elementen flankiert. In Interaktion tritt sie nur noch mit dem/der BetrachterIn bzw. dem/der TrägerIn des Siegel-amuletts. Aber auch bei den andern Motiven auf den Skarabäen der Ω-Gruppe handelt es sich fast durchwegs um solche, die aus einem Kontext herausge-nommen und in eigenem Recht zu Bedeutung gebracht worden sind.

Auf dem altsyrischen Rollsiegel von **Abb. 103** thront ein Fürst zwischen zwei ägyptisierend dargestellten Schutzgötinnen (WINTER 1983: 243 Anm. 198). Er ist so als ein von göttlichen Mächten Gesegneter und Beschützter zu erkennen. Auf dem Skarabäus von **Abb. 104** aus Lachisch, auf dem der Fürst isoliert erscheint, ist er selbst nun der Heilbringer (KEEL/SCHROER 1985: 101-106). Die neue Rolle, die dem Fürstenbild durch die Isolierung ersteht, schlägt sich in einer signifikanten Modifikation der Haltung des Fürsten nieder, die in der Regel mit der Übernahme auf die Skarabäen verbunden ist. S. Schroer hat richtig beobachtet (KEEL/SCHROER 1985: 104), dass der Fürst auf den Rollsie-geln fast immer mit verehrend, grüssend und segnend erhobener Hand erscheint (**Abb. 105**). Auf den Skarabäen ist er dagegen regelmässig ohne dieses Zei-chen einer bildinternen Interaktion zu sehen (**Abb. 106**). Er tritt hier ganz in eigenem Recht auf. Die eine Hand ist in den Mantel gewickelt, die andere hängt dem Körper entlang herunter. Das verleiht ihm eine stolze, fast abweisende Hal-tung.

Andere Skarabäen isolieren aus dem Rollsiegel-Repertoire nicht die Gottheit oder den zu einem gottähnlichen Wesen hochstilisierten Fürsten, sondern über-raschenderweise einen Verehrer oder eine Verehrerin, wie die Analyse der Jas-pis-Skarabäen-Gruppe in diesem Band ergeben hat. Dieser Vorgang ist nicht auf diese eine Skarabäengruppe beschränkt. Auf einem Stück der von D. COLLON in der Tufnell-Festschrift (1985: 57-65) identifizierten Gruppe nordsyrischer Rollsiegel ist eine geflügelte Gottheit zu sehen, vor der ein Opferständer und ein Verehrer mit einem Zweig und eine Verehrerin mit einer Blume zu sehen sind (**Abb. 107**). Auf Skarabäen des Hyksos-Typs sind Verehrerin und Verehrer (**Abb. 108**) isoliert zu sehen. Mit einem Verehrer ist auch jener Skarabäus aus Taanach dekoriert, der einen König(?) mit einem Krüglein zeigt (**Abb. 110**). Ein Fürst mit Krüglein erscheint auf einem altsyrischen Siegel (**Abb. 109**) vor einer thronenden Gottheit. Mag es auf den ersten Blick auch eigenartig erschei-nen, dass eine Person sich selber(?) in anbetender Haltung als Amulett bei sich trägt, so kann diese Praxis doch immer wieder beobachtet werden. Zu ihrer Be-deutung vgl. den Abschnitt III.1. "Verehrer" im Beitrag über die Jaspis-Skara-bäen-Gruppe in diesem Band.

107

108

109

110

V.

Der Amulettcharakter der Bildträger begünstigt die Kumulation möglichst vieler positiver Mächte auf der kleinen Bildfläche
(*horror vacui*)

Auf einer rechteckigen Platte aus Lachisch, die den Thronnamen Amenophis' II. (1426-1400 v. Chr.) trägt und auch aus dessen Zeit stammen dürfte (**Abb. 111**), ist auf der einen Seite ein falkenköpfiger Sphinx zu sehen, der über einen niedergestreckten Feind schreitet. Vor dem Sphinx und über seinem Rücken ist die Kartusche mit dem Namen des Königs zu lesen. Auf der andern Seite stehen sich im Zentrum Amun und der Pharao gegenüber. Links aussen steht Harachte hinter Amun und blickt in die gleiche Richtung wie dieser. Rechts aussen steht Ptah Rücken an Rücken zum König und wirkt so ziemlich zusammenhangslos. Aber der Eindruck täuscht, insofern die drei Götter Amun, Re^c-Harachte und Ptah in der 18. Dyn. eine auch sonst gern mit dem Pharao zusammen oder ohne Pharao dargestellte Triade bilden (vgl. MANNICHE 1976: Pl. 10 und 11). Da auf den beiden Schmalseiten - wie häufig in der 18. Dyn. (vgl. JAEGER 1982: § 1241) - zusätzlich Month dargestellt ist, entsteht dennoch der Eindruck einer etwas forcierten Konzentration der Mächte.

Noch stärker gewinnt man diesen Eindruck bei einer rechteckigen Platte vom Tell el-Far^ca (Süd) (**Abb. 112**) aus der 19.-20 Dyn. (1292-1075 v. Chr.). Sie zeigt auf der einen Seite oben einen Falken zwischen zwei *z3*. Unten rechts sind ein Skarabäus und links ein hockender Pavian mit Sichelmond, das Tier des Gottes Thot, eingraviert. Auf der andern Seite sind neben einem weiteren *z3* drei hockende Götter und ein Udjatauge zu sehen. Auf der einen Schmalseite ist ein weiterer undefinierbarer schreitender Gott, auf der andern ein stehender Ptah angebracht. Hier hat man nun doch das Gefühl, die Siegelfläche sei ziemlich planlos mit allerhand Götterfiguren und Schutz und Heil bewirkenden Zeichen gefüllt worden. Einen ähnlichen Eindruck weckt ein Rollsiegel aus dem 13. oder ev. dem frühen 12. Jh. v. Chr. vom Tell Der ^cAlla in Transjordanien, das nebst zwei kanaanäischen(?) Gottheiten und allerhand Füllseln auch Ptah zeigt (**Abb. 113**).

Weniger planlos ist es, wenn auf einem Skarabäus der 19. Dyn. (1292-1190 v. Chr.) vom Tell Ğemme Ptah mit seiner Gemahlin Sachmet erscheint (**Abb. 114**; vgl. **Abb. 69, 91, 95-96**). Sachmet oder eine andere Göttin ist Ptah auch auf einem Skarabäus aus Megiddo zugesellt (GUY 1938: Pl. 131, 1). Auf einem Stück in der Sammlung R. Brown in Jerusalem, das den Namen Ramses' III. (1187-1156 v. Chr.) trägt, sind neben Ptah und Sachmet noch zwei weitere nicht identifizierbare hockende Gottheiten zu sehen (**Abb. 115**). Auf einem Skarabäus der gleichen Zeit aus Bet Šemeš, der als Intrusion in einer älteren Schicht gefunden worden ist, ist den beiden aussergewöhnlicherweise nach links gerichteten Gottheiten noch eine dritte, soweit sichtbar rein menschenge-

111   112

113

114   115   116

117

118

119

120

121

122

123

124

125

126

staltige Gottheit(?) zugesellt, wahrscheinlich Nefertem (**Abb. 116**). Wir hätten hier dann die Triade von Memphis vor uns. Diese scheint auch auf einem Skarabäus aus Akko dargestellt zu sein, der als typisches Produkt der 26. Dyn. (664-525 v. Chr.) betrachtet werden kann (**Abb. 117**; GIVEON/KERTESZ 1986: Nr. 127). Eine Triade eigener Art ist auf **Abb. 118** abgebildet: Sachmet ist hier durch Astarte, Nefertem durch Seth-Ba^{c}al ersetzt. Zur Interpretation des Stückes s.o. den Schluss von Abschnitt 2.

Nebst der Präsentation Ptahs im Rahmen mehr oder weniger etablierter Triaden kann seine Mächtigkeit auch gesteigert werden, indem man ihm, wie z.B. auf einem Stück der 19. Dyn. aus Der el-Belaḥ, einen mächtigen Uräus beigesellt (**Abb. 119**). Eine wesentliche Steigerung durch Kumulation erfährt diese Kombination auf einer beidseitig gravierten Platte, deren Rückseite zusätzlich mit dem wirksamen Namen "Amun-Re^c" und dem Epitheton "Mit vollkommener Gunst" versehen ist (**Abb. 120**). Die einfachste Art der Steigerung ist die schlichte Verdoppelung der Gottesgestalt, der wir auf einem Skarabäus begegnen, welcher in einem etruskischen Grab gefunden wurde und wahrscheinlich (aus stilistischen Gründen) ein ausserägyptisches Produkt darstellt (**Abb. 121**).

Aber nicht nur möglichst viele Götter werden kunterbunt oder einigermassen planvoll (hierher wären auch die Belege von Kapitel 2 zu zählen) auf der kleinen Bildfläche konzentriert. Eine Tendenz zur Konzentration lässt sich auch bei den Epitheta feststellen. Eine Platte mit dem Namen Amenophis' III. vom Tell el-ʿAǧǧul zeigt auf der Rückseite Ptah (**Abb. 122**). Vor ihm stehen drei Zeichen, von denen zwei eindeutig zu lesen sind:"Vollkommen" (*nfr*) und "Wahrheit" (*m3^{c}t*). Das dritte, unklare kann als "Gesicht" (*ḥr*) gelesen und mit *nfr* kombiniert als "von vollkommenem Aussehen" verstanden werden, oder man kann das unklare Zeichen als *nb* "Herr" lesen und mit "Maʿat" kombinieren: "Herr der Maʿat" (vgl. **Abb. 97-102**). Das unklare Zeichen hätte dann eine Doppelfunktion, so wie das eine *w3s*-Szepter auf **Abb. 37-43** vielleicht gleichzeitig das Szepter des Ptah und das des Falkenköpfigen darstellen muss. Um die ihm zugedachte Doppelfunktion erfüllen zu können, wurde das Zeichen vielleicht absichtlich unklar gehalten.

Auf vier Skarabäen aus Palästina/Israel mit Ptah sind zwei Epitheta des Gottes so kombiniert, dass von beiden das weniger wichtige Element weggelassen ist. Die Maʿat-Figur (**Abb. 123-125**) bzw. Maʿat-Feder (**Abb. 126**) und der Djed-Pfeiler sind doch wohl als die gängigen Epitheta des Ptah "Herr der Maʿat" und "Ehrwürdiger Djed-Pfeiler" zu lesen, wobei das *nb* bzw. das *špsj* weggelassen wurden. Zur Richtung Ptahs nach links auf den **Abb. 123-124** vgl. **Abb. 48**. Als ähnliche Kombination zweier abgekürzter Titel waren vielleicht schon die Zeichen auf **Abb. 48-49** zu verstehen.

Eine Anzahl Skarabäen aus dem Neuen Reich kombinieren die traditionelle Ikone des Krummstab und Geissel haltend thronenden Pharao mit derjenigen, die ihn zu Fuss oder zu Wagen mit Pfeil und Bogen menschliche und tierische

Feinde überwindend zeigt. Dabei entsteht unter Weglassung von Krummstab und Geissel und der Bewegung des Pharao das ganz unrealistische, aber mit doppelter Macht geladene Bild des Pharao, der thronend mit Pfeil und Bogen alle Feinde der göttlich gesetzten Ordnung in Schach hält (vgl. KEEL 1977a: 159-167).

Die Kumulation von Zeichen mit Hilfe von Doppelfunktion-Elementen ist bei den sogenannten Hyksos-Skarabäen besonders häufig. Da fällt etwa der Zweig, den ein Verehrer hält, mit der Umrandungslinie zusammen; die stilisierten Blätter gehen dann direkt von jener aus (**Abb. 127**; vgl. **Abb. 135**). Die Schwänze von zwei Uräen sind gleichzeitig Zweige (**Abb. 128**) oder bilden gleichzeitig das Zeichen für "Schutz" (*z3*) (**Abb. 129**). Die Spiralbogen von Udjataugen sind als Blüten gestaltet (**Abb. 130**). Zwei Lebenszeichen erscheinen mit einem zusätzlichen Querstrich versehen gleichzeitig als *nfr* (**Abb. 131**). Das Zeichen für das Glück bringende Metall "Gold" (*nwb*) (**Abb. 132**) kann dank minimaler Hinzufügungen (**Abb. 133**) zusätzlich als Kopf einer Göttin, der "Goldenen", gelesen werden (**Abb. 134**). In Vorderasien dürfte man den Titel auf die nackte syrische Göttin bezogen haben, deren Gesicht so stilisiert worden ist (**Abb. 135**; vgl. den Beitrag von S. Schroer zur Zweiggöttin in diesem Band). Im Neuen Reich steht das Goldzeichen schlicht für Hathor "die Goldene" (vgl. **Abb. 136**). Die Sonnenscheibe darüber bezeichnet Re[c], und die ganze Dekoration ist zu lesen: "Schutz, (wenn) Re[c] und Hathor wachen" (vgl. HORNUNG/STAEHELIN 1976: der Kommentar zu den Nr. 500, 752 und 755; zur Doppelfunktion von Schriftzeichen vgl. HÖLBL 1986: 175).

Eine fast unbegrenzt vielfältige Möglichkeit, die Schutz- und Heilkraft der Siegelamulette zu steigern, bot die Praxis, verschiedenste, in sich schon machtträchtige Zeichen zur Schreibung von Elementen des Trigramms *Jmn* "Amun", des "Verborgenen", zu benutzen.[4]

VI. Zusammenfassung der Ergebnisse

Diese kurze Analyse der Siegelamulette mit dem Bild des Ptah aus Palästina/ Israel hat ergeben, dass Ptah erst relativ spät, wahrscheinlich in der zweiten Hälfte der 15. Dyn. zwischen 1600 und 1550 v. Chr., in die Miniaturkunst der Siegel eingedrungen ist. Die grossen Gottheiten waren in ihren Tempeln durch Grosskunst repräsentiert und entsprechend ortsgebunden. Wer ihnen nahe sein

---

[4] Vgl. dazu HORNUNG/STAEHELIN 1976: 173-180 und JAEGER 1982: 294 Anm. 218; zur Kritik an der z.B. bei CHARLES 1971: 819-823 feststellbaren Tendenz, überall Amun-Trigramme zu finden, vgl. HÖLBL 1979: 100f.

127

128

129

130

131

132

133

134

135

136

wollte, musste zu ihnen kommen, In der Miniaturkunst kommt die Gottheit zu ihren VerehrerInnen und begleitet sie, wohin immer sie gehen und wo immer sie sind. Dies konnte man primär niederen Gottheiten zumuten (vgl. **Abb. 1-17**).

Unter dem Einfluss der Rezeption des ägyptischen Königsgottes Horus in der altsyrischen Rollsiegelglyptik (vgl. den Beitrag zur Identifikation des Falkenköpfigen in diesem Band) und in Abhängigkeit davon war dieser Gott am Ende der 13. oder wahrscheinlicher erst in der 15. Dyn. (1650-1550 v. Chr) auf die Skarabäen übernommen worden. Das Eindringen Ptahs in die Miniaturkunst scheint seinerseits in Abhängigkeit vom Falkenköpfigen und in Konkurrenz zu diesem geschehen zu sein. Jedenfalls zeigen ihn einige der ältesten Darstellungen auf Siegelamuletten in ähnlichen Zusammenhängen wie den Falkenköpfigen (**Abb. 23-29**) oder lassen ihn gar von diesem flankiert und geehrt erscheinen (**Abb. 34-36**). Im Neuen Reich kommt diese Tendenz, durch zwei wichtige Bildtypen repräsentiert, noch deutlicher zum Ausdruck. Sie zeigen Re^c-Harachte vor Ptah, der die Position der Hauptperson innehat (**Abb. 37-47**), und Ptah mit den Djed-Pfeilern und den Re^c und Osiris oder Schu und Tefnut darstellenden beiden Ba-Vögeln darauf (**Abb. 52-57**). Beide Konstellationen spielen in der Grosskunst keine - oder jedenfalls keine bedeutende - Rolle; sie dürften aus dem Bemühen der memphitischen Priesterschaft entstanden sein, im Zusammenhang mit dem Aufkommen einer persönlich geprägten Frömmigkeit Ptah, als dem obersten und ersten Gott, möglichst viele AnhängerInnen zu gewinnen.

Ein anderer Typ von Siegeldekorationen mit Ptah, der sich nur in schwachen Ansätzen über die 19. Dyn. zurückverfolgen lässt (**Abb. 29** und **64**), zeigt den Pharao in Verehrung vor Ptah. Dieser Typ steht in enger Abhängigkeit von Tempelreliefs (**Abb. 63, 68, 73**). Hier spielt wohl das Moment des Andenkens an den Tempel und seinen Kult, verbunden mit einem bestimmten Träger des königlichen Priesteramtes, eine wichtige Rolle. In der Bevorzugung der universalen Opfergabe der Ma^{c}at (**Abb. 69-72, 74**) und im häufigen Verzicht darauf, den Namen des opfernden Königs zu nennen (**Abb. 72, 74, 79-81, 84-91**) zeigt sich aber eine Tendenz zur Allgemeingültigkeit, die bei den Tempelreliefs fehlt, die immer auch Teile eines Monuments sind, dagegen der Funktion der Siegelamulette entspricht, heile Welt und Segen für jede/n und jederzeit zu vergegenwärtigen. Der ägyptische König ist fromm und entsprechend gesegnet. In der Tatsache, dass er gerade Ptah verehrt, mag wiederum ein propagandistisches Element zugunsten dieses Gottes liegen.

Während die Kompositionen von **Abb. 34-47** und **52-57** nicht von Grosskunst-Szenen geprägt sind, und die Kompositionen von **Abb. 64-66, 69-72, 78-80, 84-96** vereinfachend und verallgemeinernd ganze Szenen der Grosskunst wiedergeben, isoliert der durch die Stücke von **Abb. 97-102** repräsentierte Typ ein Element der Grosskunst, nämlich den Ptah häufig gegebenen Titel "Herr der Ma^{c}at", und erhebt dieses zusammen mit dem Bild des Gottes zu einer selbständigen Siegeldekoration.

Endlich haben wir in **Abb. 111-126** (vgl. auch **Abb. 29** und **Abb. 48-49**) ein Kompositionsprinzip, das häufig als für die Miniaturkunst der Siegelamulette besonders typisch, wenn nicht überhaupt allein bestimmend, angesehen wird. Es ist das Prinzip, möglichst viele heilbringende und unheilabwehrende Elemente auf die kleine Siegelfläche zu bannen. Wie das Vorausgehende gezeigt hat, dominiert dieses Prinzip nur selten ausschliesslich. Man kann es zwar auch bei andern Typen am Werk sehen, insofern dort nicht nur einzelne Gestalten, sondern Szenen und Kompositionen dargestellt sind, aber dieser Gesichtspunkt war wohl kaum der beherrschende. Sonst hätte man doch wohl viel häufiger die grössten und bedeutendsten Götter ohne jede klare Syntax nebeneinander gestellt. Wenn die kleinen Siegelamulette auch ihre eigenen Bedürfnisse und Funktionen haben, so partizipieren sie doch meistens in beträchtlichem Mass an den Eigengesetzlichkeiten anderer grosser Einrichtungen, etwa des Tempels oder des Königtums. Gerade in den *vielfältigen* Einflüssen, denen das kleine Massenmedium ausgesetzt war, liegt sein grosses Interesse für die Religions- und Kulturgeschichte.

Quellenverzeichnis zu den Abbildungen

Die mit einem * bezeichneten Stücke sind von Hildi Keel-Leu gezeichnet.

1 BRUNTON 1937: Pl. 60,4.*
2 BRUNTON 1948: Pl. 33,78; WARD 1978: Pl. 6,180.*
3 WARD 1981: 71 Ill. I,1.
4 LEGGE 1905: Pl. 1 Fig. 1; ALTENMÜLLER 1965: II 114 Abb. 1.
5 BRUNTON 1930: Pl. 19,1; TUFNELL 1970: 96 Fig. 1,1.*
6 PETRIE 1896: Pl. 24,63; PETRIE 1925: Pl. 17,1301.*
7 MATOUK 1977: 380 Nr. 333.*
8 DUNHAM 1967: 79 Fig. 422.
9 PETRIE 1933: Pl. 28,8; ALTENMÜLLER 1965: I 27f; II 104 f Nr. 129.
10 Unveröffentlicht. Israel Department of Antiquities and Museums, Jerusalem; Inv. Nr. 58-245; aus der Ausgrabung von M. Dothan. Mit freundlicher Erlaubnis des Ausgräbers. Steatit, 19 x 13 x 8 mm.*
11 PETRIE 1891: Pl. 9,39; Tufnell 1975: 100 Fig. 11,430.
12 ALTENMÜLLER 1965: II 78f Nr. 93; 119 Abb. 13.
13 MATOUK 1977: 374 Nr. 47.*
14 NEWBERRY 1907: Pl. 18,37402.
15 DUNHAM 1967: 79 Nr. 425; TUFNELL 1975: 100 Fig. 11,433.
16 HORNUNG/STAEHELIN 1976: 330 Nr. 703.
17 DUNHAM 1967: 79 Nr. 424; TUFNELL 1975: 100 Fig. 11,432.

18   PETRIE/WAINWRIGHT/GARDINER 1913: Pl. 37, korrigiert aufgrund einer Anregung von Frau E. Staehelin, Basel, nach Pl. 3,1 (Photo); SANDMAN HOLMBERG 1946: 65* Nr. 1.

19   LACAU/LAUER 1965: 18f Fig. 27 (Gefäss), Fig. 28 (Ptah).

20   GARDINER/PEET 1952: Pl. 47 Nr. 125b; SANDMAN HOLMBERG 1946: 67* Nr. 5.

21   BUTIN 1928: 53 Nr. 351; Pl. 3; BUTIN 1932: 173 Nr. 351; Pl. 15; VAN DEN BRANDEN 1979: 200-202.

22   PORADA 1948: I 136 Nr. 999; Pl. 151,999.*

23   PETRIE 1932: Pl. 7,75; TUFNELL 1984: II/1 108 Fig. 21,13.

24   PETRIE 1930: Pl. 7,50; TUFNELL 1984: II/1 88; WILLIAMS 1977: 53 und Fig. 32,1.

25   PETRIE 1934: Pl. 11,398.

26   PETRIE 1933: Pl. 4,137; GIVEON 1985: 80f Nr. 59.

27   MATOUK 1977: 379 Nr. 272.*

28   PETRIE 1933: Pl. 3,6; GIVEON 1985: 80f Nr. 61.

29   KEEL 1980: 261 Fig. 68; wahrscheinlich aus En es-Samja bei Ramalla.

29a   BEN-TOR 1988: 39 Nr. 11; Pl. 2,11.

30   BIRAN/NEGBI 1966: Pl. 22D.*

31   TUFNELL 1958: Pl. 35/36,244.

32   DOTHAN 1985: 63-65 und Fig. 5-6.*

33   PETRIE 1930: Pl. 43,521.

34   MATOUK 1977: 378 Nr. 245.*

35   HORNUNG/STAEHELIN 1976: 399 Nr. MV 21.

36   KEEL 1980: 263 Fig. 71.*

37   PETRIE 1930: Pl. 12,162.

38   PETRIE 1932: Pl. 7,92; ROWE 1936: Pl. 27 Nr. S.35.

39   STARKEY/HARDING 1932: Pl. 50,48.

40   TUFNELL 1958: Pl. 39,353.

41   GIVEON/KERTESZ 1986: 24f Nr. 73.

42   Unveröffentlicht. Institute of Archaeology, Hebrew University, Jerusalem; aus der Grabung von E.L. Sukenik auf dem Tell Ǧeriše. Mit freundlicher Erlaubnis von Frau Š. Geva. Steatit, 15,3 x 10,9 x 6,8 mm.*

43   Unveröffentlicht. Institute of Archaeology, Tel Aviv University; ehemals Sammlung M. Dayan Nr. 302; aus Der el-Belaḥ. Mit freundlicher Erlaubnis von R. Giveon. Steatit, 24,1 x 17 x 11,1 mm.*

44   PETRIE 1930: Pl. 12,163.

45   STARKEY/HARDING 1932: Pl. 52,165.

46   STARKEY/HARDING 1932: Pl. 55,289.

47   Unveröffentlicht. Palestine Exploration Fund, London; wahrscheinlich aus Geser. Mit freundlicher Erlaubnis des Palestine Exploration Fund. Steatit, 20 x 14 x 8,6 mm.*

48   Unveröffentlicht. University Museum, Philadelphia, UM 29-104-69; aus der Grabung von A. Rowe in Bet Šean 1928. Mit der freundlichen Erlaubnis von J.A. Sauer. Steatit, Basis 16 x 11 mm.*

49   HORN 1973: 284 und Fig. 1,65.

50   MATOUK 1971: 211 Nr. 341.

51   Unveröffentlicht. Institute of Archaeology, Tel Aviv University; ehemals Sammlung M. Dayan Nr. 241; aus Der el-Belaḥ. Mit freundlicher Erlaubnis von R. Giveon. Steatit, 8,5 x 6,7 x 4,9 mm.*

52   JAMES 1966: 317 Fig. 100,6.

53 TUFNELL 1953: Pl. 43,28.
54 Unveröffentlicht. Israel Department of Antiquities, Jerusalem, Inv. Nr. 60-953; aus Grab Nr. 4 in Jabne bei Tel Aviv. Mit freundlicher Erlaubnis von Dr. A. Kempinski. Steatit, Masse?
55 PETRIE 1934: Pl. 11,438; ROWE 1936: Pl. 18,718.
56 OREN 1973: 246 Fig. 51,14.
57 Unveröffentlicht. Sammlung N. Minster, Jerusalem. Mit freundlicher Erlaubnis des Besitzers. Steatit, Basis 20 x 15,5 mm.*
58 CALVERLEY/BROOME 1958: Pl. 8 (Ausschnitt).*
59 CALVERLEY/BROOME 1958: Pl. 39 (Ausschnitt).*
60 DAVIES 1953: Pl. V, Register V.
61 PETRIE 1909: Pl. 28,14.
62 PETRIE 1909: Pl. 7,46.*
63 CALVERLEY/BROOME 1958: Pl. 77.
64 PETRIE 1932: Pl. 7,69.*
65 Unveröffentlicht. Am Biblischen Institut der Universität Freiburg/Schweiz; in Jerusalem gekauft. Mit freundlicher Erlaubnis des Besitzers. Steatit, 18,8 x 13,4 x 8 mm.*
66 Unveröffentlicht. Sammlung R. Brown, Jerusalem. Mit freundlicher Erlaubnis des Besitzers. Steatit, 22 x 15 x 9 mm.*
67 STARKEY/HARDING 1932: Pl. 57,345.
68 CALVERLEY/BROOME 1958: Pl. 76.
69 Unveröffentlicht. Am Biblischen Institut der Universität Freiburg/Schweiz; in Jerusalem gekauft. Mit freundlicher Erlaubnis des Besitzers. Steatit, 17,5 x 13,1 x 8,4 mm.*
70 Unveröffentlicht. Sammlung G. Kloetzli, Jerusalem; in Jerusalem gekauft. Mit freundlicher Erlaubnis des Besitzers. Steatit, Basis: 20 x 14 mm.*
71 Unveröffentlicht. Sammlung G. Kloetzli, Jerusalem; in Jerusalem gekauft. Mit freundlicher Erlaubnis des Besitzers. Steatit, 19 x 14 x 9 mm.*
72 MACALISTER 1912: Pl. 203b,8; ROWE 1936: Pl. 15,577.*
73 WENTE 1979a: Pl. 574.
74 Unveröffentlicht. Sammlung R. Brown, Jerusalem; in Jerusalem gekauft. Mit freundlicher Erlaubnis des Besitzers. Steatit, 21 x 15 x 9 mm.*
75 GIVEON 1978: 100 und Fig. 52a-c.*
76 PETRIE 1909: Pl. 8,3.
77 PETRIE 1909: Pl. 8,1.
78 PETRIE 1906: Pl. 11,208.
79 Unveröffentlicht. Am Biblischen Institut der Universität Freiburg/Schweiz. Mit freundlicher Erlaubnis des Besitzers. Steatit, 21,5 x 15 x 8,5 mm.*
80 HORNUNG/STAEHELIN 1976: 372f Nr. B 1.
81 CULICAN 1976: Tav. 8,5.*
82 PETRIE 1909: Pl. 11,19.
83 PETRIE 1909: Pl. 11,20.
84 STARKEY/HARDING 1932: Pl. 52,135; GIVEON 1985: 32f Nr. 30.
85 Unveröffentlicht. University Museum, Philadelphia, UM 29-104-48; aus der Grabung von A. Rowe in Bet Šean 1928; wenn der Fundkontext korrekt angegeben ist und es sich nicht um eine Intrusion handelt, muss das Stück spätestens zwischen 1450 und 1400 v. Chr. entstanden sein. Mit freundlicher Erlaubnis von J.A. Sauer. Steatit, 16 x 12,5 x 8 mm.*
86 GUY 1938: Pl. 131,3; ROWE 1936: Pl. 19,726.*

87   BLISS 1898· 79 Fig. 125.*
88   Unveröffentlicht. Institute of Archaeology, Tel Aviv University; ehemals Sammlung
     M. Dayan Nr. 329; aus Der el-Belaḥ. Mit freundlicher Erlaubnis von R. Giveon. Stea-
     tit, 18,1 x 13,4 x 8,5 mm.*
89   Unveröffentlicht. Institute of Archaeology, Tel Aviv University; ehemals Sammlung
     M. Dayan Nr. 303; aus Der el-Belaḥ. Mit freundlicher Erlaubnis von R. Giveon. Stea-
     tit, 21,2 x 14,1 x 8,3 mm.*
90   Unveröffentlicht. Institute of Archaeology, Tel Aviv University; ehemals Sammlung
     M. Dayan Nr. 214; unbekannter Herkunft. Mit freundlicher Erlaubnis von R. Giveon.
     Steatit, 17 x 12 x 6 mm.*
91   Unveröffentlicht. Sammlung G. Kloetzli, Jerusalem; in Jerusalem gekauft. Mit freund-
     licher Erlaubnis des Besitzers. Steatit, 23 x 17,5 x 11 mm.
92   GIVEON/KERTESZ 1986: 24f Nr. 74.*
93   Unveröffentlicht. Schefela Museum in Kefar Menaḥem; Oberflächenfund vom Tel Ḥara-
     sim bei Kefar Menaḥem. Mit freundlicher Erlaubnis von M. Israel. Steatit, 21 x 15 x
     10 mm.*
94   Unveröffentlicht. Am Biblischen Institut der Universität Freiburg/Schweiz; in Jerusa-
     lem gekauft. Mit freundlicher Erlaubnis des Besitzers. Steatit, 21 x 16 x 9 mm.*
95   MACALISTER 1912: Pl. 121,20; JAEGER 1982: 43 § 95.*
96   MENANT 1888: Pl. 37,389bis.*
97   STARKEY/HARDING 1932: Pl. 48,14; ROWE 1936: Pl. 18,721.*
98   PETRIE 1937: Pl. 31,11; Rückendekoration eines Skaraboids.
99   Unveröffentlicht. Britisches Museum, London, Department of Western Asiatic Antiqui-
     ties; aus Lachisch, Feld Nr. 3462A. Mit freundlicher Erlaubnis der Trustees. Steatit,
     stark abgenutzt, Basis 12 x 9 mm.*
100 STARKEY/HARDING 1932: Pl. 49; ROWE 1936: Pl. 18,720.*
101 TUFNELL 1940: Pl. 32 A/B, 20.
102 Unveröffentlicht. Israel Department of Antiquities and Museums, Jerusalem, Inv. Nr.
     48-307; aus den Grabungen von I. Ben Dor (1941-1942) in Achzib. Mit freundlicher Er-
     laubnis von Frau R. Hestrin und Frau M. Dayagi-Mendels, Israel Museum. Steatit,
     14,2 x 10 x 6,8 mm.*
103 BUCHANAN 1981: 418f Nr. 1204; WINTER 1983: Abb. 226; KEEL/SCHROER 1985:
     84 Abb. 46.
104 TUFNELL 1958: Pl. 30,64; KEEL/SCHROER 1985: 84 Abb. 45.
105 DELAPORTE 1923: Pl. 96,23 (Nr. A 926); WINTER 1983: Abb. 131; KEEL/SCHROER
     1985: 56 Abb. 3.
106 KEEL/SCHROER 1985: 76 Abb. 32.*
107 COLLON 1985: 68 Fig. 3,22.
108 MATOUK 1977: 401 Nr. 1596.*
109 SCHAEFFER-FORRER 1983: 66 Chypre A 18; KEEL/SCHROER 1985: 59 Abb. 7.
110 KEEL 1980: 261 Fig. 66.
111 TUFNELL 1958: Pls. 37 und 38,317.
112 STARKEY/HARDING 1932: Pl. 53,212.
113 AMIET 1987: 116 Nr. 119.*
114 PETRIE 1928: Pls. 17,38; 19,49.*
115 Unveröffentlicht. Sammlung R. Brown, Jerusalem; in Jerusalem gekauft. Mit freundli-
     cher Erlaubnis des Besitzers. Steatit, 16 x 12 x 7 mm.*
116 GRANT 1929: 89 und 150 Nr. 105.*

117   GIVEON/KERTESZ 1986: 34f Nr. 127.*
118   GIVEON 1978: 90 und Fig. 45a-b; Fig. 46a-b.
119   Unveröffentlicht. Institute of Archaeology, Tel Aviv University; ehemals Sammlung
       M. Dayan; aus Der el-Belaḥ. Mit freundlicher Erlaubnis von R. Giveon. Steatit, 19,1 x
       14,5 x 8,2 mm.*
120   HORNUNG/STAEHELIN 1976: 323 Nr. 667.
121   HÖLBL 1979: II 137 Nr. 554 und Taf. 93,2a-d.*
122   PETRIE 1934: Pl. 9,287; ROWE 1936: Pl. 27 Nr. S.41.
123   PETRIE 1930: Pl. 12,172.*
124   STARKEY/HARDING 1932: Pl. 52,167; GIVEON 1985: 30f Nr. 29.
125   GRANT 1934: 24 Nr. 148 und 43 Fig. 3,2.*
126   STARKEY/HARDING 1932: Pl. 55,286.
127   MATOUK 1977: 401 Nr. 1595.*
128   PETRIE 1930: Pl. 7,34.
129   PETRIE 1932: Pl. 8,138.
130   PETRIE 1934: Pl. 9,335.
131   PETRIE 1934: Pl. 9,367.
132   MACKAY/MURRAY 1952: Pl. 9,79.
133   PETRIE 1934: Pl. 9,306.
134   PETRIE 1934: Pl. 7,199.
135   PETRIE 1930: Pl. 7,47.
136   PETRIE 1932: Pl. 8,131.

Literaturverzeichnis

ABEL M./BARROIS A., Fouilles de l'Ecole Archéologique Française de Jérusalem effectuées à Neirab du 12 septembre au 6 novembre 1927: Syria 9 (1928) 187-206.

DAS ÄGYPTISCHE MUSEUM KAIRO. Offizieller Katalog, Mainz 1986.

ALBRIGHT W.F., The Excavation of Tell Beit Mirsim II. The Bronze Age (AASOR 17 [1936-1937]), New Haven 1938.

ALDRED C., Die Juwelen der Pharaonen, München-Wien-Zürich ²1972.

ALEXIOU S., Ἡ Μινωϊκή Θεά μεθ ὑψωμένων χειρῶν. Κρητικά Χρονικά 12 (1958) 179-299.

EL-ALFI M., Recherches sur quelques scarabées de Ramsès II: JEA 58 (1972) 176-181.

ALLAM S., Beiträge zum Hathorkult bis zum Ende des Mittleren Reichs (MÄS 4), Berlin 1963.

ALP S., Zylinder- und Stempelsiegel aus Karahöyük bei Konya (Türk Tarih Kurumu Yayinlarindan V. Seri-Sa. 26), Ankara 1968.

ALTENMÜLLER H., Die Apotropaia und die Götter Mittelägyptens. Eine typologische und religionsgeschichtliche Untersuchung der sog. "Zaubermesser" des Mittleren Reichs, 2 Teile, München 1965.

--- Ein Zaubermesser aus Tübingen: WdO 14 (1983) 30-40.

--- Ein Zaubermesser des Mittleren Reiches: SAK 13 (1986) 1-28.

AMIET P., La glyptique syrienne archaïque: Syria 40 (1963) 57-83.

--- Glyptique susienne des origines à l'époque des Perses achéménides. Cachets, sceaux-cylindres et empreintes antiques découverts à Suse de 1913 à 1967 (Mémoires de la Délégation Archéologique en Iran 43), 2 vols., Paris 1972.

--- Glyptique élamite. A propos de documents nouveaux: Art Asiatique 26 (1973) 3-36.

--- La glyptique mésopotamienne archaïque, Paris 1980.

--- u.a., Der Königsweg. 9000 Jahre Kunst und Kultur in Jordanien und Palästina, Mainz 1987.

AMIRAN R., Ancient Pottery of the Holy Land from its Beginning in the Neolithic Period to the End of the Iron Age, Jerusalem/Ramat-Gan 1969.

--- The Date of the End of the EB II City of Arad. A Complementary Note to Early Arad, I: IEJ 28 (1978) 182-184.

AMIRAN R./EITAN A., Art. Tel Nagila, in: M. AVI-YONAH/E. STERN (eds.), Encyclopaedia of Archaeological Excavations in the Holy Land III, Jerusalem 1977, 894-898.

ARCHÄOLOGIE ZUR BIBEL. Kunstschätze aus den Biblischen Ländern. Ausstellungskatalog, Mainz 1981.

ARNON C./AMIRAN R., Excavations at Tel Qishion: ErIs 15 (1981) 205-212 (hebr.), 82* (engl.).

ÅSTRÖM P./ÅSTRÖM E. et alii, Hala Sultan Tekke 8 (Studies in Mediterranean Archaeology 45,8), Göteborg 1983.

AVI-YONAH M./STERN E. (eds.), Encyclopedia of Archaeological Excavations in the Holy Land.IV, Oxford/Jerusalem 1978.

BAINES J., Fecundity Figures. Egyptian Personification and the Iconology of a Genre, Warminster 1985.

BARKAY G./MAZAR A./KLONER A., The Northern Cemetery of Jerusalem in the First Temple Times (hebr.): Qadmoniot 8,30-31 (1975) 71-76.

BARKAY G./KLONER A., Jerusalem Tombs From the Days of the First Temple: BAR 12/2 (1986) 22-39.

BARNETT R.D., Monkey Business: JANES 5 (1973) 1-10.

--- A Catalogue of the Nimrud Ivories with other Examples of Ancient Near Eastern Ivories in the British Museum, London ²1975.

--- Ancient Ivories in the Middle East and Adjacent Countries (Qedem 14), Jerusalem 1982.

BARNETT R.D./MENDLESON C. (eds.), Tharros. A Catalogue of Material in the British Museum from Phoenician and other Tombs at Tharros, Sardinia, London 1987.

BARRELET M.-TH., Les déesses armées et ailées: Syria 32 (1955) 222-260.

--- Deux déesses syro-phéniciennes sur un bronze du Louvre: Syria 35 (1958) 27-44.

--- Figurines et reliefs en terre cuite de la Mésopotamie antique. Vol. 1: Potiers, termes de métier, procédés de fabrication et production (BAH 85), Paris 1968.

BARTHÉLEMY D., Critique textuelle de l'Ancien Testament. 2. Isaïe, Jérémie, Lamentations (OBO 50,2), Freiburg/Schweiz-Göttingen 1986.

BAUDISSIN W.W.F., Adonis und Esmun. Eine Untersuchung zur Geschichte des Glaubens an Auferstehungsgötter und an Heilgötter, Leipzig 1911.

BECK P., Problems in the Glyptic Art of Palestine (Ph.D. diss. Columbia University), Ann Arbor/Mich. 1967 (University Microfilms, Order no. 70-23,424).

--- The Seals, Strata III-II, in: R. AMIRAN ET AL., Early Arad. The Chalcolithic Settlement and Early Bronze City. Vol. I: First-Fifth Seasons of Excavations, 1962-1966, Jerusalem 1978.

--- The Seals and Stamps of Early Arad: Tel Aviv 11/2 (1984) 97-114.

VON BECKERATH J., Handbuch der ägyptischen Königsnamen (MÄS 20), München-Berlin 1984.

BEGELSBACHER B.L., Untersuchungen zur Götterwelt des Alten Reiches. Im Spiegel der Privatgräber der IV. und V. Dynastie (OBO 37), Freiburg/Schweiz-Göttingen 1981.

BEHRENS P., Art. Hockerbestattung, in: W. HELCK/W. WESTENDORF (Hrsg.), Lexikon der Ägyptologie II, Wiesbaden 1977, Col. 1227f.

BEN-ARIEH S./EDELSTEIN G., Tombs near the Persian Garden (ʿAtiqot 12), Jerusalem 1977.

BEN-TOR A., Cylinder Seals of Third-Millenium Palestine (BASOR Supplement Series 22), Cambridge/Mass 1978.

--- Glyptic Art of Early Bronze Age Palestine and its Foreign Relations: OrLovAn 19 (1985) 1-25.

BEN-TOR A., A Fourth-Millenium B.C.E. Seal-Impression from Gamla: ErIs 18 (1985) 90-93 (hebr.). 68* (engl. summary) [= 1985a].

--- ET AL., A Regional Study of Tel Yoqne^{c}am and its Vicinity: Qadmoniot 20/1-2 (1987) 2-17.

BEN-TOR D., Scarabs Bearing Titles and Private Names of Officials from the Middle Kingdom and the Second Intermediate Period (c. 2050-1550 B.C.E.): The Israel Museum Journal 7 (1988) 35-46.

BERGMAN J., Ich bin Isis. Studien zum memphitischen Hintergrund der griechischen Isis-aretalogien (Aeta Universitatis Upsaliensis. Historia Religionum 3), Uppsala 1968.

BESTE I., Kestner Museum Hannover. Skarabäen (Corpus Antiquitatum Aegyptiacarum), 3 Lieferungen, Mainz 1978-1979.

BIKAI P.M., The Pottery of Tyre, Warminster 1978.

BIRAN A./NEGBI O., The Stratigraphical Sequence et Tell Ṣippor: IEJ 16 (1966) 160-173.

BIRAN A., The Triple Arched Gate of Laish: IEJ 34 (1984) 1-19.

BLACKMAN A.M., The Rock Tombs of Meir, vols. I-II, London 1914+1915.

BLACKMAN A.M./APTED M.R., The Rock Tombs of Meir, vol. VI, London 1953.

BLISS F.J., A Mound of Many Cities. Tell el Hesy Excavated, London 1898.

BLOCHER F., Untersuchungen zum Motiv der nackten Frau in der altbabylonischen Zeit (Münchner Vorderasiatische Studien 4 = Münchner Universitäts-Schriften 12), München 1987.

BLUMENTHAL E., Die Lehre für König Merikare: ZÄS 107 (1980) 5-41.

BOEHMER R.M., Die Entwicklung der Glyptik während der Akkad-Zeit (ZA Ergänzungsbd. 4), Berlin 1965.

--- Das Rollsiegel im prädynastischen Ägypten: AA 4 (1974) 494-514.

BONNET H., Reallexikon der Ägyptischen Religionsgeschichte, Berlin/New York 1952 (Nach-druck 1971).

BOOCHS, W., Siegel und Siegeln im Alten Ägypten, Kölner Forschungen zu Kunst und Altertum IV, St. Augustin 1982.

BORCHARDT L., Zu LD. II,14: ZÄS 35 (1897) 168.

--- Ägyptische Tempel mit Umgang (Beiträge zur Ägyptischen Bauforschung und Alter-tumskunde Heft 2), Kairo 1938.

BORGHOUTS J.F., Ancient Egyptian Magical Texts (Religious Texts Translation Series. Nisa-ba 9), Leiden 1978.

BÖRKER-KLÄHN J., Altvorderasiatische Bildstelen und vergleichbare Felsreliefs. Mit einem Beitrag von A. SHUNNAR-MISERA, 2 Bde (BaF 4), Mainz 1982.

BOSSERT H.T., Altsyrien. Kunst und Handwerk in Cypern, Syrien, Palästina, Transjordanien und Arabien, von den Anfängen bis zum völligen Aufgehen in der griechisch-römi-schen Kultur. Unter Mitarbeit von R. NAUMANN (Die ältesten Kulturen des Mittel-meerkreises 3), Tübingen 1951.

BRAIDWOOD R.J., Discovering the World's Earliest Village Community. The Claims of Jarmo as the Cradle of Civilisation: ILN 15.12.1951, 992-995.

BRAIDWOOD R.J./BRAIDWOOD L.S., Excavations in the Plain of Antioch. Vol. I: The Earliest Assemblages, Phases A-J (OIP 61), Chicago 1960.

VAN DEN BRANDEN A., Nouvel essai du dechiffrement des inscriptions protosinaitiques: BeO 121 (1979) 155-251.

BRANDL B., The Tel Masos Scarab: A Suggestion for a New Method for the Interpretation of Royal Scarabs, in: S. ISRAELIT-GROLL (ed.), Egyptological Studies (ScrHier 28), Jerusalem 1982, 371-405.

--- The Scarabs from Field VI at Gezer, in: W.G. DEVER (ed.), Gezer IV: The 1969-71 Seasons in Field VI, the "Acropolis", Part 1: Text (Annual of the Nelson Glueck School of Biblical Archaeology), Jerusalem 1986, 247-257.

BREHM A. U.A., Brehms Tierleben, Bd.13 (Die Säugetiere Bd.4: Paarhufer-Halbaffen-Affen), Leipzig-Wien 1920.

BRIEND J./HUMBERT J.B. (éd.), Tell Keisan (1971-76). Une cité phénicienne en Galilée (OBO.SA 1), Fribourg-Göttingen-Paris 1980.

BRUNNER H., Die Geburt des Gottkönigs. Studien zur Überlieferung eines altägyptischen Mythos (Ägyptologische Abhandlungen 10), Wiesbaden 1964.

--- Die südlichen Räume des Tempels von Luxor (AVDAIK 18), Mainz 1977.

--- Ägyptische Texte, in: W. BEYERLIN (Hrsg.), Religionsgeschichtliches Textbuch zum Alten Testament (ATD. Ergänzungsbd. 1), Göttingen 1985, 29-93.

BRUNNER-TRAUT E., Der Tanz im Alten Ägypten. Nach bildlichen und inschriftlichen Zeugnissen (Ägyptologische Forschungen 6), Glückstadt-Hamburg-New York 1938.

--- Art. Krokodil, in: W. HELCK/W. WESTENDORF (Hrsg.), Lexikon der Ägyptologie III, Wiebaden 1980, Col. 791-801.

BRUNTON G., Lahun. Vol. I: The Treasure, London 1920.

--- Qau and Badari I-III (BSAE 44, 45, 50), London 1927, 1928, 1930.

--- Mostagedda and the Tasian Culture, London 1937.

--- Matmar, London 1948.

BRUYERE B., Rapport sur les Fouilles de Deir el Médineh (1929), Le Caire 1930.

--- Rapport sur les Fouilles de Deir el Médineh (1933-34), Le Caire 1937.

BUCHANAN B., Catalogue of the Ancient Near Eastern Seals in the Ashmolean Museum. Vol. I: Cylinder Seals, Oxford 1966.

--- The Prehistoric Stamp Seal. A Reconsideration of Some Old Excavations: JAOS 87 (1967) 265-279 (Part I); 525-540 (Part II).

--- Early Near Eastern Seals in the Yale Babylonian Collection, New Haven/Conn.-London 1981.

BUCHANAN B./MOOREY P.R.S., Catalogue of Ancient Near Eastern Seals in the Ashmolean Museum. Vol. II: The Prehistoric Stamp Seals, Oxford 1984.

--- Catalogue of Ancient Near Eastern Seals in the Ashmolean Museum. Vol. III: The Iron Age Stamp Seals, Oxford 1988.

BUCHHOLZ H.-G./KARAGEORGHIS V., Altägäis und Altkypros, Tübingen 1971.

BUCHNER G./BOARDMAN J., Seals from Ischia and the Lyre-player Group: JdI 81 (1966) 1-62.

BUHL M.L., The Goddesses of the Egyptian Tree Cult: JNES 6 (1947) 80-97.

BUHL M.L./HOLM-NIELSEN S., Shiloh. The Danish Excavations at Tall Sailūn, Palestine in 1926, 1929, 1932 and 1963. The prehellenistic Remains (The Publications of the National Museum. Archaeological-Historical Series I,12), Copenhagen 1969.

BUKOWSKIs Zürich Auktionen. Figurenamulette, klassische Antiken, präkolumbianische Kunst, Zürich 8.12.1983.

VAN BUREN E.D., A Clay Relief in the Iraq Museum: AfO 9 (1933-34) 165-171.

--- A Further Note on the Terracotta Relief: AfO 11 (1936-37) 354-357.

--- The Fauna of Ancient Mesopotamia as Represented in Art (AnOr 18), Rom 1939.

--- Symbols of the Gods in Mesopotamian Art (AnOr 23), Rome 1945.

BURGESS E.M./ARKELL A.J., The Reconstruction of the Hathor Bowl: JEA 44 (1958) 6-11.

BUTIN R.F., The Serabit Inscriptions II. The Decipherment and Significance of the Inscriptions: HThR 21 (1928) 9-67.

--- The Serabit Expedition of 1930. IV. The Protosinaitic Inscriptions: HThR 25 (1932) 130-205.

CALDWELL, D.H., The Early Glyptic of Gawra, Giyan and Susa, and the Development of Long Distance Trade: Orientalia 45 (1976) 227-250.

CALVERLEY A.M./BROOME M.F., The Temple of King Sethos I at Abydos. Vol. II: The Chapels of Amen-Reᶜ, Reᶜ-Harakhti, Ptah and King Sethos, London-Chicago 1935.

--- The Temple of King Sethos I at Abydos. Vol. IV: The Second Hypostyle Hall, London-Chicago 1958.

CAPART J., Primitive Art in Egypt, London 1905.

CAQUOT A. u.a., Textes ougaritiques. Vol. I: Mythes et légendes (Littératures anciennes du Proche-Orient 7), Paris 1974.

CARNEGIE H., Catalogue of the Collection of Antique Gems formed by James Ninth Earl of Southesk K.T. II, London 1918.

CASKEY J.L./CASKEY E.G., The Earliest Settlements at Eutresis. Supplementary Excavations 1958: Hesperia 29/2 (1960) 126-167.

CAUVIN J., Fouilles de Byblos. T. IV: Les outillages néolithiques de Byblos et du littoral libanais (BAH ...), Paris 1968.

CHAMPOLLION J.-F., Monuments de l'Egypte et de la Nubie, 4 vols. (Réduction photographique de l'édition originale 1835-1845), Genf o.J.

CHARLES R.-P., Les scarabées égyptiens d'Enkomi, in: P. DIKAIOS, Enkomi II, Mainz 1971, 819-823.

CLERC G./KARAGEORGHIS V. ET AL., Fouilles de Kition II: Objets égyptiens et égyptisants, Nikosia 1976.

DE CLERCQ M., Collection de Clercq. Catalogue méthodique et raisonné. Avec la collaboration de M.F. MENANT. Tome I: Cylindres orientaux, Paris 1888.

COGAN M., Imperialism and Religion: Assyria, Judah and Israel in the Eighth and Seventh Centuries B.C.E. (SBL Monograph Series 19), Missoula/Mont. 1974.

COHEN R./DEVER W.G., Preliminary Report of the Third and Final Season of the Central Negev Highland Project: BASOR 243 (1981) 57-77.

COLLON D., The Smiting God. A Study of a Bronze in the Pomerance Collection in New York: Levant 4 (1972) 111-134.

--- The Seal Impressions from Tell Atchana/Alalakh (AOAT 27), Kevelaer/Neukirchen-Vluyn 1975.

--- The Aleppo Workshop. A Seal-Cutter's Workshop in Syria in the Second Half of the 18th Century B.C.: UF 13 (1981) 33-43.

--- The Alalakh Cylinder Seals. A New Catalogue of the Actual Seals excavated by Sir Leonard Woolley at Tell Atchana, and from Neighbouring Sites on the Syrian-Turkish Border (BAR International Series 132), Oxford 1982.

--- A North Syrian Cylinder Seal Style: Evidence of North-South Links with ʿAjjul, in: J.N. TUBB (ed.), Palestine in the Bronze and Iron Ages. Papers in Honour of Olga Tufnell, London 1985, 57-68.

--- Catalogue of the Western Asiatic Seals in the British Museum. Cylinder Seals Vol. III: Isin-Larsa and Old Babylonian Periods, London 1986.

--- The Green Jasper Cylinder Seal Workshop, in: M. KELLY-BUCCELLATI (ed.), Insight Through Images. Studies in Honor of Edith Porada (Bibliotheca Mesopotamica 21), Malibu 1986, 57-70 [= 1986a].

--- First Impressions. Cylinder Seals in the Ancient Near East, London-New York 1987.

CONTENAU G., La Glyptique syro-hittite (BAH 2), Paris 1922.

CONTENAU G./GHIRSHMAN R., Fouilles du Tépé Giyan, Paris 1935.

DE CONTENSON H., Le Néolithique de Ras Shamra V d'après les campagnes 1972-1976 dans le sondage SH: Syria 54 (1977) 1-23.

COXON P.W., The Great Tree of Daniel 4, in: A Word in Season. Essays in Honour of W. McKane (JSOT. Supplement Series 42), Sheffield 1986, 91-111.

CULICAN W., Baal on an Ibiza Gem: Rivista di Studi Fenici 4/1 (1976) 57-68.

DANTHINE H., Le palmier-dattier et les arbres sacrés dans l'iconographie de l'Asie occidentale, 2 vols., Paris 1937.

DARESSY M.G., Statues des divinités, 2 vols. (Catalogue général des antiquités du Musée du Caire 28/29), Le Caire 1905-1906.

DAVIES N. DE G., The Temple of Hibis in el Kharge Oasis. Vol. III: The Decoration, New York 1953.

DAVIS D./KLONER A., A Burial Cave of the Late Israelite Period on the Slope of Mt. Zion: Qadmoniot 11 (1978) 16-19 (hebr.).

DELAPORTE L., Catalogue des Cylindres Orientaux et des Cachets de la Bibliothèque nationale, 2 vols., Paris 1910.

DELAPORTE L., Catalogue des cylindres orientaux. Musée du Louvre. T. I: Fouilles et Missions; T. II: Acquisitions, Paris 1920+1923.

DEMISCH H., Erhobene Hände. Geschichte einer Gebärde in der bildenden Kunst, Stuttgart 1984.

DERCHAIN P., Hathor Quadrifons. Recherches sur la syntaxe d'un mythe égyptien, Istanbul 1972.

DESHAYES J., Cachets susiens et chronologie iranienne: Syria 51 (1974) 253-264.

DHORME P., Le Livre de Job (Etudes Bibliques), Paris [2]1926.

DIETERICH A., Mutter Erde: Archiv für Religionswissenschaft 8 (1905) 1-50.

---   Mutter Erde, Leipzig [2]1913.

DIETRICH M./LORETZ O./SANMARTIN J., Die keilalphabetischen Texte aus Ugarit. Einschliesslich der keilalphabetischen Texte ausserhalb Ugarits. Teil I: Transkription (AOAT 24/1), Kevelaer/Neukirchen-Vluyn 1976.

DIGARD F. ET AL., Repertoire analytique des cylindres orientaux, 3 vols., 2 fichiers, Paris 1975.

VAN DIJK J., Une incantation accompagnant la naissance de l'homme: Or. N.S. 42 (1973) 502-507.

---   The Symbolism of the Memphite Djed-Pillar: Oudheidkundige Mededelingen uit het Rijksmuseum van Oudheden te Leiden 66 (1986) 7-20.

DOTHAN T., Aspects of Egyptian and Philistine Presence in Canaan during the Late Bronze - Early Iron Ages, in: E. LIPINSKI (ed.), The Land of Israel: Crossroads of Civilizations (OrLovAn 19), Leuven 1985, 55-75.

DRIJVERS H.J.W., The Religion of Palmyra (Iconography of Religions XV,15), Leiden 1976.

DUCHESNE-GUILLEMIN J., Origines iraniennes et babyloniennes de la nomenclature astrale: CRAIBL (1986), avril-juin, 234-250.

DUMORTIER J.-B., Les Scarabées de Tell el Far°ah (ungedruckte Diplomarbeit der École Biblique et Archéologique), Jerusalem 1974.

DUNAND M., Fouilles de Byblos. T. Ier: Atlas et Texte (BAH 24), Paris 1937+1939.

---   Byblia Grammata. Documents et Recherches sur le développement de l'écriture en Phénicie, Beyrouth 1945.

---   Fouilles de Byblos. T. II: 1933-38. Vol. 1 2: Texte, Paris 1954+1958; Vol. 3: Atlas, Paris 1950.

---   Fouilles de Byblos. T. V: L'architecture, les tombes, le matériel domestique, des origines néolithiques à l'avènement urbain. Texte et Planches, Paris 1973.

DUNHAM D., Uronarti, Shalfak, Mirgissa. Second Cataract Forts Vol. II, Boston 1967.

DUNHAM D./JANSSEN J.M.A., Semna Kumna. Second Cataract Forts Vol. I, Boston 1960.

DUNHAM S., The Monkey in the Middle East: ZA 75 (1985) 234-264.

DURING CASPERS E.C.L., The Gate-Post in Mesopotamian Art. A Short Outline of its Origin and Development: JEOL 22 (1971-72) 211-227.

EDZARD D.O., Vorderer Orient, in: H.W. HAUSSIG (Hrsg.), Wörterbuch der Mythologie. Götter und Mythen im Vorderen Orient, Stuttgart 1965.

EISEN G.A., Ancient Oriental Cylinder and other Seals with a Description of the Collection of Mrs. W.H. Moore (OIP 47), Chicago 1940.

ELLIOT C., The Ghassulian Culture in Palestine. Origins, Influences and Abandonement: Levant 10 (1978) 37-54.

EMRE K., Anatolian Lead Figurines and their Stone Moulds (Türk Tarih Kurumu Yayinlarindan - VI. Seri. Sa. 14), Ankara 1971.

ENGBERG R.M./SHIPTON G.M., Another Sumerian Seal Impression from Megiddo: PEFQS 66 (1934) 90-93.

ENGELBACH R., Harageh (BSAE 28), London 1923.

EPSTEIN C., Early Bronze Age Seal Impressions from the Golan: IEJ 22 (1972) 209-217.

FAULKNER R.O., The Ancient Egyptian Coffin Texts. Vol. I: Spells 1-354, Warminster 1973.

DE FEIS L., Le antichità di Cipro ed i fratelli Luigi ed Alessandro Palma di Cesnola: Bessarione 4 = S. 1,6 (1899) 433-471.

FEUCHT E., Vom Nil zum Neckar. Kunstschätze Ägyptens aus pharaonischer und koptischer Zeit an der Universität Heidelberg, Berlin-Heidelberg-New York 1986.

FISCHER H.G., The Cult and Nome of the Goddess Bat: JARCE 1 (1962) 7-23.

--- Art. Bat, in: W. HELCK/E. OTTO (Hrsg.), Lexikon der Ägyptologie I, Wiesbaden 1975, Col. 630-632.

FISHER C., The Excavation of Armageddon (OIC 4), Chicago 1929.

FITZGERALD G.M., Beth-Shan Excavations 1921-1923. The Arab and Byzantine Levels (Publications of the Palestine Section of the Museum of the University of Pennsylvania 3), Philadelphia 1931.

FOHRER G., Das Buch Hiob (KAT 16), Gütersloh 1963.

FORTE E.W., Ancient Near Eastern Seals. A Selection of Stamp and Cylinder Seals from the Collection of Mrs. William H. Moore, New York 1976.

FRANKFORT H., Cylinder Seals. A Documentary Essay on the Art and Religion of the Ancient Near East, London 1939.

--- A Note on the Lady of Birth: JNES 3 (1944) 198-200.

--- Stratified Cylinder Seals from the Diyala Region (OIP 72), Chicago 1955.

FUGMANN E., Hama. Fouilles et recherches de la fondation Carlsberg 1931-38. L'architecture des périodes pré-hellénistiques, Copenhagen 1958.

FUHR I., Ein altorientalisches Symbol. Bemerkungen zum sogenannten "Omegaförmigen Symbol" und zur Brillenspirale, Wiesbaden 1967.

GALLING K., Beschriftete Bildsiegel des ersten Jahrtausends v. Chr. vornehmlich aus Syrien und Palästina: ZDPV 64 (1941) 121-202.

GALLING K. (Hg.), Biblisches Reallexikon, 2. Aufl., Tübingen 1977.

GARDINER A., Egyptian Grammar, Oxford 1927, [3]1957 u.ö.

--- The Baptism of Pharao: JEA 36 (1950-1951) 3-12.

GARDINER A.H./PEET T.E., The Inscriptions of Sinai. Vol. I: Introduction and Plates, Oxford 1952.

GARDNER E.A., Naukratis. Part II. With an Appendix by F.L. GRIFFITH (MEEF 6), London 1888.

GARELLI P./COLLON D., Cuneiform Texts from Cappadocian Tablets in the British Museum, Part VI, London 1975.

GARSTANG J., Jericho: City and Necropolis. Third Report: AAA 20 (1933) 3-42.

--- Jericho: City and Necropolis. Fourth Report: AAA 21 (1934) 99-136.

--- Prehistoric Mersin. Yümuk Tepe in Southern Turkey, Oxford 1953.

GENGE H., Zum "Lebensbaum" in den Keilschriftkulturen: Acta Orientalia 33 (1971) 321-334.

GESE H. u.a., Die Religionen Altsyriens, Altarabiens und der Mandäer (Die Religionen der Menschheit 10,2), Stuttgart 1970.

GIVEON R., The Impact of Egypt on Canaan. Iconographical and Related Studies (OBO 20), Freiburg/Schweiz-Göttingen 1978.

--- Egyptian Scarabs from Western Asia from the Collections of the British Museum (OBO.SA 3), Freiburg/Schweiz-Göttingen 1985.

--- Scarabs from Recent Excavations in Israel (OBO 83), Freiburg/Schweiz-Göttingen 1988.

GIVEON R./KERTESZ T., Egyptian Scarabs and Seals from Acco. From the Collection of the Israel Department of Antiquities and Museums, Freiburg/Schweiz 1986.

GJERSTAD E., The Swedish Cyprus Expedition 1927-31 (4 vols.), Stockholm 1934-1962.

GÖTTER-PHARAONEN. Ausstellungskatalog, Mainz 1978.

GOLDMAN H., Excavations at Gözlü Kale, Tarsus, 2 vols., Princeton/NJ 1956.

GORDON C.H., Western Asiatic Seals in the Walters Art Gallery: Iraq 6 (1939) 3-34.

--- Ugaritic Textbook (AnOr 38), Rom 1965.

GORELICK L./GWINNET A.J., The Origin and Development of the Ancient Near Eastern Cylinder Seal. A Hypothetical Reconstruction: Expedition 23/4 (1981) 17-30.

GRANT E., Beth Shemesh (Palestine). Progress of the Haverford Archaeological Expedition. A Report of the Excavations Made in 1928, Haverford 1929.

--- Ain Shems Excavations, Part I, Haverford 1931.

--- Ain Shems Excavations 'Palestine' 1928-1931, Part II, Haverford 1932.

--- Rumeileh being Ain Shems Excavations (Palestine). Vol. III (Biblical and Kindred Studies 5), Haverford 1934.

GRENFELL A., The Scarab Collection of Queens College, Oxford: JEA 2 (1915) 217-228.

GRESSMAN H., Altorientalische Bilder zum Alten Testament, Leipzig [2]1927.

GUBEL E., "Syro-cypriote" Cubical Stamps. The Phoenician Connection (CGPII 2) in. Studia Phoenicia V. Phoenicia and the East Mediterranean in the First Millenium B.C. (OrLovAn 22), Leiden 1987, 195-22.

GUENTSCH-OGLOUEFF M., Astarté Syrienne et le Ded d'Osiris: RdE 1 (1933) 197-202.

GUNDLACH R., Art. Thoëris, in: W. HELCK/W. WESTENDORF (Hrsg.), Lexikon der Ägyptologie VI, Wiesbaden 1985, Col. 494-497.

GUY P.L.O., Megiddo Tombs (OIP 33), 2 vols., Chicago 1938.

HABACHI L., King Nebhepetre Menthuhotep. His Monuments, Place in History, Deification and Unusual Representations in the Form of Gods: MDAIK 19 (1963) 16-52.

HALL H. R., Catalogue of Egyptian Scarabs, Etc., in the British Museum. Vol. I: Royal Scarabs, London 1913.

HAMILTON R.W., Excavations at Tell Abu Hawam: QDAP 4 (1935) 1-69.

HAMMADE H./HITCHCOCK L., Cylinder Seals from the Collections of the Aleppo Museum, Syrian Arab Republic. Vol. 1. Seals of Unknown Provenience (BAR International Series 335), Oxford 1987.

HASSAN A., Stöcke und Stäbe im Pharaonischen Ägypten bis zum Ende des Neuen Reiches (MÄS 33), München-Berlin 1976.

HEATH M.C., Early Helladic Clay Sealings from the House of the Tiles at Lerna: Hesperia 27 (1958) 81-120.

---   Further Seals and Sealings from Lerna: Hesperia 38 (1969) 500-521.

HEERMA VAN VOSS M., De oudste Versie van Dodenboek 17a. Coffin Texts Spreuk 335a, Leiden 1963.

HELCK W./W. WESTENDORF U.A. (Hrsg.), Lexikon der Ägyptologie, 6 Bde., Wiesbaden 1975-1986.

HELCK W., Art. Hauron, in W. HELCK/W. WESTENDORF (Hrsg.), Lexikon der Ägyptologie II, Wiesbaden 1977, Col. 1055.

---   Die Lehre für Merikare (Kleine ägyptische Texte), Wiesbaden 1977 [= 1977a].

---   Art. Maga, in: W. HELCK/W. WESTENDORF (Hrsg.), Lexikon der Ägyptologie III, Wiesbaden 1980, Col. 1133.

---   Art. Zaubermesser, in: W. HELCK/W. WESTENDORF (Hrsg.), Lexikon der Ägyptologie VI, Wiesbaden 1986, Col. 1355.

HELCK W./SCHMITZ B., Nofret - Die Schöne. Die Frau im Alten Ägypten. "Wahrheit" und Wirklichkeit, Mainz 1985.

HERMSEN E., Lebensbaumsymbolik im Alten Ägypten (Arbeitsmaterialien zur Religionsgeschichte 5), Köln 1981.

HERZER H., Ägyptische Stempelsiegel. Beiheft zum Katalog "Antike Kunstwerke", Auktion II, 30.4.1960, Ars Antiqua AG, Luzern 1960.

HERZFELD E., Aufsätze zur altorientalischen Archäologie. II: Stempelsiegel: AMI 5 (1933) 49-124.

HESTRIN R., The Philistines and the other Sea Peoples (Israel Museum Catalogue 68), Jerusalem 1970.

HESTRIN R. ET AL., The Lachish Prism Inscription - Proto-Canaanite or Egyptian?: IEJ 32 (1982) 103-106.

HICKMANN H., Ägypten (Musikgeschichte in Bildern II/1), Leipzig 1961.

HIGGINS R., The Aegina Treasure. An Archaeological Mystery, London 1979.

HINKE W.J., A New Boundary Stone of Nebuchadrezzar I from Nippur, Philadelphia 1907.

HODJASH S./BERLEV O., The Egyptian Reliefs and Stelae in the Pushkin Museum of Fine Arts Moscow, Leningrad 1982.

HÖLBL G., Typologische Arbeit bei der Interpretation von nicht klar lesbaren Skarabäenflachseiten: SAK 7 (1979) 89-102.

--- Beziehungen der ägyptischen Kultur zu Altitalien, 2 Teile (EPRO 62), Leiden 1979.

--- Ägyptisches Kulturgut im phönikischen und punischen Sardinien, 2 Teile (EPRO 102), Leiden 1986.

HOGARTH D.G., Hittite Seals with Particular Reference to the Ashmolean Collection, Oxford 1920.

HOMES-FREDERICQ D., Les cachets mésopotamiens protohistoriques (Documenta et Monumenta Orientis Antiqui 14), Leiden 1970.

HORN S.H., Scarabs from Shechem I: JNES 21 (1962) 1-14.

--- An Early Aramaic Seal with an Unusual Design: BASOR 167 (1962) 16-18 [= 1962a].

--- Scarabs and Scarab Impressions from Shechem III: JNES 32 (1973) 281-289.

HORNBLOWER G.D., Some Hyksos Plaques and Scarabs: JEA 8 (1922) 201-206.

HORNUNG E., Geschichte als Fest. Zwei Vorträge zum Geschichtsbild der frühen Menschheit, Darmstadt 1966.

--- Das Buch der Anbetung des Re im Westen (Sonnenlitanei) (Aegyptiaca Helvetica 3), Genève 1976.

--- Das Totenbuch der Ägypter. Eingeleitet, übersetzt und erläutert (Bibliothek der Alten Welt), Zürich 1979.

--- Tal der Könige. Die Ruhestätte der Pharaonen, Zürich 1982.

HORNUNG E./STAEHELIN E., Skarabäen und andere Siegelamulette aus Basler Sammlungen (Ägyptische Denkmäler in der Sschweiz 1), Mainz 1976.

HUGHES G.R. ET AL., Medinet Habu. Vol. VII: The Temple Proper III (OIP 93), Chicago 1964.

INGOLT H., Rapport préliminaire sur sept campagnes de fouilles à Hama en Syrie (1932-1938), Copenhagen 1940.

IPPOLITONI STRIKA F., Prehistoric Roots: Continuity in the Images and Rituals of the Great Goddess Cult in the Near East: RSO 57 (1983) 1-41.

JAEGER B., Essai de classification et datation des scarabées Menkhéperrê (OBO.SA 2), Fribourg-Göttingen 1982.

JAMES F., The Iron Age at Beth Shan (Museum Monographs), Philadelphia 1966.

JAROŠ K., Sichem (OBO 11), Freiburg/Schweiz-Göttingen 1976.

--- Die Motive der Heiligen Bäume und der Schlange in Gen 2-3: ZAW 92 (1980) 204-215.

--- Die Stellung des Elohisten zur kanaanäischen Religion (OBO 4), Freiburg/Schweiz-Göttingen ²1982.

JEQUIER G., Les frises d'objets des sarcophages du Moyen Empire (MIFAO 47), Le Caire 1921.

--- Manuel d'Archéologie Egyptienne. Les élements de l'architecture, Paris 1924.

--- Tombeaux de particuliers contemporains de Pepi II (Fouilles à Saqqarah), Le Caire 1929.

KAISER O., Der Prophet Jesaja. Kapitel 13-39 (ATD 18), Göttingen 1976.

KÁKOSY L., A Memphite Triad: JEA 66 (1980) 48-53.

KANTOR H., The Aegean and the Orient in the Second Millenium B.C.: AJA 51 (1947) 1-103.

--- ET AL., Soundings at Tell Fakhariyah (OIP 79), Chicago 1958.

KAPLONY P., Die Rollsiegel des Alten Reichs. Bd. I: Allgemeiner Teil mit Studien zum Königtum des Alten Reichs, Bruxelles 1977.

KARAGEORGHIS J., La grande déesse de Chypre et son culte. A travers l'iconographie de l'époque néolothique au VIème s. av. Chr. (Collection de la Maison de l'Orient mediterranéen ancien V/4), Lyon 1977.

KARAGEORGHIS V., Kition auf Zypern. Die älteste Kolonie der Phöniker, Bergisch Gladbach 1976.

--- The Goddess with Uplifted Arms in Cyprus, in: Scripta Minora 1977-78, Lund 1977, 5-31.

--- Cyprus. From the Stone Age to the Romans, London 1982.

--- Tiarae of Gold from Cyprus, in: M. KELLY-BUCCELLATI (ed.), Insight through Images. Studies in Honor of E. Porada (Bibliotheca Mesopotamia 21), Malibu 1986, 129-132.

KEEL O., Die Welt der altorientalischen Bildsymbolik und das Alte Testament. Am Beispiel der Psalmen, Neukirchen-Vluyn und Zürich 1972, ⁴1984.

--- Die Weisheit spielt vor Gott. Ein ikonographischer Beitrag zur Deutung des mᵉsaḥäqät in Sprüche 8,30f., Freiburg/Schweiz-Göttingen 1974.

--- Judäische Keramik aus der Zeit des Jesaja und Jeremia (Eisenzeit II): Heiliges Land 4/2 (1976) 19-26.

--- Jahwe-Visionen und Siegelkunst. Eine neue Deutung der Majestätsschilderungen in Jes 6, Ez 1 und 10 und Sach 4 (SBS 84/85), Stuttgart 1977.

--- Der Bogen als Herrschaftssymbol. Einige unveröffentlichte Skarabäen aus Ägypten und Israel zum Thema "Jagd und Krieg": ZDPV 93 (1977) 141-177 [= 1977a].

--- Vögel als Boten. Studien zu Ps 68,12-14, Gen 8,6-12, Koh 10,20 und dem Aussenden von Botenvögeln in Ägypten. Mit einem Beitrag von U. WINTER zu Ps 56,1 und zur

Ikonographie der Göttin mit der Taube (OBO 14), Freiburg/Schweiz-Göttingen 1977 [= 1977b].

--- Jahwes Entgegnung an Ijob. Eine Deutung von Ijob 38-41 vor dem Hintergrund der zeitgenössischen Bildkunst (FRLANT 121), Göttingen 1978.

--- La Glyptique, in: BRIEND J./HUMBERT J.B. (eds.), Tell Keisan (1971-1976). Une cité phénicienne en Galilée (OBO.SA 1), Fribourg-Göttingen 1980, 257-295.

--- Das Böcklein in der Milch seiner Mutter und Verwandtes. Im Lichte eines altorientalischen Bildmotivs (OBO 33), Freiburg/Schweiz-Göttingen 1980 [= 1980a].

--- Zwei kleine Beiträge zum Verständnis der Gottesreden im Buche Ijob (38,36f; 40,25): VT 31 (1981) 220-225.

--- Der Pharao als "Vollkommene Sonne": Ein neuer ägypto-palästinischer Skarabäentyp, in: S. ISRAELIT-GROLL (ed.), Egyptological Studies (ScrHier 28), Jerusalem 1982, 406-530.

--- Deine Blicke sind Tauben. Zur Metaphorik des Hohen Liedes (SBS 114/115), Stuttgart 1984.

--- A Stamp Seal Research Project and a Group of Scarabs with Raised Relief: Akkadica 49 (1986) 1-16.

--- Review Article: Ancient Seals and the Bible: JAOS 106/2 (1986) 307-311 [= 1986a].

--- Das Hohe Lied (ZBK.AT 18), Zürich 1986 [= 1986b].

--- The Peculiar Headrests for the Dead in First Temple Times: BAR 12/4 (1987) 50-53.

KEEL O./KÜCHLER M., Orte und Landschaften der Bibel. Ein Handbuch und Studien-Reiseführer zum Heiligen Land. Bd. 2: Der Süden, Zürich u.a. 1982 [= OLB II].

KEEL O./KÜCHLER M./UEHLINGER CH., Orte und Landschaften der Bibel. Ein Handbuch und Studien-Reiseführer zum Heiligen Land. Bd. 1: Geographisch-geschichtliche Landeskunde, Zürich u.a. 1984 [= OLB I].

KEEL O./SCHROER S., Studien zu den Stempelsiegeln aus Palästina/Israel I (OBO 67), Freiburg/Schweiz-Göttingen 1985.

KEES H., Totenglauben und Jenseitsvorstellungen der alten Ägypter, Leipzig 1956, Berlin ³1977.

KELM G.L./MAZAR A., Three Seasons of Excavations at Tel Batash - Biblical Thimnah: BASOR 248 (1982) 1-36.

KEMPINSKI A., Syrien und Palästina (Kanaan) in der letzten Phase der MB II B-Zeit (1650-1570 v. Chr.) (Ägypten und Altes Testament 4), Wiesbaden 1983.

KENYON K.M., Jericho Tombs, 2 vols., Jerusalem 1960+1965.

--- Excavations at Jericho. Vol.I-III, Jerusalem 1960, 1965, 1981.

KENYON K.M./HOLLAND T.A., Excavations at Jericho. Vol. IV, London 1982.

KEPINSKI C., L'arbre stylisé en Asie occidentale au 2ᵉ millénaire avant J.-C. (Bibliothèque de la Délégation Archéologique Française en Iraq 1), 3 vols., Paris 1982.

KIRKBRIDE D., Scarabs, in: K. KENYON, Excavations at Jericho II, London 1965.

KLASENS A., The Excavations of the Leiden Museum of Antiquities of Abu Roash. Part I, 1958: Oudheidkundige Mededelingen uit het Rijksmuseum van Oudheden te Leiden 39 (1958) 32-55.

KLONER A., *Mʿrt qbwr h mjmj bjt rʾšwn bṣwbh: Hadašot ʾarkeologijjot* 78-79 (1982) 71f.

--- The "Third Wall" in Jerusalem and the "Cave of the Kings" (Josephus War V 147): Levant 18 (1986) 121-129.

--- Have the Tombs of the Kings of Judah Been Found?: BAR 13/4 (1987) 54-56.

KÖHLER L., Biblische Spuren des Glaubens an die Mutter Erde?: ZNW 9 (1908) 77-80.

KOHL P.L., Central Asia. Palaeolithic Beginnings to the Iron Age. L'Asie Centrale des origines à l'âge du fer, Paris 1984.

KRAUS H.J., Psalmen II (BK XV,2), Neukirchen 1961.

KÜHNE H., Das Rollsiegel in Syrien. Zur Steinschneidekunst in Syrien zwischen 3300 und 330 v.Chr. (Ausstellungskataloge der Universität Tübingen 11), Tübingen 1980.

KÜHNERT-EGGEBRECHT E., Die Axt als Waffe und Werkzeug im Alten Ägypten (MÄS 15), Berlin 1969.

KURTH D., Art. Nilgott, in: W. HELCK/W. WESTENDORF (Hrsg.), Lexikon der Ägyptologie IV, Wiesbaden 1982, Col. 485-489.

LABAT R., Manuel d'épigraphie akkadienne (Signes, syllabaire, idéogrammes), Paris 1948.

LACAU P./LAUER J.-P., La pyramide à degrés. Vol. V: Inscriptions à l'encre sur les vases, Le Caire 1965.

LAJARD F., Introduction à l'étude du culte public et des mystères de Mithra en Orient et en Occident, Paris 1847.

LAMON R.S./SHIPTON G.M., Megiddo I. Seasons of 1925-1934. Strata I-V (OIP 42), Chicago 1939.

LAND DES BAAL. Syrien - Forum der Völker und Kulturen. Hrsg. vom Museum für Vor- und Frühgeschichte der Staatlichen Museen Preussischer Kulturbesitz. Ausstellungskatalog, Berlin 1982.

LANGE H.O./SCHÄFER H., Grab- und Denksteine des Mittleren Reichs. Im Museum von Kairo. No 20001-20780. Teil IV: Tafeln, Berlin 1902.

LANGE K./HIRMER M., Ägypten: Architektur, Plastik, Malerei in drei Jahrtausenden, München [5]1975.

LANGTON N./LANGTON B., The Cat in Ancient Egypt, Cambridge 1940.

LANZONE R.V., Dizionario di Mitologia Egizia II-III, Torino 1882+1883.

LAROCHE E., Les Hiéroglyphes hittites. Vol. I: L'écriture, Paris 1960.

LEGGE F., The Magic Ivories of the Middle Empire: PSBA 27 (1905) 130-152; PSBA 28 (1906) 159-170.

LEIBOVITZ Y., The Cult of Ptah with Non-Egyptians: ErIs 4 (1956) 64-67.VI.

LEMAIRE A., Nouveaux sceaux nord-ouest sémitiques: Syria 63 (1986) 305-325.

LEXOVA I., Ancient Egyptian Dances, Prag 1935.

LILYQUIST C., Ancient Egyptian Mirrors from the Earliest Times through the Middle Kingdom (MÄS 27), München-Berlin 1979.

VAN LOON M., Hammâm et-Turkmân on the Balikh: First Results of the University of Amsterdam's 1982 Excavation: Akkadica 35 (1983) 1-23.

VAN LOON M. (ed.), Hammam et-Turkman I, Leiden 1988.

LOUD G., The Megiddo Ivories (OIP 52), Chicago 1939.

--- ET AL., Megiddo II, 2 vols. (OIP 62), Chicago 1948.

LUCAS A./HARRIS J.R., Ancient Egyptian Materials and Industries, London 1962.

LÜSCHEN H., Die Namen der Steine. Das Mineralreich im Spiegel der Sprache, Thun ²1979.

VON LUSCHAN F., in: W. ANDRAE (Hg.), Die Kleinfunde von Sendschirli (Mitteilungen aus den orientalischen Sammlungen 15 = Ausgrabungen in Sendschirli 5), Berlin 1943.

MACALISTER R.A.S., The Excavation of Gezer. 1902-1905 and 1907-1909, 3 vols., London 1912.

MACKAY E.J.H./MURRAY M., Ancient Gaza V. City of Shepherd Kings (BSAE 64), London 1952.

MAKKAY J., Early Stamp Seals in South-East Europe, Akadémiai Kiadó, Budapest 1984.

MALAISE M., Histoire et signification de la coiffure hathorique à plumes: SAK 4 (1976) 215-236.

MALLET J., Tell el-Farᶜah (Cahiers de la Revue Biblique 14), Paris 1973.

MALLON A./KOEPPEL R./NEWILLE R., Teleilât Ghassûl. T. I: Compte rendu des fouilles de l'Institut Biblique Pontifical 1929-1932, Rome 1934.

MALLOWAN M.E.L., The Excavations at Tall Chagar Bazar, and an Archaeological Survey of the Habur Region, 1934-5: Iraq 3 (1936) 1-59.

--- The Excavations at Tall Chagar Bazar, Second Campaign, 1963: Iraq 4 (1937) 91-177.

--- The Excavations in the Baliḫ Valley, 1938: Iraq 8 (1946) 111-159.

--- Excavations at Brak and Chagar Bazar: Iraq 9 (1947) 1-259.

--- Nimrud and its Remains, 2 Bde., London 1966.

MANNICHE L., Musical Instruments from the Tomb of Tutᶜankhamūn (Tutᶜankhamūn's Tomb Series 6), Oxford 1976.

MARQUET-KRAUSE J., Les fouilles de ᶜAy (et-Tell), 1933-1935. La résurrection d'une grande cité biblique (BAH 45), Paris 1949.

MARTIN K., Art. Uräus, in: W. HELCK/W. WESTENDORF (Hrsg.), Lexikon der Ägyptologie VI, Wiesbaden 1986, Col. 864-868.

MASSON V.M./SARIANIDI V.I., Central Asia. Turkmenia before the Achaemenids, London 1972.

MATOUK F.S., Corpus du scarabée égyptien. Vol. I: Les scarabées royaux. Vol. II: Analyse thématique, Beyrouth o.J. [1971+1977].

MATOUŠ L., Inscriptions cunéiformes du Kultepe, vol. II, Prag 1962.

MATZ F., Die frühkretischen Siegel. Eine Untersuchung über das Werden des frühminoischen Stiles, Berlin-Leipzig 1928.

--- Zur Frühgeschichte der Spirale. Eine ägäisch-anatolische Siegelstudie. Mélanges Mansel. Ankara 1974, 171-183.

MAY H.G., The Sacred Tree on Palestine Painted Pottery: JAOS 59 (1939) 251-259.

MAZAR B., Jerusalem in the Biblical Period (hebr.): Qadmoniot 1 (1968) 1 12.

MAZAR A., Iron Age Burial Caves North of the Damascus Gate, Jerusalem: IEJ 26 (1976) 1-8.

MAZZONI S., Sigilli a stampo protohistorici di Mardikh I: StEbl 2/4-5 (1980) 53-80.

--- Seal Impressions on Jars from Ebla I A-B: Akkadica 37 (1984) 18-45.

MCKAY J., Religion in Judah under the Assyrians (Studies in Biblical Theology. Second Series 26), London 1973.

MEEK T.J., Four Syrian Cylinder Seals: BASOR 90 (1943) 24-27.

MELLAART J., Excavation at Çatal Hüyük. Third Preliminary Report: AnSt 14 (1964) 39-119.

MELLINK M., A Hittite Cemetery at Gordion, Philadelphia 1956.

MENANT J., Collection de Clercq. Catalogue méthodique et raisonné. Vol. I: Cylindres Orientaux, Paris 1888.

MENDLESON C., More Monkey Business: AnSt 33 (1983) 81-83.

MERCER S.A.B., The Religion of Ancient Egypt, London 1949.

MERPERT N./MUNCHAEV R./BADER N., The Investigations of Soviet Expedition in Iraq 1973: Sumer 32 (1976) 25-61.

METZGER M., Königsthron und Gottesthron (AOAT 15), Neukirchen 1985.

MITTMANN S., Frühägyptische Siegelinschriften und ein SRH-Emblem des Horus ʿH̱ᶜ aus dem nördlichen Negeb: ErIs 15 (1981) 1*-9*.

MOFTAH R., Die uralte Sykomore und andere Erscheinungen der Hathor: ZÄS 92 (1965) 40-47.

MOND R./MYERS O.H., Cemeteries of Armant I (EES 42), London 1937.

MONNET SALEH J., Les antiquités égyptiennes de Zagreb. Catalogue raisonné des antiquités égyptiennes conservées au Musée Archéologique de Zagreb en Yougoslavie, Paris-La Haye 1970.

MONTET P., Byblos et l'Égyte. Quatre Campagnes de Fouilles à Gebeil 1921-1924, 2 vols. (BAH 11), Paris 1928.

MONTET P./BUCHER P., Un dieu cananéen à Tanis. Houroun de Ramsès: RB 44 (1935) 153-165.

--- Les fouilles de Tanis: Kêmi 5 (1935) 11-14.

DE MOOR J.C., An Anthology of Religious Texts from Ugarit (Religious Texts Translation Series. Nisaba 16), Leiden 1987.

MOOREY P.R.S., siehe BUCHANAN.

MOORTGAT A., Vorderasiatische Rollsiegel. Ein Beitrag zur Geschichte der Steinschneidekunst, Berlin 1940.

--- Assyrische Glyptik des 13. Jahrhunderts: ZA 47 (1943) 50-88.

--- Assyrische Glyptik des 12. Jahrhunderts: ZA 48 (1944) 22-44.

--- Tammuz. Der Unsterblichkeitsglaube in der altorientalischen Bildkunst, Berlin 1949.

--- Die Kunst des Alten Mesopotamien, 2 Bde., Köln 1967.

DE MORGAN J., Fouilles à Dahchour, Mars-Juin 1894, Wien 1895.

---   Recherches sur les origines de l'Égypte, vol. I, Paris 1896.

---   Fouilles à Dahchour en 1894-1895, Wien 1903.

MÜLLER-WOLLERMANN R., Der Mythos vom Ritus "Erschlagen der Feinde": GM 105 (1988) 69-76.

MURRAY M., Some Canaanite Scarabs: PEQ 81 (1949) 92-99.

NAVILLE E., The Temple of Deir el-Bahari, 6 vols., London 1895-1908.

NEGBI O., The Hoards of Goldwork from Tell el-ʿAjjul (SMA 25), Göteborg 1970.

---   Canaanite Gods in Metal. An Archaeological Study of Ancient Syro-Palestinian Figurines, Tel Aviv 1976.

NEWBERRY P.E., Beni Hasan, Vol. I, London 1893.

---   El Berseh. Part I (The Tomb of Tehuti-Hetep), London o.J.

---   Scarabs. An Introduction to the Study of Egyptian Seals and Signet Rings, London 1906.

---   Catalogue Général des Antiquités Egyptiennes du Musée du Caire, Nos 36001-37521. Scarab-shaped Seals, London 1907.

NIBBI A., Lapwings and Libyans in Ancient Egypt, Oxford 1986.

NICCACCI A., Hyksos Scarabs (Studium Biblicum Franciscanum. Museum 2), Jerusalem 1980.

NIELSEN K., For et trae er der hab. Om traeet som metafor i Jes 1-39 (with Summary in English), Kopenhagen 1985.

NOUGAYROL J., Cylindres-sceaux et empreintes de cylindres trouvés en Palestine, Paris 1939.

NOUGAYROL J./AMIET P., Le sceau de Sumirapa roi de Tuba: RA 56 (1962) 169-174.

NOY T., Two Natufian Objects from Kabara Cave: Israel Museum News 13 (1978) 111-113.

O'CONNOR D., Rez. W.A. WARD 1978: CdE 115/116 (1983) 163-172.

---   The Chronology of Scarabs of the Middle Kingdom and the Second Intermediate Period: JSSEA 15/1 (1987) 1-41.

ÖZGÜÇ N., The Anatolian Group of Cylinder Scal Impressions from Kültepe (Türk Tarih Kurumu Yayinlarindan - V. Seri, No. 22), Ankara 1965.

---   Seals and Seal Impressions of Level Ib from Karum Kanish (Türk Tarih Kurumu Yayinlarindan, V. Seri, Sa. 25), Ankara 1968.

ÖZGÜÇ T., Kültepe Kazisi Raporu 1948 (Ausgrabungen in Kültepe 1948), Ankara 1950.

---   Glazed Faience Objects from Kanish, in: M. KELLY-BUCCELLATI (ed.), Insight through Images. Studies in Honor of Edith Porada (Bibliotheca Mesopotamica 21), Malibu 1986, 201-208.

OLB s. KEEL O./KÜCHLER M.(/UEHLINGER CH.)

OPIFICIUS R., Das altbabylonische Terrakottarelief (ZA Ergänzungsbd. 2), Berlin 1961.

VON OPPENHEIM M., Tell Halaf I. Die prähistorischen Funde, bearbeitet von H. SCHMIDT, Berlin 1943.

OREN E., The Northern Cemetery of Beth Shan (University Museum Monographs), Leiden 1973.

ORTHMANN W., Untersuchungen zur späthethitischen Kunst (Saarbrücker Beiträge zur Altertumskunde 8), Bonn 1971.

--- Der Alte Orient (Propyläen Kunstgeschichte 14), Berlin 1975.

ORTHMANN W./KLEIN H./LÜTH F., Tell Chuēra in Nordost-Syrien 1982-1983. Vorläufiger Bericht über die 9. und 10. Grabungskampagne. Berlin 1986.

ORY J., A Bronze-Age Cemetery at Dharat el Humraiya: QDAP 13 (1948) 75-89.

VON DER OSTEN H., Ancient Oriental Seals in the Collection of Mrs A. Baldwin Brett (OIP 37), Chicago 1936.

--- The Alishar Hüyük-Seasons of 1930-1932. Part I (OIP 28), Chicago 1937.

--- Altorientalische Siegelsteine der Sammlung Hans Silvius von Aulock (Studia Ethnographica Upsaliensia 13), Uppsala 1957.

PALEY S., Inscribed Neo-Assyrian and Neo-Babylonian Cylinder Seals and Impressions, in: M. KELLY-BUCCELLATI (ed.), Insight through Images. Studies in Honor of Edith Porada (Bibliotheca Mesopotamica 21), Malibu 1986, 209-220.

PARKER B., Cylinder Seals from Palestine: Iraq 11 (1949) 1-42.

--- Excavations at Nimrud, 1949-1953. Seals and Seal Impressions: Iraq 17/2 (1955) 93-125.

PARROT A., Le Palais (Mission archéologique de Mari II), Vol. II/2, Paris 1958.

--- Les temples d'Ishtarat et de Ninni-Zaza (Mission Archéologique de Mari III = BAH 86), Paris 1967.

PARROT A./CHEHAB M./MOSCATI S., Die Phönizier. Die Entwicklung der phönizischen Kunst von den Anfangen bis zum Ende des dritten punischen Krieges, München 1977.

PENDLEBURY J.D.S./JAMES T.G.H., The Egyptian Types Objects, in: H. PAYNE/T.J. DUNBABIN, Perachora. The Sanctuary of Hera Akraia and Limenia, vol. II, Oxford 1962, 461-516.

PERROT J./ZORI N., Art. Minḥa, Horvat, in: M. AVI-YONAH/E. STERN (eds.), Encyclopaedia of Archaeological Excavations in the Holy Land III, Jerusalem 1977, 871-874.

PETRIE W.M.F., Kahun, Gurob and Hawara, London 1890.

--- Illahun, Kahun and Gurob, London 1891 (Nachdruck Warminster-Encino/Cal. 1974).

--- Koptos, London 1896.

--- Hyksos and Israelite Cities (BSAE 12), London 1906.

--- Researches in Sinai, London 1906 [=1906a].

--- Memphis I (BSAE 15), London 1909.

--- The Labyrinth, Gerzeh and Mazghuneh (BSAE 21), London 1912.

PETRIE W.M.F., Scarabs and Cylinders with Names. Illustrated by the Egyptian Collection in University College, London (BSAE 21), London 1917 (Reprint Warminster-Encino/Cal. 1974).

---   Buttons and Design Scarabs. Illustrated by the Egyptian Collection in University College, London (BSAE 38), London 1925 (Reprint Warminster-Encino/Cal. 1974).

---   Gerar (BSAE 43), London 1928.

---   Beth-Pelet - Tell Fara I (BSAE 48), London 1930.

---   Ancient Gaza, 4 vols. (BSAE 53-56), London 1931-34.

---   Anthedon, Sinai (BSAE 58), London 1937.

PETRIE W.M.F./BRUNTON G./MURRAY M.A., Lahun II (BSAE 33), London 1923.

PETRIE W.M.F./BRUNTON G., Sedment I (BSAE 34), London 1924.

PETRIE W.M.F./WAINWRIGHT G.A./GARDINER A.H., Tarkhan I and Memphis V (BSAE 23), London 1913.

PIEPER M., Die Bedeutung der Skarabäen für die palästinische Altertumskunde: ZDPV 53 (1930) 185-195.

---   Ägyptische Kunst in Vorderasien: ZÄS 69 (1933) 94-97.

POPE M.H., The Saltier of Atargatis Reconsidered, in: J.A. SANDERS (ed.), Near Eastern Archaeology in the Twentieth Century. Essays in Honor of Nelson Glueck, Garden City/N.Y. 1970, 178-196.

POPE M.H./RÖLLIG W., Die Mythologie der Ugariter und Phönizier, in: H.W. HAUSSIG (Hrsg.), Götter und Mythen im Vorderen Orient (Wörterbuch der Mythologie I), Stuttgart 1965, 217-312.

PORADA E., The Warrior with Plumed Helmet. A Study of Syro-Cappadocian Cylinder Seals and Bronze Figurines: Berytus 7 (1942) 57-63.

---   The Collection of the Pierpont Morgan Library, 2 vols. (The Bollingen Series 14), Washington 1948.

---   The Cylinder Seals of the Late Cypriote Bronze Age: AJA 52 (1948) 178-198.

---   A Lyre Player from Tarsus and his Relations, in: S.S. WEINBERG (ed.), The Aegean and the Near East. Studies presented to Hetty Goldman, New York 1956, 185-211.

---   Alt-Iran. Die Kunst in vorislamischer Zeit (Die Kunst der Welt), Baden-Baden 1962.

---   An Emaciated Male Figure of Bronze in the Cincinnati Museum, in: Studies Presented to A. Leo Oppenheim, Chicago 1964, 159-166.

---   The Relative Chronology of Mesopotamia. Part I: Seals and Trade (6000-1600), in: R.E. EHRICH, ed., Chronologies in Old World Archaeologies, Chicago 1965, 133-200.

---   Syrian Seal from East Karnak: JSSEA 13/4 (1983) 237-240.

PORTER B./MOSS R.L.B., Topographical Bibliography of Ancient Egyptian Hieroglyphic Texts, Reliefs and Paintings. Vol. I: The Theban Necropolis. Part 1: Private Tombs, Oxford ²1960 u.ö.

POULSEN F., Der Orient und die frühgriechische Kunst, Leipzig 1912.

PRINZ H., Altorientalische Symbolik, Berlin 1915.

PRITCHARD J.B., The Bronze Age Cemetery at Gibeon (University Museum Monographs 4), Philadelphia 1963.

--- The Ancient Near East in Pictures Relating to the Old Testament. Second Edition with Supplement, Princeton/New Jersey 1969.

QUAEGEBEUR J., Egyptische Goden die luisteren: Alumni 49 (1978) 9-19.

QUIBELL J.E., Hierakonpolis I (Text by W.M.F. PETRIE) (BSAE 4), London 1900.

QUIBELL J.E./GREEN F.W., Hierakonpolis II (BSAE 5), London 1902.

RANDALL-MACIVER D./WOOLLEY C.L., Buhen, Philadelphia 1911.

REICH R./BRANDL B., Gezer under Assyrian Rule: PEQ 107 (1985) 41-54.

REISNER G.A., Excavations at Kerma, Parts IV-V (Harvard African Studies 6), Cambridge/ Mass. 1923.

--- Mycerinus. The Temples of the Third Pyramid at Giza, Cambridge/Mass. 1931.

--- Catalogue Général des Antiquités Egyptiennes du Musée du Caire. Amulets, 2 vols., Le Caire 1907+1958.

RICCIOTTI G., Et nu j'y retournerai (Job 1,22): ZAW 67 (1955).

RICHARD S., The Early Bronze Age. The Rise and Collapse of Urbanism. Archaeological Sources for the History of Palestine: BA 50/1 (1987) 22-43.

ROSELLINI H., Monumenti dell'Egitto e della Nubia II. Monumenti civili, Pisa 1834 (verkleinerter Nachdruck Genève 1977).

ROSENMÜLLER E.F.C., Scholia in Vetus Testamentum. Partis quintae Iobum continentis volumen primum, Leipzig 1806.

ROWE A., A Catalogue of Egyptian Scarabs, Scaraboids, Seals and Amulets in the Palestine Archaeological Museum, Le Caire 1936.

RÜHLMANN G., Der Geier auf dem Schlachtfeld. Bemerkungen zu einem altorientalischen Machtsymbol: WZ (H).GS 14 (1965) 455-469.

EL-SAFADI H., Die Entstehung der syrischen Glyptik und ihre Entwicklung in der Zeit von Zimrilim bis Amanitaçumma. Teil I: UF 6 (1974) 313-352; Teil II: UF 7 (1975) 433-468.

SAKELLARIOU A., Die minoischen und mykenischen Siegel des Nationalmuseums in Athen (CMS I), Berlin 1964.

SALLER S.J., The Excavations at Dominus Flevit (Mount Olivet, Jerusalem). Vol. II: The Jebusite Burial Place (PSBF 13), Jerusalem 1964.

SANDMAN HOLMBERG M., The God Ptah, Lund 1946.

SCHACHERMEYR F., Ägäis und Orient. Die überseeischen Kulturbeziehungen von Kreta und Mykenai mit Ägypten, der Levante und Kleinasien unter besonderer Berücksichtigung des 2. Jt. v. Chr., Wien 1967.

SCHÄFER H., Die Vereinigung der beiden Länder. Ursprung, Gehalt und Form eines ägyptischen Sinnbildes im Wandel der Geschichte: MDAIK 12 (1943) 73-95.

344

SCHÄFER H., Von ägyptischer Kunst. Eine Grundlage (4. verbesserte Auflage, herausgegeben und mit einem Nachwort versehen von E. BRUNNER-TRAUT), Wiesbaden 1964.

SCHAEFFER C.F.A., Mission en Chypre, Paris 1936.

SCHAEFFER-FORRER C.F.A., Corpus des cylindres-sceaux de Ras Shamra-Ugarit et d'Enkomi-Alasia I (Recherches sur les civilisations, "synthèse" 13), Paris 1983.

SCHIAPARELLI E., La tomba intatta dell' architetto Cha nella necropoli di Tebe, Torino 1927.

SCHLÖGL H., Der Gott Tatenen nach Texten und Bildern des Neuen Reiches (OBO 29), Freiburg/Schweiz-Göttingen 1980.

SCHMID H.H., Gerechtigkeit als Weltordnung. Hintergrund und Geschichte des alttestamentlichen Gerechtigkeitsbegriffes (BHTh 40), Tübingen 1968.

SCHMIDT W., Die Schöpfungsgeschichte der Priesterschrift (WMANT 17), Neukirchen-Vluyn 1967.

SCHOLZ P., Kusch-Meroe-Nubien (Antike Welt Sondernummer Teil 1 und Teil 2), Feldmeilen 1986+1987.

SCHOSKE S./WILDUNG D., Ägyptische Kunst München. Katalog-Handbuch zur Staatlichen Sammlung Ägyptischer Kunst, München o.J. (1985).

---   Nofret - Die Schöne. Die Frau im Alten Ägypten, Mainz 1984.

SCHOTT S., Altägyptische Liebeslieder (Bibliothek der Alten Welt), Zürich ²1950.

SCHROER S., Der Mann im Wulstsaummantel. Ein Motiv der Mittelbronze-Zeit II B, in: O. KEEL/S. SCHROER, Studien zu den Stempelsiegeln aus Palästina/Israel I (OBO 67), Freiburg/Schweiz-Göttingen 1985, 51-115.

---   In Israel gab es Bilder. Nachrichten von darstellender Kunst im Alten Testament (OBO 74), Freiburg/Schweiz-Göttingen 1987.

---   Die Zweiggöttin in Palästina/Israel. Von der Mittelbronze II B-Zeit bis zu Jesus Sirach, in: M. KÜCHLER/CH. UEHLINGER (Hg.), Jerusalem. Texte - Bilder - Steine (NTOA 6), Freiburg/Schweiz-Göttingen 1987, 201-225.

SCHULMAN A.R., The Egyptian Seal Impressions from ᶜEn Besor: ᶜAtiqot. English Series 11 (1976) 16-26.

---   More Egyptian Seal Impressions from ᶜEn Besor: ᶜAtiqot. English Series 14 (1980) 17-33.

---   Ceremonial Execution and Public Rewards (OBO 75), Freiburg/Schweiz-Göttingen 1988.

SCHUMANN W., Steine und Mineralien (BLV Bestimmungsbuch), München-Bern-Wien 1977.

SEIDL U., Die babylonischen Kudurru-Reliefs: BaM 4 (1968) 7-231.

SEIPEL W., Bilder für die Ewigkeit. 3000 Jahre ägyptische Kunst (Ausstellungskatalog), Konstanz 1983.

SELLIN E., Die Ausgrabungen von Sichem. Kurze vorläufige Mitteilung über die Arbeiten im Sommer 1927: ZDPV 50 (1927) 265-274.

SELLIN E./WATZINGER C., Jericho. Die Ergebnisse der Ausgrabungen (WVDOG 22), Leipzig 1913.

SELZ G., Die Bankettszene. Entwicklung eines "überzeitlichen" Bildmotivs in Mesopotamien. Von der Fruhdynastischen bis zur Akkad-Zeit, 2 Bde. (Freiburger Altorientalische Studien 11), Wiesbaden 1983.

SMITH G., The Chaldean Account of Genesis, London 1876.

SMITH S., Babylonian Cylinder Seals from Egypt: JEA 8 (1922) 207-210.

SMITH W.S., A History of Egyptian Sculpture and Painting in the Old Kingdom, London 1946.

--- The Art and Architecture of Ancient Egypt, London 1958.

SOLYMAN T., Die Entstehung und Entwicklung der Götterwaffen im alten Mesopotamien und ihre Bedeutung, Beirut 1968.

AL-SOOF B. Abu, Excavations at Tell Qalinj Agha (Erbil), Summer 1968: Sumer 25 (1969) 3ff.

SPELEERS L., Catalogue des intailles et empreintes orientales des Musées royaux d'art et d'histoire. Supplément, Bruxelles 1943.

SPEISER E.A., Excavations at Tepe Gawra. Vol. I: Levels I-VIII, Philadelphia 1935.

SPIECKERMANN H., Juda unter Assur in der Sargonidenzeit (FRLANT 129), Göttingen 1982.

STAATLICHE SAMMLUNG ÄGYPTISCHER KUNST München. Ausstellungskatalog, München 1972.

STADELMANN R., Syrisch-palästinensische Gottheiten in Ägypten (Probleme der Ägyptologie 5), Leiden 1967.

--- Ramses II., Harmachis und Hauron, in: J. OSING/G. DREYER (Hg.), Form und Mass. Beiträge zur Literatur, Sprache und Kunst des alten Ägypten (FS G. FECHT = Ägypten und Altes Testament 12), Wiesbaden 1987, 436-449.

STAEHELIN E., Untersuchungen zur ägyptischen Tracht im Alten Reich (MÄS 8), Berlin 1966.

--- Zur Hathorsymbolik in der ägyptischen Kleinkunst: ZÄS 105 (1978) 76-84.

STARKEY J.L./HARDING L., Beth-Pelet II (BSAE 52), London 1932.

STOCK H., Studien zur Geschichte und Archäologie der 13.-17. Dynastie Ägyptens. Unter besonderer Berücksichtigung der Skarabäen dieser Zwischenzeit (Ägyptologische Forschungen 12), Glückstadt-Hamburg-New York 1942.

STOLK M., Ptah. Ein Beitrag zur Religionsgeschichte des Alten Ägyptens, Berlin 1911.

STROMMENGER E., Ausgrabungen der Deutschen Orientgesellschaft in Habuba Kabira, in: AASOR 44 (1979) 63-78.

TALLQVIST K.L., Akkadische Götterepitheta (StOr 7), Helsinki 1938.

TATTON BROWN V. (ed.), Cyprus B.C. 7000 Years of History, London 1979.

TEISSIER B., Ancient Near Eastern Cylinder Seals From the Marcopoli Collection, Berkeley-Los Angeles-London 1984.

--- Glyptic Evidence for a Connection between Iran, Syro-Palestine and Egypt in the Fourth and Third Millenia: Iran 25 (1987) 27-53.

TERRACE E.L.B./FISHER H.G., Treasures of the Cairo Museum. From Predynastic to Roman Times, London 1970.

TEZCAN B., Aksaray Cevresinden derlenen Eserler: Belleten 22 (1958) 526.

TOBLER A.J., Excavations at Tepe Gawra. Vol. II, Philadelphia 1950.

TROMP N., Primitive Conceptions of Death and the Nether World in the Old Testament (Biblica et Orientalia 21), Rom 1969.

TUFNELL O., Lachish (Tell ed-Duweir). Vol. II: The Fosse Temple, London-New York-Toronto 1940.

---   Lachish (Tell ed-Duweir). Vol. III. The Iron Age, 2 vols., London-New York-Toronto 1953.

---   Lachish (Tell ed-Duweir). Vol. IV: The Bronze Age, 2 vols., London-New York-Toronto 1958.

---   The Courtyard Cemetery et Tell el-ʿAjjul, Palestine: Bulletin of the Institute of Archaeology, University of London 3 (1962) 1-37.

---   Some Scarabs with Decorated Backs: Levant 2 (1970) 95-99.

        Archaeological Notes: Levant 3 (1971) 80-86

---   The Middle Bronze Age Scarab-Seals from Burials on the Mound at Megiddo: Levant 5 (1973) 69-82.

---   Seal Impressions from Kahûn Town and Uronarti Fort. A Comparison: JEA 61 (1975) 67-101.

---   Tomb 66 at Ruweise, near Sidon, Berytus: Archaeological Studies 24 (1975/1976) 5-25.

---   Studies on Scarab Seals. Vol. II: Scarab Seals and their Contribution to History in the Early Second Millennium B.C. With Contributions by G.T. MARTIN and W.A. WARD, 2 parts, Warminster 1984.

TUFNELL O./WARD W.A., Relations between Byblos, Egypt and Mesopotamia at the End of the Third Millenium B.C. A Study of the Montet Jar: Syria 43 (1966) 165-241.

TZORI N., Neolithic and Chalcolithic Sites in the Valley of Beth Shan: PEQ 90 (1958) 44-51.

---   An Archaeological Survey of the Beth-Shean Valley, in: The Beth Shean Valley. The 17th Archaeological Convention, Jerusalem 1962, 135-198 (hebr.).

USSISHKIN D., Level VII and VI at Tel Lachish and the End of the Late Bronze Age in Canaan, in: J. TUBB (ed.), Palestine in the Bronze and Iron Ages. Papers in Honour of Olga Tufnell, London 1985, 213-228.

VALBELLE D., Satis et Anoukis, Mainz 1981.

VANDIER D'ABBADIE J., Les singes familiers dans l'Ancienne Egypte (peintures et bas-reliefs): RdE 16 (1964) 147-177; RdE 17 (1965) 177-188; RdE 18 (1966) 143-201.

---   Iousaas et (Hathor)-Nébet-Hétépet: RdE 18 (1966) 67-142.

DE VAUX R., La troisième campagne de fouilles à Tell el-Fârʿah, près Naplouse: RB 58 (1951) 393-430.

DE VAUX R./STEVE A.M., La seconde campagne de fouilles à Tell el-Fârʿah, près Naplouse: RB 55 (1948) 544-580.

TE VELDE H., Art. Ptah, in: W. HELCK/W. WESTENDORF (Hrsg.), Lexikon der Ägyptologie IV, Wiesbaden 1982, Col. 1177-1180.

VERCOUTTER J., Les objets égyptiens et égyptisants du mobilier funéraire carthaginois (BAH 40), Paris 1945.

VERNIER M.E., Catalogue Général des Antiquités Egyptiennes du Musée du Caire, 2 vols., Le Caire 1927.

VODOZ I., Catalogue raisonné des scarabées gravés du Musée d'art et d'histoire de Genève, Genève 1979.

VOLLENWEIDER M.L., Catalogue raisonné des sceaux cylindres et intailles. Musée d'Art et d'Histoire de Genève, vol. I, Genève 1967.

--- Catalogue raisonné des sceaux, cylindres, intailles et camées. Vol. III: La collection du Révérend Dr. V.E.G. Kenna et d'autres acquisitions et dons récents, Mainz 1983.

VOLTEN A., Zwei altägyptische politische Schriften. Die Lehre für König Merikarê (Pap. Carlsberg VI) und die Lehre des Königs Amenemhet (Analecta Aegyptiaca 4), Kopenhagen 1945.

WÄFLER M., Zum Felsrelief von Imamkulu: MDOG 107 (1975) 17-26.

WALLERT I., Die Palmen im Alten Ägypten. Eine Untersuchung ihrer praktischen, symbolischen und religiösen Bedeutung (MÄS 1), Berlin 1962.

--- Der verzierte Löffel. Seine Formgeschichte und Verwendung im Alten Ägypten, Wiesbaden 1967.

WARD W.A., The Origin of Egyptian Design-Amulets ("Button Seals"): JEA 56 (1970) 65-80.

--- Studies on Scarab Seals. Vol. I: Pre-12th Dynasty Scarab Amulets. With an Appendix on the Biology of Scarab Beetles by S.I. BISHARA, Warminster 1978.

--- The Scarabs from Tholos B at Platanos: AJA 85 (1981) 70-73.

WARD W.H., The Seal Cylinders of Western Asia, Washington 1910.

WEBER O., Altorientalische Siegelbilder (AO 17-18/1-2), Leipzig 1920.

WEILL R., La fin du Moyen Empire Egyptien, Paris 1918.

WEINSTEIN J., Egyptian Relations with Palestine in the Middle Kingdom: BASOR 217 (1975) 1-16.

WEISSBACH F.H., Die Denkmäler und Inschriften an der Mündung des Nahr el-Kelb (WVDTDK 6), Berlin - Leipzig 1922.

WENTE E.F. ET AL., The Temple of Khonsu. Vol. I: Scenes of King Herihor in the Court (OIP 100), Chicago 1979.

--- Medinet Habu VII. The Temple proper III (OIP 93), Chicago 1979a.

WESTERMANN C., Genesis 1-11 (BK I/1), Neukirchen-Vluyn 1974.

WILDBERGER H., Jesaja 13-27 (BK X/2), Neukirchen-Vluyn 1978.

WILDUNG D., Zwei Stelen aus Hatschepsuts Frühzeit, in: Festschrift zum 150jährigen Bestehen des Berliner Ägyptischen Museums (Mitteilungen aus der Ägyptischen Sammlung 8), Berlin 1975.

WILDUNG D., Zur Formgeschichte der Landeskronen, in: Studien zu Sprache und Religion Ägyptens (FS W. Westendorf), Bd. 2: Religion, Göttingen 1984, 967-980.

WILKINSON A., Ancient Egyptian Jewellery, London 1971.

WILLIAMS D.P., The Tombs of the Middle Bronze Age II Period from the 500 Cemetery at Tell Fara (South), London 1977.

WILLIAMS-FORTE E., The Snake and the Tree in the Iconography and Texts of Syria during the Bronze Age, in: L. GORELICK/E. WILLIAMS-FORTE (ed.), Ancient Seals and the Bible, Malibu 1983, 18-43.

WINLOCK H.E., The Treasure of el Lahun, New York 1934.

WINTER U., Frau und Göttin. Exegetische und ikonographische Studien zum weiblichen Gottesbild im Alten Israel und in dessen Umwelt (OBO 53), Freiburg/Schweiz-Göttingen 1983, ²1987.

---   Der "Lebensbaum" in der altorientalischen Bildsymbolik, in: H. SCHWEIZER (Hrsg.), "...Bäume braucht man doch." Das Symbol des Baumes zwischen Hoffnung und Zerstörung, Sigmaringen 1986, 57-88.

WOLDERING I., Bildkatalog des Kestner Museums Hannover. Bd. I: Ausgewählte Werke der ägyptischen Sammlung, Hannover 1955.

WOLF W., Die Kunst Ägyptens, Stuttgart 1957.

WOOLLEY L., Ur Excavations. Vol. IV: The Early Periods. A Report on the Sites and Objects Prior in Date to the Third Dynasty of Ur Discovered in the Course of the Excavations, Philadelphia 1955.

WRIGHT G.R.H., Shechem and League Shrines: VT 21 (1971) 571-603.

YADIN Y., Hazor II (Season 1956), Jerusalem 1960.

ZORI N., s. TZORI

Bd. 17   FRANZ SCHNIDER: *Die verlorenen Söhne*. Strukturanalytische und historisch-kritische Untersuchungen zu Lk 15. 105 Seiten. 1977.

Bd. 18   HEINRICH VALENTIN: *Aaron*. Eine Studie zur vor-priesterschriftlichen Aaron-Überlieferung. VIII–441 Seiten. 1978.

Bd. 19   MASSÉO CALOZ: *Etude sur la LXX origénienne du Psautier*. Les relations entre les leçons des Psaumes du Manuscrit Coislin 44, les Fragments des Hexaples et le texte du Psautier Gallican. 480 pages. 1978.

Bd. 20   RAPHAEL GIVEON: *The Impact of Egypt on Canaan*. Iconographical and Related Studies. 156 Seiten, 73 Abbildungen. 1978.

Bd. 21   DOMINIQUE BARTHÉLEMY: *Etudes d'histoire du texte de l'Ancien Testament*. XXV–419 pages. 1978. Vergriffen.

Bd. 22/1 CESLAS SPICQ: *Notes de Lexicographie néo-testamentaire*. Tome I: p. 1–524. 1978. Epuisé.

Bd. 22/2 CESLAS SPICQ: *Notes de Lexicographie néo-testamentaire*. Tome II: p. 525–980. 1978. Epuisé.

Bd. 22/3 CESLAS SPICQ: *Notes de Lexicographie néo-testamentaire*. Supplément. 698 pages. 1982.

Bd. 23   BRIAN M. NOLAN: *The Royal Son of God*. The Christology of Matthew 1–2 in the Setting of the Gospel. 282 Seiten. 1979.

Bd. 24   KLAUS KIESOW: *Exodustexte im Jesajabuch*. Literarkritische und motivgeschichtliche Analysen. 221 Seiten. 1979.

Bd. 25/1 MICHAEL LATTKE: *Die Oden Salomos in ihrer Bedeutung für Neues Testament und Gnosis*. Band I. Ausführliche Handschriftenbeschreibung. Edition mit deutscher Parallel-Übersetzung. Hermeneutischer Anhang zur gnostischen Interpretation der Oden Salomos in der Pistis Sophia. XI–237 Seiten. 1979.

Bd. 25/1a MICHAEL LATTKE: *Die Oden Salomos in ihrer Bedeutung für Neues Testament und Gnosis*. Band Ia. Der syrische Text der Edition in Estrangela Faksimile des griechischen Papyrus Bodmer XI. 68 Seiten. 1980.

Bd. 25/2 MICHAEL LATTKE: *Die Oden Salomos in ihrer Bedeutung für Neues Testament und Gnosis*. Band II. Vollständige Wortkonkordanz zur handschriftlichen, griechischen, koptischen, lateinischen und syrischen Überlieferung der Oden Salomos. Mit einem Faksimile des Kodex N. XVI–201 Seiten. 1979.

Bd. 25/3 MICHAEL LATTKE: *Die Oden Salomos in ihrer Bedeutung für Neues Testament und Gnosis*. Band III. XXXIV–478 Seiten. 1986.

Bd. 26   MAX KÜCHLER: *Frühjüdische Weisheitstraditionen*. Zum Fortgang weisheitlichen Denkens im Bereich des frühjüdischen Jahweglaubens. 703 Seiten. 1979.

Bd. 27   JOSEF M. OESCH: *Petucha und Setuma*. Untersuchungen zu einer überlieferten Gliederung im hebräischen Text des Alten Testaments. XX–392–37* Seiten. 1979.

Bd. 28   ERIK HORNUNG/OTHMAR KEEL (Herausgeber): *Studien zu altägyptischen Lebenslehren*. 394 Seiten. 1979.

Bd. 47   PIERRE CHERIX: *Le Concept de Notre Grande Puissance (CG VI, 4)*. Texte, remarques philologiques, traduction et notes. XIV–95 pages. 1982.

Bd. 48   JAN ASSMANN/WALTER BURKERT/FRITZ STOLZ: *Funktionen und Leistungen des Mythos*. Drei altorientalische Beispiele. 118 Seiten, 17 Abbildungen. 1982. Vergriffen.

Bd. 49   PIERRE AUFFRET: *La sagesse a bâti sa maison*. Etudes de structures littéraires dans l'Ancien Testament et spécialement dans les psaumes. 580 pages. 1982.

Bd. 50/1 DOMINIQUE BARTHÉLEMY: *Critique textuelle de l'Ancien Testament*. 1. Josué, Juges, Ruth, Samuel, Rois, Chroniques, Esdras, Néhémie, Esther. Rapport final du Comité pour l'analyse textuelle de l'Ancien Testament hébreu institué par l'Alliance Biblique Universelle, établi en coopération avec Alexander R. Hulst †, Norbert Lohfink, William D. McHardy, H. Peter Rüger, coéditeur, James A. Sanders, coéditeur. 812 pages. 1982.

Bd. 50/2 DOMINIQUE BARTHÉLEMY: *Critique textuelle de l'Ancien Testament*. 2. Isaïe, Jérémie, Lamentations. Rapport final du Comité pour l'analyse textuelle de l'Ancien Testament hébreu institué par l'Alliance Biblique Universelle, établi en coopération avec Alexander R. Hulst †, Norbert Lohfink, William D. McHardy, H. Peter Rüger, coéditeur, James A. Sanders, coéditeur. 1112 pages. 1986.

Bd. 51   JAN ASSMANN: *Re und Amun*. Die Krise des polytheistischen Weltbilds im Ägypten der 18.–20. Dynastie. XII–309 Seiten. 1983.

Bd. 52   MIRIAM LICHTHEIM: *Late Egyptian Wisdom Literature in the International Context*. A Study of Demotic Instructions. X–240 Seiten. 1983.

Bd. 53   URS WINTER: *Frau und Göttin*. Exegetische und ikonographische Studien zum weiblichen Gottesbild im Alten Israel und in dessen Umwelt. XVIII–928 Seiten, 520 Abbildungen. 1987. 2. Auflage. Mit einem Nachwort zur 2. Auflage.

Bd. 54   PAUL MAIBERGER: *Topographische und historische Untersuchungen zum Sinaiproblem*. Worauf beruht die Identifizierung des Ǧabal Mūsā mit dem Sinai? 189 Seiten, 13 Tafeln. 1984.

Bd. 55   PETER FREI/KLAUS KOCH: *Reichsidee und Reichsorganisation im Perserreich*. 119 Seiten, 17 Abbildungen. 1984. Vergriffen.

Bd. 56   HANS-PETER MÜLLER: *Vergleich und Metapher im Hohenlied*. 59 Seiten. 1984.

Bd. 57   STEPHEN PISANO: *Additions or Omissions in the Books of Samuel*. The Significant Pluses and Minuses in the Massoretic, LXX and Qumran Texts. XIV–295 Seiten. 1984.

Bd. 58   ODO CAMPONOVO: *Königtum, Königsherrschaft und Reich Gottes in den Frühjüdischen Schriften*. XVI–492 Seiten. 1984.

Bd. 59   JAMES KARL HOFFMEIER: *Sacred in the Vocabulary of Ancient Egypt*. The Term $\underline{DSR}$, with Special Reference to Dynasties I–XX. XXIV–281 Seiten, 24 Figures. 1985.

Bd. 60   CHRISTIAN HERRMANN: *Formen für ägyptische Fayencen*. Katalog der Sammlung des Biblischen Instituts der Universität Freiburg Schweiz und einer Privatsammlung. XXVIII-199 Seiten. 1985.

Bd. 61   HELMUT ENGEL: *Die Susanna-Erzählung*. Einleitung, Übersetzung und Kommentar zum Septuaginta-Text und zur Theodition-Bearbeitung. 205 Seiten + Anhang 11 Seiten. 1985.

Bd. 62 ERNST KUTSCH: *Die chronologischen Daten des Ezechielbuches.* 82 Seiten. 1985.

Bd. 63 MANFRED HUTTER: *Altorientalische Vorstellungen von der Unterwelt.* Literar- und religionsgeschichtliche Überlegungen zu «Nergal und Ereškigal». VIII–187 Seiten. 1985.

Bd. 64 HELGA WEIPPERT/KLAUS SEYBOLD/MANFRED WEIPPERT: *Beiträge zur prophetischen Bildsprache in Israel und Assyrien.* IX–93 Seiten. 1985.

Bd. 65 ABDEL-AZIZ FAHMY SADEK: *Contribution à l'étude de l'Amdouat.* Les variantes tardives du Livre de l'Amdouat dans les papyrus du Musée du Caire. XVI–400 pages, 175 illustrations. 1985.

Bd. 66 HANS-PETER STÄHLI: *Solare Elemente im Jahweglauben des Alten Testamentes.* X–60 Seiten. 1985.

Bd. 67 OTHMAR KEEL / SILVIA SCHROER: *Studien zu den Stempelsiegeln aus Palästina/Israel.* Band I. 115 Seiten, 103 Abbildungen. 1985.

Bd. 68 WALTER BEYERLIN: *Weisheitliche Vergewisserung mit Bezug auf den Zionskult.* Studien zum 125. Psalm. 96 Seiten. 1985.

Bd. 69 RAPHAEL VENTURA: *Living in a City of the Dead.* A Selection of Topographical and Administrative Terms in the Documents of the Theban Necropolis. XII–232 Seiten. 1986.

Bd. 70 CLEMENS LOCHER: *Die Ehre einer Frau in Israel.* Exegetische und rechtsvergleichende Studien zu Dtn 22, 13–21. XVIII–464 Seiten. 1986.

Bd. 71 HANS-PETER MATHYS: *Liebe deinen Nächsten wie dich selbst.* Untersuchungen zum alttestamentlichen Gebot der Nächstenliebe (Lev 19, 18). XIV–196 Seiten. 1986.

Bd. 72 FRIEDRICH ABITZ: *Ramses III. in den Gräbern seiner Söhne.* 156 Seiten, 31 Abbildungen. 1986.

Bd. 73 DOMINIQUE BARTHÉLEMY/DAVID W. GOODING/JOHAN LUST/EMANUEL TOV: *The Story of David and Goliath.* 160 Seiten. 1986.

Bd. 74 SILVIA SCHROER: *In Israel gab es Bilder.* Nachrichten von darstellender Kunst im Alten Testament. XVI–553 Seiten, 146 Abbildungen. 1987.

Bd. 75 ALAN R. SCHULMAN: *Ceremonial Execution and Public Rewards.* Some Historical Scenes on New Kingdom Private Stelae. 296 Seiten. 41 Abbildungen. 1987.

Bd. 76 JOŽE KRAŠOVEC: *La justice (Ṣdq) de Dieu dans la Bible hébraïque et l'interprétation juive et chrétienne.* 456 pages. 1988.

Bd. 77 HELMUT UTZSCHNEIDER: *Das Heiligtum und das Gesetz.* Studien zur Bedeutung der sinaitischen Heiligtumstexte (Ez 25–40; Lev 8–9). XIV–326 Seiten. 1988.

Bd. 78 BERNARD GOSSE: *Isaïe 13,1-14,23.* Dans la tradition littéraire du livre d'Isaïe et dans la tradition des oracles contre les nations. 308 pages. 1988.

Bd. 79 INKE W. SCHUMACHER: *Der Gott Sopdu - Der Herr der Fremdländer.* XVI–364 Seiten, 6 Abbildungen. 1988.

Bd. 80 HELLMUT BRUNNER: *Das hörende Herz.* Kleine Schriften zur Religions- und Geistesgeschichte Ägyptens. Herausgegeben von Wolfgang Röllig. 449 Seiten, 55 Abbildungen. 1988.

Bd. 81   WALTER BEYERLIN: *Bleilot, Brecheisen oder was sonst?* Revision einer Amos-Vision. 68 Seiten. 1988.

Bd. 82   MANFRED HUTTER: *Behexung, Entsühnung und Heilung.* Das Ritual der Tunnawiya für ein Königspaar aus mittelhethitischer Zeit (KBo XXI 1 – KUB IX 34 – KBo XXI 6). 186 Seiten. 1988.

Bd. 83   RAPHAEL GIVEON: *Scarabs from Recent Excavations in Israel.* 114 Seiten, 9 Tafeln. 1988.

Bd. 84   MIRIAM LICHTHEIM: *Ancient Egyptian Autobiographies chiefly of the Middle Kingdom.* A Study and an Anthology. 200 Seiten, 10 Seiten Abbildungen. 1988.

Bd. 85   ECKART OTTO: *Rechtsgeschichte der Redaktionen im Kodex Ešnunna und im «Bundesbuch».* Eine redaktionsgeschichtliche und rechtsvergleichende Studie zu altbabylonischen und altisraelitischen Rechtsüberlieferungen. 220 Seiten. 1989.

Bd. 87   URSULA SEIDL: *Die babylonischen Kudurru-Reliefs.* Symbole mesopotamischer Gottheiten. 236 Seiten, 33 Tafeln und 2 Tabellen. 1989.

Bd. 88   OTHMAR KEEL / HILDI KEEL-LEU / SILVIA SCHROER: *Studien zu den Stempelsiegeln aus Palästina / Israel.* Band II. 364 Seiten, 652 Abbildungen. 1989.

UNIVERSITÄTSVERLAG FREIBURG SCHWEIZ